中国工运史料丛书
001

历次全国劳动大会文献汇编

中国工运历史研究出版中心
全总工会理论和劳动关系智库基地（文献资料中心）◎编

中国工人出版社

图书在版编目（CIP）数据

历次全国劳动大会文献汇编 / 中国工运历史研究出版中心，全总工会理论和劳动关系智库基地（文献资料中心）编. —北京：中国工人出版社，2023.7
ISBN 978-7-5008-8220-6

Ⅰ.①历… Ⅱ.①中… ②全… Ⅲ.①中华全国总工会–会议文献–汇编 Ⅳ.①D412.3

中国国家版本馆CIP数据核字（2023）第161039号

历次全国劳动大会文献汇编

出 版 人	董 宽
责任编辑	李 丹 辛琳昊
责任校对	张 彦
责任印制	栾征宇
出版发行	中国工人出版社
地　　址	北京市东城区鼓楼外大街45号 邮编：100120
网　　址	http://www.wp-china.com
电　　话	（010）62005043（总编室） （010）62005039（印制管理中心）
发行热线	（010）82029051 62383056
经　　销	各地书店
印　　刷	三河市东方印刷有限公司
开　　本	880毫米×1230毫米 1/32
印　　张	17.25
字　　数	371千字
版　　次	2023年12月第1版 2023年12月第1次印刷
定　　价	148.00元

编辑出版说明

中国工人运动史料是中国共产党红色资源的重要组成部分，也是中国工运独具特色的精神财富，具有重要的研究和借鉴价值。2021年，中国工人出版社启动“工藏：中国工运史料文库”融合出版项目，倾力挖掘、搜集和整理中国工运历史资料，并将在2025年中华全国总工会成立100周年之际，同步推出史料文集、线上平台和数据库等不同形态的成果。先期出版的中国工运史料丛书，专题汇编较为重要的中国工运史料，是这一融合出版项目推进过程中的阶段性成果。

首批推出的中国工运史料丛书共7卷，分别为《历次全国劳动大会文献汇编》、《第一次全国劳动大会史料汇编》、《第二次全国劳动大会史料汇编》、《第三次全国劳动大会史料汇编》、《第四次全国劳动大会史料汇编》、《第五次全国劳动大会史料汇编》和《第六次全国劳动大会史料汇编》。以这样大的规模完整推出新民主主义革命时期历次全国劳动大会的文献和史料，在中国工会历史上还是第一次。编辑出版过程中，一方面补充了过去未曾收集到的大会文献，另一方面收录了文电文稿、报刊报道和亲历者回忆等珍贵史料，并且逐一进行溯源考证，让这一出版成果更具历史价值。

此次出版的全国劳动大会史料汇编，除《历次全国劳动大会文献汇编》外，其他 6 卷在体例上统一分为“大会文献”、“文电文稿”、“报刊报道”和“附录”四部分。“大会文献”包括历次全国劳动大会发布的正式文件，包括中国共产党给大会的贺信、会议开幕词、报告、决议、章程、选举结果、闭幕词、宣言等。“文电文稿”包括与历次全国劳动大会有关的文电和文章，即以大会名义或中华全国总工会、中国共产主义青年团等其他团体所发电文，以及工运领袖对大会的综述等。“报刊报道”包括当时各报刊对大会相关动态的报道和评论。“附录”在汇编会议历史背景资料的同时，也收录了部分大会亲历者的回忆文稿。

最大限度地保存历史原貌，这是中国工运史料丛书的编纂原则。各类文字严格限定原始资料，并尽可能追溯最早文本，部分资料依照最新权威版本做了订正；回忆文章严格限定亲历、亲闻、亲见，不用后人编纂的文章；对原始资料文本逐字逐句考证，除改正明显错字、错排内容外，均保留原文，包括当时的混用字；原文有漏字或空白处，只要不产生阅读歧义，均不做推测、填补，以“□”代之。需要读者注意的是，在当时的历史条件下，有些话题的表述与今天或有不同；有些名称、数据亦不统一，为保存史料原貌，我们在编辑过程中未做修改，均保留原样。

历史资料浩如烟海，很难尽善尽美。如若发现编纂错讹或有新的史料补充，竭诚期待告知编者（grcbsgz@126.com），以便今后修订增补。

《历次全国劳动大会文献汇编》

主　　编

张　刃

副 主 编

蒋佩轩

学术编辑

李　丹　王功彬　辛琳昊

数字编辑

吴　倩

目 录

第一次全国劳动大会

第二次全国劳动大会

第三次全国劳动大会

第四次全国劳动大会

第五次全国劳动大会

第六次全国劳动大会

第一次全国劳动大会

中国劳动组合书记部关于召开第一次全国劳动大会的通告*

全国各工人团体钧鉴：

顷接各处工会来函，主张“五一”纪念节在适宜地点召集全国劳动大会，以志盛典，且可以联络全国工界之感情。本书记部亦认为有举行之必要，特拟就宗旨及办法列后，请贵团体选派代表一人，持贵团体选派证书，如期赴会为荷！

（一）开会宗旨：

（甲）纪念“五一”节；

（乙）联络全国工界感情；

（丙）讨论改良生活问题；

（丁）各代表提议事件。

（二）每一工团要派代表一人。

（三）时间：五月一日起开会五天。

（四）地点：广州市。

（五）川资由各团体自备，在广州膳宿费由书记部供给。上

* 本文原载一九二二年四月二十二日出版的《申报》第一万七千六百五十七期。

海招待处在英界北成都路十九号本部。

（一九二二年四月九日）

（依照人民出版社 2022 年《中国共产党重要文献汇编》第二卷订正）

罢工援助案*

提案人：中国劳动组合书记部代表李启汉。

理由：现在我国劳工运动，尚在幼稚时代，能力薄弱。平时既受不正当势力压迫，在罢工时候，尤受资本家欺蔑；非我工人本互助精神，互相援助，必无胜利希望。故工人无论在何地罢工，应当设法援助，以达我工人牺牲奋斗、自求幸福的目的。

办法：

（一）凡遇某地某工会发生罢工时，应设法通知全国各工会；或即以现在的中国劳动组合书记部担任通讯义务。

（二）凡某工会知道别处有罢工事情发生时，即通知各会员干下列各事：

甲、一处罢工，所有工人均不得受该处东家之雇请；

乙、派人慰问，或通信慰问；

丙、派人帮忙办理事务；

丁、捐助经费以维持罢工伙食；

戊、如东家势力强大，不易压服，则举行相当程度之同

* 本文原载一九二二年五月二十五日出版的上海《民国日报》第二千二百六十五期。

情罢工。

（依照人民出版社 2022 年《中国共产党重要文献汇编》第二卷订正）

八小时工作制案

提议人：中国劳动组合书记部代表李启汉。

理由：八小时工作制，在英国十八世纪早已实行，欧战后华盛顿国际会议亦议决采用，于是欧美各国，一致实行，澳洲且有嫌八小时工作太多要求六小时工作者，则吾人要求八小时工作制，可知亦非过分，吾国工作甚至十二时、十三时以上，终日劳动不休，如同牛马，可痛孰甚，故吾人非努力奋斗，达到八小时工作不可。

办法：

（一）以本会名义要求大总统明令规定。

（二）如各东家不遵依此制，一律采取同盟罢工手段，务期达到目的为止。

（三）女子及小童每日不得满八小时工作。

（《广东群报》，1922 年 5 月 8 日，第六版）

全国总工会组织原则决议案 *

提案人：长辛店京汉路工人俱乐部代表邓重远。

理由：工人阶级争斗力之强弱，全视工会组织法之良窳而定。比如工会是由一种职业的工人所组织而成，则罢工运动每至一行业的工人陷于孤立，而容易失败。产业组合则不然。把一种产业中的各种工人联合于一个工会之中，则争斗力就异常雄厚。故我们组织工会，应当以产业组合为原则，但确实不能采用产业组合法的各种职业的工人，则仍不妨沿用职业组合法以为着手之起点。又，我们工人希望将来有真正的全国劳动总组织出现，则必首先组织每个地方所有的工会（无论是职业组合或产业组合），而成为一个地方的劳动联合会，将来更由各地方劳动联合会组成全国总工会，则工会的组织，就上真正的轨道，成为一个铁样的团体了。

办法：

（一）凡能采用产业组合的，都应一律采用产业组合法去组织工会。

（二）确实不能采用产业组合办法的，不妨用职业组合。

（三）务必将每个地方所有各产业组合和职业组合的工人，将来由各地方联合会组成全国总工会。

* 本文原载一九二二年五月二十五日出版的上海《民国日报》第二千二百六十五期。

（四）在全国总工会未成立以前，先设一全国总通讯处，委托中国劳动组合书记部担任。

（依照人民出版社2022年《中国共产党重要文献汇编》第二卷订正）

湖南劳工会黄庞二先生被杀案

和议人：湖南劳工会代表张理全。

理由：关于黄庞二先生为赵恒惕所惨杀事，我想我们工人未有不痛恨的，所以在这个大会里为诛讨民贼计，为保障工人计，都应该有相当的表示。同时海员代表苏兆征，报告海员被香港政府惨杀事，要求与黄庞二先生有相当的表示，于是众通过下列通法：

（一）表示：关于黄庞二先生事，用本会名义通电全世界表示此事。

（二）纪念：

（甲）定于本年一月十七日为黄庞二先生牺牲纪念，是日全国劳动界休息一天，开会纪念。

（乙）定每年三月某日为被杀海员诸先生牺牲纪念日，与黄庞纪念日同一办法。

（《广东群报》，1922 年 5 月 9 日，第六版）

订定中国劳动歌及劳动旗帜案

提议人：唐山京奉路机务处同人联合会代表。

理由：从略。

办法：

（一）众定由秘书处将国际劳动歌翻译以中国文，作为劳动歌。

（二）由秘书处制定成，作为全国劳动界暂用旗帜，俟第二次大会追认为全国正式劳动旗帜。

（《广东群报》，1922年5月9日，第六版）

尊重劳工节及惩戒工界虎伥案

提议人：中国劳动同盟会沪总部代表谭竹轩。

理由：

（尊重劳动节）五月一日，乃劳工纪念，例应全国劳工休息，乃有一部分日工工友，于是日休息，则无工值，而苦于膳费无着，欲表同情而不得，此中苦困，应由本会函告全国工厂，一律于劳工节日休息，无论长工日工，照常发给工值，以济困难之工友。

（惩戒虎伥）我工友们既饱受资本家之压制，复受虎伥之欺凌，查各管工人爱惜工友者固不乏人，而借资本家淫威为虎作伥者亦复不少，每每有资本家所给工值十成，而管工者有种种剥削侵蚀，以图中饱者，及诸般苛待，罄竹难书，愿凡各管工之工友，有则改之，无则加勉，以后再犯者，应如何惩戒，请公定办法。

公决：

（甲）秘书处照办。

（乙）办法分三层，先警告，次宣布罪状，最后则以铁血对待。

（《广东群报》，1922年5月9日，第六版）

组织全国人力车伕联合会案

提议人：汉口人力车伕代表彭大汉。

议题：

（一）应推广组织各地人力车伕会并成立全国人力车伕会联合会。

（二）应通告各地车行嗣后车租只准减不准加。

（三）应警告各地车行嗣后不得殴打车伕，或重利揽剥车伕。

（四）应通告各地巡捕或警察嗣后不得鞭笞或虐待车伕。

（五）车伕为劳动界之最苦者，各地劳工团体应格外援助。

办法：公决应交中国劳动组合书记部设法执行。

（《广东群报》，1922 年 5 月 9 日，第六版）

规定第二次全国劳动大会案

提议人：中国机器总工会代表邓汉兴。

理由：今次第一次全国劳动大会，虽不敢云有甚大成绩，惟全国劳动结合，渐有基础，从此努力做去，将必有完满的结果，故第一次大会之后，当然要规定第二次大会的办法，以免临时仓促。

办法：

（一）每年开大会一次，时间仍为“五一”。

（二）每次开□□开会即行规定下届开会地点。

（三）每次开会在未开会五个月以前，通信召集，俾一个月前交到提案。

（四）如全国总工会未成之前，仍由中国劳动组合书记部召集。

（五）大会筹备处改为大会事务所，职务自筹备至所有会务完全结束为止，且于会期三个月前成立。

（六）明年会址系定在汉口，如有碍障，应由召集处通知。

（《广东群报》，1922年5月9日，第六版）

第一次全国劳动大会宣言*

全国男女工人们——弟兄们，姊妹们！

资本主义没有不是靠着剥夺工人们的血汗做养料的，他发展的过程，便是工人们受痛苦的过程。所以资本主义在中国发展的结果，使百余万的男女工人们集中在用机器的工厂里或各种企业里，变成一无所有的机器附属物。一班男女劳工在这种新式生产制度下面的工作状况，简直和牛马奴隶一样。所赚的工资，多半不能维持自己的生活；受饥受冻的劳工，随处都可以发现。

还有数十万的小孩子们，在这种制度下面，牺牲他们的康健，他们永不能得到受教育的机会。他们从极年幼的时候起，就变成资本家的新式奴隶。这些都是我们工人身受的痛苦。我们受了这些痛苦的经验，实在不得不使我们团结起来，共同向着东家奋斗；而且我们从此觉悟，这是救济我们的唯一道路。

因为工人们渐渐明白组织的重要，所以在中国各大商埠已是组织了一些工会，也有了一些为增加工资和改良待遇的罢工运动。虽然这些工会的组织和罢工运动，还只是一个工厂，一条铁路或是一个地方的举动，但是已能证明给我们知道，凡是组织或运动的范围较大的，一定得到胜利。尤其能够证明给我

* 本文原载一九二二年六月八日出版的上海《民国日报》第二千二百七十九期副刊《觉悟》。

们知道的，就是香港海员的罢工，这次罢工使我们知道工人们的确具有伟大的能力和工人们是必要有组织，而且使我们知道全国工人们非一致行动不可。从此我们也渐渐明白要是工人们只有公所和无意义的工会组织，是断断不行的，因为这种组织是不能够自卫，更没有反抗的能力。我们也渐渐明白工人们是不可容那些东家或东家的走狗加入工会里去，因为那些敌人们是会破坏我们这个阶级的团体。我们也渐渐明白工人们不可把我们自己分成什么广东帮、宁波帮、江北帮、天津帮等，因为这是使自己这个阶级互相分裂，断不能用这种“帮”的团体和资本家奋斗。

全国劳动大会慎重宣告全国男女工人们说：我们工人们决不要分地域，决不要分党派，决不要分男女老少，只要是赚工钱的工人们，都应该按照产业的分类法，组织在各种工会里；而且要把各地工人们按照产业组织的工会，联络起来，组织各种全国的产业总工会。即使一时不能组织成产业组合的工人们，也应该把他们的工会组织成一个纯粹工人阶级的团体，而且要弄成组织的范围较大和更有统系的团体。

全国劳动大会告诉我们说：我们组织工会并不是无意义的，也不仅仅是娱乐、教育或抚恤的机关，我们组织工会的目的，是要用我们这个阶级的组织力，做奋斗的工作，谋达到改良我们的状况。这次大会又告诉我们说：无论哪种或哪个地方的工人们对资本家的奋斗，都是我们这个阶级对资产阶级的奋斗；我们必定要互相援助，才能得到胜利。

全国劳动大会还告诉我们说：我们前面的敌人是很多的，国际帝国主义和本国军阀也是我们的敌人。他们时常压迫我们，杀戮我们的领袖，枪击我们罢工的弟兄，禁止我们的罢工，剥夺我们集会结社言论的自由。我们认定这些敌人一日不除掉，我们一日不能得到些微的自由。我们现在是须要这种自由的，而且我们不能忍受那种压迫和杀戮，所以我们要结合全国的农人，并与小资产阶级暂时联络，共同向着那些敌人奋斗，争得我们的自由。

还有一层，就是无论外国或本国的资本家，都是我们的敌人，无论哪一国的工人们都是我们的弟兄，因此全世界工人们的联合是最必要的。就拿香港海员罢工的事实来说罢，我们便知道各国资本家与中国资本家怎样联合着压迫我们工人们。但是因为中国海员和各国海员没有亲密的联络的缘故，所以在那次罢工中间有的外国海员是隔岸观火，有的外国海员还破坏中国海员的战线呢。但是资本家剥夺哪一国海员和一切的工人们都是一样的，我们工人阶级哪能坐视那些各国资本家联合着对付各国的工人们，而各国的工人们到不自己联合起来呢。所以全国劳动大会宣告要使中国工人们和外国工人们建立亲密的关系，共同向着全世界的资产阶级前进。

全国男女工人们！全国劳动大会第一次会议，是由各省各商埠各种工人团体代表共一百七十三人组织而成的，所代表的人数共三十四万余人。这个大会所说出来的话，都是个个工人所要说的话，这次大会所讨论的事件，都是全国工人们的切身问题。而且这次大会是在中国劳动运动史上第一次的会议，这是我们工人们组织力扩大的证明。我们相信以后我们的奋斗工作较前更易成功，因为这次大会已开了全国工人们联合起来的新纪元。

从前我们没有组织的时候，只好忍受种种的痛苦。我们现在有了团体了，全国工人们有了联络了，我们从此以后是再也不能忍受了。我们做工的时间太长了，我们再也不能为着资本家——我们的敌人——的利益来累死，我们宁可奋斗而死；我们再不能忍住我们的饥饿了；我们再不能让那些外国的或本国的监工们的手掌打到我们脸上；我们再不能看着资本家驱策那些亲爱的小孩子们死在机器旁边。我们决意也不让我们的自由完全被剥夺。所以我们要即刻联合起来，组成一个阶级的强固的紧密的阵线，向着资产阶级和压迫阶级为不断的奋斗，因为我们再不能不得到地位的改良和自由。

全国男女工人们！全世界的工人们和被压迫阶级是人类中间的最大多数，我们凭借的就是人多势大，人多势大的团体便是使我们成功的要素。所以我们极相信我们这个阶级是会得到最后的胜利的，将来的世界定必是无产阶级和被压迫阶级的世界。全国男女工人们！我们手携着手大踏步向前进罢！并且在我们前进的行列中，要高呼全国工人们联合起来，

全世界劳动者和被压迫人民联合起来，

共同向着资产阶级和压迫阶级前进呀！

（依照中央文献出版社2011年《建党以来重要文献选编》第一册订正）

第二次全国劳动大会

中国共产党给第二次全国劳动大会的信*

亲爱的全国劳动大会代表诸同志：

中国国民革命潮正在高涨的时候，你们于全世界劳动节“五一”在革命根据地广州，召集了全国工会的代表开第二次劳动大会，这是有重大意义的。

国际资本帝国主义者宰制着全世界的无产阶级及全世界的弱小民族，中国人就是被他们宰制的民族之一。可是帝国主义的末运到了，此时全世界的无产阶级及弱小民族，都不约而同的向帝国主义举起反叛之旗，中国的国民革命运动，就是这个全世界的大运动中之一。

在中国国民革命运动的高潮中，我们须要知道中国的各社会阶级对于这革命的关系是怎样。贿卖国家剥削平民的军阀及大商买办绅士阶级，不用说都是和国际资本帝国主义者串通一气，与国民革命为敌的。被压迫而濒于破产的学生自由职业者小商人，虽然不满现状而有革命的要求，可是他们的政治观念却是模糊，他们的战斗力也涣散薄弱，因此还不能够加敌人以致命的打击。

有明了的政治观念，有集合的战斗力，在国民运动中，能够加敌人以最后致命的打击者，只有工农联合的力量。

---

* 本文原载一九二五年四月二十六日出版的《向导》周报第一百十二期。

正因工农阶级有这样的力量，我们的敌人——国际资本帝国主义者及国内军阀大商买办绅士阶级——欲消灭中国的国民革命运动，首先要消灭中国工人农民的势力。他们不但用政权法庭军队警察，在外面压迫工人农民的势力发展；他们并且□雇用一班工贼，在内部破坏工人农民的团结，阻挠革命的知识分子对于工人农民同情的援助；他们尤其要严禁工人农民有自己的政党之组织，因为工农联合起来，又有了自己的政党，那便更要增加革命运动的力量。

亲爱的全国劳动大会代表诸同志！你们所代表的力量是伟大的，你们所负的责任也是重大的，你们的敌人虽然众多而且强有力，只要你们团结起来不断的奋斗，不但中国国民革命的胜利终属于你们，全世界工农专政的胜利也必然属于你们。祝你们团结！祝你们奋斗！

中国共产党中央执行委员会

（依照人民出版社2022年《中国共产党重要文献汇编》第五卷订正）

工人阶级与政治争斗的决议案*

一、工人阶级必须作政治争斗

（一）工人阶级每个经济的争斗，同时一定要变成政治争斗。这是因为资产阶级在经济上优越地位，是倚靠在政治上优越的势力保障之上，当工人阶级开始摇动资本家的利益时，资产阶级必定尽力用他们的国家机关之权力及军队、警察、法庭、监狱等来压迫工人的行动。

（二）工人阶级的利益，与帝国主义者军阀资本家的利益，是绝对不能调和的，双方利益之冲突，就是阶级争斗，调和就是牺牲工人利益，工人为改良自己生活状况，必须不断的奋斗，但工人阶级要达到完全自由，只有在工人阶级推翻资本制度，自己掌握政权之后。

（三）我们敌人的力量很大，他们据有经济上的优越地位，更握着国家的政权，军队、警察、监狱等有形的压迫机关，学校、宗教、报纸等无形压迫的麻醉方法，这都是资产阶级制服无产阶级的武器。而且在中国每个阶级争斗中，各国资产阶级总是相联合向无产阶级进攻。阶级争斗就是一种战争，我们无产阶级在此战争中重要的武器，就是团结，不分国界、省界及手艺、宗教、性别的阶级团结。自经济争斗到政治争斗，自争

* 本文原载一九二七年六月出版的《工人运动》。

自由的政治争斗到夺取政权的政治争斗，都要倚靠这个武器。

二、工人阶级对于民族革命的态度

（一）帝国主义及军阀统治中国，民族革命是唯一的生路。

（二）世界无产阶级的革命，是要推翻资本制度，但殖民地与半殖民地的无产阶级更多受一层帝国主义者的压迫，殖民地及半殖民地的民族革命是要推翻这种压迫的，为世界革命之一部分，因此中国无产阶级必须参加民族革命运动。

（三）民族革命虽然是各阶级共同参加的，可是中国资产阶级中主要的买办阶级完全为外国资本所养成，不但不能革命，而且是反革命的。其他一部分工业资本家与商业资本家固直接或间接受外国资本之支配，不能有革命的运动，另一方面，他们又见到中国工人阶级革命发展之危险，反愿勾结帝国主义以阻碍革命运动之发展。至于城市的小资产阶级虽然是革命的，他的本身没有集中的战斗力，所以中国的民族革命运动，非得工业的无产阶级参加并取得领导地位，提携着广大的农民群众进行是不能成功的。

（四）在过去许多次罢工中，如一九二二年的海员罢工及开滦矿工罢工，一九二三年的京汉路罢工，本年上海日商纱厂工人罢工，无次不明显的表示出帝国主义是中国工人主要的仇敌，军阀必是帝国主义的爪牙。所以中国工人为自身的解放必须担任民族革命的急先锋，为促进世界无产阶级的革命，亦应努力于这个工作。

（五）民族革命既是各阶级共同参加的，所以无产阶级在此革命运动中，一方面固然协力以反抗我们更大的仇敌帝国主义及军阀，一方面更要森严在我们各种组织上的阶级性，不可和其他阶级混和。这种混和，将有被资产阶级牺牲我们的利益，甚至有卖给敌人的危险。

（六）民族革命运动一切方面的进行，一定要不妨碍工人阶级的发展，而且应该把工人阶级的利益放在第一位，工人阶级参加民族革命运动必须保持阶级的本色，指示革命的出路，引导革命到底。

三、工人阶级目前的争自由运动

我们的目标，是要推翻帝国主义，打倒军阀，实现民族解放，促进世界革命，这是要经过长期的争斗才能得到的。

（一）在这长期争斗中，目前最迫切的要求，加资减时运动，集会、结社、言论、出版自由运动，罢工自由运动，普选运动等，虽不是我们最终的目标，但这些都是我们日常生活所必需的要求；这些要求之实现，不但可以改善我们的目前生活，并且在这些运动中，可以扩大我们的组织，增长我们的争斗经验，树立我们的政治势力，这些乃是我们到最终目标所必由之路的第一步。

（二）同时我们不可把这些目前迫切的要求，当作最终目标，这些要求只是达到我们最终目标民族革命世界革命所必由之路的第一步。我们更要明白如果帝国主义军阀不被打倒，工人阶级不完全解放，这些目前的要求都不能达到。

（依照中央文献出版社 2011 年《建党以来重要文献选编》第二册订正）

经济斗争的决议案 *

工人阶级的斗争，不论是经济的或政治的，只有一个最后的目的：就是劳动的完全解放。劳动的完全解放，只能在资本主义制度推翻，政权完全操入劳动者手中之后，但即使在资本主义组织之下，我们不否认为改良劳动待遇条件，增高工人生活程度，以及部分的要求，而实行最激烈最坚强的斗争。第一，因为现在的劳工条件，已经坏到极点。一千百万的工人，还未到他们精力衰疲之时，而已衰弱不堪，失了他们的力量，失了他的康健，同他们的生命；第二，因为每一部分劳动条件的改良，都可增加工人阶级的力量，促进工人为最后的目的争斗，并且促进资本主义的崩坏，及劳动解放的实现。

一、我们不否认经济斗争，不否认目前切近要求的改良运动，但是我们对于这种运动的态度是：

（一）每个目前切近的改良运动，只是行向总解决的一部分，不可把他看作最终的目标去做。比如资产阶级不打倒，目前所要求增加工资，难保将来又被克扣。总之，工人阶级的根本解放，只有在取得政权之后。

（二）每个经济的斗争，同时就是政治的斗争：如工人的罢工，本是经济的斗争，但是资本家一利用军警来干涉，便转成

* 本文原载一九二七年六月出版的《工人运动》。

政治的斗争了。

二、在中国现时经济斗争中，工人阶级切近的要求是：

（一）按照各地各时生活情形，规定最低限度的工资：本来资本家发给工人工钱的标准，是按照工人生活必需品的价值而定。它应该要够工人恢复劳动能力，维持子嗣（即预备工人老后，再有小奴隶替资本家工作）之用。照这样发给工人工资，工人已经遭受了很大的剥削。因为工人每日所生产的，并不只值他所领得这点报酬。很多劳动是没有受报酬，这就是资本家所谓企业的利润，上了他们的荷包了。但是现在帝国主义的资本家及中国的资本家，他们还不肯按这个生活必需标准发给工人工资，还要从这里面再加克扣，这样一来中国工人的生活，真是苦到万状了。我们试拿上海和日本的纺织工人的工资一相比较，两地的生活程度相差甚微，而工资竟为一与三之比，即中国工人每日所得，不过日本工人一日所得的三分之一。年来生活用品日见提高，而工资之所增极少，工人待遇，苦不堪言。因此要求按照各时生活情形规定最低限度的工资一事，应成为我们目前应进行主要工作之一。

（二）八小时工作制的规定：每个工人最大限度的工作能力，一日不能超过八小时以上，这个数目只有再往下少，不能再往上加，如矿山的窿内工人，则至多不能超过六小时；火车升火的工人不能超过四小时。欧西各国工人，数十年来为要求此制度的实现，不知经了几千百万次的运动，流了几千百万工人的血，但是中国工人可做十二点以至十八点钟的工，难道中国工人就不是一样的血肉构成的人么？我们现在应与各国的工人共同争这八小时的工作制的规定；同时我们又要注意必须在工作时间缩短之下，不影响于工资的低落，而反应该增长或照旧。不然资本家一面虽减少工作时间，一面却减少工资，迫使工人不得不因维持生存而愿继续加工，这样名至而实不至的手段，我们是坚决反对的。

（三）反对一切虐待：在欧美各国的工人，资本家尚表面尊重他人格的独立，雇佣的自由；而在中国则资本家视工人直与牛马无异，动辄任意拳打脚踢，私刑拷打，杀死无罪。最近日商纱厂罢工，发出反对日本打人的口号，我们试想这是一种什么呼声；又加工作中屎便之限制，下工时遍体之搜索等，以及许多不可胜数的事实，无异对付盗贼囚犯，我们应当坚决反对。

（四）女工童工之生活改善：在中国的资本家特别欢喜女工童工，他们是看中了这两种人较为柔软，容易欺负，容易加他们以惨无人道的压迫，因而女工童工的生活遂愈苦不堪问了。女工的工资，是不能与男子相等的，她们的身体，是可以任意侮辱的。至于童工呢，许多六岁未满的小孩，终日站着做十二小时以上的苦工，这还是人的生活么？最近上海工部局曾提议改良童工生活，但所有的条文，完全是名归而实不至的骗局，我们应该反对这种欺骗。我们应当要求：（甲）禁止妇女与不满十三岁者以有损健康之特别困难与危险以及地穴下面的工作。（乙）绝对不准怀孕与哺乳的妇女作夜工及特度的工作。（丙）妇女在产前产后有八星期的休息与领工资。（丁）怀孕及哺乳之妇女，于普通规定的休息时间以外，并须补足其哺乳小孩的时间。哺乳相隔的时间，每次不能超过三小时半以上，且每次哺乳不得少于半小时。（戊）绝对禁止使用十三岁以下之童工女工。（己）绝对禁止使用童工作夜工。（庚）每日工作六小时，每周须有继续四十二小时之休息。（辛）不得克扣工钱。女工童工与成年工人做同样工作时，须得同样的工资。（壬）为童工设立免费的平民学校。

（五）劳动保护与社会保险：中国内各种工厂的一切设备，是很少能顾及工人身体的健康的，因而危险之事常常发生。如去年上海祥经丝厂的大火，工人被烧死者数百人，平时因工厂之不洁，而得肺痨疫症以死者，更不可计其数；又在工人工作受伤或死亡失业后，亦无相当的保证。因此我们当努力要求：（甲）一切企业机关，应设法消除或减少于工人身体有害的工作及生产方法，并当预防不幸的事情之发生；极力注意工场卫生与防疫事宜。（乙）对于从事于有危险健康工作之工人，工厂须供给他以种种抵抗危险的服装用器消毒材料等。（丙）应实行社会保险制度，使工人于工作伤亡时，能得到赔偿；于疾病失业老年时，能得到救济。

（六）取消包工制：有许多工厂的资本家非常狡猾，他在他与工人间设立一道防线，这个防线就是包工制度。他利用他最忠实的走狗为工头，把工作包与工头，工人须向包工头请工做，这样一来，在资本家与工人间，更多一层工头的剥削，愈使工人的生活痛苦，而且在斗争时，资产阶级更可利用工头以破坏工人的组织。所以我们非打破这种制度不可。

三、为监督实行保护劳工的一切事件预防机器的不慎，在危险的生产中，要预备保险的服装及防毒的用品，工人有病，或在工作时受伤，须赔偿其损失。关于工厂的监督员，必须参加工人的代表，又保护童工女工的利益，亦必须有童工和女工的代表参加。

四、全国总工会在这次大会后，应具体的指导他所属各业工人，尽量利用一切可能的机会，去取得这些权利，去从事为获得这些权利的斗争。在这阶级斗争中，去教育工人，组织工人。

五、在这个斗争过程中，我们想得到胜利，必须注意下面的几点：

（一）当有统一的集中的便于斗争的组织。

（二）一地方的罢工，同时须得各地方的援助，切忌分立的行动。

（三）一个地方或一个企业，发生罢工后，其他地方及其他企业，应做通电声援，或集资援助，若形势严重时，总工会应讨论对资本家经济封锁及宣布同情罢工问题。

（四）不可无组织的暴动，应善利用时机，善利用资产阶级的矛盾，集中力量向其最弱点进攻。

（五）全国总工会应附设工人救济会之组织，在罢工时，筹备罢工的基金。罢工后作失业及被禁同志之救济。

（六）应发展协作社的工作，一方面图减低工人的生活费，一方面这也是团结工人，及工人家族的一个武器。

（依照中央文献出版社 2011 年《建党以来重要文献选编》第二册订正）

组织问题的决议案*

一、工会是工人阶级最宽泛的群众组织，它必须设法使所有的工人加入。

二、职工运动的组织形式，须特别灵便，不仅要适合本国工业发达的程度，并且要适合本国政治的环境，文化的程度以及历史的特点（有时连工人阶级的习惯和特点都要注意）。

三、中国土地广阔，各处经济发达的情形不一样，各省政治的环境不一致，因此很难有统一的工会组织形式，至少须有几种不同的形式。

四、中国很久以前就有许多行会。这些行会是根据手工业的，已经是旧式而不能与现代资本主义奋斗。因为他们将有组织的工人势力分裂和消费了。最好的组织是产业工会。产业工会的至要原则，是在每个工厂或作坊内，所有的工人，不论他们的职业是怎样，都要依照该工厂或作坊是哪种产业性质，就都组织那一种产业工会。比方一个纱厂，不论是粗纱间、细纱间、打包间、电灯间……的工人，都是纱厂工会的会员。又比方一条铁路，不论是机务处、工务处、车务处、养路处……的工人，都是铁路工会的会员。这种制度的益处，就是每个产业机关是整个的奋斗单位。当工人与资本家冲突或罢工时，只有

* 本文原载一九二七年六月出版的《工人运动》。

一个工会包括该产业机关所有一切工人，他们就可以为自己的利益很快的得到决议，并且就可马上很坚决的起来奋斗。所以这种组织，对于工人是有极大的帮助。再有一种是职业工会。这种制度，是按照工人的职业加入工会。譬如，机器匠是一种职业，轮船上的机器匠，铁路上的机器匠，纱厂里的机器匠，自来水厂的机器匠……都组织在一个工会里做会员。这就是说一个大工厂内的电灯工人就加入电气工会，机器工人就加入机器工会，木工就加入木匠工会，一个大工厂内有各工会的会员。很明显的，这种组织对于阶级斗争是不及产业组织，因为当对资本家冲突或罢工时，各工会的代表与会员有各自的利益与观点，所以要彼此同意，很难有一致行动之可能，即使可能，也必须消费时间，对于工人的奋斗力与精神是极有障碍的。还有最坏不过的，就是不特不是依产业组织，并且也不是依职业组织，而是以狭小的专门范围（如铜匠、铁匠、司机、翻砂等），这就是等于不善的旧式行会制度了。因此，很显明的，铁路、海员、矿山、纺织及其他新式产业中是绝对须采取产业组织，若小铁厂、理发店、裁缝铺、泥水作等小工厂及手工业，亦可酌用职业组织。至于行会组织，务要设法改进到新式工会的形式。但我们亦须记着工会是广大群众的组织，亦须斟酌该处之实在情形决定他的组织形式，不可死板。

五、政治的环境应当特别注意，在中国目前还只是广东一省比较自由，工会可以公开的活动，其他各省因政治情形各有不同，工会或者半公开的存在，或者简直秘密的存在，至于公开的工会活动很少可能，或受限制，或被干禁。因此，要利用许多公开的名义，如办夜学校、协作社等，去做职工运动的工作，这种公开的工作，只要办得到，我们就要利用这些工作，为工人组织的秘密发展。

六、工厂支部当为工会的基本，在小的企业内，特别是在不能公开工作的地方，首先工作只能委派工会的全权代表，由这工会的全权代表，按照工会上级机关的指令，在该企业内工作。在大的企业内，必须按照工作部分组织工厂支部，倘若工厂支部增加到几十或者几百的时候，工厂支部内或者小企业内，得按加入工会的会员十人、五十人或者一百人选出一代表，酌量情形组织办事机关。这部分代表即工会的中坚分子，与选举他的群众发生很密切的关系，并通知他们工会的一切情形。有可能时，还须召集大会，报告工作的经过，时常在工作的时候，工人的家庭里，与工人见面时，宣传工会利益，煽动工人加入工会。

在工会的中坚分子的大会上（倘若不能开大会时，则在代表会议上）选举职员，组织某一地方的机关，这地方的机关，又须经上级机关批准，至少年须召集该工会大会一次，在大会上，选举该总工会的执行委员会。为统一当地工会组织及亲密互助起见，凡城市或省区应只组织一个工会联合总机关。如一城市或一省区有数个此项性质总机关者，应开联席会议，公决归并为一。

七、工会是为工人所有的利益而奋斗的组织，工会当为改良劳动待遇，增加工资，减少工作时间，保护女工童工，争得星期日过节日不扣工资的休息，规定劳动法等而奋斗。工会必须储蓄基本金，罢工的基金，补助医药费的基金等，以备不虞。工会为关心自己会员的阶级教育，当开办学校，设短期演讲所。

八、为要实行上面所说的，因此工会每月要征收其会员的会费。每月至少为一小时平均工资，工会不宜收太高的入会费。

九、无论工会组织的形式有各种的不同，但工会组织的性质是阶级的，工会工作的内容是阶级的，工会的教育同样也是阶级的，少了这个条件，中国工人组织工会就失了他本来的意义。所以工会会员，不宜包含雇主、高等职员及包工头等与工人利益相反的分子。职工运动的组织形式不可死板。

但工会不可调和，不可妥协，工会组织必须有坚决的阶级行动。

十、工会的建设须有经常的计划，能利用一切劳资的冲突和一切罢工，以及一切关于工人阶级有意义的事变，作普遍的宣传。

十一、目前因组织的力量缺乏，不能注意到所有的工作，须特别注意组织铁路、海员、内河及码头运输工人、矿山、纺绩缫丝、烟草、印刷，以及天津、北京、上海、武汉、青岛、大连、长沙、广州、香港、澳门等处各重要城市的工会工作。

十二、为加多职工运动的领导分子起见，大会完后必须在大的城市里面和产业的中心地，开短期的补习学校（以三月为限），培养职工运动的人才，须多造就一些领导分子，职工运动才有稳固向前发展的基础。

（依照中央文献出版社2011年《建党以来重要文献选编》第二册订正）

工农联合的决议案*

一、无论在哪一国，农民总是占大多数，至少农民也是经济上一个主要势力。他们所受的压迫，不减于工人阶级，或且还有过之，因此他们在现存制度之下，也是一部分革命的势力。

二、工人阶级要想推翻现存制度，必须结合反对现存制度的一切革命势力，因此他应该努力找寻他的同盟者。这种同盟者的第一个，就是农民。无产阶级倘若不联合农民，革命便难成功。

三、我们知道政治的中心总是在城市，因此斗争的中心，也是着重在城市。所以工人阶级应该努力去领导农民来参加这个斗争。

四、过去许多国家内劳资两阶级的斗争，如一八七一年巴黎公社的失败，一九〇五年俄国革命的失败，一九二三年德国革命和保加利亚革命失败，其失败的原因，都是因为没有得着农民帮助，或农民势力落在资产阶级手中。反过来说，俄国革命所以成功，就是因为得着农民的援助。

五、中国农民占全国人口总数百分之七十五，他们所受的压迫和剥削，较工人尤甚。中国工人阶级要想得到解放，更非联合农民共同奋斗不可。

---

* 本文原载一九二七年六月出版的《工人运动》。

六、农民要得到自身的解放，也只有与工人联络，才有可能。

七、工农联合，在目前应该实现下列几点：

（一）工人在其回乡时，或在其工作附近地之农村，均应向农民宣传并帮助他们组织农民协会。

（二）工会农会之间，得互派代表；工会应设法提携农会进行。并助其发展经济的组织，如合作社等。

（三）农民如发生经济上或政治上的争斗，工会应领导工人为实力的援助。

（依照中央文献出版社 2011 年《建党以来重要文献选编》第二册订正）

工农兵大联合决议案*

今天（五月一日），全国劳动大会全体代表、广东全省农民协会全体代表，革命军人代表、革命学生代表、广州市工界代表在广州举行盛大之联席会议，一致认定打倒军阀和国际帝国主义的革命、解放劳苦群众的革命，只有工农兵一致团结，才能成功。

全国工农兵大联合万岁！

全世界工农兵大联合万岁！

中国革命万岁！

全世界革命万岁！

打倒帝国主义！

打倒军阀！

（五月一日工农兵代表联席会议通过）

（中华全国总工会中国工人运动史研究室编：《中国工会历次代表大会文献》，工人出版社，1984年，第27–28页）

* 本文原载中华全国总工会编印的《第二次全国劳动大会决议案及宣言》。

对于赤色职工国际代表报告的决议案 *

一、听了赤色职工国际代表报告之后，我们知道世界上有两个大本营：一是资产阶级的大本营，也是压迫阶级的大本营，以美国为首领；一是无产阶级的大本营，也是被压迫民族的大本营，以俄国为首领。中国劳动群众自然应是全世界无产阶级和被压迫民族的大本营中的一部分。

二、亚姆士特丹黄色职工国际为改良派首领所把持，专门勾结资产阶级欺压工人阶级，确系欧洲工贼的巢穴，中国工人阶级应与全世界革命工人一致反对之。

三、赤色职工国际团结了全世界各色人种的工人，确能真实的为全世界工人奋斗，为全世界工人的总指挥机关。中国工人阶级此后应强固自己的组织，加入赤色职工国际，并拥护他的一切政策。

（中华全国总工会中国工人运动史研究室编：《中国工会历次代表大会文献》，工人出版社，1984 年，第 28–29 页）

* 本文原载中华全国总工会编印的《第二次全国劳动大会决议案及宣言》。

铲除工贼决议案*

一、我们工人的仇敌，一个是资产阶级，军阀、官僚及帝国主义皆属之；再一个是资产阶级的走狗，即所谓工贼。我们要解放我们自己，我们知道只有打倒资产阶级；但同时也知道工贼是我们解放前途之大障碍，因为工贼是资产阶级的爪牙，而以破坏工人事业为职业者。故我们打倒资产阶级，同时须不断的铲除所有一切的工贼。

二、资产阶级对付工人之方法，一方面是利用他们的军警、法庭等来压迫工人；另一方面是嗾使他们雇用之工贼从我们工会中捣乱。中国现在的工贼几乎普遍全国，兹列举罪恶最著其姓名如下：

1. 王光辉	2. 郭寄生	3. 徐锡麟	4. 童理璋
5. 宾步程	6. 李　彤	7. 杨德甫	8. 张德惠
9. 郭聘伯	10. 张　纛	11. 刘伯勋	12. 余友文
13. 冯自由	14. 马超俊	15. 谌小岑	16. 张恩荣
17. 苗凤鸣	18. 何　东	19. 黄焕庭	

三、我们对于铲除工贼之办法：

1. 将工贼罪恶编成小册子，宣告全国各工会，使各工人都明白，对工贼加以防御及攻击，务使工贼无立足之地。

---

* 本文原载中华全国总工会编印的《第二次全国劳动大会决议案及宣言》。

2. 各工会均应组织工人自卫团，如工贼来破坏时以武力对待之。

四、我们知道中国的工贼应该铲除，然而世界上有一个工贼的巢穴，叫作“国际联盟劳动局”。这个机关就是资本帝国主义用以破坏全世界工人阶级的。所以我们也要根本反对之。

铲除国内一切工贼！

打倒工贼的国际联盟劳动局！

阶级斗争万岁！

世界革命万岁！

（中华全国总工会中国工人运动史研究室编：《中国工会历次代表大会文献》，工人出版社，1984 年，第 29–30 页）

工人教育的决议案*

一、我们为使工人运动之发展、组织之坚固、斗争能力之强大，在工人中教育宣传是非常重要的，所以我们对于工人教育也是非常重视的。

二、工人教育之旨趣，约为下列两点：

1. 促进阶级觉悟。工人阶级所以能战胜资产阶级，就在他有阶级的觉悟；有觉悟然后知道团结组织，知道如何去斗争。所以我们的教育方针，一面虽是注意他们日常生活的需要，如识字常识等。但最重要的是要用这些日常生活知识材料说明其原因结果，引用他们生活困苦之根源及现社会之罪恶，以唤醒其阶级觉悟，这是我们无产阶级教育的极重要的原则，可说这是我们教育的生命。我们办教育的最终目的，就是促进工人阶级的觉悟，对于工人的一切解释、批评、教育、训育等，都要明确的站在我们无产阶级的观点上，我们的一切言论行动，都不可违背了阶级的意识。所以我们的教育是促进阶级觉悟的教育。

2. 训练斗争能力。我们并要在行动中去教育工人，当每个罢工运动发生时，工人利益与资本家发生冲突时，工人受国家或资本的残害时，正是极重要的提高工人觉悟的机会。要在这

* 本文原载中华全国总工会编印的《第二次全国劳动大会决议案及宣言》。

些事件中去做教育宣传工作，激发他们阶级斗争的勇气，训练他们作战的能力。如何要有团体？如何服从纪律？如何要有领袖？如何窥察敌人的情形？如何观察时势的变化？如何应付危险的局面？如何解决困难问题？如何要有国际的联合？如何要携着农民共同奋斗？凡此种种，皆是阶级战争上的必要能力，我们必要时时注意训练他们，最好拿本地或他处劳动运动实际材料来说明，如本地某种工人罢工之胜利之原因和结果。我们从这些教训中，此后应该怎样预防和救济，所以我们的教育又是增加斗争能力的教育。

三、工人教育之办法，不论工会在秘密或公开的时期，均应设法进行补习学校、工人子弟学校、工人阅书报社，及化装、演讲、公开讲演、游艺事等。

1. 工会秘密时期，工人教育为觉悟分子加入工会及宣传的机关。工会公开时期，工人教育为训练其会员之地。

2. 工人补习学校教育，为每个工会目前应特别努力进行之事，因为成年工人与青年工人为目前斗争上唯一的战士，工人子弟为将来的工人，是有力的后备军，故我们也应设法次第举办其种种教育。

3. 开会演讲，工会的开会是教工人学习处理本身问题的绝好机会。在可能的时候，还当在非工会会员的工人群众中去开会，去吸引他们参加讨论，吸引他们入会。其余如化装、演讲、游艺等项是一种最方便最普通的教育，因为可以引起听者之兴趣，而使宣传之意义能深入于一般工人的群众。

4. 当打入国家、资本家、青年会所举办的工人教育事业中去工作，转变他教育的性质，如不可能时，须尽力反对这种麻醉的教育。

四、在现存制度之下，即资本主义制度之下，工人要想得到充分的知识，得到许多受教育的机会，是没有可能的，这些都只有工人夺取政权后，才能办到。

（中华全国总工会中国工人运动史研究室编：《中国工会历次代表大会文献》，工人出版社，1984年，第30-32页）

香港问题决议案*

大会听了香港代表团报告之后，认为香港乃帝国主义之殖民地，不论为民族的解放或阶级的解放，皆应联合一致奋斗。今香港各工团分成几个系统，固违背近代工会统一运动之意义，也且违背民族独立运动之意义，实非佳象。前经二次筹备联合，均为帝国主义者利用少数不良领袖把持破坏，是以不能成功，殊为重大的损失。故大会依香港代表团之请求，决议应由工团总会、华工总会及其他各工会，派出代表开一联席会议，共同决定化除门户之见，从新组织全港工会的总机关，务使所有工会统一，集中工会力量，为全港民族的和阶级的利益及幸福而奋斗。

（中华全国总工会中国工人运动史研究室编：《中国工会历次代表大会文献》，工人出版社，1984年，第32页）

* 本文原载中华全国总工会编印的《第二次全国劳动大会决议案及宣言》。

广东问题决议案*

大会听了广东代表团报告之后，认为广东工团分成几个系统，及违背近代工会统一运动之意义，实非佳象。故依广东代表团之请求，决议应由广东省各工会，派出代表开一联席会议，共同决定化除门户之见，从新组织全省工会的总联合机关，务使所有工会统一，集中工会力量，以为全省无产阶级之利益及幸福而奋斗。

（中华全国总工会中国工人运动史研究室编：《中国工会历次代表大会文献》，工人出版社，1984 年，第 32 页）

* 本文原载中华全国总工会编印的《第二次全国劳动大会决议案及宣言》。

上海问题决议案 *

大会听了上海代表团报告之后，认为工贼王光辉、郭寄生等所假冒之上海工团联合会，非真正工人群众之组织，否认其为代表上海工人之机关。故决议应由此次出席大会之上海各工会，联络其余各真正工会共同组织全上海工会之总联合机关，以便真能为无产阶级谋利益，而抵抗帝国主义、资本家以及工贼之联合进攻。

（中华全国总工会中国工人运动史研究室编：《中国工会历次代表大会文献》，工人出版社，1984 年，第 33 页）

* 本文原载中华全国总工会编印的《第二次全国劳动大会决议案及宣言》。

中华全国总工会总章

第一章　总　纲

第一条　本会定名为中华全国总工会。

第二条　本会以团结全国工人，图谋工人福利为宗旨。

第三条　本会总机关暂设在广州，并得择定其他相当地址特设办事处。

第四条　凡在中国境内之真正工人组合，均得为本会会员。凡产业工人已有全国一总组合之组织者，或一市或一县或一省的城市工人已有总组合之组织者，由该总组合加入本会为会员。各单独组合直接加入本会者，则须经本会之审查认可。

第五条　本会之职任如下：

（一）发展全国工人的组织；

（二）统一全国工会运动，务期密切的团结；

（三）整理各工会之组织系统；

（四）指挥各工会的行动；

（五）仲裁各工会间或各工会之争端；

（六）发布全国工人共同奋斗之目标；

（七）代表全国工人与国际工人谋密切之结合；

（八）提高工人智识，联络互相感情；

（九）促进各工会彼此间有效之互助；

（十）保障工人利益，设法解决救济及职业介绍等事项。

第二章 组 织

第六条 本会之最高机关为全国代表大会，每年举行一次；并得举行临时大会，均由本会执行委员会、各工人团体派赴代表大会之代表，额数由本会执行委员会按比例决定之。

第七条 由全国代表大会选举执行委员二十五人组织执行委员会。代表大会闭会时，执行委员会为本会最高机关。

第八条 执行委员互选正执行委员长一人，副执行委员长三人。委员长不能执行职务时，得由执行委员会重新互选之。

第九条 执行委员会之下，须组织一干事局，受执行委员会之指挥监督，驻会办理一切事务（干事局干事人选，由执行委员会决定之）。

第十条 干事局分下列各部办事：

（一）组织部——掌管本会所属各工会之组织事项，并帮助各处无工会组织之工人群众，组织工会。

（二）秘书部——掌管本会一切文件收发、统计、报告等事项。

（三）宣传部——掌管本会宣传教育工作，并指导各工会之教育方针。

（四）经济部——掌管司库、司账、庶务等经济事项。

各部须设主任一人、干事若干人，由执行委员会斟酌事之繁简选任之。

第十一条 干事局设总干事一人，由执行委员中之一人兼任，为干事局会议之主席。

第十二条　本会为会务发展及便利起见，得于相当地点特设办事处，各置主任一人、办事员若干人，由执行委员会斟酌情形临时决定之。

第十三条　执行委员会认为必要时，得设立各种特别委员会或机关，并得聘任顾问、编辑等委员。

第十四条　本会执行委员会干事局及其他机关人员，均每年改选一次。

第十五条　执行委员会、干事局、特设办事处、特别委员会和特设机关之会议及组织的细则，由执行委员会另定之。

第三章　公　约

第十六条　各工会须实行本会代表大会及执行委员会之决议及命令。

第十七条　如一处或一种工人发生为工人阶级之争斗时，各工会接到本会之通告后，应一致为声势上、经济上或实力上之援助。

第十八条　在同一产业及职业或同一地域内，如有两个或两个以上同等性质之工会发现时，应依本会之劝告，互相让步并成一个工会。

第十九条　各工会间如有争端，须直向本会控诉，听候仲裁，不得互相攻击。

第二十条　各工会对本会有不满意时，得直向本会抗议，或向代表大会控告，不得有破坏本会之行动或言论。

第四章　经　费

第二十一条　各工会应按月向本会交纳常费，其数目由各工会按比例法认定之。

第二十二条　遇必要时，经本会执行委员会之议决，得向各工会征收特别捐。

第二十三条　本会经费发生困难时，得向外界热心帮助本会者捐募。

第五章　附　则

第二十四条　本章程经全国代表大会通过后，即发生效力。

第二十五条　本章程如有不适当处，应由全国代表大会通过修正之。

（《工人运动》，上海泰东图书局，
1927 年，第 187—195 页）

第二次全国劳动大会选出的中华全国总工会执行委员名单*

执行委员(二十五人)

林伟民　苏兆征　戴卓民　邓　培　刘文松　孙云鹏
刘少奇　李　森　谭影竹　刘和森　曾西盛　刘公素
梁桂华　吕　棠　何耀全　李　铃　郑绎生　孙良惠
邓中夏　李　成　袁告成　高秀炳　刘俊才　钟伯兰
赵悟尘

(中华全国总工会中国工人运动史研究室编:
《中国工会历次代表大会文献》,工人出版社,
1984年,第37页)

* 本文原载一九二五年五月二十三日出版的上海《民国日报》第三千三百二十七期。

第二次全国劳动大会宣言 *

全国工友们！我们现在处在水深火热之中，痛苦万状。不是生活程度日高，工资不够维持，便是工作时间太长，疲劳过度。不是工厂私定苛章，虐待工人，便是监工包工头等，殴辱剥削工人。不是横遭抢掠、欠薪和失业，便是受拉夫、封船、苛捐重税等痛苦。种种事实，数不胜数。我们忍受了这许多痛苦，自然不能低头忍受，而且不得不奋起图存。但是敌人却枪杀我们的战士，拘禁我们的代表，封闭我们的工会，摧残我们的罢工，开除我们的兄弟，监视我们的行动。为什么我们的命这么苦？非明白知道不可。

我们受痛苦的主要原因，就是外国帝国主义者侵略中国。外国帝国主义者为什么侵略中国？无非是想发财。发财就只有三个方法：（一）盗贼中国的财富，如占据矿山铁路收买原料等；（二）剥削劳苦人民，即是以低廉工资役使中国工人；（三）输入洋货。这三种发财的方法，都太不利于中国人民，尤其不利于中国工人。他们的勾当，既不利于中国人民，自然引起中国人民的反抗。而且各个帝国主义者都想发财，彼此之间，不免互相冲突。如是他们强迫中国缔结不平等条约，遣派战舰军队来华；并获得租界和领事裁判种种特权。所以他们能够在华

* 本文原载一九二七年六月出版的《工人运动》。

开设工厂，奴隶中国工人；中国工人如有反抗，他们又能利用特权以压迫之。输入大宗洋货，使小商人和手工业者以及农民失业，如是一部分又变为他们利用的工银奴隶。大部分失业者便变为兵或匪。他们想在中国领土内和劳苦人民身上发财，自然是各国的帝国主义者都想发财，而且各人都想大发其财。如是首先就想瓜分中国，进于共同宰制中国，更进于分途侵略中国。他们各自都培植一派军阀，借图扩充他们自己的势力范围，实现其大发财主义。如是他们培植的军阀，便是蹂躏中国人民的仇敌。军阀受帝国主义者的指使，特别摧残工人和民众势力。

帝国主义者不但用种种侵略的方法，以图发财，还用种种方法，愚弄中国人民，用意在制造一班洋奴，为其发财之走卒，如开设教堂、学校、报馆等方法是。最近帝国主义者和受其利用之军阀官僚，又收买一班工人败类和反革命分子；假借工人名义，破坏工人团体。这班工贼和反革命分子是与工人势不两立的仇敌，却是保障帝国主义者发财的走卒。

全国工友们！我们要睁开眼睛，看清我们受痛苦的原因。明了了受痛苦的原因，方能知道怎样解除痛苦。现在给我们种种痛苦的敌人是国际帝国主义和其一切走狗，那么，只有打倒他们，才能解除我们的痛苦。有了这班帝国主义者和他们的走狗的利益，便没有工人的利益；有了工人的利益，便没有这班帝国主义者和他们的走狗的利益。这是关系工人阶级的生死存亡，全国工友们非一致团结，与这班仇敌作一最后的死战不可。

全国工友们！第二次全国劳动大会于五月一日在广州集会，参加者全国一百六十五个工人团体，到会代表二百七十七人，共代表全国五十四万有组织的工人，一致认定全国工人必须用自己的组织力量，解除自身的痛苦，获得自身的利益；并要力争全国人民所需要的集会、结社、言论、出版的自由，全国工人所需要的组织工会和同盟罢工的自由。而压迫剥削工人阶级和摧残工人自由的仇敌，又非首先打倒不可。

大会并代表全国工人与广东有组织的二十一万农民和数千革命军人联合，而且正式加入国际革命的无产阶级之队伍。因为中国劳苦群众的解放，第一，要由进步的无产阶级领导广大的农民群众；第二，要与世界的无产阶级联盟，共同奋斗，才能获得最后的胜利。

全国工友们！大会为满足全国工人的要求起见，为统一战斗力起见，已正式组织中华全国总工会。从此中华全国总工会便是指挥全国工人奋斗的总机关。

全国工友们！全国工人都觉悟起来了，都纷纷起来组织团体了，都知道为自身的利益奋斗了，现在中华全国总工会又组织起来了，从此全国工人须在中华全国总工会旗帜之下，一致团结，提携着贫农，联络着全世界无产阶级，共同奋斗。

打倒帝国主义！

打倒帝国主义爪牙的军阀！

打倒帝国主义走卒的工贼和反革命派！

全国工人大团结万岁！

全国工农兵大联合万岁！

全世界无产阶级联合万岁！

（依照中央文献出版社 2011 年《建党以来重要文献选编》第二册订正）

第三次全国劳动大会

中国共产党致第三次全国劳动大会信*

第三次全国劳动大会代表诸同志们：

去年第二次劳动大会后，接着便发生了中国历史上空前的民族革命运动——五卅运动；在此次运动中，中国的工人阶级，尤其上海和香港工人，表现出惊动世界的战斗力，不但使帝国主义及军阀震恐，并且使中国的资产阶级震恐；香港工人至今尚能支持一年的政治罢工，上海工人也能保持为从来所未有的群众组织，这是使今年的大会比上年的大会，更有新的生命。

现时中国工人阶级的组织，在全国人口比例上虽然还很幼稚，而在政治争斗上，弱小的中国工人运动，已在世界革命影响上收了很大的结果；这是因为工人运动一开始，不但有静的组织，而且有了动的政治争斗——民族革命的争斗，使计算世界革命力量的人，不得不把中国工人的力量列入。

现在反动军阀的势力又布满了北京，使北方的工人运动，尤其是路工和矿工运动受很大的打击；然而崩溃中的中国军阀，决不能长期的维持其统治地位，我们工人群众正应在此反动时期中，格外努力积聚我们的力量，即静的组织力量，以备马上将来的动的政治争斗——与军阀决死战的最后争斗。

我们以后积聚我们的组织力量，不应仅仅是产业工人，并

---

* 本文原载一九二六年五月一日出版的《向导》周报第一百五十一期。

要普及于一般劳苦群众，以扩大我们在数量上的战斗力；我们的力量在数量上增加了，我们的力量在争斗的质量上也是会增加的。而且，我们不但要组织一般劳苦的工人群众，并且要和劳苦的农民群众组织亲密的同盟，领导他们参加一切经济的政治的争斗，才免得工人阶级孤军独战之困难，因为现时中国工人的数量在全中国人口比例上还是很小。

总之，我们必须努力扩大及巩固全国工人农民及一切劳苦群众的联合战线，才能够抵抗一切特权阶级的压迫，以至获得我们政治争斗的初步胜利——民族革命的胜利。

本党是代表中国工人及农民利益而奋斗的党，本党目前的职责，是领导中国工人农民参加中国民族革命的争斗；同时，在民族革命中，代表中国工人农民利益而争斗。

本党和工人同志们携着手奋斗已经四五年了，现在方开始和农民携手走上战线，因此，在此次大会提出“全国工农及一切劳苦群众大团结”的口号，以贡献于大会，并祝大会之成功。

第三次全国劳动大会万岁！

中国劳动运动万岁！

中国工农大团结万岁！

中国革命万岁！

世界革命万岁！

中国共产党中央执行委员会

一九二六年四月二十日

（依照中央文献出版社2011年《建党以来重要文献选编》第三册订正）

第三次全国劳动大会会议规则

第一条　本会选举主席十五人组织主席团，本会议事日程，由主席团编定。

第二条　必有各该工会正式证书经审查合格，由本会经给出席证之代表，才有表决权，凡有过半数代表之出席即为正式会议。

第三条　每一代表有一表决权。

第四条　各种议案经出席代表过半数之表决通过，即为议决案。

第五条　凡临时提案须有三人以上之附议方得成立议案，再由主席交会议讨论。

第六条　讨论某一议案时，每代表发言以三次为限，第一次廿分钟，第二次十分钟，第三次五分钟（但翻译时间不在此限）。

第七条　代表发言时须起立，不能与人同时发言，如有争论时由主席临时指定发言之先后。

第八条　会场秩序由主席维持，如有扰乱会场，由主席选派人扶出会场，再提交会议处置。

第九条　议案表决法由主席临时决定。

第十条　表决议案如赞否人数相等时，则取决于主席。

第十一条　会议时间每次以三小时为限，但遇必要时，主席得延长之。

第十二条　会议时各代表非有要故，不得离席，如离席时，须经主席特准。

第十三条　本规则经大会通过后即发生效力。

（《工人之路特号》，第三百零六期，
1926 年 4 月 30 日，第三版）

开 幕 词*

邓中夏

工友们！农友们！

今天是中国第三次全国劳动大会及广东省农民大会两个大会，在广州举行开幕典礼，我们表示无限的欢欣。同时，我们也表示无限的哀痛！自从去年的“五一”节第二次劳动代表大会与广东第一次农民代表大会开会以后，到现在这一年中，我们工人农民曾经做了不少的工作，表现我们农工在中国革命工作上非常努力，而且无时无刻不是站在反帝国主义、反军阀的战线前面！我们在这一年内有几件很重大的事情，现在可以简单地说一说。

我们记得在去年五月，我们在中国革命策源地——广州，开了工农大会之后，就有杨、刘叛乱，遂有平定杨、刘的战争。在这次战争当中，因为我们工人农人都很努力，所以不到一个礼拜，便把杨希闵、刘震寰打倒，而现在中国唯一的革命政府——国民政府，便在这个时候成立了。同时，上海五卅惨杀已经发生了——是帝国主义者对我们爱国同胞的屠杀，并且在青岛、汉口、九江、南京、广州、重庆等处施行同样的屠杀，

* 本文原载一九二六年五月三日出版的《中国第三次全国劳动大会会刊》第二期。

所以凡爱国同胞无不起来努力奋斗，以是才有五卅运动；而五卅运动遂至普遍全国，上海的工人罢工有三个多月，省港罢工有十个多月。从这次奋斗看来，我们工人农民在反对帝国主义的运动中，是一个很重要的势力。不久又有北洋军阀张作霖压迫爱国运动的举动，工人农民更起来参加反奉战争，在这次的战争中，表现我们工人农人的努力奋斗亦是不少。

现在中国的革命潮流，已经高涨不少，这种革命潮流之高涨，可说是我们工农努力的结果。所以不及一年，我们工农团体的数量，便有很大的发展，这是值得欢欣的。

但是这种运动当中，我们的兄弟、我们的领袖，实在牺牲不少。这些兄弟领袖都是为打倒帝国主义、军阀而牺牲，如在上海便有刘华同志、顾正红同志，在安源有黄静源同志，青岛有李慰农，正太路有高克谦，天津、河南也牺牲了不少的同志，尤其是省港罢工牺牲的纠察队的同志更多。我们对于这些损失，自然是非常哀痛，但我们同志要因此更加努力，我们要继续已死同志的未竟的工作！我们要准备继续他们而牺牲！所以我们在这次大会当中，要集中我们的力量，并与各阶级建立联合战线，这便是今天开会的重大意义，并且希望全体工友一致努力！我们高呼：

全中国工农阶级团结起来！

打倒帝国主义！

打倒军阀！

打倒买办阶级！

打倒土豪劣绅！

打倒一切反革命派！

中国革命成功万岁！

世界革命成功万岁！

（中华全国总工会中国工人运动史研究室编：《中国工会历次代表大会文献》，工人出版社，1984 年，第 52–53 页）

一年来中国职工运动的发展*

刘少奇

各位代表：

今日主席团要我来报告中国职工运动的发展；我所报告的范围，只限于一年来中国职工运动的发展。换句话说，就是自第二次劳动大会至第三次劳动大会之间中国职工运动发展的情形。

一、第二次劳动大会前后之中国职工运动概况及第二次大会之意义

1. 政治状况：当中国第一次劳动大会之前，帝国主义者在中国发生了利害冲突；此时北方之奉、直战争，吴佩孚被张作霖逐到岳州，表面上虽是中国国内战争，其实是英、日两帝国主义者的战争。这次战争的结果，英帝国主义之工具——吴佩孚的势力已消沉下去；张作霖则依靠日本势力而伸张兵力于长江一带。同时，日本帝国主义者，又利用其老工具段祺瑞执政中央。如是，英帝国主义者，在中国的势力，一时衰落，而日本帝国主义者势力则极为伸张。英、日两国在中国的利害冲突

* 本文原载一九二六年五月出版的《政治周报》第十三期和一九二六年九月出版的《政治周报》第十四期。

起来，造成中国的内乱；中国的革命运动，同时也得一个发展的机会。

2. 中国军阀政治的动摇：此时段祺瑞虽执中央政权，但并无实力，不过做奉张的傀儡而已；同时，国民军也甚有势力，比较与民众接近。那时张作霖因无统治中国的能力，段祺瑞更无法号令任何军阀；同时接近民众的武力——国民军也产生了。当此军阀政治并未稳固之时，所以无论任何派军阀对于民众尚不敢十分压迫，而中国职工运动得有发展的机会了。

3. 国民革命潮流之高涨：奉直战争发生，国民革命的空气普遍全国，各处都有国民会议促成会之组织。斯时孙中山先生乘机北上，极力宣传，此时国民革命的潮流十分高涨。还有一事，即孙先生之死。固然，中山先生死了，中国革命要受很大的损失，然在各地纪念会之举行，全国民众对于国民革命的意义，亦更明了；革命运动的空气，反因是而更加高涨。国民运动潮流之高涨，当然影响职工运动之发展。

4. 中国职工运动自“二七”失败后，至此已到复兴时期：在此时上海有二万工人之大罢工，青岛亦有万多工人之罢工，“二七”后在北方被封之各铁路工会，亦于此时恢复起来，湖北一带工会，亦渐次恢复而发生罢工，又广东之铁路工人罢工，兵工厂工人罢工，援助革命政府，肃清刘、杨，此为中国职工运动复兴之现象。

5. 中国第二次全国劳工大会之工作及其影响：各位或有参加过第二次劳动大会的，此次大会的重要议决案是什么呢？（1）工农联合：固然现在工农联合不成问题，此大会后或许更加发生密切的关系。但在第二次大会时却是很有意义，因在中国工农联合的议决案以此为第一次，故自后中国工农的关系更趋密切。（2）中华全国总工会加入赤色职工国际：中国工人阶级与世界工人阶级发生正式关系自此始。中国工人阶级从此即得了良好亲挚的助友。（3）组织中华全国总工会：因为有了中华全国总工会做中国工人的总机关，就使全国工人有了统一的总组织。如是全国工人的团结更加坚固；各地工人的关系，更为密切；对于中国职工运动的发展，实有重大的影响。其次关于统一广州工会组织与统一香港工会组织等，均为第二次大会决议案最紧要之部分，到现在广东、香港工会之能可进行统一者，实种原于此。

至于第二次劳动大会在中国职工运动中之影响，也非常重大。我们在第二次大会中对于革命的工作，奋斗的方针，已经确定了。这次大会的精神，各代表都带到各地方尽量宣传，把大部分中国工人都影响遍了。因为有此关系，所以中国职工运动的潮流，已高涨至相当程度，在五卅运动中，工人阶级能领导社会各阶级走上反帝国主义的道路，省港罢工能即刻实现，广州、香港工会组织之能进行，可说是第二次劳动大会影响之结果。

二、五卅运动

五卅运动是中国有历史以来一次反对帝国主义的最大运动，也是中国职工运动自有历史以来一个最高涨的时期。这次运动，差不多全中国的民众，通通参加了。其影响之大，情形之复杂，我固不能一一详细报告。据统计，全国直接参加五卅运动的人数，约一千二百万人，间接参加者，乡村僻壤均有参加，难以统计。我现在分别报告：

1. 五卅运动之起源：为什么在中国这个时候会发生这样大的五卅运动呢？（1）因为帝国主义者侵略中国之急进，我国人民受帝国主义者压迫过甚，中国人民反对帝国主义之情绪亦十分激烈。（2）因为段政府之反动，对于民众运动非常压迫，如禁止“五一”“五四”等示威巡行，又无条件解决金法郎案，以引起人民极大之愤恨。（3）接近民众的武力国民军产生。（4）中国职工运动已在此时复兴，并有坚固的组织。（5）因为革命潮流之高涨，全国民众已知反对帝国主义之方法。有以上各种原因，所以“五卅”南京路之惨案发生，而轰轰烈烈之反帝国主义运动即因而兴起。

2. 五卅运动各地之最初形势：

（1）上海罢工：“五卅”惨案发生后，上海参加罢工者有廿五万工人都参加了。所有英、日两国工厂之工人及洋务工人，莫不加入。有此罢工，上海形势异常严重，帝国主义者发生极大之恐慌。此时，上海工厂无人作工，商店罢市，轮渡不通，车马断绝，交通为之梗阻。此时的上海，真的入于荒凉恐怖之境况。同时上海学生也一律罢课，即各教会学校也都加入。那时我们到上海马路上一看，只见满街贴的是反帝国主义的标语、口号、图画；处处都有游行的、演讲的、募捐的、演戏的，闹个不休，个个人都忙着反帝国主义的工作。此是中国境地之情形。至于在租界内，则大不同了，我们只看见工厂闭了门，商店闭了市，侦探往来，巡捕满街，机关枪大炮布满街口，都作射击之状。此为租界恐怖严重之情形。

（2）在此时间，第二个大事件发生，就是省港罢工。我们知道省港罢工系援助上海“五卅”惨案而罢工，亦是五卅运动之最紧要的事实。自“五卅”惨案发生，广东政府肃清杨、刘后，中华全国总工会即派人到沙面及香港运动工人罢工。自罢工后，各工人都返省城，努力奋斗，工人罢工后，即将港口封锁，因为香港系无出产之小岛，粮食既已断绝，居住的人，自然远迁。如是香港既成荒岛，商人无贸易，房屋无人居住，街道之中，污秽不堪，所以有人说“香”港变成“臭”港了。沙面形势也是如此。但在省港罢工后，六月廿三日沙基惨案又继“五卅”惨案而起。所有英国帝国主义者货物不能再到广州；即沙面与广州虽仅隔一河，而沙面货物，如欲转运广州，非先运往香港、上海，而后才能运至广州。香港英帝国主义者自侵略中国以来所受之打击，以此次为最大。此为省港罢工之大略情况。

（3）其他各地形势：上海“五卅”惨案发生后，全国各地形势亦非常紧张，非常严重。比如北京，所有的学生、工人、商人也非常愤激而参加。北京的工人群众虽然处在压迫之下，亦开会巡行，演讲募捐，十分紧张。北京英国公使馆之工人，起而罢工，英使馆极感不便。青岛日本纱厂工人在“五卅”案未发生以前，已发生两次罢工；“五卅”后又起第三次罢工，复遭一次大屠杀。参加此次运动者有万余人，除纱厂工人之外，还有铁路工人参加，不幸遭帝国主义工具张宗昌残杀，工人领袖李慰农也被害，还有许多因为参加运动，被捕拿监禁者。青岛工人这种牺牲精神是很有价值的。各工友定要继续此精神而奋斗！

至于武汉，在“五卅”后，各界民众甚为愤激，曾有四十万人之水陆大巡行；汉口外国码头工人此时起而罢工，复遭英国水兵枪杀，死工人八、九人。同时军阀萧耀南，也助桀为虐，枪毙萧英，被通缉者数十人，而武汉大运动，即因此沉寂。复次，天津在“五卅”后所有民众运动也极热烈，海员及大多数纱厂工人均同盟罢工；这些罢工，虽然有的是为本身利益，而大部分实为反帝国主义运动。不幸在罢工后，又被军阀李景林大惨杀。对于工人各界群众集会、结社种种自由，均被剥夺，并且逮捕各界及工人领袖五百余人，枪伤学生百余人，一切团体，概被封闭，天津运动，卒为军阀所压下。唐山开滦之英国煤厂，在“五卅”后，亦同盟罢工，亦为李景林派保安队，封闭工会，捕拿数十人，用武力压下。南京方面，在“五卅”以后，亦有极热烈的运动，英国和记公司工人罢工而得胜利复工；后因英人不履行条件，而举行第二次罢工，又为帝国主义勾结军阀压迫下去，死伤数十人。其他如九江、长沙、重庆、河南等处，“五卅”后均有罢工运动，而无处不遭帝国主义与军阀枪杀，无处不有工人死伤。

此外还有一个例外的地方，就是东三省。东三省的民众，对于五卅运动，本非常热烈，但被张作霖之严重压迫，巡行、演讲、集会、结社等自由均被禁止，故运动异常沉寂；即民众捐助罢工之款，亦被政府勒令发还。如此足见奉系军阀之压迫。以上所说，为五卅运动中各地民众及工人阶级奋斗情形。从以上的情形可以看见各地均有极热烈的运动和巨大的牺牲；此种运动与牺牲，以工人为最多，而又以工人为最力，处处都有罢工，处处都有惨杀，而惨杀之结果，死伤者多是工人。工人阶级在此次运动中，实际地处在领导地位。此时工人阶级，几成全国总罢工的形势——统计全国在五卅运动中，工人罢工者有五十余万人。

（4）帝国主义者应付此次运动之策略：英帝国主义对付五卅运动，始终是强硬的。其初以武力在南京路惨杀我们之后，又继续在沙面、九江、汉口、重庆等处，施以枪杀。在交涉方面，他们总是不负责任，希图抵赖，同时又四放流言，谓此次运动是“过激”，是“赤化”，冀以离间中国民众之结合，并竭力勾结军阀及中国资本家压迫工人。至日本帝国主义又怎样呢？“五卅”后，日本的表示总是狡卸，而欲完全将“五卅”的责任推到英国身上。他说纱厂罢工是一个问题，而南京路之大屠杀又是一个问题；南京路事件，是英国的责任。他们又在日本国内的报纸上说，中国反抗英国的运动，是对的，而英国对中国人民之屠杀，是不对的。同时又提倡大亚洲主义，说“日本与中国同是亚洲人，应该联合反抗白种人”云云。其他在“五卅”后，对于日本纱厂罢工风潮，鼓吹单独解决，并向中国人表示好感，以促纱厂风潮之早日解决。此是日本帝国主义希图狡卸“五卅”，责任之表示。至于美国呢？自“五卅”后，他就说“我们与中国素有好感，此次罢工，美国之洋务华工，不应参加，我们美国总是帮助中国独立的”。由此可见美国的假面具更戴得好看了。至法国呢？也是向民众表示好感，希图民众不去反对法国。比如“五卅”后，群众能在上海法租界巡行，民众的机关，他亦不禁止。这亦是他的狡猾之表示。以上是五卅运动起初时，各帝国主义者的态度。观此，起初各帝国主义国家，实各自为战，并无一致之结合，到后来，各帝国主义国家，趋渐一致了；英、日、法、美渐有联合进攻中国民众的形势，尤其是日本与英国的结合，更为明显。比如张作霖初为日本走狗，“五卅”事后，张作霖竭力在各处帮助英国残杀中国爱国工人及一切民众，禁止英国工厂及海员罢工，由此可见英国、日本已经结合向民众进攻。这是“五卅”事后帝国主义联合进攻民众之态度改变的表示。

（5）大资产阶级之妥协与反动：上海在“五卅”事后，中国大商家也同有罢市的举动，但非其本意，完全是受工人、学生之包围而罢市的。在此即可见中国大资产阶级的革命性不充分，并有很多事实，可证明大资产阶级之妥协与反动。比如“五卅”事后，上海革命民众共同组织“工商学联合会”，请总商会（资产阶级的团体）参加，而总商会并不参加。他说：“我们要居在调停人地位才好”。这可见大资产阶级之妥协性。迨后“工商学联合会”提出要求条件十七条，全上海民众均拥护，而总商会则独反对，另提出要求十三条，把“撤退外国海陆军”“工人集会、结社、罢工自由”“收回领事权”等条删去。这又可以证明其妥协性。为了准备把工人、学生拍卖了，他们又提出“单独对英”“缩小范围”，主张无条件解决日本纱厂罢工。其后，他们罢市廿三天，急于运动开市，虽有工人、学生、小商人极力反对，亦不顾及。这种种事实，足以证明中国大资产阶级之妥协性。及上海开市后，大资产阶级更变成反动了。因为英国人把上海电力截断，使上海各中国工厂不能开工；如是大资产阶级即反与帝国主义勾结反动，并破坏罢工了。此种事实很多：如华商纱厂联合会请奉军戒严司令部及电段祺瑞政府，解散工会，压迫工人上工；又如纱厂主穆耦初献计日人，不承认工人条件——增加工资及组织工会，并勾结流氓工贼，以破坏罢工，捣毁工会，殴打工人领袖。而且总商会又把持工人救济费，以断绝工人粮食，希冀罢工不能坚持；又勾结军阀，通缉工人领袖，封闭上海总工会及各工会等等。皆为中国资产阶级反动之事实。

其次在北京的大资产阶级，亦是十分妥协。主张单独对英，不肯对日经济绝交。武汉、长沙大资产阶级主张亦与前同。汉冶萍资本家更勾结军阀，惨杀安源工人，枪毙黄静源。在此全国“五卅”反帝国主义运动中，处处都表示中国大资产阶级之妥协与反动。

（6）小资产阶级在五卅运动中之地位：各地小商人与学生在“五卅”当中都积极参加。比如上海小商人与学生，每一次运动均热烈参加。他们并愿意罢市，大商家要开市，而他们却反对之。这可见其革命性比大商家丰富得多。其次，上海小商人的组织“各马路商界联合会”参加“工学商联合会”，并极力反对总商会所提出之十三条，删改“工商学联合会”之十七条条件。即如各种巡行、捐款等，小商人均极热烈。及后，小资产阶级因为中了帝国主义者的谣言离间，而渐渐消极，终至同大商人一路走去了。然而学生则始终与工人一路走，又如省港罢工，小商人亦组织参观团、恳亲团等赞助罢工，极力反对英帝国主义，而香港学生更至今亦随工人罢课。他如南京、武汉、长沙等处的小商人、学生，莫不赞助工人，积极参加反帝国主义运动。由此可见，中国小资产阶级是能革命的，但同时又充分表示其游移的根性。

（7）工人阶级之坚决：在“五卅”反帝国主义运动中，工人阶级差不多处处都站在领导地位。比如上海“五卅”惨案发生的原因，都因为纱厂工人之经济罢工，而引起顾正红之被杀；顾正红被杀了，罢工工人即向小商人及学生各界民众，鼓吹反帝国主义，由其本身之经济斗争，引至“五卅”政治斗争这是上海工人所做的。上海工人除自己参加斗争外，还引导学生、小商人参加，并能集中自己的组织，举行极大的游行示威等。对于包围捕房、截留粮食、捉拿工贼等，工人无不勇往直前。数十万罢工工人，艰苦坚持至三月之久，尚无倦容；虽因军阀、帝国主义之严厉摧残和压迫，工贼流氓的捣乱和破坏，救济费时常断绝，工人并无退缩之表示。工人虽然受了极大的牺牲，空前之痛苦，然其主张最为急进，最能澈底；反帝国主义的奋斗，最能坚决。即在商人开市了，学生开课了，工会封闭了，领袖逃亡监禁了，尚能罢工一星期以相当条件上工。即在广东省港罢工，亦充分表示工人反对帝国主义之坚决。工人罢工至十月之久，尚能茹苦含辛、坚持奋斗；他们这次罢工，把香港变成了荒岛，巩固了广东的革命政府，促进了自己工会的组织；他们的纠察队在各处封锁港口，与帝国主义军队走狗直接奋斗，不知若干。其他各处工人在五卅运动中，均有工人起来罢工，均能拼命与帝国主义及军阀争斗，均能给敌人以极大之打击，均能站在一切民众之前奋斗。此为工人阶级在“五卅”运动中大略之奋斗情形。

（8）军阀之压迫与摧残：中国军阀对于五卅运动十分压迫，极力摧残，充分表示为帝国主义的工具走狗。奉系军阀在上海设立戒严司令部，到处干涉工人行动。禁止一切集会结社自由，禁止封锁租界及封闭“工商学联合会”、海员工会等三团体，逮捕工人领袖，勾结工贼流氓，捣乱工会及封闭上海总工会及工会等，均为军阀摧残五卅运动之事实。他如天津、唐山、山东、武汉、南京、安源、北京、重庆、九江等处，都有很多军阀摧残民众反帝国主义运动及枪杀运动领袖之事实。

（9）工贼之猖獗：五卅运动中，中国职工运动固十分发展，而工贼在此时也非常猖獗。比如上海工会的工贼，借了工会的假招牌如"上海工团联合会""工人俭德会""制赤会"等，专门破坏工人组织，捣乱工人秩序，替资本家、帝国主义者、军阀作侦探。如上海总工会之被封，刘华同志的被杀，均出于工贼之破坏。其他各地，如香港之工业维持会，以及北方铁路等，无处不有工贼破坏工人运动。这是工贼猖獗之大略情形。

（10）国外之同情：五卅运动起，国外华侨十分同情援助，捐款援助上海及省港两处罢工达二百余万元。世界各国工人阶级亦无不竭力援助。英、法、德等国工会，均有文电到中国表示同情；又有群众运动援助中国，捐款援助者亦属不少。英国各地工人，更有极大之示威运动，援助中国工人罢工。俄国、日本更不用说。日本曾派数代表到中国，俄国总工会亦派代表四人来华慰问工友，并捐款五万余元。中国工人有了这次大运动后，已引起全世界工人阶级大注意，而中国工人阶级与世界工人阶级之联合，益加进步。以上所讲为社会各阶级在五卅运动中之态度，及工人阶级在五卅运动中之奋斗情形。现在再讲反奉战争。

三、反奉战争

（1）五卅运动本为全国民众反帝国主义之大运动，但在此运动中处处均遭军阀之摧残和残杀，于是全国工人及一切民众，深知欲使反帝国主义运动得到胜利，必须打倒国内军阀。故五卅运动虽被奉系军阀所压落，然因此引起反奉战争，此乃帝国主义者利用军阀压迫民众运动之反响；而孙传芳不过乘此机会，暴发反奉战争罢了。

（2）孙传芳将奉天军队逐出上海以后，上海的民众运动复因之而起，此时民众的口号除反对帝国主义以外，并极力反对奉系军阀。在此时期，上海工人阶级十分要求恢复上海总工会，但此时上海政权，落于中国资产阶级之手。资产阶级对于工人运动的压迫，更甚于奉系军阀，一切由工人自行启封之工会及工人的秘密机关，均遭资产阶级之警察及保卫团严密搜查。上海总工会虽已恢复，但侦探满布，重要人员均不能到会办事；而刘华同志亦在此时被杀。虽然如此，上海工人之组织，反更能严密进步，并能为各种问题举行奋斗及罢工。此为上海之大略情形。

（3）反奉战争一起，全国各地工人无不参加反奉运动，处处均有游行示威，各工会无不宣言反奉。北方铁路工人更实际参加反奉战争，如京奉铁路工人之离职，以打击奉军，及信阳铁路工人之拆毁铁路，以断吴佩孚军队前进之路，及帮助国民军之军事便利等，均为明确的事实。

（4）天津、河南、北京职工运动之勃兴，与全国铁路总工会第三次大会，均为此时职工运动发展之重要事实。此时天津亦被国民军占领，所有以前被李景林封闭之工会，概行启封，天津总工会亦已恢复。以前被李景林监押之工会领袖，亦均释放。如是天津职工运动大加发展，此时工会组织较前更为严密。在天津总工会组织下之工人，凡三万余人。唐山的煤矿工会，此时亦恢复，但英国资本家藉此停工，以阻碍工会发展。全国铁路第三次代表大会，亦于此时在天津开会，所有各种重要议案，关于职工运动之前途，十分重要。北京职工运动亦于此时兴起，组织有北京总工会，共有工人万余人，为北京从来所未看见的现象。河南职工运动此时非常发展，组织有河南全省总工会，有组织的工人凡四万余人，更时常发生罢工运动，胜利者居多。

（5）粤港罢工之坚决：广东因有政治的自由，及有国民党帮助农工运动，所以粤港罢工尚能再接再厉，坚持下去；工人阶级此种奋斗精神，在全世界职工运动中，实所仅见。

四、全国职工运动之现状及其趋势

（1）各地工会秘密组织之概况：现在北方政权，已重入反动军阀张、吴之手，所有工人一切组织和运动，无法公开进行，而中国职工运动又进入一个难关的时期了。现在各地工会秘密组织概况，略述于下：

上海：上海总工会现在虽能公开，但实际运动均须秘密进行；所有工人各种组织，也在军阀、帝国主义严重压迫之下。但上海总工会之力量，反能增加，上海工人之组织，较前更加进步，各工会除工会之委员会外，还有干事会及小组之基本组织。现在上海总工会组织下之工人，有廿万零九千四百人；能收会费者，有七万九千七百四十人。他们且不时为他们本身利益及民族利益举行奋斗。统计自一月一日起至四月一日止，四个月中，上海罢工有十八次之多，参加人数有三万余人；罢工的时间，有五十八万六千一百五十小时；要求条件五十三条，要求次数五十四次，胜利者三十五次，失败者十九次。由此可见上海工人的奋斗精神，胜利者居多数。故上海职工运动，虽在严重压迫之下，实有发展之趋势，将来一有公开机会，上海职工运动之勃兴，当更非五卅运动时之上海职工运动所能比拟也。

山东：山东各地工会，完全不能公开，征收工人会费亦极困难，但工人十分信仰工会，团结究能保存，现在各地均有工会小组，以胶济铁路及淄博煤矿工人为好。

河南：自吴佩孚占驻河南后，所有工会均被占驻。现在河南工人之有工会小组者：铁路、兵工厂、铜元局、纱厂、煤矿等处。

湖南：自赵恒惕被驱逐以后，湖南职工运动因而兴起，工会的组织，均能公开。现有组织之工人八万余人，工会廿余个，并有全省工团联合会之组织。所有纱厂、市政、码头及轮船、矿山、铁路均都在组织之内。

其他各地：现在天津、武昌、南京、哈尔滨等处，均有工人秘密组织，工会情况均好。

至于广东、香港、广西职工运动之发展，因国民政府给以人民集会结社之自由，所以两广之职工运动，均有发展和进步。广东各县均有工会组织，成立的县总工会也不少，比如现往汕头，亦有工人代表大会实现。广西梧州，桂林等处，亦组织工会甚多，广西有组织之工人，已增加到十九万人，工会内部的组织，较前亦有进步。以上系中国职工运动之现状。

五、结论与进行方针

（1）一年来，中国职工运动有极大之发展，尤其在五卅运动中，更有长足之进步。工人阶级在国民革命运动中，能领导一切民众向帝国主义及军阀进攻。各地惨杀案均因镇压罢工而起，惨杀结果以工人死伤为最多。工人阶级在“五卅”反帝国主义运动中牺牲为最大，主张最为急进，奋斗最能坚持，力量亦表现得非常伟大。在各种奋斗事实中，足以证明工人阶级在国民革命运动中之领导地位，是确凿不移的。

（2）一年来，职工运动均被军阀压迫与摧残，尤其在五卅运动时，奉直军阀摧残工人阶级更为惨酷。由这些事实，更可以明了国内军阀是帝国主义之工具和走狗。帝国主义与国内军阀永远是群众的敌人，也即是国民革命的对象。同时，又可以证明必须打倒军阀，方能使反帝国主义运动得到胜利。

（3）中国资产阶级本来受帝国主义与军阀压迫，他们有参加国民革命之可能，但资产阶级参加国民革命终究是妥协的，不能彻底的。而且当无产阶级起来参加革命时，或要求生活改良时，资产阶级就马上反动起来了。五卅运动中，上海资产阶级的反动行为，已够我们领教了。我们工人阶级在某一个时候，即在资产阶级与帝国主义冲突最厉害的时候，应与资产阶级合作，共同反对帝国主义，以增强反帝国主义运动之势力。但当资产阶级一有妥协之倾向，或压迫工人运动时，工人阶级应极力反对，以防备资产阶级骗卖自己。

（4）中国小资产阶级，包括小商人、学生，在国民革命运动中占有很重要的地位。在过去一年的反帝国主义运动中，证明小资产阶级是有力量的，能革命的，工人阶级应切实与之联合，建立联合战线。工人阶级并应促进小资产阶级之左倾，以补救其游移保守之根性，而不为大资产阶级所利用。

（5）农民为国民革命之重要势力，是工人阶级天然的同盟军。中国工人阶级应切实提携农民，进行中国的革命。各处的工人应帮助农民组织农民协会及指示奋斗方法，在农民的一切奋斗中，工人应以实力援助之。工人阶级确定自己奋斗的方式时，必须顾及农民的利益。

（6）中国工人阶级在组织上已有极大之进步与发展。全国工会会员不但在数量上有很大的增加，且能改良他们的组织。现在各处工人群众都有统一工会组织之呼声，比如香港、广东工会之统一运动，及上海工人群众在严重压迫之下，尚能有二十万工人在秘密组织之内，且能不时为各种问题而奋斗。以此即可证明，中国工人阶级之组织已非反动势力所能消灭的了。

（7）工会为工人群众之经济组织，所以必须公开。现在中国的工会尚不能得到法律上的保障和社会的承认，中国工人阶级为要发展中国的职工运动，必须积极地公开地开展争工会条例的运动，即使不能争得工会条例之颁布，亦可引导中国工人群众走到政治争斗的路上。中国职工运动，必因此种争工会自由的运动而发展。

（8）过去一年的职工运动，固为反帝国主义之政治争斗，但其中处处都可看到工人的经济要求。中国工人阶级劳动条件之恶劣，是世界各国所没有的。因此，今后职工运动之方针，应加强各种经济争斗。工人在任何时候，都不能离开要求其经济上之利益。经济问题，工人在所必争，经济争斗之发展，即为中国职工运动之发展。

（9）中国工人阶级在过去一年的伟大奋斗中，已经惊动了全世界，世界工人阶级均起而注意中国工人运动，中国工人阶级与世界工人阶级联合因此更加密切。如在“五卅”罢工中，各国工会来文电援助者、示威捐款援助者、派代表来华联络者，已不知若干起。今后中国工人阶级应在各种行动及组织中，与世界工人阶级建立更亲密之联合，促进世界革命。

（10）中国职工运动迅速发展，工贼亦同时猖獗。在各处工贼破坏我们的力量非常的大，我们应设法对付工贼之破坏，工会中应有自卫的组织。

各位代表，现在我的报告已经完了，我们高呼下列各口号：

努力国民革命！

打倒帝国主义！

打倒军阀！

打倒工贼及一切反革命派！

打倒资本家！

颁布工会条例！

增加工资改良待遇！

中国职工运动万岁！

一切被压迫民众联合万岁！

全世界工人大联合万岁！

国民革命成功万岁！

世界革命成功万岁！

（依照人民出版社2022年《中国共产党重要文献汇编》第八卷订正）

中华全国铁路总工会一年来工作报告大纲*

一九二五年是世界工会统一运动发展最高之际，殖民地的民族运动如潮般的汹涌起来。远东近东的弱小民族各高擎革命的大旗，一步一步向着帝国主义的阵门闯进。帝国主义的反攻愈凶猛，民族革命的火焰愈爆烈，如此相激相荡，便造成一个革命的世界；影响及于中国，就造成一个革命的中国。

中国铁路工人在这一个大的趋势之下，一年来所做的工作都染着极浓厚的民族革命与阶级斗争色彩。他正同中国其他先进的产业工人一样，率先的领导一切民族革命运动工作，并为着工人阶级本身的利益，不断地作经济斗争和政治斗争。同时在这些持续的斗争中，遂得积极扩大他的宣传和组织，建立了一个统一的阶级性的产业工会。

现在我们可从经济组织及经济斗争、政治斗争的观点上，将全国铁路工会一年以来的发展情形，简单叙述一下。

组织情形

从工会组织上说，一年来全国铁路工会的工作可分两个时期：第一是恢复工会及创造工会的时期；第二是发展和巩固一般工会组织时期。

* 本文原载一九二六年五月八日出版的《中国第三次全国劳动大会会刊》第六期。

当去年“二七”第二次全国铁路代表大会的时候，正是直系军阀崩溃不久的时候，被曹、吴封禁之各铁路工会多数尚未恢复。当时列席的代表，据上届执行委员会报告，只有唐山、郑州、彰德、大连等处是代表公开组织的工会，其余多数代表都是从事工会秘密工作的工人领袖，有些是刚从监狱中出来的。回溯当时北方的政治环境，曹、吴虽倒，直系的残余势力在山东、长江一带仍然不小。奉天军阀挟着交通系重掌国有交通大权；段政府举措反动尤甚；国民第一军冯玉祥虎踞京绥全路。在上列情形之下，工会的发展仍是很不容易的。不过当政变之余，直系余孽及尚未强盛之小军阀，日在危撼不定之中，对于工人的防御较前不免松懈，实给予工作上以多少之便利。厥后国民第一军因政治关系，亦采用了同情工人之政策，此时全国铁路总工会遂广派专员，分赴全国各路为恢复工会及创造新工会之运动。此运动经过半年有余，遂有十八路工会之组织。此际计有工会组织之铁路，为京汉、京奉、京绥、正太、道清、陇海、胶济、粤汉南北段、中东、南满、沪宁、沪杭、南浔、广三、广九、津浦、株萍等路，共包括六十余工会。

全国铁路既已均有工会的组织，工作的进展便临到第二期了。因为我们所需要的工会是一种阶级斗争的组织，不徒尚形式的虚名。要使工会能负担领导国民革命的工作，能行彻底的阶级斗争，其组织必合于下列的几个条件：（一）阶级性的工会，不能掺杂上级员司和工贼；（二）组织务必严密；（三）权力须绝对集中；（四）统一性的联合。为使铁路工会有充实的内容起见，第二期的主要工作便在发展与巩固组织上努力。在这段工作过程中，我们与旧的行会观念斗争，与交通系斗争，与工贼斗争，与一切敌人斗争。前后经过几多的困难和危险，直到现在才算建立了各路工会之真正基础。现在全国铁路工会俱已按照小组组织，内部训练日有起色，尤以各工会纠察队之组织为有力量。此等工会均在全国铁路总工会指导之下活动。本年二月七日第四次全国铁路代表会议开于天津，各路均有代表到会。

经济斗争与政治斗争

上面已经说过，一年来中国铁路工会的历史，完全是斗争的历史，但一年以来的经济斗争，表面上是不甚剧烈的。固然自二七大屠杀后，全国铁路工人以前历次罢工所得的经济利益，丧失殆尽，此时的铁路工人生活是极困苦的；但是自各工会恢复后，路局方面怵于工会势力之勃兴，多自动恢复以前待遇，或增加经济利益，冀消灭工人之反感。故一般观察，在此种情形下面之大规模的经济罢工，一年以来遂不多见。计此期中经济斗争之较为重大者，有胶济全路经济罢工之胜利、南满工人经济要求之胜利、京绥全路工会三条要求之胜利、陇海全路之十四条胜利、粤汉路罢工之胜利，此外如京汉、京奉、正太、株萍、道清、津浦各路，随时随地发生规模较小之经济斗争，日有所闻，未经持久，即行解决，不必备举。

说到政治斗争，首先要提及第二次全国铁路代表大会所规定的政治主张。这个主张包括下列几项：第一是继续“二七”为争自由的运动；第二是积极的参加国民革命，打倒帝国主义和军阀；第三是要求一个保护工农利益的国民革命政府；第四是注重国际的联合。当二次大会闭幕之后，正是国民革命潮流高涨的时候，国民党及共产党主张召集国民会议、废除不平等条约的运动，深合于民众的需要；此时全国铁路总工会号召各铁路工人热烈参加这个运动，到处为广大的宣传和组织，派遣代表出席北京全国国民会议促成会者甚众。这个斗争的结果，虽然没有直接的成效可观，但是经此一番运动，国民所受政治的训练颇多，实启后来不断地国民革命运动之枢机。而一般铁路工人对于大会决定的政策，也增一番认识和努力。后来青岛日本纱厂罢工，反对日本资本家的压迫，山东境内之胶济铁路总工会便立刻率领青岛市民，在山东境内发起反对日本帝国主义的大规模运动。这个运动以铁路工人为主脑，深入一般民众中去，结果，日本资本家屈服，纱厂工会得到最后的胜利。自五卅事件发生，北方各铁路工会各依其本身之力量，在各都市领导当地民众组织反对帝国主义的团体，做长期的排货、示威、经济绝交及捐款救济事；更在这个政治斗争之中，以反帝国主义为号召，发展了各铁路工会本身之组织，同时也促进了一般民众团体的组织。此外，全国铁路总工会复在这个运动中，与欧洲各国的工人为深切的联络，对世界无产阶级揭破黄色国际与帝国主义同恶共济之真正面目。随后，各铁路工会又曾为一度劳动立法运动。当全国革命潮流日高的时候，北京政府颇欲颁布工会法，以为箝制全国工人的工具。此时各铁路工会群起反对，并协同各工会提出一个代表工人利益的工会法草案，责成北京政府颁布。各路工会对于此运动甚为热烈，进行颇具希望。后卒以上海资产阶级之阻挠颁发，此案遂形搁浅。反奉战争起，全国铁路总工会即认为此次战争应积极有民众力量参加，才能得到结果。当日所定办法除命令全国铁路工会形成一般的反奉宣传和组织外，并令有关的各路工会以实力从事反奉工作；又派大队工人维持京汉、津浦交通，便利反奉军队的军事运输，此项工作在京汉方面收效很大。同时复于战争期内，派遣前敌铁路工人宣传队前往战地，宣传“兵工联合”及“民众与武力结合”、“肃清反动军阀”、“建立革命政府”等口号。此时北方铁路大小各站，多数地方均有公开群众反奉示威运动。嗣后，日本出兵满洲维持奉系军阀，更激起全国铁路工会的普遍反感，到处均发起排日的群众示威运动，继续经济绝交事业，其运动之紧张，不减于“五卅”之役。全国铁路总工会更因此与日本无产阶级，发生了一度之结合。

此外如京汉路工会，为援助郑州纱厂罢工而争斗，使纱厂罢工得到胜利之解决；道清路为援助焦作矿工罢工而争斗；京绥路为反对交通系工贼而争斗，屡仆屡起，卒将敌人打倒；粤省铁路工会为驱杨、刘，拥护国民政府而罢工得到胜利；株萍铁路工会为援助矿工罢工而争斗，致被封禁；京奉路唐山工会为同情矿工罢工，备受摧残，虽属局部范围，但所代表的意义却均是很重要的。这许多斗争，实为多数忠勇奋斗的劳动战士的碧血所煊染。如胶济路总工会领袖李慰农、伦克忠，青岛《公民报》记者胡信之，正太路总工会秘书高克谦，京汉路郑州工会会员韩玉山、王长保，津浦路浦江工会委员长张振成，都是在战争中牺牲了他们的生命为阶级争斗的殉难者。其余因争斗而入狱的、失业的，为数更众多。

在这一年中争斗的结果，虽然距我们的期望相离尚远，但我们工会的组织确已固定。一年前工贼猖狂的现象，现在是没有了。我们更进一步观察，进步的中国铁路工人已在政治争斗中取得相当的地位，他一方面踏向领导民族解放运动的地位，一方面走上世界工会潮流的大道。他这样结合经济争斗为一致的进展，缩短他的历史过程，是世界革命巨流中形成的一种必然的现象。

现在帝国主义虽在联合向中国进攻，压迫中国的工人阶级，但是因为：（一）世界职工会的统一运动日有进步，他们国内的阶级斗争一天一天的紧张起来；（二）东方殖民地反抗帝国主义争斗，使帝国主义的基础根本摇动；（三）同时那些强盗们在中国的利益不断的发生冲突，所以帝国主义又联合用武力压迫中国革命的事实，毕竟办不到！至于国内军阀目前虽又猖狂于北方，压迫工人，然从历史革命进展之形势观之，则可断言此辈军阀此兴彼仆，自取灭亡，更永远没有建设武力统一专政的可能。而国民革命政治上、军事上的建设亦随着民众革命的呼声日益激增。所以最近中国革命运动已经由普遍的反抗帝国主义，进而至于实际建设革命政权的争斗。在这个争斗中，进步的中国十万余铁路工人，实负有很重大的责任。他们将本着过去奋斗的精神、政治的热望，继续为更努力的争斗，打出一条血路，去与世界战壕的无产阶级战士为亲密的联合，实行向国际资本主义作一最后的决斗！

（中华全国总工会中国工人运动史研究室编：《中国工会历次代表大会文献》，工人出版社，1984 年，第 68–73 页）

安源路矿工人之奋斗*

朱少连

五年前的“五一”节，株萍铁路工人与萍乡煤矿工人合组的安源路矿工人俱乐部，适于是日成立。厥后以很幼稚的组织，处于很恶劣的环境，竟能奋斗三年，颇著成效；不幸经五卅惨案之余波，忽被武力摧残了！牺牲了我们的领导者——黄静源同志及战士三人，劫抢并捣毁了我们的建设事业——消费合作社、学校、图书馆、旬刊社等机关，驱逐了我们的战士一万三千人，使之受失业的痛苦与恐慌。

在我们还没有得到政权的时候，我们谋解放的组织与和平的建设，被统治者之摧残，固为革命过程中常遇的打击，但是安源路矿工人之战败，在幼稚的中国工人运动中，实给我们以很大的教训，故特将战败的情形露布，敬告我最亲爱的工农阶级战士们！

一、失败的原因

甲、客观方面的：五卅惨案之发生，我们都知道是帝国主义者联合向他们的最强有力的敌人——中国工人阶级进攻，因

* 本文原载一九二六年五月八日出版的《中国第三次全国劳动大会会刊》第六期。

迫不及待，而采最残酷的直接行动；但因此惹起空前的上海及省港大罢工，予帝国主义者以绝大的打击。他们乃指使其工具——军阀来压迫我们。革命的安源路矿工人俱乐部，适遭帝国主义（日本）、军阀（方本仁）、资本家（汉冶萍公司）联合压迫之下，当然无幸免之可能，故当上海总工会被封之次日，安源路矿工人俱乐部，也是同样之命运了。

乙、主观方面的：安源俱乐部的组织，在中国还算是较为完善的，但因内部的组织完全公开，使敌人深知我们的内容与策略的错误（因我们常常公开宣传保护产业，以顾全大家的生活等主张），使敌人乘机大胆的来进攻。他们知道工人不致破坏产业，所有其余甚么战术，他们都是不怕的。因我们的组织公开，打击一来，使我们受绝大的损害。

二、失败时的情形

去年九月二十一日午前三时，我们的敌人忽调来军队三营、矿警一营，于深夜将俱乐部、消费合作社、各学校、各工厂、各工人餐宿处（内住矿工五六千人）重重包围，满布机关枪，禁止出入，大肆搜捕，将教职员及代表等捕去七八十人，送禁狱中（萍乡县的）；宣布戒严令，断绝一切交通，使光华灿烂之安源工业区，顿成一极恐怖之世界。是夜有第九旅辎重营，派一连长带兵数百人，将合作社的物品及各处办事人行李搬了一个通宵，都往花冲营盘里送；但还有我们最勇敢的战士百余人正在煤窿中工作，知此消息，即将窿内监工职员十余人一并捕缚，送藏于秘密之煤洞内，以为抵制。至次日上午，矿主要矿警带同工头（反动者）十余人搜索，始将职员救出。同时在窿内的工友亦随同出至窿口，即遭军队乱枪射击，立毙三人，枪伤数十人。第三日，即令各工友在车站发饷上车，一批一批的押解出境，后经湘省长赵恒惕打电阻止，说是将大批工人送回湖南，恐生滋扰，其结果矿局允送几万元，就不作声了。亲爱的工友！我们争自由谋解放的组织，竟遭了这样的摧残，这是怎样黑暗悲惨的事呵！

三、失败后的各方面

甲、工人方面：自俱乐部解散后，除当时押解出境者外，尚有工友四千余人住在安源，不发饷，亦不开工。矿主并大肆淫威，施行种种的残酷压迫：如工人的住宅建在矿区内者约七八百家，限一星期拆卸搬迁；工友中曾当过代表者，则派司法兵捕拿，有钱者罚数十元释放，无钱者则打数百军棍；所存工饷，迟至月余始用价值五折之矿票洋发饷；凡为俱乐部职员干事的家庭，则屡次搜检抢夺；此为对待一般工友之情形，其遭下狱者七八十人。忽于十月十六日将俱乐部副主任黄静源同志枪毙于俱乐部门前，余则释放（现尚有五人未放）。当黄同志就义时，犹高呼打倒帝国主义、军阀、资本家及恢复俱乐部等口号。当呼声未完的时候，无情的手枪弹已中了黄同志之头部，倒地辗转一时余，犹未断气，再补一弹乃死。工友们！此种情形，是何等的残酷！是何等的悲壮！

黄同志就义之次日，始用极薄之棺板，派三清道夫送抬去埋葬。工友中乃集合三十余人，暗随黄君之遗骸至山野间，以洋三圆向清道夫赎出遗骸，用大衣裹着连夜负走八十余里，经醴陵之八里坳地方，次日始行正式殡殓。当时乡间之农民，聚观者千余人，莫不愤痛万分。黄君之柩运至醴陵车站时，醴陵各界不约而参加追悼者万余人；自醴陵至株洲，沿途各站各道工厂的工友见其首领之灵柩经过，莫不痛哭失声，致祭，放鞭；到株洲站，亦有七八千人致祭，并搭台讲演；至长沙车站，工、农、学各界迎接及追悼者数万人。即在安源之工人子弟学校学生，亦于黄君就义之次日，用很秘密很迅速的方法召集千余人，在黄君就义处开数分钟很热烈沉痛的追悼会。此为黄君被难之情形。现在萍乡矿全部停顿，各工友中除一部分自找工作去谋生活者外，往各省从事工会运动者有之，往广东投革命军者有之，其余大部分是散居自己的乡村。最近湖南各县之农民运动，其主持与帮助者完全是战败的安源路矿工人。湖南农民运动在两个月之期间，已有高速度之发展（已有组织者二十九县，人数二十余万多）。从这点看来，也可说是失败中之胜利啊。

乙、资本家方面：在经济落后的中国的资产阶级，其企业不能与国际帝国主义竞争固属定律，然其眼光之短小、管理之不当，亦为促成其破产之原因。汉冶萍公司之破产，因汉阳钢铁之生产过剩固然无法救济，然于萍乡煤矿若能办理得法，尚可维持下去（每月所出之煤焦，可售三十余万；刘少奇同志之整顿萍矿意见书，言之最详）。当去年其经理盛恩颐到安源时，偕有一德国工程师赖隆曾力说："资本家要与工人合作。工人运动在世界各国都有，无法制止，若用武力压迫，那是自杀政策。"乃盛为其左右宵小所包围，只图泄其私愤，不顾产业，全凭感情的冲动，力主解散工人之组织，以致劳资双方两败俱伤；工人固受极大的创痛，而萍矿的损失亦濒于破产（计共损二百万元）！呜呼，愚蠢的中国资本家！

丙、社会方面：在有俱乐部的时候，安源社会方面不觉得好，亦不觉得坏。自这次事变后，萍矿停工，工人星散，很热闹的安源，变成同现在荒凉的香港一样。于是小商人所赊给萍矿的货物，不能付款；收留的低价矿票，不能兑现；生意萧条，金融停滞，除倒闭外无他法。附近农人，平常将其良田专种安源市面所需用之农产物，如蔬菜等，手工业者专做萍矿需用之特品如箕篼等，现在损失销场，经济上损失很大，都是深恨资本家了，都能深刻地认识资本家之罪恶及有俱乐部的好处！

综观以上情形，我们一面看出敌人的罪恶，一面也应注意并纠正自己的缺点，即工会的内部的组织不能完全公开，应付的策略要十分确当！这是我们所得的教训。此后我们要努力于打倒帝国主义、军阀、资本家及其走狗工贼的工作。我们应为死者复仇！我们要求解决失业问题！我们要恢复保障我们利益的工人俱乐部！

（附告）现在我们的工作：一是株萍铁路工人已成立了株萍铁路总工会，一是萍矿工人筹备一个萍乡煤矿总工会。

（中华全国总工会中国工人运动史研究室编：《中国工会历次代表大会文献》，工人出版社，1984 年，第 91–94 页）

武汉工人代表团报告*

一、本会所属工人种类及其成分

本会组合之性质，在工会组织原则上系地方结合，即所谓横的组合。本会所定地方组合的范围在武汉，故本会会章所定，凡属武汉工人为工人阶级之利而组合之工人团体，均得依章派定代表加入本会。故本会现在所属之工人团体系武汉各业工人。

统计现在——截至四月份止——本会所属工人种类及其成分如下（附用百分比计之）:

1. 纺织工人 50%
2. 轮驳工人 6%
3. 人力车工及苦力 18%
4. 码头工人 1%
5. 竹木工人 0.6%
6. 铁路工人 2%
7. 电话工人 0.2%
8. 机器工人 4%
9. 洋务工人 9%
10. 邮电工人 0.6%

* 本文原载一九二六年五月九日、十日出版的《中国第三次全国劳动大会会刊》第七期、第八期。

总数约四万二千三百余人。

二、组织发展经过及其近况

本会组织，系武汉各业有组织工人之集中机关。武汉在本会成立前，曾有过集中工人组织之团体，就是湖北全省工团联合会。此会之经过及成绩，已全在第二次全国劳动代表大会报告过，并曾领导湖北——可说是以领导武汉工人团体为代表各业工人团体出席第二次全国劳动大会。那时湖北全省工团联合会，是湖北各业工人之集中组织，自后因为下列三种原因，湖北工团联合会在内部的基础上和外表的形式上很痛心的自然消灭。其原因是：

1. 受政治的压迫，各业工会由停顿而涣散，因此建立联合之基础消失。

2. 武汉的工贼都是与工团联合会有直接关系的。工贼为了破坏工人团结，利用工联会招摇撞骗，紊乱工人的听闻，在工人群众中破坏工联会之信用，有时又向压迫阶级告发工联会的秘密，如是工联会就不能安然而有信用的存在了。

3. 因为历史的关系，在非常反动的政治底下，官厅监视工联会之行动异常严密，于是工联会不易在各种实际事实上行动，自然使工会组织的作用消失于无形了。

这一段过程系去年第二次大会后，因时递降的形势，至去年七月止的情形。

依工联会的组织系统关系，武汉工人组织情况，固如上述，然工人需要组织，是工人在现时代必然的要求。故从一方面，武汉工人为实际的必然需要，又从新的切实的秘密团结起来了。

此种新的团结形成，就是本会现属的各组合基础，即本会之组织基础。

在去年十二月前，本会现属各业工人，应实际的需要进一步的各按新的环境与组织方策，从各部位秘密地结合起来了。各部位的结合成立应环境的需要，集中的组织也随之产生，故在一九二五年十二月本会即因是需要而成立。

各部位新的组合方策，须完全依照第二次大会组织决议案，各按工作处为单位而结合。因是发展，各业工人成立工厂小组、工厂委员会或工会小组，渐次结会成立了领导工人群众行动之实际中心。此各部领导群众之实体中心，需要一个集中的组织，故本会为应实际之需要责任集合各业工人之工厂小组、工厂委员会、工会或工会小组成为本会。在集中组织的正当原则而论，固应取各业工人之整个组合，而集中为有组合之方策，不免陷于复杂，然为组合之切实与特殊政治环境的相宜，故不得不以此为初步集中之方策，也可说是集中组织的一个过渡时期。自本会成立后，本会所定的组织的方略是：

1. 集中各部工人已有的组织，加以更切实的训练与指导，使各部现有组织的行动健全，力量集中。

2. 帮助各部组织之发展，使各部组织完成统属。

3. 树立工人阶级的集中意志与权力。

自成立后至现在，本会的经常工作除帮助指导各业工人之临时争斗事件，及代表并领导武汉工人阶级作整个政治斗争外，即注力组织发展的经常努力。

至四月份止，本会所属各部工人组织基础为：

1. 工厂小组（各按工作处的组合）40。

2. 工厂委员会（集中工厂小组的组合）4。

3. 工会 4。

本会对于训练各组织之方策是：

1. 各组合必须经常开会，训练养成有组织的集体行动。

2. 本会派人参加组合的会议报告及指导各项事务。

本会关于经常提出训练的报告之方略是：

1. 关于全国及本省政治情况与工人阶级切身利害之关系事项。

2. 关于当地经济实况与工人生活关系事项。

3. 工人阶级的一般状况与工人互相扶助关系事项。

本会为经常执行此项工作，同时顾及全部工作计，每半月召集全体代表会议二次，每星期开干部会一次，并派人随时参加各部组合会议。

但因本会及所属各组合都在极反动的环境压迫之下，人力固是缺乏，经济能力更是薄弱，各组合所收之经济，仅能自给，甚至自身尚难保全者，故本会尚不能建立有计划的教育训练工作。

三、本会关于争斗事项及结果

在现社会资本主义制度之下，如果以完全的工人意志所组合之工会，为工人阶级的利益打算，必须是随时随地都在争斗的过程中。本会自信是完全抱此宗旨而成立的，况又在极反动的政治压迫与资本进攻的时期而成立，苟欲存在，离了争斗是不行的。所以本会自成立以来，在这一段短期的过程中，作过了许多的斗争，具体概述如下：

1. 政治的——工人阶级的争斗，即是政治争斗。武汉工人最近在极反动的政治压迫之下，集会结社丝毫不能得到一点自由。对这一个初步的要求，本会是常常领导各业工人对内以政治与工人的各种利害关系，具体地训练工人要求集会结社自由；对外利用各种机会，力争工人的集会结社自由，如当京沪及各铁路工人要求工会法的时候，本会即领导武汉各业工人与全国工人取一致行动，要求工会法的修正与实现。所取争斗的计划，除因环境的压迫过严，不能在当时当地实行直接的群众行动外，对于文字宣传与各组合内部的训练，都尽力进行无遗。工人对此颇有相当之觉悟。工人的政治自由与全部的政治良否有密切的关系。故一切关于政治解放的国民运动、反帝国主义运动、反奉战争运动、国民会议运动，本会均随时随地领导武汉工人尽量参加，或以工人的政治要求直接表现。

当此军阀割据、中央政治不能统一全国的时候，本省的政治运动更与本省人民有密切的直接关系。当本会成立之初，即遇仇恨工人最厉害的直系军阀吴佩孚之势力复活。本会当即竭力一方面参加整个的反奉战争运动；同时因吴佩孚借讨奉为名，更厉害的剥削湖北人民、压制工人，故本会领导工人与湖北各界人民，以本省人民利益为前提与民众之自由，作反吴的政治争斗运动，如反对军需券、反对盐斤加价、反对苛捐杂税等。自后吴佩孚由讨奉变为联奉，与奉系结合攻打国民军，本会反直系军阀之政治运动更不放松，那时如反对豫鄂战争、反对拉夫等，都是运动的口号和目标。

自后萧耀南暴死，吴佩孚实行直接的对湖北专政，俨若湖北之专制皇帝，自行委任湖北督办、省长。此事引起全鄂人民之愤怒，因此而起之省民自决运动、民选省长运动、省委员制度运动，本会率领各业工人与各界民众直接参加此等行动。本会曾率领工人群众向省议会请愿包围，参加省民自决的国民大会，参加各界联合组织为省政治改造之团体联合会。

在此等各种政治争斗的运动中，工人所得的结果是——

甲、工人对政治觉悟得着相当的进步，有相当的了解政治与工人阶级之利害关系。

乙、反吴反直系军阀的政治仇恨，普遍于一般工人群众心里，根深蒂固莫可动摇了。

丙、工人在一般求解放的民众中取得相当同情地位，颇愿与工人接近而合作。

丁、工人在政治上受着更反动的压迫，就是军阀与一切反动势力对待工人更加严刻，证明工人的势力是他们更可怕的仇敌。

2. 经济的——经济争斗是工人阶级在资本制度之下的日常生活。武汉的生活程度，在这半年来比半年前增高一倍半，比一年前增高到三倍。而工人的一般工资与劳动待遇，还是三四年前的原样，即有少数增加工资的，不过全体十分之二三，所增工资不过三年前原工资五分之一。照理工人的经济争斗，应该是非常踊跃而强烈的，但在事实上有了下列几种原因，情形恰相反：

甲、工人的集会结社绝对不能自由，因此，工人的意识不易集中引起行动的要求。

乙、去年全省旱灾，武汉失业工人丛集，工人的就业竞争非常厉害，竟致使工人觉得获得工作或保持工作，能得最低之生活，就是非常幸事，不敢额外强求了。

丙、政治压迫动辄对工人以逮捕、牢狱与枪杀相威吓，工人的势力未能集中，故不敢动弹。

丁、工贼的随时破坏、告密与捣乱。

年来经济争斗事项，有如下列几件：

（1）去年八九月间，染织工人要求增加工资三分之一、改钱码为洋码事件，罢工三星期，与厂家军警冲突一次，工人被捕二名，一判监三月，一监押一月。结果增加工资三分之一至五分之一,一部分改为洋码，余仍按钱码计算，得到相当胜利。

（2）香烟厂因设装烟机，在去年十月至十一月裁减女工，引起女工捣毁机器之冲突。经过一星期之罢工，结果因女工无组织基础和领袖指导人才，加之外国帝国主义勾结中国军阀与工贼压迫破坏，女工受伤三名，争斗完全失败。

（3）汉口租界人力车工人反对车行加租，由八百文增加为四角大洋（约一千二百余文），经过罢工一日，因车夫早有相当组织与对付之准备，宣传工作颇得力，车行及官厅颇恐惧。经一星期之谈判交涉，结果每日增加八十文（共为八百八十文），得到相当胜利。

（4）今年一月，武昌第一纱厂工人反对撤换工人，工人七人被捕，经过一星期交涉，旋即释放。原有工人曾与新来工人冲突数次，结果完全胜利，原有工人照旧复职开工。

（5）今年三月，汉口花厂工人要求增加工资五分之一，经过两日余之罢工，利用花行主间之不一致，结果获得完满解决。

（6）今年三月，武昌楚安纱厂工人发生反对用贱价官票（一张官票只合铜元五百至八百余）发放工资、要求改钱码为洋码，及反对减低工资两事。前者未经罢工，只经交涉数次，厂家向以军阀压迫工人，工人自省力量不济，让步以积蓄力量再斗，只得发放铜元，改洋码未成。后者以停工吓女工，工人虽未能进攻，只能消极的以不承认减少工资抵抗，然因厂主自己不能久用停工政策，只得仍照原工资开工。

（7）汉阳锯木工人要求增加工资五分之二，在今年三月罢工三四日。因木行不一致，结果完全胜利。

（8）武昌裕华纱厂工人从事工会运动，厂主发觉，恣意开除工人。工人由争政治自由事件，转为经济的要求、反对虐待事件。至去年十一月间，受非常严重之压迫，三次逮捕工人，共被捕十余人，有监押至二月余者。因工人组织力薄弱，行动幼稚而少训练，结果只是含忍地被摧残，毫不能施以自卫的抵抗，完全失败。至今工人的行动，更加受严厉的压制。

他如火柴工人、华界包车夫（约三千余人）、武昌人力车夫，皆因无组织与压迫太严，对加租加捐及苛虐待遇，竟无改良及反抗行动，结果均无办法而被压制下去。

总结所有经济争斗的事件与过程，工人均是保守的形势，受资本家的进攻逼迫所成，非工人要求解放的强烈意志自动行为。此可证武汉工人之痛苦压迫到如何程度、工人所处之地位如何恶劣了！

3. 工贼的——工贼之危害工人，尤甚于军阀与资本家。此凡是进的过程中感觉得深切。武汉是在反动的环境中，所以工贼的作恶特别厉害。

武汉工贼的成分是：

（1）反动派中之流氓知识分子，假借国民党之名义欺骗愚弄工人，勾结军阀、帝国主义与资产阶级，收买工人中的败类，串通政府侦探作恶，比如郭聘伯等是。

（2）是出身工人或与工人有相当关系者，以前在工会中当过职员，后因工会被压迫做了军阀的侦探，积极地承军阀政治的旨意，破坏工人一切行动，如张纛、余友文等是。

（3）是由工人出身，在工会做过长时间的不良工人首领，受了反动派之精神的与物质的诱惑、煽动与收买，与工贼侦探的恐吓夸耀变节而为工贼，如袁告成、高秀炳等是。此等三位一体的向工人阶级作恶，如是则武汉工人陷入万劫之地了。

武汉工人长期在政治压迫下，工人本身的势力没有建立稳固之基础，故对于工贼的斗争，多是受工贼的进攻，被动的作坚壁清野的努力，没有力量自动的同工贼争斗。这更是一件为武汉工人痛心的事！

计年来受工贼的破坏，除工贼日常向工人群众离间、挑拨与反动宣传，蒙蔽工人阶级的觉悟外，工会受工贼具体破坏者，有下列各项：

（1）工贼所有的行动，集中在去年五月至十月，阻止和消灭湖北工团联合会组织基础与行动，捣散了各工会之组织。

（2）袁告成、高秀炳、卢士英等之变节投降工贼与反动派，破坏了汉口人力车夫工会、染织工会与徐家棚粤汉路工会之内部组织。

（3）今年一月二十日，武汉各工贼联合告密，破坏本会，指引军警于一月二十日包抄本会代表会议；捕去工友职员二人，被累者一人，经陆军审判，定罪两年，现均押监中。

（4）工贼利用国民党名义愚弄工人，使对真正国民党怀疑；

组织孙文主义学会；拉拢工人帮助军阀作恶。三月十二日中山周年纪念，本会率各业工人参加，散发传单，举行大会，工贼竟以孙文主义学会之集体行动，当街叫喊军警捕拿本会散发传单的工友，并诬蔑本会，向军阀告密。

武汉工人受工贼的破坏，真是万言难尽，如上所述，不过几件具体的大事而已。

四、本会及所属武汉各工人组合在社会上之地位

根据以上所述，本会及所属武汉各工人组合在社会上之地位，已可概见一般，今更具体述之如下：

1. 政府对工会是以极端的压迫，绝对不允许工会有组织的相当之自由权利；资本家或厂主见工会如蛇蝎。故工会内容向外是绝对的秘密，政治权利是毫没有一点的。

2. 一般社团都是随政治势力而转移；因反动派仇恶工人团体，故一般社团因他们的思想腐旧与胆小，加之政治觉悟程度太浅，多不敢与工人团体接近。甚至因他们特殊的利害关系，非常仇恶或反对工人团体之存在，如所谓各法团均是此类。

3. 比较有民众或接近民众性质之团体，因反动势力舆论之挑拨与恐吓，也多方顾虑，不敢接近或相信工人团体与之合作，比如各商人保安会、教职员联会等是。

4. 完全站在民众利益，主张革新人民解放之团体，则与工人团体行动颇能一致，而且为增加其行动势力起见，很愿与工人合作，比如学生会、青年团体联合会、店员联合会等是。但此类社团在形势紧急时，也是与所谓法团和现政治势力冲突的，故彼等在社会上之地位，也几与工人团体同调。

总言之，工会在武汉社会上之地位，是现社会组织中旧势力仇恶之对象!

五、本会的宣传及教育工作

宣传及教育两项工作，是以人力与财力两项为基础的。本会成立伊始，经济能力毫无，人力也是非常缺乏，故此两项工作，除为某一问题某一事件作必要之宣传，与人事之所及作相当的口头训练，在各种会议中竭力表现教育精神外，没有具体的经常教育宣传的特殊计划和设备工作。

六、本会经济状况

本会经济毫无基础，一切最低用费，全赖捐助，且成立时间甚短，会内必须之房租办公等费用，均无把握，非常困难。

七、会员生活状况

要叙述此项，须依赖统计以资比证。本会对此具体而系统之工人生活状况统计调查工作，已在进行中；以前所收得之统计表册，因屡次发生事变而消失，今只能作个概述如下。

工人的生活状况，是以工人的工资、工作时间、劳动条件、工厂待遇及当地的生活程度为标准，明了了以上各项，则工人的生活状况，可见一般了。

1. 武汉工人的一般工资标准，最低者约三元，最高者约三十元，平均多在十五元至二十元之间。工资计算十分之四以洋计，十分之六以钱计。社会上的物价，均以洋价为转移，钱与洋之折扣，起落甚巨。

2. 工作时间，除一部分电灯、电话工人外，一般工人之工作时间在十一小时以上，最多工作时间有自十四至十八小时者。计工作十一小时者，占百分之四十；十二小时者，占百分之四十或五十；九时至十时者，占百分之八九；十四至十六小时者，占百分之十一至十二；八小时者，不过百分之一二而已。

3. 劳动条件，一般是没有平等的结合的。未得劳动者，自然的要受生活压迫，这不待说他。已得劳动者，不是受苛规与专制的强迫劳动，便是受无情的非人道的驱使，绝无所谓劳动的平等权利与义务之可言。总言之，工人的劳动条件，完全是无条件在资本主义的铁腿下呻吟而已。

4. 工厂待遇在所有的武汉各工厂中，没有个近情理的明确规章规定，是否合理且不说，因规章的不宣布，工厂管工随时可以因好恶感情与私利上下其手，不近人情的罚工、侮辱工人人格的打骂，更是工人日常受工厂主待遇的日常生活。厂内私设法庭，肉刑对待工人，不论在工厂在工人家内，并不需要一点物证和法律手续，随时可以叫军警逮捕工人。

5. 武汉的生活程度及一般物价，每一个人一天的最简单最低限度生活费要两角至三角大洋才够维持。每一个人的最低工资，如果不能每日获得两角至三角钱，那一天就不能吃饱两顿维持劳动力继续存在的饭，还有供他个人必要栖身的房租与衣物杂用等费用，尚不能在他所得工资内供给。倘遇什么疾病，他个人只有向无情的空间睁着白眼，那还有供父母妻子的生活费呢？此外以武汉工人中每月只能挣得十元上下的苦工，大都露宿于街头巷尾，或十多人蜗居在丈多方地的极低湿的棚户中，聊避无情的风雨而已。即是每月能挣得十五至二十元的中级工人，也只能在黑暗毛草板房中，维持他不够养活父母妻子的两顿糙饭。所以工人为经济所迫，几视工厂与厂主为工人养生之源，工人陷入经济生活非常不堪的苦境，受环境压迫，不敢从斗争中积极改善他的生活，如是从消极的含辛茹苦方面希望延长时间，多做工作，以图多得一点工资；百般忍受痛苦，为希望厂主不开除他的工作。狼心的资本家更利用工人的弱点，更加减少工人额定工资，利用包工制和论件给资，诱工人入其牢笼，而如是工人的身体疲劳、生活境遇更不堪闻问了。

这便是武汉工人的一般生活状况。

八、本会会员数量

本会会员数量，现在非常小的，没有很大的群众数量。会员的增减变动甚巨，其根本原因，是因我们的组合完全是极秘密环境之下存在，只能容许我们这样做；第二个原因是因各业工人组织能力幼稚，不能在非常秘密之下，做好有秩序的技术工作。同时进行时间短促，本会所属各业会员名册固是要详细登记的，但尚未做完此种工作。

而且本会所属各业工会对会员数量的看待，是只求其组合机关能领导群众。在压迫紧严之下，不敢冒收广集会员，也不易冒收广集会员。

我们可以报告大会者，本会现属各业组合分子的数量上能收会费者，不过二千余人，为组合机关所领导之群众——即是组合之主张受群众直接拥护之行动的——约四万余人。此四万余人，如果能得集会结社自由，都是本会会员数量上的主体。故上述第一项之工人种类及成分之标准，即据此而定的。

九、结论

总括武汉工人目前之现况，在内部组织上是进攻的，在行动上因主观力与客观力相差甚远之故，是近于保守的。工人对于政治有相当觉悟，但只是对政治表示一种觉悟，尚没有对政治有一种定见和热烈的政治争斗行动。工人惧怕工贼进攻非常厉害，这是因为工人是痛恨工贼的，但没有形成制裁工贼的力量，故多半是只能取消极的避免，而不能积极的向工贼进攻。工人需要工会非常热烈，但感觉自身力量未成，不能用工会名义领导公开的行动。

以上武汉工人最近的概况，望大会加以更有力的指导。

（中华全国总工会中国工人运动史研究室编：《中国工会历次代表大会文献》，工人出版社，1984 年，第 79—90 页）

海员总工会报告*（节录）

一、概言

海员总工会自与东方运输工人，在广州开了一个东方运输工人大会，其原因乃是在东方民族都是受帝国主义的压迫，所以最有力量反对帝国主义之东方运输工人，应有特别的联合。这次大会，就是巩固无产阶级的先声，实有重大的使命！除海员总工会与全国铁路总工会的代表外，尚有菲律宾、爪哇的代表；日本、印度的运输工人代表，咸受帝国主义的压迫，未能到会。海员工会，并选派出席赤色职工国际代表凡二次。东方运输工人从此成为一个联合战线的模型。去年五月一日，中国第二次全国劳动大会产生了中华全国总工会，为全中国工会大本营。进攻帝国主义、军阀，已有了统一的战线，作战计划、发号施令，自然以中华全国总工会之命令是从！

因此，便儆惕了帝国主义者尽日对着我们发抖。同时，屡想有以破坏我们的团结与东方工人的联合，千方万计都找不出办法来，于是兽性大发，竟于去年五月三十日，出其最后残忍的手段，屠杀我上海同胞，演成空前未有的惨剧。海员工会闻讯之下，即谋对付方法。惟是工人手无寸铁，唯一的武器就是

---

* 本文原载一九二六年五月出版的《中国第三次全国劳动大会会刊》第十期、第十二期。

罢工，故遂决定下令全数海员停止工作，以为抵抗。由去年六月八日起，各地海员陆续相继离船，与英国帝国主义者争斗。以上这三个重大问题，为一年来的重要工作，其余海员的以往历史与最近的酣战，都是要向中国第三次劳动大会各代表贡献的。

二、海员的生活状况

中国海员生活之恶劣状况，比任何职工远要痛苦一些：食的是干粮粗米，睡的是斗室多人，日与巨大的风浪相周旋，与严厉的风霜相搏斗，工作时间无分日夜，每日做工都在十二小时以上，更受所谓船主、高级职员的殴打与辱骂，更受生命危险的恐怖。因此，海员那种的革命性，完全受了帝国主义者直接压迫下表现出来。海员革命的重要地位，其初当然不为帝国主义者所认识。哪晓得海员所到各国，耳濡目染，则一切政治、经济及生活种种事实，与中国海员之待遇相比较，确有天渊之别，老早已给海员一种重大的教训。海员的自身痛苦，哪个不想早日得以解除，以求待遇得以平等。究竟海员屡次作怎么样想？知非组织工会团结实力不可！是以海员工会组织之必要，乃应时起。富有革命性的海员，自有了炮垒——海员工会之后，时刻准备与敌人——帝国主义者作战！一九二二年的海员大罢工，一鸣惊人，如是便唤起了中国职工运动的热烈进程。

统计中国海员人数不下十余万人，雇佣于外国轮船占十之八九。那末，海员的足迹遍踏寰球，八十年前帝国资本主义者侵略东方民族，自然以航业居首功，以贱价买了我们的劳动作他们的生产。所以雇用海员，都以我们中国人为需要。数十年前，我们中国海员雇佣于外国轮船，虽然胼手胝足，尚可以得过且过；近来资本侵略的国际帝国主义者纷至叠来，群向我们中国实行经济、政治、文化的种种侵略，弄到我们中国民生凋敝，人人都无以自存！

三、海员的经济状况

帝国主义者自造成世界大战之后，影响到生活程度日高，月薪十余元至二十元雇来的中国海员，怎能够养妻活子？普计最高工资者每月七十元，实百人中之一；次五十元，百人中之二；三十元，百人中之三十；二十元至五元者，百人中之八十，甚至每月二角半者，亦有百人中之二三，此为海员工资之大概情形。况而海员每一次航海，半年或一年，且有三四年才可归来者。漫讲无力仰事俯蓄，就想父母妻子不至饿毙，也算是侥幸啊！

四、海员工会的组织

我们海员既然受这几重压迫如此之甚，就要找出一条生路来！要组织海员总工会于香港，集中我们的势力，预备向压迫阶级——帝国主义者反抗；并组织分会于广州、上海、汕头、中山、天津等处，为总工会之外援。

当海员工会组织之初，都是航海归来的海员，组织工会的常识非常幼稚，所以海员工会只有上层组织，一如中国宗法社会上某个堂号的古版章程，不屑下层着手。须知工会为工人与资本家争斗的炮垒，这个组织问题非常重要，必须军队一样严密，然后可以指挥动员，一切斗争自然可以达到胜利！以前海员只有总会，各重要通商口岸设有分会，此外并无差强人意之下层组织，工会里的职员便易于舞弊，那就是遗憾的一回事。海员工人虽众，苟无系统，有何进步之可言？简直说，以前的海员工会未有严密的组织，是我们海员无庸讳言的啊！

五、海员之罢工奋斗

一九二二年海员大罢工，奋斗了五十六天。香港停泊了帝国主义的轮船足足二百四十五艘，重量约十七万吨，滞留货物无人起卸的也有三十万吨；银业汇兑、邮电交通完全停止。英帝国主义见此形势严重之大罢工，起了十二万分恐怖，手忙脚乱，一种狼狈情形，竟然下起军令来：水上禁止小轮来往各地，陆上禁止交通，并调集十六艘兵舰驻守港口，陆军数千逡巡市面。罢工工友迫于步行回国，致遭英兵之开枪轰击，死四人，伤者数十人。一时全港人民大为震动，帝国主义者危惧万分，乃仇视海员工会，以为完全是海员闹出这一回事来，急切携带武器，将整个的海员工会封禁。但海员与其他各工友并不因此而气馁，更积极的联合战线，竭力的与帝国主义者奋斗到底。帝国主义一筹莫展，智计俱穷，乃始俯首向我们投诚，将海员工会恢复原状，承认要求之加薪条件。帝国主义者不欲屈服于东方工人而不可得！

一九二二年海员罢工胜利之后，双方订立三件较重要的条约：（一）实行加薪；（二）赔偿罢工以来之损失；（三）改善佣工制。可杀的英国爵绅半中国人何东，惯向帝国主义摇尾乞怜，站在调人地位，为签约中之证明人，并负二千余万元之赔偿损失，由何东与英国船东代表失打彝照约偿给，调印于条约之内。

后来复工，帝国主义者拉拢何东失打辇分文不与，破坏条约，而且利用工贼组织——航海公会，冀图破坏海员统一。有名的蓝烟通轮船全数归航海公会雇员。已经订立的加薪条约，宁愿取销。此种丧心病狂的包工头，甘作外人鹰犬，与五万最奋斗的海员对抗。是以宝泰办馆的老板梁玉棠，总不免遭工人狙击而丧生！

六、海员工会的沿革

轰动寰宇开东亚新局面的海员罢工，自战胜帝国资本主义之后，会务扩张猛进，故意中事，讵知上了工贼翟汉奇的勾当，任他把持工会，一味欺骗海员，将工会内的存款据为己有，任意挥霍；惟恐海员察觉，乃买通一部分职员，狼狈为奸，置会务于不理，弄到凌乱不堪，系统尽失。名播中外之海员工会，不旋踵而腐败立见，纲纪荡然，使各海员怨声载道。聪明的帝国主义者便乘机进攻，遇事压逼，海员工会不致自行解体，将为帝国主义者解体之势。海员至此，义愤填胸，忍无可忍，乃召集奋斗分子，共商挽救策略：（一）扫除内奸；（二）抵抗外患，荩筹硕划，共同努力干去。始将那个一息垂绝的海员工会，中兴起来；并能提纲挈领，唤起全港工人继续五卅运动。

七、五卅惨案后的大罢工

（甲）香港：

一九二五年海员工会、汉冶萍工会、铁路总工会、广州工人代表会，发起中国第二次全国劳动大会，根据重要的决议案，组织中华全国总工会。正在努力进程之中，适因杨、刘背叛作乱，不惜朝秦暮楚之卑劣手段勾结云南唐继尧作他们的外援；滇兵由云南源源出发到海防，冀向广东内渡，来攻打广东革命政府。恰好他们内渡的径途，必要经由香港才可以得达广州。这个消息传到海员耳朵里，便一致向到港的滇兵驱逐，务要他们跑回去出发原地——海防，不许他们一个搭船来到广州。当时香港秩序大乱，香港政府原本于物质上、精神上接济杨、刘作乱，至此亦惟有呕气。在海防候船的第一批三千七百几个滇兵，不能越雷池半步，不得已要折回云南，杨、刘之变之战事不致延长。至于广州方面的海员，则联合运输各工会，停止杨、刘的运输，更有三条铁路的工友同时罢工，断绝他们的接济。向称跋扈之滇桂军四万之众，不过一星期间，消灭无遗！这种力量是我们工友帮助革命政府不少！

广州革命政府肃清杨、刘以后，上海五卅惨案接踵而起。省港各工友咸愤英国帝国主义者屠杀我们同胞，人人都愿与帝国主义者决死战。海员工会接到中华全国总工会之命令，倥偬之间联合全港各工会一致起来向帝国主义者严重反抗。六月十九日风起云涌的二十余万工友举行大罢工，停止了他的船只七十五艘，其中容纳六百余人巨号的皇后船亦有多艘。海员以奉行命令为唯一之使命，一切行李亦弃之不顾，争先回粤。后来帝国主义者愤海员罢工之热烈，乃下四十余人于狱。香港海员工会底下有寄宿舍一百二十余所，故连船上海员离港内渡者不下万五千余人。远洋航线因交通需时，直至旧岁年底始完全回至广州。海员自罢工奋斗至今，已有十个月。帝国主义者自被我们执行封锁政策以来，其对华侵略的地位，在东方大本营——香港，早已根本动摇！

（乙）广州：

香港大罢工实现后，所有驻港海员全数移回广州进行罢工运动。因鉴于一九二二年因罢工战胜转呈衰弱之点，及为帝国主义挑拨离间、威迫利诱的种种原因皆由组织未臻完备，乃决议召集全国海员代表大会。一九二六年一月十五日正式开会于广州，统计香港、上海、汕头、天津及外洋各口岸选派出席代表一百二十二人，代表有组织的海员五万二千之众。开会期间五天。在此代表大会当中最重要之工作，就是改组海员工会，并议决六个决议案：

（一）促成香港运输业联合会；

（二）促成全国运输业联合会；

（三）加入赤色职工国际运输工人宣传委员会；

（四）联合东方运输工人，作反帝国主义运动；

（五）与各国运输工人联合起来；

（六）外国海员在某一地方罢工，中国海员到该处，届时自然亦要同情罢工。

大会告终之后，促成香港运输业联合会已完全达到成功；加入赤色职工运输业宣传部亦经电请在案。其他各问题则积极使其实现：（一）组织宣传员养成所，成绩颇著，现已毕业三届，有三百余人，负责向各罢工工会宣传，船上各支部亦已组织有七只船；（二）设立失业介绍所，在此罢工期间以杜绝搀夺作工，至介绍往各船作工者期限在三个月以内，俾得各失业海员轮流作工；（三）组织罢工代表团，规定每周开同人大会一次，以资训练，复开各种联欢大会游艺大会等。

此次全国海员代表大会对于海员工会改组问题，最重且要。

以前海员工会只有上层组织，轻忽了基层组织，乃有提出改组之必要。假如海员工会设于广州，其余分会设于香港、上海、汕头、中山、天津以及外洋各埠，这是不能够的，因为海员是流动产业，若要海员与工会时常发生密切关系，必须每只轮船组织支部，各口岸原有之分会改为分部，在轮船上则名为支部。

海员工会从前是会长制，改组之后则采用委员制，最高机关即系全球中国海员大会；大会闭会后，最高机关为执行委员会，由执行委员会组织干事局，下设（一）秘书厅；（二）组织部；（三）宣传部；（四）庶务部；（五）交际部；（六）调查部；（七）游艺部；（八）财政部，并有特设机关（甲）救济委员会，（乙）失业介绍所，（丙）消费合作社等。（原文至此未完）

（中华全国总工会中国工人运动史研究室编：《中国工会历次代表大会文献》，工人出版社，1984 年，第 73–79 页）

出席赤色职工国际经过

李立三

列位劳动代表、农民代表：兄弟今天报告的是这次受中华全国总工会委派赴莫斯科出席赤色职工国际经过的情形，同时把在俄两次和农民国际东方部宣传主任的谈话向列位报告一下。这个报告可分四部分来讲，（一）赤色职工国际此次大会的意义；（二）中国工人运动在世界职工运动上的地位；（三）赤色国际对中国工人运动的决议案；（四）农民国际的情形。

（一）赤色国际是世界工人——革命的工人、革命的工会起来共同组织的，中华全国总工会在去年第二次大会的时候，已经决定加入赤色国际，我们要知道世界上工人阶级共有三个性质不同的国际，第一个是革命的工人组织的，就是这个赤色国际；第二个是黄色国际，为一般勾结资本家的改良派组织的；第三是美国国际，为纯粹资本家走狗组织的工会。

全世界工人不是通通都站在被资本家之压迫的一阶级么？为什么发生这不相同的派别呢？我们要知道这正是资本家的诡计，资本家的阴谋；因为全世界工人如果联合起来是很不利于资产阶级的，所以资本家便用种种阴谋诡计，希图破坏我们的统一，分裂我们的组织。赤色职工国际是革命的工人组织的、为增厚集中革命的力量、反抗资本家的压迫，极力进行全世界的工人组织的统一。而与资本家勾结的黄色国际和美国国际，则常常破坏世界工人之统一，不特想破坏世界工人之统一，并且每一个国家工厂中都极力分裂工会组织与统一，他们的方法就是开除革命的工人领袖和团体，并进而勾结资本家压迫工人阶级，所以现在世界许多国家的工会都是分裂的，如法国有革命工人的工会和改良派组织的工会；日本亦有两个总工会，如捷克斯拉夫甚至有十余个总工会，这就是许多与资本家勾结的工贼施行其分裂的阴谋之结果，但全世界工人如果长此分裂下去，如果不急速统一起来，可以减弱我们对付资本家的力量，我们要知道工人阶级的敌人只有资本家一个，我们应当团结起来，集中我们的力量才容易把资本家打倒，所以赤色国际认为我们工人阶级要得到最后胜利，必须全世界的各国的工人的工会联合起来，这亦是赤色国际三数年来的唯一的策略。但是赤色国际尽力想种种方法统一全世界的工人，而黄色国际等工贼则从事破坏，不遗余力。譬如赤色国际去函请求黄色国际加入统一世界工人运动会议，黄色国际则严加拒绝；而且他们不仅严加拒绝，不仅不赞成其主张，并且对于赤色国际所倡导之策略，拼命反对。最近如去年我国“五卅”运动，上海方面五十万工人的大罢工，是反帝国主义运动，亦是反对资产阶级的运动，所以革命的赤色国际便极力号召全世界工人来帮助我们，而黄色国际、美国国际独漠然视之，虽然赤色国际，几次邀他们合作，也置之不理。因此，我们可以知道黄色国际是不同情于我们的罢工，他是不赞成反对帝国主义和资产阶级的。我们因此亦可以断定黄色国际便是资本家豢养的走狗。但是从几年来的情势看来，世界上各国的工人群众，已经渐渐站在革命的一边，同情于赤色国际，受资本家利用的只是少数各国工会的领袖了。譬如英国总工会原是属于黄色国际的，现在已经同情于赤色国际，与俄国工会组织世界工人统一委员会了。其他还有瑞典、挪威等国的工会，也加入世界工人统一委员会了。在各国改良派工会里头的工人，亦多同情于统一世界工人之主张，所以此次赤色国际大会最重要的问题乃是如何进行全世界工人之联合。关于这个问题，大会已有很详细的讨论与决议，这些决议实可以做我们中国工会运动对付改良派和工贼之标准与模范。现在且概括的说明其重要的几点：

1. 为集中我们作战的力量，在一国只能有一个总工会，全世界亦只能有一个总工会，要这样才能把资本家打倒，才能得到我们最后的胜利。所以我们必须极力去反对资本家、工贼的分裂我们势力的阴谋，并且在同一个工厂、同一的产业里，我们亦只能有一工会。

2. 资本家和工贼破坏我们统一的方法怎样？我们要怎样去应付？在一个工厂里原有许多职务上的分工，他们——资本家及工贼便利用这个机会，把工人分成许多派别，这是他们破坏我们统一的第一个方法，所以黄色国际对工会组织主张以职业为单位，赤色主张以产业为单位。主张以职业为单位，一个工厂里便会有几个工会，因此我们的步趋不易一致，我们便没有力量对付敌人，这是黄色国际帮助资本家的用心，亦即是资本家叫他们这样做的。第二个方法便是利用帮口的不同，即以狭隘的地方主义，使工会里每一种人或每一种民族，组织一个工会，以分散我们的组织。第三个方法是把工人分成工资高的与工资低的两种，在工会中征收很重的会费，因此工资低的便没有方法进入，他们破坏我们统一的阴谋也可实现了。第四个方法是利用工人信仰上的不同，各派教徒各组一种工会。第五个方法是把工厂里做资本家走狗的职员工头加入工人团体，做工人的领袖，进一步进行开除革命的工人，因此，革命的工人没有法子，只好另组工会了。所以我们万不要因为职务、帮口、宗教、工资的分别使自己分裂起来。我们工友同是一个被资本家压迫的阶级，我们应一致联合起来，打倒我们的敌人！我们对付的方法最要留意的就是工会分裂，并不是我们工友自己要分裂，乃是被资本家、工贼所蒙骗的缘故。我们统一工人运动的策略，决不可笼统的反对整个的工会，而是要在每个行动的时候、每个日常生活斗争的时候，渐渐使改良派工会下面的工人觉悟起来，证明这般领袖，完全是帮助资本家的自动的反抗他们的领袖，与我们联合起来，工会便可统一了。这就是统一策略中最重要的一点。

（二）中国工会运动，在世界工会运动中已经站在极重要的地位：第一，中国工人阶级的奋斗，在世界工人运动革命运动中表现了很大的力量，去年的五卅运动更加使帝国主义发抖，尤其是省港大罢工，支持至一年之久，这是差不多在世界各国工人运动的历史上都找不出来的。西欧的工人阶级知道中国工人阶级的敌人就是他们的敌人，所以自动的积极的起来援助，认为中国工人阶级的斗争，是世界反帝国主义战线中伟大的力量。因此，中国工人在世界职工运动中已经占了很重要的位置了。第二，中华全国总工会，差不多全中国有组织的工人都站在这一个旗帜之下，这是世界上除了俄国以外，其他各国所没有的。第三，在东方各国的工会，组织好的很少，并且整个的加入赤色职工国际的只有中国一国，其他或部分的加入，或且加入黄色国际。因此种种优点，世界各国革命的工人阶级，对中国工人抱有很大的希望！

（三）赤色职工国际对中国工人运动议决案极为详细，在此短促时间内，只能将其最重要者报告于下：

第一点，中国工人阶级要极力防备改良派及一切帝国主义者的走狗，侵入中国工人运动。

自五卅惨案发生后，帝国主义者已见中国工人阶级力量的雄厚，所以他们——帝国主义者——压迫的方法也即更变，除一面屠杀工人外，又收买许多改良派及工贼，来破坏工人的组织，因以前帝国主义者以为只要刀和枪即可以制服中国的人，但在“五卅”以来，工人阶级虽蒙极大的牺牲与流血，而其团结的精神总是一样不变，故他们帝国主义者知道现在中国的工人，已非刀枪可以制服，故除此法外，又授意一般惯于欺骗工人阶级的改良派，再来欺骗中国工人阶级。甚么是改良派？我们可以叫他做新式的工贼！此等新式的工贼，比较旧式的工贼要利害千万倍。何以故呢？因旧式的工贼已经在他自己的脸上打了一面招牌，我们一见即知道他是工贼了。而现在新式的工贼呢？他们外面却挂上了很好看的面具，心里面却藏了一把刀，天天帮助资本家想法子来杀我们。我们略疏忽，便要上他的当。举例来说：

第一，列位代表想必知道上海在“五卅”后，在各工厂发生了甚么“工人俭德会”的组织，此时有少数受了他们欺骗的工友也就加入这个会，其实这个“俭德会”表面上也说是援助工人，而实际则帮助资本家，何以知道呢？因当时资本帝国主义者对于我们，总是极端的压迫，而他们则并不受资本家的压迫，并且还请他们的代表到工厂亦向工人演讲。可见新式工贼，完全是与资本家一鼻孔出气的！

第二，还有国民党右派组织的“工农俱乐部”，他们高唱“阶级调和”的口号，他们说只有阶级调和才能完成国民革命。几年来的流血牺牲就是为的国民革命，如果阶级调和真能实现国民革命，我们极愿乐从，但是看看事实如何。去年“五卅”的国民革命运动，无一处不是我们工人奋勇当先、坚持到底，但是在上海勾结帝国主义和军阀来解散上海总工会的是谁？在天津向军阀告密来压迫天津罢工的是谁？不都是所谓中国的大资产阶级组织的总商会吗？可见破坏阶级合作的不是我们工人，而是大资产阶级，破坏国民革命的不是我们工人，请这般主张阶级调和的先生们，拿出他们的仁爱主义去向资本家宣传，劝劝他们，不要再勾结帝国主义勾结军阀来压迫我们了、惨杀我们了，劝劝他们不要再令一般工头监工拿铁棍、手枪来打我们了。如果他们不到资本家那里宣传，还要到我们工人里面来宣传，便是要我们完全受资本家的压迫，要我们一块跟随他们去做帝国主义军阀的走狗，所以他们向我们工人宣传阶级合作，完全是帮助资本家压迫我们，完全是破坏国民革命。我们老实不客气，要把这般先生赶出去，更要用阶级斗争的方法来集中我们的力量，领导国民革命到底。

第三，日本帝国主义命令他们的走狗，在上海来召集一个远东劳动大会，表面上说是要解除亚洲工人的痛苦，其实他的意思也不外二种：第一种，日本因与英美发生冲突，日本自己知道不能打倒英美，所以他想利用全亚洲的工人来打英国美国；如果将来英美宣战时，好骗中国的工人去上火线，去替他们死！

第二种，日本侵略中国，自经五七事件后，中国的人民尤其是中国的工人，反抗得厉害，所以日本帝国主义者令他们的走狗在上海倡言中日亲善应当联合起来，其实就是要中国人完全屈服在他们武力之下。从上面二点看来，这些新式工贼，表面上虽很好看，其实是肚里藏刀来帮助资本家来惨杀我们。我们要特别留心呵！此为赤色职工国际对于中国工人运动议决案第一重要之点。

第二点，中国之工人与农民应亲密的联合起来，因为中国之工人虽多，中国之农民更多，而工人与农民所受之压迫是一样，其敌人同为资本家、地主、军阀、帝国主义者，所以中国之工人与农民应当联合起来，因帝国主义者，最怕中国之工农联合起来，所以对于中国工农的联合极力来破坏，于此我们更不要中他们的诡计，要在共同的利益上，来打倒共同的敌人。

我们从五卅惨案后，知道中国的工人曾作过反抗帝国主义的大运动，而中国的农民也曾作过反抗军阀的运动，尤其是在国民革命军攻打陈军时，攻打杨刘时，得到东江农民的帮助确是不少，可见中国的工人农民皆富有革命性，对于革命有很大的力量。广东的工农群众，更能亲密的联合起来，拥护国民政府，使国民政府更加巩固，这可见得工农联合愈亲密，则反对帝国主义与军阀的力量就愈强大，而国民革命也就愈成功的快。故全中国的工农群众联合的日子，就是中国国民革命成功的时期；而且工农的解放也只有靠工农亲密的联合，所以赤色职工国际对于中国工人与农民的希望，就是亲密的联合起来，不要中了帝国主义者的诡计来自相分裂。因为工农的分裂，便是反帝国主义与反军阀力量涣散。此为赤色职工国际对中国工人运动议决案之第二点。

第三点，要中国工人阶级想法子将东方各国的工会统一起来，但为什么要中国工人来负此责任呢?（一）因东方各国只有中国的工人是在一个工会组织之下，日本则有二个工会，印度工会很多，爪哇亦有两个工会，只有中国工人的工会是统一的。（二）中国以前各种反帝国主义运动，都是工人领导，可见只有工人才富于革命性，要中国工人将他的革命精神影响东方各国，使东方各国的工人都革命化。（三）中国的工人通通加入赤色职工国际，而日本之加入者不过一万人，爪哇亦不过十万人，印度很少革命份子，中国有六十万人的大规模的工会（这是去年大会时的统计）。有上三种理由，故赤色职工国际，要中国工人来负统一东方职工运动的责任。赤色职工国际对于现在第三次劳动大会特别注意，要在此时来整理一个统一东方各国职工运动的基础。并且决定要请各国的工会代表，来开一个东方职工的大会，讨论东方职工运动的策略，故此次赤色职工国际特举代表五人来参加第三次劳动大会，可惜因路途遥远，这五个代表竟不能如期来参加。

此外赤色职工国际尚有二个议决案，俟另日发表。

以上为赤色职工国际对于中国议决案之三要点。其余尚有许多方法，使中国工人能得到良好的出路，请各代表特别注意，认真来向工农群众宣传，使个个人都知道世界工人对于中国工人有特别的注意和希望。

（四）在农民国际的谈话。农民国际为世界农民共同组织之总机关，我因未受农民之委托，所以不能正式代表农民协会与他谈话，但农民国际特别注重中国的农民，所以也曾谈过两次话。

农民国际特别注重东方的农民运动，所以特设东方部，专管东方的农民运动。我与东方部宣传主任谈话，他觉得对于中国农民运动有很大希望，因为中国农民与工人一样的受帝国主义、军阀的压迫，中国农民被地主剥削得很利害，除纳租外，还有种种的苛求，此外还有土豪劣绅的压迫，在广东更可知道，劣绅土豪与民团联合起来压迫农民，而军阀又有苛捐、杂税尽力的剥削，在战争的时候还有拉夫、痛打、惨杀等事。帝国主义者亦直接间接的来压迫农民，他要中国农民出产的原料，好制造商品，而将制好的商品又来卖给农民，如蚕丝即为最好的例子。帝国主义之货品悉由机器制成，他运到中国卖得很贵，但在中国买原料去时，价钱又很廉，而且中国农民因帝国主义输入很多的商品到中国来，使他们的手工工业品在市场上不能和他竞争，致中国的手工工业工人渐渐失业。帝国主义者一方面帮助劣绅土豪来压迫农民，一方面又用种种方法向农民来剥削。农民受了帝国主义、军阀、劣绅、土豪的重重压迫，除了起来革命外，实无其他良好的方法来解放自己。农民国际去年曾派代表来到中国，帮助中国农民运动的发展，希望中国农民协会与农民国际发生极密切的关系。

以上为与农民国际所谈的话，我也曾将中国的农民运动的情形对他讲过，由此我们可以见得农民国际特别注意中国的农民运动了。

列位代表！现在因时间的关系，已不能再说了，只好请各位有疑问的，马上提出来，待兄弟来回答罢了。

（《工人之路特号》，第三百一十三期、第三百一十五期，1926 年 5 月 8 日、10 日，第一版）

第三次全国劳动大会关于职工运动总策略决议案*

A.“五卅”以后的工人与“五卅”以前的工人，有什么不同呢？工人经过五卅运动，似乎浑身都增加了力量。“五卅”上海二十万工人的要求虽未达到，罢工亦未胜利；但是，上海工人奋斗经验的增加和组织力的扩大，已是不小，即阶级意识和自尊心都有长进。香港和沙面工人罢工将近一年，他们已获得的最大的胜利，是工人阶级本身势力与经验之增加和革命根据地因之而巩固。北方铁路工人、城市工人和矿工受摧残最甚，最近张吴反动势力伸张的结果，使北方各工会都不能公开存在而暂时秘密起来，但是地方工人历年奋斗积聚之力，决不因而丧失。总之，“五卅”以来，全国工人牺牲虽大，全国各工会均遭压迫或封禁；但是工人的奋斗力和觉悟，是有加无已的。

B. 全国民众经过“五卅”以来反帝国主义的大运动，已有绝大的觉悟。民众之觉醒，使帝国主义在华之势力日见渐摇；张作霖、吴佩孚等的军阀势力暂时虽有伸张，然军阀内部万难统一，必日见崩溃而无疑。经过五卅运动以后各种社会中都起了新的变化，即新势力与旧势力之冲突。冲突的结果，旧势力必日见消失。五卅运动的影响，并由城市而及乡间，同时全国

* 本文原载一九二七年六月出版的《工人运动》。

工人中已有一部分工人（即广东工人）获得自由，并在帝国主义及其走狗军阀蹂躏的中国，已产生一国民政府。国民政府的基础日见稳固，必能担负全中国革命的任务。五卅运动后，帝国主义在华势力危而复安，卖国军阀亦尚未根本崩溃，都是用最残忍露骨的手段以维持其最后生命，无异病人之回光返照，而其死亡之日，必不在远。

C. 工人阶级最近之目的在求经济改善与相当之自由，而其责任则在促成帝国主义与军阀之死亡。工人阶级的要求，虽尚在工资的增加、工时的减少与待遇之改良，以及工会之公开存在；然在帝国主义者及军阀存在的时候，不但不答应工人的要求，而且以枪炮屠杀工人，因此工人之经济改善与自由权利之获得，必在打倒帝国主义与军阀之后。如何打倒帝国主义与军阀？如何团结全国工人一致奋斗？在打倒帝国主义与军阀运动中，工人阶级应尽什么责任？是这次劳动大会中最重要问题。

D. 全国工人在屡次奋斗中，只学得一种组织的方式，就是公开的工会组织，而且是比较原始简单的组织形式。我们并不否认公开的工会组织的重要，可是仅有公开的工会组织是决不能够的。工人阶级的组织形式有好些种，有时还要按照当地情形而定，目的在能团结最大多数的工人。工人阶级第一个组织形式，就是工人阶级的政党。工人政党在于团结目的一致和最能奋斗之工人，为全工人阶级之利益而奋斗；工人政党的组织，是工人阶级最厉害的组织，为压迫阶级所最害怕的。因此，压迫阶级总是离间工人群众与工人政党之关系，可是工人群众尤须拥护和运用工人政党以与压迫阶级相抗。第二种形式就是工会。在能公开的地方须有公开的组织，可是在不能公开的地方，必须有秘密的工会；秘密工会的作用，在少数诚实而勇敢的工人，不拘形式，能指挥工人一致奋斗。第三种方法，就是以合作社、工人学校、俱乐部、图书室、饭堂、寄宿舍等等合法的组织，团结工人。总之，工人阶级必须利用种种形式组织来奋斗，方能达到改良地位的目的和担负历史使命的责任。

E. 工人群众中战斗力最强的，首推大工厂、铁路、轮船、矿山、码头、市政的产业工人。凡工人群众的解放运动，必须此种产业工人为中心，再联络和组织各小工厂工人及广大的手工业工人与商店雇员，共同奋斗，工人运动才能一致而更有力；只有大产业工人，数量上未免太少，小工厂工人、手工业工人和商店雇员又失之散漫，只有以少数产业工人为中心，而环绕着广大的手工业工人、小工厂工人和商店雇员运动，才是统一的有力的工人运动。因此，大产业工人必须赞助各种职业工人的经济争斗和组织，而各种职业工人则必须跟着产业工人而为全民族和全阶级之利益而奋斗。

F. 农民占中国人口百分之八十，但是农民是散处在乡间的，很难得成一个整个政治势力。政治总是以大城市为出发点，而产业工人却在大城市中占重要地位。因是工农群众的整个解放运动，亦必发动大城市的产业工人，但是工人群众要得到胜利，必须有广大的农民为后盾。因此，工人与农民之关系，不但是同盟而已，而且工人群众随时要提携着农民一致奋斗，这是有组织的工人群众不可忘记的。

G. 反帝国主义的民族革命运动中，为全体人民利益而奋斗，工人阶级固应立在最前线，然亦应与各阶级革命民众（特别是学生小商人），建立联合战线，则民族革命势力乃愈见壮大，更易促其成功。

H. 第二次全国劳动大会决定了工人群众在国民革命运动中的责任，今年的大会可以更说得具体些，全国工人阶级必然拥护为负担国民革命的党和为全国民众利益奋斗的国民政府。工人阶级在国民政府之下，已获得相当之自由。工人阶级为保持他们已获得之自由，就必须巩固国民政府，而且全国工人都必须赞助国民政府北伐，虽是为国民革命实现于全中国，同时也为全国工人自由普遍实现。但是中国有组织的工人要能在国民革命中尽最大的力量，就必须一面组织占大多数手工业工人及雇员，一面提携着农民整个的参加国民革命。“五卅”以来，全国产业工人已表现伟大的反帝国主义势力，已有组织的产业工人，团结手工业者及在国民革命的阵线上奋斗，是打倒帝国主义与军阀及解放自己的不二法门，这也是有组织的工人目前的唯一责任。

I. 工人阶级要完成他的责任，目前应注意的问题：（一）工人群众虽然经过五卅运动，但是他们的势力还没有基础，所以工人群众目前就用种种组织形式团结工人，巩固工人阶级势力的基础；（二）利用许多小的斗争（如部分的经济斗争），扩大产业工人和手工业者的组织；（三）要求工会组织的自由和劳动法，我们知道在现在反动局面之下，工人自由和劳动法是说不上的，可是这也是团结工人攻击敌人的一法；（四）号召全国工人及民众拥护香港罢工，务必使香港罢工得到适当之解决，因为这是与全国工人运动的盛衰都很有关系的；（五）立即与农民代表大会商定密切联合一致奋斗的方法，并决定各地有组织工人如何帮助农民组织团体的种种问题；（六）敌人破坏我们之又一方法，就是利用工贼，我们必须随时尽力以铲除工贼。

J. 工人阶级在奋斗过程中，又须注意下列二点：（一）必须有统一的指挥，由全国以至于各地方，都必须如此。因此，大会认定“中华全国总工会”是全国工人唯一的指挥机关，各地指挥之统一，亦必设法促进之。（二）工人阶级每次的奋斗，必须审时机与自己的战斗力，畏缩退后固不可，轻举妄动亦不可，因此两者都是取败之道。

K. 中国工人的奋斗要跟随着赤色职工国际及与世界工人发生密切关系。五卅运动中，外国工人不但反对他本国政府压迫我们，而且给罢工工人许多物质上援助。尤其是东方各国工人，我们要与之联络；不但打倒帝国主义需要如此，就是要使我们的罢工能胜利，不致为外国工人破坏亦须如此。

（依照中央文献出版社 2011 年《建党以来重要文献选编》第三册订正）

关于工农兵大联合报告的决议 *

大会听了工农兵大联合的报告之后，决议如下：

过去一年的革命经验告诉我们：军队不与工农联合必至失败，军队与工农联合才能胜利。奉军压迫上海工人而失败；陈军摧残东江农民而失败；河南国民第二军因不诚意与工农联合而失败。反之，广东革命军与工农联合而统一两广，肃清反革命势力，建立国民政府。一方面又告诉我们的工农亦须革命军的胜利而得到他们组织自己的机会。广东工农运动有今日之发展，是因为得到了革命军的保障。国民军在直、豫失败后，直、豫的工农运动大受打击。如广东革命军能继续与全国工农携手共同奋斗，则革命军将来北伐，必能前驱无敌。我工农为国民革命计，为自己阶级利益计，誓必竭力援助革命军，以完成其使命。

工农兵大联合万岁！

（中华全国总工会中国工人运动史研究室编：
《中国工会历次代表大会文献》，工人出版社，
1984 年，第 133 页）

* 本文原载一九二六年五月五日出版的《中国第三次全国劳动大会会刊》第四期。

组织问题与其运用之方法决议案*

（一）全国工会运动，在过去全国革命高潮的一年中，已得很显著的发展，不仅在全国几个大工业区域中，工会组织发展到了最高的程度，就是工业不发达的地方，在革命运动进程中，也积极的组织工会。但是从过去发展上看来，工会组织发现以下的缺点：

1. 各地工会在过去的一年革命运动中，对于自身工会的组织，未能切实注意，只不过做了些应付当时斗争的工作，遂使工会组织无形松懈，随起随复。

2. 各地总工会及各工会，对于下级工会及工人群众的关系，在组织上不能十分密切，一切组织未能达到群众化。

3. 各工会下层组织的进行，在过去无大成绩，多半有名无实，使工会的基础不能得到稳固的地位，易为环境所左右。

4. 各级组织——工厂支部及工厂委员会，在过去视为转达命令机关，失去各级组织的意义和作用，不能巩固和充实工会基础和力量。

（二）一年来民族革命运动中，工人阶级却表现了自己阶级的伟大力量以及在这些运动中的领导地位；同时引起帝国主义、军阀、中国资产阶级以及其他反动派之恐怖，促成他们的联合

* 本文原载一九二六年五月九日出版的《中国第三次全国劳动大会会刊》第七期。

战线，向工人阶级进攻。在这种形势之下，工人阶级不仅积极的发展工会的组织，更要严密而集中工会的组织，才能充实工会的力量，彻底与敌人斗争；才能克敌制胜，以谋得中国的与工人阶级的解放。

（三）工会是工人阶级斗争的营垒，他的组织只有两种形式——产业的与职业的。他的原则是要严密的集中。所谓严密，是要工人群众在工会中加紧团结起来；所谓集中，就是在某地一个职业或一种产业，只有一个工会的组织。过去旧式的行会和单级制的组织，应即行改组；就是各产业中的职业组织，以及同一职业而分为几个工会，都是依照产业与职业的类别，合并统一成为一个工会。然后工会的力量始能强大的起来，而能担任目前的斗争。

（四）工会的组织不但需要强有力的执行委员会，而且要有严紧的团结群众、巩固基础的工厂支部组织，才能将工会中的广大群众加紧的团结起来。

（五）工厂支部是从下层工作部分起，只要有三人以上就可组织起来；一俟发展，就依据工厂或作坊工作部分，而分为若干支部。支部人数不定——只限于某一工作部分；倘人数过多，不便开会，可依工作地段或班次分组为团或排。每团或排推定团长或排长一人——人数不限十人，而每一支部，推举三人或五人，组织小组干事会。支部人数少的，只举书记一人。

（六）工厂支部无论在公开和秘密的地方，均认为工会的基本组织，因为同一工作部分的工人，有相同利害之关系，无形中有一种自然团结性；并且这种组织的作用，在平时为训练工人的单位，使一般工人变为明白勇敢而活动的分子；斗争时是工会的营垒，坚固自己的战线。在不能公开组织工会的地方，这种组织更有伟大的作用，潜伏在工厂或作坊中，随时引导工人群众作一切斗争，发展工会的组织。但工会无论公开或秘密地方，对外均须秘密。

（七）支部干事会及无干事会之小组或支部，每星期开会一次。干事会之全体会员大会，每月至少开会一次。团或排全体会议每星期一次。每次会议中，应报告工会工作、时事要闻、讨论执行上级机关命令事项与工厂临时发生问题，或讲演工会运动、政治问题、劳动常识、工厂生产情形、工人个人批评等。

（八）在同一工厂、作坊、地方的工作部分，有二个以上相联之支部，便可组织工厂或作坊地方委员会。他的职务是承接上级工会之命令而直接指挥下级群众，参加一切经济的、政治的斗争之积极行动，并随时指导和督促支部干事会之工作。

（九）联合同一产业或职业相邻之二个以上的工厂、作坊地方的委员会，便可成立某产业或某职业工会，但须建立在阶级斗争上面，本身组织也要十分强健。

（十）各级组织应有候补委员或书记之设立，以补充正式职员之缺额，人数与正式委员或书记相同。各会议时亦可出席，但只有发言权，无表决权。

（十一）产业落后的中国，各种产业虽在幼稚时代，但在最近一年来，按照产业而形成之工会，计铁路、海员、矿山、纺纱、五金、印刷、邮电、运输码头夫……这几种产业工人组织，虽然未普遍和健全，但就各地组织发展上看来，除铁路、海员已有全国组织外，其余皆有进行全国组织之可能。全国总工会今后应注意这几种产业工人之组织；发展到相等程度时，即组织全国各种产业总工会。这几种产业总工会，确为全国总工会之基础。

（十二）各地总工会或工联会，只应有一个总工会的联合组织。如有数个相同之性质组织者，应开联席会议，归并为一，以期工会的统一。

（十三）组织是工会的骨干团结群众的唯一方式。他不是专求呆板的形式；只要求得强大工会的力量，将群众严密的团结起来，就采取何种方式的组织。故各工会须按照各地实际情形，而决定组织方法。

（十四）中国的政治环境南北不一致，在北方及长江流域各地，目前正在严重反动局势之下，工会的组织当然不能得到公开的自由；可利用各种灰色组织——俱乐部、游艺会、进德会、体育会……得到半公开的活动。但内部须采取工厂支部的组织，严密而集中的原则。

（十五）在半公开活动不可能之各地工会运动，只有厉行秘密工厂支部组织；但在每支部之下的排与团，人数宜少，以便开会，而且可以避免厂家的压迫或摧残。

（十六）在严重局势之下，秘密工厂支部均不易进行；在这种情形地方，只有在工厂中团结一般中坚分子成一中心组织，以为将来乘机发展的原动力。

（十七）国民政府下的两广，工会运动不但是能公开进行，而且得到一切的自由；故两广的工会运动，应依照工会组织的系统，正式组织工会。

（十八）广东及香港的工会组织，在最近时期已有很大的进步——工会统一运动的成功。但是站在革命工会的观点上，这种成功尚不够，只可说得到工会形式统一，尚未达到工会组织的统一。故今后广东及香港的工会运动，应由第一步进而第二步，实际统一工会组织。同一产业或一职业的，应在组织上实际合并统一起来。

（十九）会议是表现组织的精神，巩固组织的力量。在各地公开之工会，应按照各级组织，时常开会，以锻炼工会会员，成为强有力的军队。

（二十）在秘密组织的地方不易举行各种会议，只有利用各种机会举行短时会议，人数宜少，讨论问题宜简单。

（二十一）秘密地方之群众大会，当然不易召集，但遇着重要问题，开群众大会最好举行“飞行集会”，时间最多不得过五分钟以上。

（中华全国总工会中国工人运动史研究室编：《中国工会历次代表大会文献》，工人出版社，1984年，第108–111页）

经济斗争最近目标与其步骤决议案 *

上次决议与此次决议

（一）最近中国工人阶级经济斗争的工作，已随全国组织的扩大而同时发展了。我们现在不能不特别看重劳动生活改善的运动，因为这是实际的阶级斗争工作。讨论经济斗争的问题，要算本届大会新的重要问题之一。本会第二次大会已有对于经济斗争的决议案，其中的大部分到现在仍然是合乎实际而尚未做到的。因此本届大会特别注重经济斗争最近的目标与最近的步骤。

经济斗争的原则

（二）在原则上，我们要认定：第一，经济斗争同时就是政治的斗争；第二，须知经济斗争的运动，只是工会运动之一部分，而不是工会的全部责任和唯一的或最后的目的；第三，经济斗争的结果若成功，只是一时的解决，并不是最后的目的已达到；若失败，便是下次继续运动的经验。因为工人的完全胜利，要在工人自己取得政权以后，这是很明显的事。

---

* 本文原载中华全国总工会、省港罢工委员会教育宣传委员会编印的《中华全国第三次劳动大会决议案及宣言》。

资产阶级的经济进攻与工人阶级的经济斗争

（三）资产阶级对于工人阶级有一种经济的进攻，就是使工人生活更苦更坏，他们剥削更多，可以得更大的利润。这种经济的进攻与工人阶级的经济斗争，往往是相对的，就是工人越缺乏经济斗争的能力的时候，则资本家对于工人压迫更甚，往往无故减少工资，增加工作时间，或开除工人。当反动势力横行之时，资本家必然的要向工人作经济的进攻。同样的当工人组织发达之时，资本家也必然的要借经济的进攻，来摧残或打消工人的组织。资本家对于工人，无时不站在预备实行经济压迫的地位。因此，我们的工人的经济斗争，很自然的成为日常的工作。

劳动阶级的苦况

（四）现在我们中国的劳工生活状况，实在坏到极点了。我们数千百万的产业或职业劳动者受生活的困苦，损失我们的康健，摧残我们的生命。我们的工资，与生活的需要相差太远。我们的工作时间，超过劳力所能胜任的，童工和女工充满了各大工业区域。一般的劳动不特毫无保护，而且还要受种种恶劣的待遇。中国工人的苦况真是难尽描写，黑暗悲惨到了极点。

最近目标的要点

（五）因此，我们要确定最近的目标，就是要根据于现在的实际劳动状况与工会运动之需要而决定。这种目标有两个要点：第一：须有一个共同的普遍的要求；第二，须认定这种斗争目标，包含有（甲）改善生活，（乙）促进组织发展，（丙）不离政治斗争三种作用。全国工会运动既然经过一年的大发展，所以此时应有一些共同的普遍的要求，即使这些要求不能完全达到目的，而我们工人在斗争过程中既得经验，又促进团结，并得继续不断的接触于政治斗争。

主要的要求

（六）下列各点是目前全国工人主要的经济要求，亦即是最近经济斗争的目标，我们需要努力斗争的。

甲、工资——应按照各地各时生活的情形，规定最低限度的工资；凡工人劳动所得，至少要能维持所必需的生活。

乙、工时——我们要求八小时工作制度的规定，并要求一星期内必有一日的休息；且矿山窑内的工人，每天工作至多不能过六小时；火车轮船及一切生火的工人，每日工作不得超过两次，每次不得超过四小时。

丙、待遇——工会日常工作要注意反对一切的虐待，如：拳打脚踢、私刑拷打、下工的搜索、衣食住的任意干涉，以及各样的无理限制。

丁、取消包工制——包工制是资本家向工人作战的一条防线，特意使一般包工头作走狗，在经济上加倍剥削，在待遇上加倍横暴，这种制度，尤其是在产业中要赶快努力推翻的。

戊、女工童工的生活改善——最低的条件是：（一）禁止女工与不满十三岁童工从事危险与困难工作；（二）绝不准孕妇与哺乳女工作夜工及特度工作；（三）女工应有每月三日的连续休息；（四）男女工同工作工资应同；（五）绝对禁止十三岁以下者劳动；（六）须改良学徒待遇，设立免费的女工童工的教育。

步骤问题

（七）在经济斗争的步骤上，自然不能使所有要求于同时就可以达到。斗争的工具乃是有组织的工会，而且要求能够统一和集中的工会，才足使战斗得到胜利。爆发的运动虽是偶起的，却不能偶然而成功；其胜利的条件，就要看是否有好的组织。所有经济的要求，又必须使群众先有充分的了解，才能有战斗的实力。这都是经济斗争在步骤上一般的原则。此外为准备斗争，又必须先考查当时的时机，懂得利用资本家的矛盾和弱点；又必须注意预备联络同业，以厚实力，广作宣传以增援助。

斗争的指导和经验和交换

（八）大会决议，全国总工会执行委员会此后应多多指导各产业、各地工人经济斗争的实际工作，时时考查各地的情形，以规定具体步骤和策略。并必须作经济斗争的各样调查和统计（主要的是工人的生活状况与产业的情形）；又当注意各样斗争的经验和比较，以备各地的参考。各地工会，并应将各样材料向总工会报告。我们深知向资产阶级的营垒进攻，是一件繁重的责任，要积日累月很辛苦的奋斗，才能成功。经济斗争，是工人群众的日常生活，同时也是工会行动的血液；我们真正的阶级性的工会，必然的要从斗争的血泊里活动出来。

（中华全国总工会中国工人运动史研究室编：《中国工会历次代表大会文献》，工人出版社，1984 年，第 112-115 页）

罢工战术决议案

一、罢工的意义：罢工是阶级斗争中必然发生的事实，所以不管他是政治的罢工也好，经济的罢工也好，都在阶级斗争中有重大的意义。列宁说：每一个经济的罢工，同时是政治的。就是说，每一个罢工，都有政治斗争的意义，换句话说就是，每一个罢工，都在工人阶级的解放斗争中有重大的意义。但是我们要注意在每一个经济罢工的时候一定要引导向政治的路上走，在每一个政治罢工的时候，一定要注意工人的经济的要求，因为工人阶级的解放，首先要得到政治的解放。但是工人阶级经济的要求扩大，才能增加对于政治斗争的要求、勇气和兴趣，所以必须如此才能使罢工的意义更加增大。

二、战术的重要：罢工是工人阶级反抗压迫阶级的武器的一个，并且是最严重和最紧要的，用得好的时候可以战胜敌人，用得不好的时候可以自杀。在工人初有组织没有经过罢工的时候，或经过一次罢工失败后，对于罢工遂觉得危险可怕，没有罢工的勇气。在罢工胜利后，又以为罢工是必胜的武器，而轻易罢工。这两个倾向，都是不好的。我们要知道罢工是阶级斗争中必然发生的，但是一定要有很好的战术，才能得到胜利，如果不讲战术随便乱罢，那么这种罢工，便完全没有价值了。所以我们对于罢工，不应该恐惧！也不应该随便罢工！

三、罢工的决定：在每次决定罢工的时候，对于客观的情形、主观的力量，必须有明了的观察，能判定这次罢工的趋势与结果，决不可冒昧从事。在罢工决定的时候，必须观察明白之点，有下列几项：

第一，必须明白这个时期的总策略。

第二，必须明白这时候的总现象与趋势。

第三，必须明白这时期整个的经济状况，和这一个工业，及这一个工厂、作坊的经济情形。

第四，必须明白群众的心理与要求。

第五，对于自己的势力必须有正确的估量。

第六，对于敌人的势力必须有正确的估量。

第七，对于社会的势力必须有正确的估量。

我们对于这几点能够观察明白，才能判断这一个罢工的趋势和结果。

四、罢工的准备：决定罢工以后，必须尽可能的作种种的准备。如果没有准备，便会十分慌乱，指挥的毫无头绪，群众无所适从，可以影响到这个罢工的根本上去。第一，必须有组织的准备，所以罢工以前的组织如代表大会、罢工委员会及下层的指挥者纠察队、宣传的组织如演说队、传单队、宣传队等，和秘密的组织如侦探队、交通队等，都要在罢工前计画好，尽可能的准备起来，但是应该绝对的秘密。第二，在罢工以前必须用种种煽动的口号、传单，鼓起群众的热情一致行动，同时要取得社会的同情。煽动的口号要切实，要简单，要有刺激性，要是群众要喊的，要是社会同情的。第三，提出的要求条件，要实际，要普遍，不可过高，少提反对人的条件。第四，要预备秘密的机关和组织，要准备秘密组织与公开组织的联络。以上几项，都是在罢工以前要准备好的。

五、罢工中要注意之点：到了罢工发动以后，就是到短兵相接的时候，便不要有半点犹疑不定的心事了，要极力注意进攻和自卫的策略。第一，要发动一切群众的势力，要使每一个工人都参加到战线上来，就是六七岁的童工和女工，以及工人的家属，都参加斗争，勇敢的向敌人进攻。第二，要不断的扩大我们的势力。第三，要发动一切社会同情的势力。第四，要利用一切敌人反对派的势力。第五，要压倒一切敌人的同情势力。第六，要不断的发出煽动的口号。第七，要注意宣传的普遍。第八，要注意组织的严密、集中普遍和系统。第九，要注意命令的集中一致和灵敏。第十，要注意敌人的弱点，尽可能断绝敌人的生路。第十一，要利用敌人内部的冲突。第十二，要注意自己的弱点。第十三，要注意敌人进攻策略的变化。第十四，要不断的变换方法向敌人进攻。第十五，要注意群众心理的变化，要不断的提高群众的热情。第十六，要注意工人中的帮口、秘密社会，及工资、职业等界限。第十七，要注意工头与职员。第十八，要注意安慰受伤害的战士和家属。第十九，要注意保护公开的和秘密的机关，及群众的领袖。第二十，在顺利的形势下，要尽可能的扩大罢工的范围和组织。第二十一，在失败的形势下，要注意保存自己的势力和组织。第二十二，要注意收束的机会。

六、敌人破坏罢工的方法：我们向敌人进攻，固然有种种的战术，但是敌人也可以用种种的方法，向我们进攻，所以在罢工时要时时提防敌人向我们进攻的方法。在每次罢工中，敌人必用的方法，不外下列几项：

第一，利用武力——军阀警察。第二，利用工贼。第三，利用工头职员。第四，利用工人中之帮口、秘密社会及我们的反对派。第五，恐吓的关门的政策。第六，招新工。第七，播散谣言，离散军心。

七、罢工后的工作：每一个罢工不过是斗争中的一段落，要利用所得的条件，更加集中我们的力量、扩大我们的组织，作第二次斗争的准备。所以在罢工后更要注意一切工作的进行。第一，要更加巩固、严整，扩大我们的组织。第二，要注意群众的骄傲、散乱和懒惰。第三，要注意群众的教育，尤其是政治的教育。第四，要注意敌人的反攻。第五，要注意领袖的骄傲、懒惰及其相互间的冲突。第六，要用一切帮口和秘密社会的势力。第七，要抓住一切工头和下级职员，不使他们与资本联合一块。

八、结论：每一次罢工，要有很好的战术，才能有很好的胜利，如果不讲战术随便罢工，那么这次罢工，便会要失败的，所以我们对于罢工不要恐怕，也不要轻举妄动，但是要特别注意罢工的战术。

中国第三次全国劳动大会秘书厅

（《工人之路特号》，第三百二十期，
1926 年 5 月 15 日，第一版）

宣传教育问题决议案 *

一年以来，民族革命的潮流十分高涨。帝国主义在这个高潮中，几乎失其控制殖民地的权力。在这个时期内，以五卅运动为革命势力的表现。国内各大城市大产业的工人，均风起云涌起来积极参加反帝国主义的民族解放运动。这样一来，便鼓舞兴奋了全国大小都市各种工业中的一般工人群众，他们都不断的继起扩大了他们的组织和宣传。一方面，在革命中认识了中国工人阶级的责任；一方面，在行动上证明他们站在民族革命中最革命的地位。这足以证明，中国工人阶级的宣传一年来已有了极普遍的发展，尤其向夺取政权的方面发展。中国工人阶级所领导的革命运动，既然激进不已，帝国主义在中国的统治便时时感受到威胁与压迫；国内军阀也有同样的感觉。至于资产阶级，既已借无产阶级的势力，向帝国主义争得他们自身利益，但同时又见到工人阶级势力增长，威胁他们自身的利益，遂中途与帝国主义及军阀妥协，共同压迫无产阶级。这样，便形成帝国主义、军阀、资产阶级间的联合战线；所以，“五卅”以后，帝国主义第一步，即从军事上、政治上，结合一个反国民军的联合战线，企图消灭接近民众的武力国民军，并进而消灭一般的革命民众势力，尤其是最革命的工人阶级。自北方国

* 本文原载中华全国总工会、省港罢工委员会教育宣传委员会编印的《中华全国第三次劳动大会决议案及宣言》。

民军失败后，直、奉军阀复兴，帝国主义及反动军阀在中国北部和中部的统治重新稳定，对于工人阶级采取了积极进攻的方略。同时，许多直接或间接受帝国主义影响的反动派，亦因之增加，一致向中国国民革命的主力军工人阶级进攻。虽然如此，但是这不过是一时的现象，我们现在所处的环境与上次大会完全不同。但中国的工会运动将因客观的需要，仍然继续发展与扩大，更加深入于工人群众中去。

所以现在客观的环境，促使我们工会的工作不能不规划一个广大的宣传。如果我们对于敌人宣传不能打倒下去，工会的一般发展将要遇到极大的困难；我们的工会，也就不容易成为一个群众的和革命的组织。故现在努力宣传教育，当更重要于组织。

根据上项观察，目前工会中的宣传教育工作亟宜整顿并扩大之，努力发展，才能保障工会的一般的进步和胜利，才能使工会变为群众的革命的组织，因此决定下列的具体办法：

（一）过去各工会宣传部的组织，多数是很稚弱的，对于宣传工作没有全盘的统一筹划，并不能切实指导下级工会的宣传教育工作，这是工会运动中最大的损失，以后亟应改进这个缺点。由全国总工会以至于各级工会，应注意强健各工会宣传部的本部组织；对于宣传教育，应当有统一计划，供给各种宣传教育的材料，并负指导工作与考核工作成绩的责任。

（二）工会宣传部应注意使宣传工作群众化，单是上层的宣传是不够的。宣传部应充分利用一切可以工作的机会，努力输入政治工作与经济斗争的教育于广泛的工人群众中去，使工会的意思，得以深入群众，建立工会组织的真实基础。否则，工人虽加入工会，而对于工会的主义和策略，及一切会员应具的常识尚不具备，这是工会的最大危机。

（三）为使工作实行群众化起见，宣传部目前第一迫切的工作，便是养成一班工会的中坚人物，于工会会员中选举最觉悟、最革命分子组织宣传教育班，讲演阶级斗争的理论及工会运动的一切实际经验，务使他们每人都能到各工会下级组织教育会员，并且到工人群众中去宣传工会的主张。这样，宣传教育工作才易于扩大与深入。

（四）遇有一个政治问题或经济问题发生，宣传部应制定一种宣传大纲，对于该问题详细解释其因果关系、工人阶级应取的态度，并决定应付的宣传策略，使群众借此了解工会的主张，而不为敌人所摇惑；即关于经常的宣传计划，亦应如此办理。宣传部为指导敏捷起见，更要随时随地搜集各项参考应用的材料。

（五）过去工会的宣传，只限于一事一时的应付，没有概括的系统的宣传，使工人知道工会运动目的的所在。全国总工会应调查各地劳动工作状况，提出一个总的要求，内容大致如下：

（1）政治的要求：言论、集会、结社及罢工之自由；（2）工人生命保障及工人医院；（3）劳动立法；（4）最低度的工资；（5）工作时间；（6）工厂卫生；（7）工人宿舍；（8）劳动保险；（9）女工的要求；（10）学徒及童工的要求；（11）团体契约等。此项要求，以总工会名义公布于社会，在工人群众中为详细明显的解释、系统的宣传。

（六）一年以来国内军阀战争的结果，一般工人生活日趋变化。总工会及各地工会应调查各地产业工人及各地方工人生活痛苦状况，有系统的公布。这种宣传，使工人阶级更容易了解阶级斗争的理论和实际。

（七）关于工会出版物，应定一个集中统一的办法。各工会宣传教育刊物，应在全国总工会指导、监督之下。编辑内容，不但文字要浅显，并宜适应工人的心理，务使普通工人明了看阅，并感觉兴趣；内容也要生动有趣，适应工人群众的需要，确能为日常斗争指导。定期刊物更应该按期出版，发行务求敏捷而周到。此等刊物，重要内容为：（1）国内外政治状况及评论；（2）国内外工会运动叙述及评论；（3）工人生活状况；（4）工友投稿等。对于不识字工人，应组织一种讲演班，专为他们讲演一切宣传材料，并征集他们的意见，在工会刊物上发表。逐日在各工厂应设法刊印简单的壁报，登载各工厂生活状况、民族革命与阶级斗争的问题的浅明文字。在必要时更应出版画报，以补文字宣传之所不及。为扩大宣传教育工作，更应随时发行编印工人教科书及各种小册子，随时发散多数传单；对于工人群众详细解释每个偶发事件，使工人明白对于该事件应取的态度。

（八）凡已有工会与尚未成立工会之工人区域，俱乐部之组织是绝对必要的。在反动势力高压下面之工会运动，尤为急务。因为有些地方工会被认为单纯经济斗争的组织，而忽略了工会其他责任。这个现象，在某一个时候使工会的组织无形涣散，是工会最大损失。为挽救起见，工会应积极举办俱乐部，从一般文化、体育、娱乐等各方面，充分发达工会的作用；如组织阅书报社、演说会、新剧团、足球队、旅行队等，均是有兴趣并且容易使群众接受宣传的事。这些工作，均应由宣传部规定计划，切实执行。俱乐部应常常举行会议，在娱乐之外，增加各种时事报告、劳动消息报告，务使普通工人——即使没有加入工会的会员，也能接受工会的宣传。

（九）在工会不能公开的地方，工人应在工会小组干事会的指挥之下，秘密进行一切的宣传教育工作。这种工作，应随时利用机会（如资本家或政府军警之压迫、革命纪念日、政治变动、他处罢工运动机会等），召集工人群众大会。此等群众会议，因在高压之下，并不必守一拘定之形式和时间。在工人上班或下班的时候，只要可能的，几十个人或几分钟会议，都可以举行。

（十）改良派或反动工会中的宣传工作中，首先是注重指出他们领袖不代表工人利益，或背叛工会的证据，使受蒙蔽的工友得以醒悟，加入革命的工会。宣传的时候，应注意使该会工人群众接受我们的主张和口号。

（中华全国总工会中国工人运动史研究室编：《中国工会历次代表大会文献》，工人出版社，1984 年，第 118–121 页）

工会运动中之女工及童工问题决议案*

因机器工业日渐进步，一般的工作并不要熟巧的技术，故妇女、儿童都能从事工作。同时，资本家因妇女、儿童柔弱，易于欺侮，工资低廉，可以剥削更多的利润，因此，成千累万的妇女、儿童，都被资本家雇用为工钱的奴隶，其生活乃日陷于悲惨的境地！

中国工人无法律的保障，资本家可以任意的加以剥削和压迫，而对于女工童工为尤甚。中国女工童工的数量极多，其生活状况异常痛苦。他们的工作时间和成年男工一样，日夜工都是延长到十二小时，甚至十二小时以上，而且大都是站立着工作，中间全无休息的时候。他们的工资都较成年男工低贱，虽做同样的工作而不能得同样的工钱。在这个物价高涨的时候，他们的工资每每不够维持极低的生活。他们工作及住宿场所毫无卫生及保险的设备，故他们的身体受极大的损害和危险。凡女工的生理、怀孕、生产、育儿及家庭关系，与童工的教育、娱乐及身体养护之需要等，资本家不但毫不顾及，而且更予以恶劣之待遇。如任意打骂，克扣工资，戏弄女工，贱役并欺侮童工及学徒等。甚至有雇用六岁未满之童工，不与学徒以工资，及延长学徒期限至六七年者。

* 本文原载中华全国总工会、省港罢工委员会教育宣传委员会编印的《中华全国第三次劳动大会决议案及宣言》。

女工童工的生活状况如此困苦，这不但是女工童工本身的问题，而且是工人阶级很大的危害。因女工童工之无限制的雇用，使劳动之竞争者加多，影响于工人阶级之失业者之增加。因女工童工之工资低廉，于是就影响于一般工人工资之难于随时增长。故改善女工童工之生活状况，限制雇用条件，加资减时，改善待遇，实为免除工人阶级的危害和提高工人阶级地位的方法之一。女工童工多系工人的家属，有直接的利害关系，而且她们数量甚多，在工会组织及一切斗争的行动中，均引导她们参加，提出改善她们生活的切身利益要求，乃是引导她们更勇猛的参加工会运动的途径。反之，若不注意她们的利益，引导她们奋斗，则她们有被资本家、工贼利用以破坏工会及罢工之危险。因此，不但为女工童工之本身利益言，即为全工人之利益计，工会运动中有注意女工童工的利益之必要。为她们的利益而奋斗，也即是为整个工人阶级的利益而奋斗。

关于改善女工童工生活状况的条件及办法，大会议决如下，全国各地各业工会均须切实注重执行：

（一）禁止使用女工童工作有害健康及危险之工作（如用力过度、地穴中及易于中毒的工作等）。

（二）禁止使用十三岁未满之童工。

（三）禁止使用童工及怀孕与哺乳之女工作夜工。哺乳女工应有规定哺乳时间。

（四）女工每月应有三天的连续休假；产前产后应有连续八星期之休假；均照旧领取工资。

（五）女工童工每日工作至多不得过八小时，每星期应有继续二十四小时之休息，照旧领取工资。

（六）女工童工与成年男工作同样工作者，须得同样工资。

（七）改良学徒待遇，缩短学徒年限。学徒应得工资。

（八）为童工女工设立免费的补习学校及娱乐场所。

（九）要求政府制定女工及童工保护法。

（十）工会内应设女工及童工委员会，注意改善女工及童工生活状况。

（十一）工会应提倡办理劳动童子团、女工及童工大会，以教育童工和女工。

（十二）工会应完全容许女工童工加入，享受平等的权利，并酌量减收会费。

（十三）工会向外提出要求条件时，应注意加入女工及童工利益的条件。

（中华全国总工会中国工人运动史研究室编：
《中国工会历次代表大会文献》，工人出版社，
1984 年，第 122–124 页）

劳动法大纲决议案 *

第一条　工人有集会、结社、言论、出版的自由。

第二条　工人有罢工的自由。惟在国民政府下，可经过劳资间或主管官厅之一度调解，方始罢工。

第三条　工会应有团体契约权。

第四条　工人有加入国际组织的权利。

第五条　作工时间以八小时为原则；对于卫生有妨害之工作得缩减之。

第六条　星期日及重要纪念日休息，仍照给工资。

第七条　禁止时外的劳动。遇必要时，须得工会的允许。

第八条　工厂作工时间如果超过规定时间，须照延长时间之数，加倍付给工资。

第九条　绝对禁止不及十六岁的青年工人作不卫生及危险的工作；并禁止使用十三岁未满之童工。

第十条　女工从事重大工作者，产前产后休息八星期；轻的工作休息六星期；均应照给工资。哺乳女工应有规定之哺乳时间。

第十一条　童工女工以禁止夜工为原则。

第十二条　工资之给与，以维持工人生活为最低工资；其

---

* 本文原载一九二六年五月十三日出版的《中国第三次全国劳动大会会刊》第十一期。

不及维持工人生活之工资，政府得强制增加之。

第十三条　工资之给与，以银元为标准；并不得以物类代替及克扣。

第十四条　国家设立劳动局，研究劳动条件，并须有工会代表参加。

第十五条　国家应设立劳动保险。保险费由雇主或国库支出。

第十六条　应规定男女工人之劳动补习教育。

第十七条　制定此项劳动法时，全国总工会应有代表出席。

（中华全国总工会中国工人运动史研究室编：《中国工会历次代表大会文献》，工人出版社，1984年，第124—125页）

失业问题决议案*

（一）失业，是工人阶级在资本主义制度下最大的一件痛苦。资本家既在平时想尽种种方法剥削工人，又常用最后的手段将工人开除，或停闭工厂，使工人失业。工人对于失业问题，一面要从根本着想，下推翻资本制度的决心；一面也要力谋补救的方法，减少平时的痛苦，以增加战斗的实力。

（二）自工会运动兴起后，资本家忌妒工人的团结，往往借口生产品不好销售，开除一部分或多部分的工人，甚至有时全部歇业，以作抵制。又特别注意工人的领袖，想摧残努力领导工会运动的分子，开除之使与工人群众隔绝，这更是习见的事实。

（三）现在中国既受外国帝国主义的侵略，而本国的资产阶级又直接或间接与外国人勾结，齐向工人进攻。失业的现象，已渐渐成为严重的问题了。大会为谋职工运动之发展，与保障劳动生活之安全起见，特议决实行下列各种工作，以为失业问题之救济。

（四）失业的保险，是工人应有的权利，应向资本家提出这种要求。在劳动雇用契约时，更必须要提出关于失业保险的规定。工人既受雇佣，对于生产情形的好坏，只应由资本家自负

* 本文原载一九二六年五月十四日出版的《中国第三次全国劳动大会会刊》第十二期。

责任。若有失业发生，资本家应赔偿工人的损失。

（五）在劳动法内，对于失业问题应有规定，其原则与前条同。失业问题发生时，资本家应受法律的裁判。

（六）在工人自己，须以团结的力量防止失业的发生。如一旦发生，必须设法救济。在各工会里，应有救济的组织，用在业工人与向社会捐助的力量，以援助失业者。又须设立工作介绍的机关，使失业者早得工作，免陷于生活的绝境。

（七）对于因罢工或工会运动而失业者，工会应尽量设法救济。总工会此后须督促各工会注意失业问题，严厉禁止工厂无故开除工人，再从组织上（如救济会与工作介绍所）去求解决，并须力谋同业或各地的联络，防止资本家对于工人这种经济的进攻。

（中华全国总工会中国工人运动史研究室编：《中国工会历次代表大会文献》，工人出版社，1984 年，第 125–126 页）

合作社问题决议案 *

合作社在近年来职工运动发展中，已逐渐被工人感觉着需要，而且有些地方已渐渐实现了这种组织。

合作社在我国最近的职工运动中，有四个作用：（一）在北方各地严重压迫之下之工人组织，可用合作社来公开的团结工人群众。（二）合作社可以储集一批现金和工人需要的货物。这个储集，在罢工期间可作救济罢工工人之用，和一切的斗争中所发生的临时紧急费用。（三）工人的受剥削除在工资减低外，同时因生活必需品之昂贵，使生活更见艰辛，尤其中国一般小手工业的工人，他所感觉痛苦的，是生活必需品在市场中之增高。故合作社在调融市价中，工人很感觉得需要，并且在这共同的经济关系之中，更可亲密工人之团结。（四）在合作社中，工人可学得许多管理生产和消费的知识。

由此看来，合作社已成为现在中国工人们的需要，并且已经实际在许多的地方发生了此种组织。故此次大会，不能不开始有这种决议案了。

生产合作社，适用于城市手工业工人和新式产业下部分附属的手工业者之组织；集合同职业之手工业工人，共同规划和出售生产品，但这种组织和手续须力求简单。这种组织可使不

* 本文原载一九二六年五月十四日出版的《中国第三次全国劳动大会会刊》第十二期。

能单独生产的手工业工人，得有联合的生产组织；可使不发生互相求出产品销售之竞争，至减低价格；可使在市场竞争中有了相当的力量和地位。

消费合作社，适用于产业底下一般工人的组织。这个组织如在工会下举办，一定须使全体之会员加入，不然，工会可因此有分裂的危险。若没有工会的组织，当可使其自然参加。

消费合作社，本有分红和廉价两种办法。不过求其简而易举，以廉价为适用于工人之组织。

消费合作社之组织，一要非常简单，货品一定要择一般工人日常需用之品。出入账目，除每月公布在合作社外，须由工会或股东来组织专门审查委员会，最好在这委员会中，除一部分的经常事务外，一部分将由社员轮流担任。

合作社还应时常向社员宣传合作社之意义，使一般社员了解合作社对于自身之关系。不然，在市场受人排挤和造谣诽谤中，也将有失败的危险。

合作社除以上所讲的要注意外，还有两件值得我们十二分注意的：

（一）经济关系，在工人组织中是最使人注意而易发生纠纷的问题。假使一为不慎，能使全局因之发生动摇。在完全经济组织的合作社，是更易使工人发生纠纷，并且实际非常容易发生些经济不清的事出来。

（二）合作社因能操纵市场，故十分易使商人妒忌，以破坏工商在反帝国主义中之联合战线；所以对商人的态度要取慎重，而货物切不能出售给非社员。

因上两种原因，合作社不是觉得在必要时，切不要轻易组织。组织后须时刻注意，不要使他稍有不幸的事件发生，尤其是经济的关系上。

（中华全国总工会中国工人运动史研究室编：《中国工会历次代表大会文献》，工人出版社，1984 年，第 126—128 页）

全国劳动大会对刘少奇同志报告中国职工运动的发展及其国民革命运动中之地位议决案

大会听了刘同志报告中国职工运动的发展之后，议决如下：

一年来中国职工运动有极大的发展，尤以五卅反帝国主义运动中，中国职工运动的潮流更为高涨，三个月内统计全国工人同盟罢工反抗帝国主义者，有五十余万人，几成全国总同盟罢工的形势，全国工人组织在工会之内者，达一百余万人，尤以上海大罢工及省港大罢工工人的艰苦奋斗精神，几为世界职工运动史上所少见。帝国主义者受五卅运动之打击，以工人运动为最利害，工人阶级在五卅运动中死伤最多，牺牲最大，主张最为急进，奋斗最能坚持，力量最为伟大，即在广东肃清反革命战争中及反奉战争中，工人阶级均能积极参加，表示其力量。五卅运动之所以能惊动全世界及为中国自有历史以来之反帝国主义运动者，即因有工人阶级的积极参加。中国职工运动的发展，即中国国民革命运动之发展，中国国民运动的发展，中国职工运动亦随之而发展。中国职工运动是中国国民革命中之主要运动，中国工人阶级是中国国民革命的领导阶级。中国工人阶级在中国革命运动中之领导地位，已从过去一年的奋斗事实中得以确定。同时，在另一方面，又可证明中国军阀是帝国主义的走狗，中国大资产阶级在革命中之妥协、调和与反动行为，中国小资产阶级对于革命之热烈要求及其犹移不定的倾向。在此种情形之下，中国工人阶级应切实联合小资产阶级，督促大资产阶级与帝国主义冲突，进行革命，方能免得孤立。过去一年的职工运动，未能与小资产阶级建立严密的共同战线，以致小资产阶级离开工人，与大资产阶级同走到一条妥协的路上，使中国革命运动受一极大之损失，所以中国工人阶级今后应严密自己的组织，扩大自己的组织，切实提携农民，联合小商人、学生及社会上一切革命民众，建立联合战线，进行中国的革命。

中国职工运动发展万岁！

提携农民与小商人、学生建立联合战线进行革命！

打倒帝国主义！

打倒军阀！

打倒资本家！

工人阶级的胜利万岁！

（《工人之路特号》，第三百一十九期，

1926 年 5 月 14 日，第一版）

关于全国总工会执行委员会工作报告的决议

大会听了刘少奇同志报告这一年来全国总工会执行委员会工作之后，决议案如下：

大会承认执行委员会这一年的工作，能够非常勇猛的遵照中国工人阶级的意志，努力领导中国工人阶级向压迫阶级奋斗，如进行统一广东、香港工会运动，发展广东各县工会组织，指导长时的反帝国主义的省港大罢工、上海大罢工，统率中国南部有组织的各工友参加国民革命。在宣传工作上亦能按照实际需要努力，对于北方各工会的关系因交通的自然阻碍，组织的指导虽未十分的密切，但在精神上已能集全国工人阶级的意志而奋斗。大会对于执行委员会这一年的工作表示满意。

第三次全国劳动大会

（《工人之路特号》，第三百一十四期，
1926年5月9日，第三版）

全国政治状况与社会状况报告的决议案

大会听取了全国政治状况与社会状况报告之后，一致决议：

（一）自第二次全国劳动代表大会到现在，是中国政治状况最剧变的一个时期，即中国革命潮流最高涨的一个时期，也就是中国反帝国主义的革命势力与帝国主义及其工具军阀搏战最剧烈的一个时期。在这一时期中，革命势力与反革命势力的消涨，我们可以分成两个阶段：自“五卅”初起至郭松龄倒戈，是革命潮流最高涨期，即革命势力进攻帝国主义及其工具军阀的时期；自郭松龄失败至现在，是革命潮流低降期，即反革命势力胜利向革命势力进攻期。现在的北方已完全被英日帝国主义的工具张吴所把持，北方的国民军正在被追击，长江流域渐归吴佩孚掌握之中，湖南的唐生智又退出长沙，并且吴佩孚还想企图进攻广州政府，所以目前正是革命势力一个最危急的关头。

（二）但是在另一方面，从这一年革命运动与政治斗争的结果，革命势力已得到巨大的发展，尤其是工农的势力。工人阶级在这一年数量上的发展已经非常之伟大，如上海和香港两地，差不多新组织了三十万以上的工人。至质量上的发展，如上海及省港工人之战斗的表现，已经证明了中国工人阶级不但是中国革命中一个伟大的力量，并且是世界革命一支有力军队。农民在这时期无论数量上与质量上都有惊人的进步，尤其是广东，现在已有八十万以上的农民组织，成了广州革命政府之唯一的基础。这个革命尤其工农的发展是表明中国的国民革命已到胜利之前一日了，这是“五卅”以来在革命运动和政治斗争的一切牺牲上所得之伟大的结果。但是同时我们须指出：因工农势力的特别发展与帝国主义的零碎让步，遂使资产阶级离开反帝国主义的联合战线而与敌人妥协，城市的小资产阶级（小商人和大部分智识分子）亦渐趋于消沉，因此工农阶级已渐成孤立之势。这是一个最危险的现象。

（三）虽然目前的政局已到了一个反动时期，虽然反动势力正在向革命势力进攻，但是反动势力的自身始终还没有稳定，自身的冲突还向前发展，即是张、吴自身的势力还在摇动期间。英、日帝国主义还不能如意指挥张吴分配北京政权，迅速建立北京的反动政府，即此也显然表示张吴间冲突之险恶。照现在的情形看出，北京绝不能建立一个稳固的政府。张、吴间的冲突是绝对地逐渐向前发展，张吴间的新战争就在眼前。在革命一方面看，广州的革命政府已经基础稳固。北方的国民第一军虽受了一个严重的打击，但还能保持相当实力。长江流域反吴的势力在各省都是始终存在。北方和长江的民众势力虽一时受了损失，其活动一时受了限制，但在暗地里还是进行。我们可以说革命的潮流还没有完全停顿，并且正在准备一个新的进攻，找新的出路。

（四）革命运动的新的出路，便是广州革命政府势力，经已发展，换言之，即广州政府北伐。所以目前我们工农阶级的任务，是巩固和扩大自己的组织，以全力拥护广州政府，扶助广州政府北伐。同时在北方帮助国民第一军保存其实力，使之能与张吴渐成对抗之势。在各地则领导一切被压迫民众，特别使城市的小资产阶级回到革命的战线上来，巩固和扩大革命的联合战线。所以我们的口号是：

革命的出路是广州政府北伐！

拥护广州政府，扶助广州政府北伐！

巩固和扩大反帝国主义的联合战线！

打倒张吴，北伐成功！

（《中国农民》，第六期、第七期合刊，1926 年，第 1–3 页）

第三次全国劳动大会国民政府现状决议案

（一）中华民族现在要解除帝国主义及其工具——军阀——之严重压迫，唯一出路，只有国民革命。要国民革命得到成功，须有一个革命的政府。现在广东的国民政府，便是代表全国一切被压迫人民对外要求独立、对内要求自由之唯一的革命政府。

（二）现在中国皆在反动政治势力之下，只有国民政府所在两广有政治自由。当今北方国民军败退，张吴重兴，帝国主义嚣张跋扈之际，人民应立即起来拥护国民政府立即出师北伐，统一中国建立全国的统一的国民政府。

（三）本大会承认国民政府过去及现在进行反帝国主义反军阀及肃清一切反革命派种种工作完全是对的，本两大会愿统率着有组织的工人群众一百一十二万，及全广东有组织的农民群众八十二万与革命国民政府共同奋斗，以打倒帝国主义、军阀、买办阶级、土豪一切反革命派。

我们高呼：

拥护国民政府！

国民革命成功！

（《政治周报》，第十二期，1926年5月，第4页）

关于上海总工会报告的决议 *

大会听了李立三同志上海总工会报告以后，有下列的意见：

1. 上海五卅运动不单是扩大了上海工人的组织，巩固了上海工会的基础，并且使全国的工人阶级都兴奋起来，有一个很大的进步；这是在中国职工运动史上有重大的意义的。

2. 五卅运动已经由事实上证明了我们工人阶级在国民革命运动中的领导地位；证明了大资产阶级的妥协性与小资产阶级的犹疑性。上海总工会在五卅运动中引导上海全体工人与帝国主义奋斗，一切策略都是非常的正确，尤其是在组织工、商、学联合战线反抗帝国主义的经验，更是全国工人阶级所应宝贵的。

3. 上海现在已完全在反动的势力之下；受压迫最为严重的，就是我们工人。我们一切组织、宣传和活动，都完全没有自由。上海总工会在此时，一方面应将各工会的组织，严密的巩固起来，尤须极力注意一切秘密的工作；一方面应极力参加全体市民反帝国主义与反军阀的争斗，作公开的活动，使国民革命的战线益加巩固；使工人阶级不致成为孤立，尤其是特别把秘密的工作与公开的活动联系起来。

4. 上海总工会应特别注意工人的日常生活与经济的奋斗，

---

* 本文原载一九二六年五月十四日出版的《中国第三次全国劳动大会会刊》第十二期。

应使他们从经济争斗中增加他们政治争斗的勇气；但同时在每次的争斗，必须在小资产阶级中作大的宣传，以取得他们的同情，使他们不致受帝国主义的宣传来发生离开工人阶级的事实。上海总工会能切实履行这种职务，则上海的工会组织，必能有更好的进行。

（中华全国总工会中国工人运动史研究室编：《中国工会历次代表大会文献》，工人出版社，1984 年，第 133—134 页）

劳动大会对苏兆征同志省港罢工报告决议案

大会听了中华全国总工会省港罢工委员长苏兆征同志省港罢工报告之后，因决议：

（一）五卅运动以后，省港罢工随起，各地罢工运动皆被摧残而失败，而唯省港罢工坚持将近一年之久，至今未疲。此因由于各界同胞、海外华侨以及全世界工人阶级之同情援助，而省港罢工委员会组织之完密与政策之适当也等要重大原因。大会应指出给省港罢工工友知道，你们此次奋斗中在组织方面、政策方面以及其他方面大致是好的，是对的。此次得来的经验，都应珍视之，以准备此后不断的新斗争。

（二）省港罢工至今尚未解决，完全是由于香港帝国主义之无诚意。我们工人所受的痛苦，商人所受的损失，皆是帝国主义给予的。大会应指出给全国人民知道，帝国主义仍未改其凶险横暴之旧态。我们欲得民族完全解放，只有继续进行反帝国主义运动及援助此次省港罢工的成功。

（三）省港罢工以后，香港尚有一部份工友未经返省，他们因受帝国主义与工贼谣言所欺骗，以及当时广东海口各地不稳定，所以未曾返省，其实他们反帝国主义的热情是有的。大会应指出给香港总工会知道，你们遵照第二次全国劳动大会决议案，做成香港工会的统一，成立香港总工会；其他同业性质相联合，如运输联合会、金属总工会之成立，都是对的，大会非常嘉奖，并望你们仍然继续将各业联合，同时又须努力将未返省之全数工友集中于香港总工会之下，团结一致，共同奋斗。

（四）省港罢工以后，香港帝国主义嗾使工贼组织工业维持会为破坏罢工、破坏工会统一之工具。大会应指出给香港工友知道，你们一方面应努力铲除此类工贼，同时一方面须防范帝国主义及工贼用收买离间之手段将我们团结力分散。

（五）香港为英帝国主义殖民地，对于中国工人（特别是此次罢工解决之后）必更加压迫。大会应指出给香港工友知道，你们一方面固应力争集会、结社之绝对自由权，一方面也要不忘记秘密的工会组织，上海总工会公开与秘密组织并重，可为借鉴。

大会高呼：

省港罢工胜利万岁！

中华民族解放万岁！

（《工人之路特号》，第三百一十九期，
1926年5月14日，第三版）

关于苏俄状况报告的决议

大会听到关于苏俄状况的报告以后，无限的欢慰，我们可以得到下列的教训：

第一，苏俄工人阶级革命的成功，完全是列宁主义的领导，其他民粹派社会革命党少数，都不能明白工人阶级的真正利益，因此我们知道工人阶级要得到最后的解放，只有依照列宁主义的指导去奋斗！

第二，苏俄在种种困难奋斗之后，已经巩固起来，走上社会主义的道路，并且极力援助世界的被压迫阶级及被压迫民族的革命运动，苏俄已经是世界革命的中心，世界被压迫阶级和被压迫民族应该与苏俄亲密的联合起来，完成世界的革命。

列宁主义万岁！

苏维埃俄罗斯万岁！

中华第三次全国劳动大会

（《工人之路特号》，第三百一十四期，

1926年5月9日，第三版）

出席赤色职工国际报告决议案

两大会听了出席赤色职工国际报告之后，决议如下：

（一）赤色职工国际成立以来，统一世界工会运动，澈底与帝国主义争斗，已有惊人的成绩。大会对于赤色职工国际所取的政策和方略，认为完全满意。在国际帝国主义重重压迫下之中国工人，一年来在赤色职工国际指导之下，已努力向帝国主义进攻，并且对于民族革命和世界革命，已有很大的贡献。大会誓继续竭诚拥护赤色职工国际所定的一切政策，与国际资本帝国主义作最后之决战。

（二）大会承认赤色职工国际所决定之“统一运动”政策，尤为目前世界职工运动所需要，不仅在改良派主义充满的西欧需亟完全执行，便是在亚洲职工运动中，也有很重要的意义。大会愿努力在亚洲各国澈底促进职工运动的统一，务使东方劳动者的势力，少受一次分裂，即工人阶级的解放，早一日实现。同时大会对于改良派的黄色国际领袖骗卖工人阶级分裂工会运动之所为，深为愤恨，愿揭破其假面具，而尽力推倒之。并盼望黄色国际之下的工人群众，从速脱离欺骗者之羁绊，而与真正革命的工人联合，形成反帝国主义的联合战线。

（三）工人群众是革命的主要势力，农民群众更是工人群众相依为命的友军，职工国际所指示“工农联合”之政策，确为目前中国革命工作之唯一出路，大会愿一致为“工农联合”而奋斗，为共同利益而奋斗，以达到最后的解放。

世界职工运动统一万岁！

工农联合万岁！

赤色职工国际万岁！

赤色农民国际万岁！

（《中国农民》，第六期、第七期合刊，
1926年，第1–2页）

第三次全国劳动大会选出的中华全国总工会执行委员、候补委员名单*

执行委员（三十五人）

林伟民 苏兆征 戴卓民 李立三 项 英 王亚璋
王 功 张佐臣 邓 培 王荷波 朱少莲 刘文松
刘尔崧 田 耀 陆 枝 原顺鸿 冯 敬 沈闰生
何耀全 袁 容 张春奇 李 森 许世光 袁祜青
卢星三 钟 山 陶卓然 袁大石 丁志华 王文石
邓中夏 黄 平 陆 沉 刘少奇
（广东兵工厂一人，名未详）

候补委员（十七人）

魏锡珍 王昌教 李光才 黄金源 冯 才 罗 珠
郭华俊 叶 樟 孙良惠 吕汉泉 伍 森 邓汉兴
黄俊学 朱宝庭 郭 亮 孙云鹏 周振声

（中华全国总工会中国工人运动史研究室编：《中国工会历次代表大会文献》，工人出版社，1984 年，第 138 页）

* 本文原载一九二六年五月十三日、十四日出版的《中国第三次全国劳动大会会刊》第十一期、第十二期。

全国劳动大会致中国共产党书

中国共产党中央执行委员会：

贵党为中国工农阶级的利益甚至为中国一切被压迫阶级的利益而奋斗、而牺牲，已经好几年了，在几年当中，我们在各方面的工作上，在各种斗争中，都证实贵党所持策略之正确，尤其感觉到贵党党员之勇敢与牺牲的精神。我们知道在近年各种壮烈斗争的过程中，尤其在“二七”与“五卅”的斗争中，贵党党员牺牲了不少的性命，如“二七”中施洋烈士与“五卅”中之刘华烈士，都是我们工人阶级公认的领袖，是为我们工人阶级的利益而牺牲的。

但是因贵党和我们许多先进革命分子奋斗与牺牲的结果，在我们工人运动和民族革命运动上都创造出了一种伟大的势力，已经使得敌人——帝国主义、军阀、买办资产阶级恐怖，因恐怖而制造许多诬蔑贵党的谣言，想藉此毁坏贵党在群众中的信用，即是离散我们革命的势力，但是在我们工人阶级和进步的革命份子看来，敌人此种卑鄙恶浊的离间手段，不惟不能使我们对贵党有所怀疑，反而增进了我们对于贵党敬信与亲爱，因为我们在各方面处处都是与贵党党员一块儿工作，我们在各种斗争中都亲眼看见贵党的策略与贵党之奋斗和牺牲的精神，因此本大会敢代表全中国一百数十万有组织的工人很勤恳地向贵党表示十二分敬信与亲爱，同时当此敌人正向我们工人阶级和一切革命势力进攻之时，希望贵党格外努力继续贵党之正确的策略与奋斗和牺牲之精神。敬祝贵党努力奋斗！中国共产党万岁！中国工人阶级解放万岁！世界工人阶级革命万岁！

第三次全国劳动大会

主席团

一九二六年五月十二日

（《工人之路特号》，第三百二十三期，

1926年5月18日，第三版）

闭幕词*

李立三

此次吾国工人第三次大会，第一次代表大会不过代表二十余万人，第二次达到五十余万人，此次已增加到百万人。从这个增加来观察，我国工人运动之热烈和进步，实有无限的希望。第一次大会以后，发生了二七运动，这个运动是工人参加国民革命的先声。第二次大会以后，发生了五卅运动，这一次运动是工人领导国民革命的表现。今次大会——第三次——以后，必有更热烈之运动发生，现在可以预料的。

溯自开会至今天，已有十二天了。在这十二天当中，我们过去的经验，已集合起来。世界未来的经验，我们也预备接收起来。同时，我们对于教育问题、组织问题、失业问题以及其他种种问题，均有很好的解决。我们能依照大会议决案努力做去，定能得着很好的结果。去年之劳动大会，我们能依议决案做去，已得了不少的功效，今年更加努力去实行大会议决案，必定可以完成国民革命及打倒帝国主义。

* 本文原载一九二六年五月十四日出版的《中国第三次全国劳动大会会刊》第十二期。

全国第三次劳动大会成功万岁！

（中华全国总工会中国工人运动史研究室编：
《中国工会历次代表大会文献》，工人出版社，
1984年，第139页）

第三次全国劳动大会宣言 *

全国工友们！第三次全国劳动大会于五月一日在广州集会，参加者全国六九九个团体（总会及分会），到会代表五百〇二人，共代表全国有组织的工人一，二四一，〇〇〇余人。在此大会上最重要的问题是结算“五卅”以来全国工人运动的经验和工人运动在国民革命中之地位，并规定在经济上和政治上一切斗争的策略。

全国工友们！我们这次大会是经过五卅运动后的第一次大会，便是我们工人阶级经过最猛烈的政治斗争和经济斗争后的第一次大会。我们知道，五卅运动不仅是中国民族直接反抗帝国主义的一个伟大运动，并且是中国工人阶级全体直接参加反帝国主义和领导反帝国主义运动，一个空前的斗争。在这次斗争中，我们工人虽牺牲了不少的生命，牺牲了无限的精神，受了无限的痛苦，然而在这些牺牲和痛苦的当中，在苦的奋斗当中，却得了许多苦的经验，许多宝贵的教训。第一，在事实上证明了我们工人阶级是国民革命运动中之最勇敢的先锋；第二，中国工人阶级不仅是中国国民革命运动中先锋军，并且是世界无产阶级队伍里之一支有力军队，是世界革命之一支有力军队；第三，对于帝国主义之凶恶和帝国主义与反动军阀之勾结

* 本文原载一九二六年五月十六日出版的《工人之路特号》第三百二十一期。

得到了更深一层的认识；第四，在工人阶级起而参加和领导的真正的反帝国主义运动时，大资本家因阶级利益与阶级偏见的冲突，竟不惜投降敌人，压迫工人，破坏国民革命的联合战线；第五，农民是工人反抗帝国主义和反动军阀的真正同盟者（广东农民的表现是显然的事实）；第六，在国际上真正帮助中国工人和中国国民革命的，只有苏俄和世界的工人阶级（如各国以经济援助我们罢工和示威反对中国政府等）。此外，我们在组织上增加了工人的新组织，第二次大会代表有组织的工人五四○，○○○，现在有一，二四一，○○○余人，尤其学会的许多政治的和经济的斗争方法，所以大会认定这些宝贵的经验与教训，是我们将来斗争最好的武器，我们工人达到解放的指南。

现在正是英日帝国主义和其工具奉直军阀的反动势力在北方胜利了，便是从五卅运动的革命高潮，又回到反动势力横行的高潮来了；在另一方面，帝国主义又用种种甘言巧语向中国资产阶级让步，企图联合中国资产阶级共同压迫中国工人阶级，恢复他们“五卅”后所丧失的威权，破坏“五卅”后我们工人所成功的力量。全国工友们！帝国主义者此种阴谋和进攻，不但是中国革命的一般危机，并且是我们工人阶级自身的危机。我们工人应起来认识此种危机的严重。因此，我们在政治上要拥护广州国民政府北伐，肃清北方的反动势力，要求最低限度如集会、结社、言论、出版等自由权；在经济上我们要求最高限度工作时间和最低限度工资的规定。全国工友们，一致团结起来，在中华全国总工会旗帜之下，本着五卅运动以来宝贵的经验，提携着全国的农民，共同努力奋斗。我们的口号是：

拥护广州国民政府北伐，打倒一切帝国主义及其走狗奉直军阀！

打倒投降敌人破坏革命的买办资产阶级！

打倒帝国主义和买办资产阶级的走狗工贼及一切反动派！

拥护省港罢工！

全国工人大团结万岁！

全国工农同盟万岁！

全世界无产阶级联合万岁！

一九二六年五月十二日

（依照中共中央党校出版社 1989 年《中共中央文件选集》第二册订正）

第四次全国劳动大会

中国共产党致第四次全国劳动大会的信*

第四次全国劳动大会代表亲爱的同志们：

自“二七”以来，中国工人阶级和本党携手奋斗，已经四年多了，这四年当中，中国工人阶级和本党同志为革命奋斗而为帝国主义军阀及大资产阶级的代表所屠杀者，遍于全中国南北各省，积尸可以成山。尤其是最近封建资产阶级的代表新军阀蒋介石及其党徒白崇禧、李济琛、夏斗寅、许克祥等在南方之屠杀，旧军阀张作霖、张宗昌在北方之屠杀，更为残酷。本党李大钊等同志们在北京之死难，汪寿华等同志们在上海之死难，邓培、李森、刘尔崧等同志们在广州之死难，杨昭植等同志们在湖南之死难，其惨烈当为中国工人阶级及本党永远不忘之事。

中国革命青年愈向前进展，帝国主义愈惊恐发狂地教唆其走狗向中国革命的工人阶级及本党横施屠杀；帝国主义愈惊恐发狂，教唆其走狗之范围愈扩大，不独旧军阀受其教唆，即曾经投机混入革命之新军阀及一切游疑中立分子，亦受其教唆，转过头来，戴着革命的假面具，向工人阶级及本党毫无顾忌的摧残。

工友同志们！现在和革命势力不相容的，不只是帝国主义及其老走狗张作霖，也不只是帝国主义的新走狗蒋介石，凡是被革命高潮所吓退而接受帝国主义教唆的人，都会自觉的或不自觉地走到反革命那边去；所以中国革命成功的担保，即中国民族脱离帝

* 本文原载一九二七年七月八日出版的《向导》周报第二百期。

国主义之压迫剥削而解放的担保，乃是工人阶级及本党同志的血。

现当革命的高潮中，反革命的恶潮亦日益增涨，造成中国革命运动之一大危机，革命的工人阶级正在此危机中召集第四次全国劳动大会，这是有非常严重意义的。

工友同志们！我们在第四次大会时的力量固然比前几次大会时的力量增加了，但是敌人的力量也同时增加了；因为帝国主义的走狗不但是老军阀，现在又加上了大资产阶级及大地主的代表新军阀。我们今后向他们作战的力量，不但要集中工人阶级自己的势力，而且要领导农民阶级和小资产阶级，以结成工农小资产阶级的革命联盟，向共同的敌人作战。因为农民阶级、小资产阶级和工人阶级同样是受帝国主义新旧军阀及大资产阶级之压迫者，这三个阶级都是中国革命的势力。所以此次大会之中心口号应该是“工农小资产阶级的革命联盟。”

工友同志们！今后革命的争斗将愈加艰难困苦，我们须愈加努力。本党庆祝大会之成功，同是预祝大会后全国工友们和本党携着手奋斗到底，以获得我们的最后胜利！

第四次全国劳动大会万岁！

全中国工人阶级团结万岁！

工农小资产阶级的革命联盟万岁！

中国国民革命万岁！

世界革命万岁！

中国共产党中央委员会

一九二七年六月二十七日

（依照中央文献出版社 2011 年《建党以来重要文献选编》第四册订正）

开幕词（要点）

李立三

此次大会意义，约有四点。

（一）自蒋介石叛变、大资产阶级脱离革命战线后，革命到了一个新的时期。此时期大资产阶级想消灭革命势力，以成为大资产阶级的革命。我们为着保障革命，应该更努力扩大我们的组织，强固我们的组织。

（二）我们要团结我们的同盟军小资产阶级与农人，要团结小资产阶级与农人，必须注意彼此的利益。

（三）在国民政府统治外，农工被屠杀者，不知凡几。就是湖南，亦有许多被害的。我们对此应一致反抗，并要求国民政府立刻实行其农工政策。

（四）实现农工政策，不是工人能单独做到的。现在农民已起来，我们应联合农民，方能实现农工政策。联合农民，便要拥护农民，打倒封建制度的基础，解决农民土地问题，因为这是农民的迫切要求云云。

（北京《晨报》，1927年6月30日，第二版）

全国总工会会务报告*（摘要）

刘少奇

一、全国总工会一年来的概况

（一）全国总工会的政治地位和社会地位。

第三次劳动大会以后，北伐军由广州进军到汉口，又由武汉进军到郑州。在这个期间工人运动日益扩大，有组织的工人由一百二十万增加到二百九十万，全国总工会在政治上、社会上的地位亦随之大为提高。这是全国总工会全部工作的成果。可是，全国工人对全国总工会的信仰究竟是怎样的？全国总工会是否是具有威信的、享有众望的机关呢？只要从二月二十八日全国各地所举行的一小时总罢工的结果来看，就可以知道，全国总工会确实已经是有威信的、受工人群众信任的机关。

（二）全国总工会的工作和北迁。

全国总工会的三十五名执行委员，都是各地工会的主要活动人物，大部分都在各地工作；全国总工会的九名常务委员也都分散在各地，不能专门从事全国总工会的工作。因此，全国总工会的工作时断时续，成绩不甚显著。今年一月以来，革命

---

* 本文译自日文一九二九年十一月出版的满铁调查资料第一百零九编《中国无产阶级运动史》。

势力得到了发展，武汉变成了革命的新根据地，也成为全国革命的中心。全国总工会为了便于领导全国工人运动，由广州迁来汉口。从此，中国工人运动展开了一个新的局面，全国总工会的工作从广东、广西发展到北方及上海、长江流域，日益成为全国工人的领导核心。

（三）全国工人运动的集中统一问题。

过去，全国总工会未能完全统一全国工人运动的原因，是没有专职的负责人。委员长苏兆征同志在广东担任了七个工会的委员长，不能倾全力于全国总工会的工作。组织部长李立三同志由广东移往上海，经过很长的时间才来到汉口。宣传部长邓中夏同志最近来到汉口，而且还忙于许多其他工作。本人担任秘书长职务来汉口亦不久，并且尚在处理湖北总工会的重要工作。就是这样，几乎没有人经常在全国总工会做工作。（中间省略）这就是常务委员会的真实情况。其他委员亦都在各地工作，全国总工会的工作自然不能统一起来，以致表现出不活跃的现象。

但是，全国工人运动并不是没有统一的可能。二七事件以前，全国总工会尚未成立，只有一个劳动组合书记部，但是当时的工人运动在劳动组合书记部的指导下非常集中统一。因此，现在全国工人运动没有理由说不能统一集中在全国总工会领导之下。总而言之，中国工人运动的集中统一，不是不可能的。

其次，第二个原因是交通不便。有的地方通信就需要一两个月。于是，全国总工会也就几乎没有办法领导这些地方的工作。

第三个原因是由于工作人员都担负各地的重要工作，全国总工会不能随时派出适当的工作人员。因此，即使某些地方缺少工作人员，总工会亦不能立即派人去补充。

第四个原因是中国各地的政治环境不同，在这个地方工会是公开的，而在那个地方则是秘密的；在今天虽是公开的，而到明天便又突然变成秘密的，这就使工作甚为困难。因此，全国总工会不能很好的巩固，而各地方总工会却是巩固的。这种情况，固然是由于交通和政治环境而造成的，但也与全国总工会的执行委员会的能力不足有关。希望第四次劳动大会能选出优秀的同志，加强全国总工会，集中统一领导全国的工人运动。

二、执行委员会及常务委员会的工作情况

（一）执行委员会的情况：

执行委员会共三十五人，召开过四次会议，议案六十余件，有关组织教育、宣传方面的决议甚多，在政治上发表了许多主张。比如当北伐时，各方面的人们都想假借北伐，限制工人的自由，要工人牺牲自己的利益，要求停止一切罢工的行动；这时，全国总工会发表了一个宣言，不仅反对因北伐而牺牲工人的利益，并且要求在北伐中使工人获得更多的利益，同时还宣布全国工人要参加并支持北伐。这个宣言发表后，各方面的舆论为之一变，工人全力支持这个宣言的主张。因此，在这个期间工人没有牺牲自己的一点利益，可以说，这是全国总工会的一个重要的功绩。

在反对帝国主义上，全国总工会在广东或在汉口，都屡次的揭破帝国主义的阴谋诡计，领导工人打击帝国主义，使帝国主义日趋崩溃。

（二）常务委员会的情况：

委员九人，开会三十余次，议案二百余件。

（三）执委扩大会议：

全国总工会迁到汉口以后，召开了一次执委扩大会议，除执行委员以外，有各地代表五十余人参加会议。在一个星期的会议过程中，通过决议案三十余件；其中重要的决议案有全国工人阶级当前的行动纲领及举行一小时的全国总罢工等。

（甲）全国工人阶级当前的行动纲领是为了满足全国工人的要求，为统一全国工人阶级的行动和要求而决定的。

（乙）举行一小时的全国总罢工的决议，是为了反对英帝国主义的出兵而发动的。参加罢工者全国有七个省、二百余万工人。湖南、湖北、广东的成绩最好，罢工的时间不长也不短，整是一个小时；在罢工时间里，全市寂然无人，使人敬慕。这表明了全国工人阶级很好的服从全国总工会的命令，吓破了帝国主义的狗胆。这也表明，全国工人阶级都是反对帝国主义出兵的，决不是寥寥少数人的行动。这就使得帝国主义不敢以武力来干涉我们。

三、各地办事处的工作

过去本会在广东时，只在上海及汉口设有办事处。以后本会迁来汉口，在广东设了办事处。

（一）上海：

上海办事处与上海总工会在工作上经常保持密切的联系，尤其是在五卅运动纪念的时候联系的最好。因此，上海总工会的组织特别好，力量也有很大发展，以致能够在今年举行了两次总罢工、三次武装起义，以工人阶级自己的力量打倒了奉鲁军阀。

（二）广州：

广州办事处的工作范围是广东、广西、香港、南洋。广东没有总工会的组织，实际上这个办事处很好的领导了这四个地方的工会。教育方面的成绩也特别好。只有南洋方面的工人运动还未充分发展起来；一个工会仅有几十个人或者几百个人，最多者也不过千余人。我们相信在不久的将来，他们将会表现出光荣的斗争行动。

我们希望第四次大会特别注意南洋的问题。

（三）汉口：

全国总工会尚未迁来汉口时，汉口办事处领导湖南、湖北、四川、江西、安徽五个地方的工作；除湖北以外的各省，都派出特派员指导实际工作。

四、北伐进军中的工作

在北伐战争中，工人进行了很多工作支援北伐军。在敌人后方的铁路及交通部门，给敌人造成了严重的困难。工人组织了铁路队，专门给友军方便，破坏敌人行动。这在军事上做出了伟大的贡献。

上海工人的三次起义，对革命军的援助尤为重大。工人以自己的力量消灭了上海的军阀，组织了上海市政府。这是值得敬佩的行动。但不幸令人痛恨的是，大资产阶级的代理人蒋介石一到上海，即改变了态度，屠杀我们工人和同志。

湖北工人在北伐中也进行了不少的工作。比如北伐军进军岳州后，吴佩孚全力抵抗，但由于粤汉路已被工人破坏，交通十分困难，终于失败。在这个斗争中，陈定一同志遭到牺牲，实为遗憾。汉阳兵工厂的工人觉悟到他们制造的枪弹被军阀用来屠杀他们的同志，不顾吴佩孚统治之严厉，举行了罢工，使吴军的军火无法补充，归于失败。再有省港罢工工人组织运输队，帮助北伐军在很短的时间内获得了胜利。

在第二次北伐战争中，工人进行的工作也是伟大的。铁路队的工作较以前更为加强，力量更加扩大。杨森、夏斗寅的叛变所以能够在很短时间内被粉碎，即是由于工人阶级迅速的武装起来，参加了前线的斗争。这些均是全国总工会领导工人斗争的成就。

五、省港罢工及其成果

第三次劳动大会以后，省港罢工仍然继续进行。我们知道省港罢工在表面上虽未得到胜利，但实际上，省港罢工对广东政府的财政、政治以及北伐，都给了极大的帮助。国民政府与英国政府所一度进行的谈判，在我国外交史上是极其光辉的一页，对中国国际地位的提高，起了不少的作用。去年十月十日，罢工工人鉴于政治及外交的新形势，认识到暂时停止罢工对革命更为有利，遂决定停止罢工，由国民政府处理罢工的善后事宜。总而言之，这次罢工在政治上、经济上都获得了很好的结果，并使革命获得了极大的利益。

六、参加国民革命

工人阶级为国民革命付出了很大的牺牲，在巩固国民政府的基础上，工人阶级尽了最大的力量。因之，工人阶级当然必须参加国民政府，以维护工人阶级的利益。全国总工会决定要求让工人阶级参加政府各个部门的工作。全国总工会委员长苏兆征同志已任国民政府的劳工部长，湖北总工会委员长向忠发同志已任汉口市政府委员，这就开创工人阶级参加政府机关工作的最初先例，希望以后日益增多。

七、太平洋劳动大会

五卅运动以后，中国工人阶级在世界无产阶级革命运动中，占着重要的地位，并且参加了世界无产阶级的组织——赤色职工国际。在第三次劳动大会以后，英、苏、法、美等国的工会都曾派代表来中国参观，并于五月在中国召开了太平洋劳动大会。参加这个大会的有九个国家的代表，会上除赤色职工国际委员长罗佐夫斯基同志的“关于中国革命与世界职工运动的报告”外，还有各国工人运动的报告，并通过了二十个决议案。

八、全国总工会各部门的工作

（一）宣传工作，除出版《工人之路》《中国工人》等二十多种报刊外，还发行了很多小册子、画报、标语等，并且组织了国际通讯局，从事国外宣传。

（二）秘书处的工作。在广东时的工作，因为缺乏材料，不能做报告，自迁到汉口以后，共发出信件五百零四件，收到信件一千八百七十九件。

（三）组织工作。派特派员到各地努力组织工会，全国有组织的工人由一百二十万人发展到一百九十万人。

九、结论

执行委员会自第三次劳动大会以后，在一年的工作中，虽然工作的成绩还很不够，但每个委员在自己的工作上并不是不努力的，并且做出了一定的工作成绩，但由于全国总工会不健全，以致还缺乏统一集中。

我们在这次第四次大会上提出的口号是：

一、加强全国总工会。

二、所有的工会工作人员归全国总工会调动。

三、各地工会要按时向全国总工会交纳会费。

四、设立北方办事处，作为北方工人运动的领导核心。

五、全国总工会要设专职领导人员，并经常派遣人员去各地巡视。

（中华全国总工会中国工人运动史研究室编：《中国工会历次代表大会文献》，工人出版社，1984 年，第 8–11 页）

上海总工会报告*

一年来的奋斗

一年来，本会领导上海八十余万工人，在艰难困苦的环境里，继续坚持了斗争。虽然遭受了帝国主义、新旧军阀和反动势力的无数压迫和打击，有成功也有失败，但是到现在本会却依然存在；群众团结的力量和斗争的意志却愈益增强；活动的方法和运用的策略却愈加正确。无论反动势力怎样猖獗，只要我们很好的坚持斗争，敌人必将日趋崩溃。现将本会一年来的工作过程和情况，分八个时期详细报告如下。

第一个时期　第三次劳动大会以后——劳动争议勃兴时期

自一九二六年第三次劳动大会以后（即五卅事件一周年纪念以后），到八月日商工厂罢工，这是上海工人劳动争议的勃兴时期。兹将劳动争议的原因、经过概述如下：

一、劳动争议勃兴的原因

五卅事件一周年纪念后，帝国主义的威势在一般工人中已经一落千丈。工人在五卅事件以前受着残酷的压迫，当纪念“五卅”时，群众情绪高昂，异常激愤，大有一触即发之势。而此时值上海米价暴涨（十七元五角一石），其他日用品亦日趋

* 本文译自日文一九二七年八月三十日出版的上海日本商业会议所编《时局与上海的劳动风潮》第二册。

涨价，工人的生活更加困难。然而，资本家方面目睹工人纪念“五卅”的热烈行动，心惊胆寒，极力向工人反攻；中国官署亦惧怕工人的团结日益扩大和巩固，企图加以压迫。因此，许多劳动争议事件相继而起，激成了劳动争议的勃兴时期。

二、本会领导的斗争和经过

这个时期，本会最重要的问题是：第一，如何健全组织，以便于领导斗争；第二，如何取得工会在社会上的公开地位；第三，如何在新的斗争中发展并巩固工会组织。

为了解决第一个问题，首先改变了工会的组织，把原来六个地区组织改为“杨树浦、引翔港”、“小沙渡、曹家渡”、“南市、浦东”三个区组织，每区派一名得力人员，作为上海总工会的常驻代表，指导一切活动。本会在执行委员会下，以委员长、组织与宣传两部主任及三个区的常驻代表组成常务委员会，每周开会一次，处理全部工作。各区组织了“工人代表会”，选出代表三人为主席团，主持全区的活动。

为解决第二个问题，对这期间的一百零六次罢工，本会一方面进行宣传指导，获取群众的信任；另一方面在调解罢工纠纷时，争取社会上的同情。这些措施在六十二家缫丝厂罢工中显示的最有力。因此，本会的社会地位遽然提高。

为了解决第三个问题，我们在每次罢工中都特别注意了组织工作。如丝厂第一次罢工，光余七厂的劳动争议曾一度消沉，本会立即进行了组织工作。手工业的洋服工会亦是在罢工中建立了组织。其他如杨树浦、小沙渡、南市三个地区的“工人代表会”，亦都是在这一时期建立的。

三、劳动争议的结果及影响

仅在两个月内，罢工次数即达二百六十九次，参加罢工有一百零七个行业。由于本会的领导得当和群众奋勇坚持，大部分罢工的结果都是工人方面胜利。罢工的胜利，使群众对本会的信任更加巩固，本会的社会地位也遽然提高；而资本家方面则受了很大的损失和打击，六十二家丝厂尤甚。帝国主义和军阀对本会更加嫉恨；他们为使本会不能在社会上公开活动，遂于6月12日指使孙传芳的走狗严春阳，封闭了本会的会所。本会被封闭后，当即采取了五项对策：

（一）要求和平解决。

（二）积极宣传发生劳动争议的原因与工人的痛苦，并号召上海工人举行总罢工。

（三）在原来没有组织的、又不属本会领导的工人群众中积极进行活动，使劳动争议继续不断，以证明官署封闭和消灭本会的企图无济于事。

（四）努力保持本会在社会活动中的地位。

（五）严密各区工会的活动，并采取半公开的形式活动，以免工人因本会被封而引起惊惶。

第二个时期　日商工厂劳动争议的始末

一、酝酿时期

在五卅事件一周年纪念前，小沙渡的工人因受着资本家的残酷压迫，随时随地采取罢工的手段反抗。六月间的劳动争议，仅小沙渡区已达十五次之多，除内外棉三、四两厂外，都获得了胜利。由于厂方在这些劳动争议中受了很大损失，并且各厂经常有些工人流露敌对的情绪，所以厂主更加迫害工人。当时适值纱价下跌，销路停滞，资本家遂趁机采取了“关厂”政策，每当工人提出要求或将罢工时，他们即自动“关厂”，使工人受到经济上的威胁。从日本资本家采取这种政策后，内外棉三、四、九厂的劳动争议相继失败，被开除领袖多人。在这种情况下，工人领袖深感一个工厂孤立的罢工，绝难对抗日本人的“关厂”政策。因此，在七月二十三日的小沙渡“工人代表大会”上订立了同盟公约，准备共同行动。这就是反日同盟罢工的起端。

二、总罢工的决定

当时，本会分析了经济斗争的条件非常不利，认为厂方绝不会畏惧这次罢工，遂即召开了各种会议，向工人详细解释，工人始暂平静。到七月间，厂方的态度更加顽强，并传来了各厂大批开除工人的消息。对此，工人更加愤怒，自动来总工会要求下令罢工；但本会仍感时机不利，仍劝告工人忍耐。到了七月二十七日，本会常务委员会由于形势所迫，为了满足各厂工人的恳切要求和巩固本会在工人群众中的组织和威信，乃决定举行准备已久的反日同盟罢工。

三、劳动争议的结果

到八月二十日，上海纱厂总工会下令首先在内外棉东西五、七、八、十二等五个厂举行同盟罢工，参加罢工者万余人，提出了五项条件：

（一）解决陈阿堂案，引渡凶手交中国法庭审理；抚恤被难家属；保证以后不再发生此类事件。日本领事向中国道歉。

（二）改良工人待遇，不得雇用武装巡捕、流氓入厂殴打工人。不得滥罚工资。取消侮辱工人人格的制度（如打手印等事）等。

（三）增加工资十分之二。

（四）释放各厂被捕工人；恢复被开除工人的工作；以后不得任意开除工人。

（五）赔偿关厂期内工人的损失；三、四、九厂关厂期内工人的损失及此次罢工期内的工资，须一律照发。

以后陆续参加罢工的，有内外棉十三、十四、十五厂及同兴纱厂共四个厂。只有内外棉九厂罢工一夜即复工。参加罢工的人数共约两万人，罢工二十八天，但结果是失败了。工厂方面开除了二百六十七名工人，所得到的条件是：（一）复工后每人每日增加米贴大洋三分；（二）复工后每人向厂方借洋四元。

四、本会在劳动争议中采取的政策

甲、扩大罢工——关于扩大罢工之结果，仅限内外棉、同兴纱厂，其他如曹家渡的丰田厂、喜和厂，引翔港的东华厂、裕丰厂等，都因为实力不足，未能举行罢工。

乙、为唤起社会上对这次罢工的同情及注意，本会发表了宣言，并由日商工厂的工人派代表向各团体请愿，同时与学生共同组织讲演队。八月末在南京路等地举行了大规模的讲演会，并在各马路及游艺场所散发罢工宣言及传单。当时各马路商界联合会曾拟出面调停，但因形势不利，未敢出头。

丙、调解——当时对罢工工人的宣传和组织工作有很大的缺陷。罢工已有四五日，而工人尚不了解罢工的意义。领导人员的活动亦未深入群众。工人有些消极表现。本会鉴于这种情况，遂不得不退让，由商界人士出面调解，最后把条件降为：（一）每人每日增加米贴大洋三分；（二）改良待遇，不得雇用巡捕入厂殴打工人；（三）复工后三日内，贷给工人每人大洋四元，分期偿还。

丁、增加工资、照发罢工期间的工资及不得开除工人等三项条件，暂时保留，待日本纱厂联合会总裁船津来沪后，再行谈判解决。调解人虞洽卿向日本领事馆及厂主方面奔走的结果，厂方仅承认自动履行三项条件中的一、三项。这时本会遂命纱厂总工会通知罢工工人复工。

第三个时期　反英、反孙

一、反英

自日帝工厂的劳动争议忍痛复工后，北伐军节节胜利，攻克武汉，进军江西。英帝国主义在长江一带的政治、经济势力彻底动摇了。帝国主义为了镇压高涨着的革命怒潮，又使用了“炮舰政策”，以图延续其统治，炮轰万县全城，死伤数百人；在汉口、九江肆无忌惮的枪杀中国人。当时幸赖全国人民，尤其是武汉政府领导下的工人、农民及小商人等全力为政府的后盾，收回了汉口、九江的英国租界。汉口事件发生时，本会联合上海商、学各界，扩大反英宣传。当时虽遭孙传芳的残酷压迫，但本会仍与学生合作，公开的或秘密的随时进行宣传，在上海煽起了浓厚的反英气势。除了对内宣传外，并致电英国人民和工党，呼吁认清时代潮流，同心协力打倒帝国主义；并组织上海各界对英经济绝交委员会，推进反英斗争的胜利，但由于当时环境不利，该会难以起更大的作用。英帝国主义操纵世界舆论，大肆诬蔑汉口事件是第二次拳匪事件；借口保护侨民，向中国派遣军舰，妄图用武力镇压中国人民；在上海越过租界架设铁丝网，阻塞交通，破坏商业交易。凡稍有血气的人，无不看清英帝国主义的野心，从而更激起了强烈的反抗。南京事件发生后，本会又领导上海市民坚决抗议。这种反英气氛，自五卅事件以来继续高涨，从未停息。北伐军进驻上海后，长期被蹂躏的上海市民以满腔的热忱欢迎北伐军，要求在革命高潮中获得彻底解放。不料竟出现了背叛党国的蒋介石，甘心附逆，代替帝国主义屠杀上海革命工人，干出了帝国主义在上海犹未干过的罪行。但是，革命的上海工人与市民的反英情绪，反而更加坚强和高涨。

二、反孙

当北伐军战胜吴佩孚时，孙传芳提出妥协。本会即利用孙传芳的所谓“保境安民”的假面目，充分鼓动上海商、学各界，阻止孙传芳进兵江西。至国民政府收复武汉，开始向东南进军与孙传芳短兵相接时，本会的反孙策略从消极的保守转为积极的进攻。进攻时期与策略，可分为三个阶段：

（一）江西混战时期

因蒋介石猜忌专横，江西久攻未克，所以本会当时提出的口号是：“江苏、安徽、浙江三省自治”，鼓动三省人民扰乱后方，停止纳税，反对军用票等，在经济上给孙传芳以重大打击。

（二）江西战败时期

当孙传芳在江西垂败之际，浙江省长夏超宣布独立。本会组织的工人纠察队亦于 11 月 24 日举行第一次无产阶级暴动，以期占领上海、杭州，彻底切断孙传芳的后路，消灭其在东南一带的残余势力。其后夏超的独立被扑灭，本会领导的第一次暴动亦未有所成就。然而，上海的暴动对于江西的军事胜利，却实有重大的意义，迫使孙传芳不得不怆惶的逃往天津。本会根据暴动中所取得的宝贵经验，为第二次及第三次暴动奠定了胜利的基础。孙传芳逃津后，投靠奉天的张作霖，他们勾结鲁军共同南下，于是更加引起东南人民的愤怒。本会当时的行动口号是：（1）反对奉鲁军南下；（2）打倒孙传芳；（3）拒用军用票；（4）上海市民实行自治；（5）响应北伐军。活动的方法是：（1）联合上海商、学界及三省知名人士组织市民代表会，促进自治运动；（2）各工会组织了经常性的宣传队，出外讲演，散发传单；（3）举行总同盟罢工与武装暴动。

（三）自治运动

上海市民的自治运动由来已久，因屡遭军阀压迫，未得实现。但自治运动是上海市民（包括大资产阶级在内）的强烈要求，也是对付帝国主义大本营——上海的最适当的政策。自孙传芳在江西战败以后，上海市民如狂似醉，无不认为这是彻底实现上海自治的良好机会。当时的大资产阶级如邬志豪、王晓籁及官僚如蔡元培、褚辅成等，都积极致力于自治运动。本会在市民代表会中的地位与威信日益提高。当时上海虽在严春阳、李宝章与帝国主义的共同蹂躏之下，但上海市民尤其是工人、学生仍不断努力进行斗争，终于在今年2月建立了市民代表会议的政权。在这个会议上，工人代表占二分之一以上。会议通过决议，接受上海市民的总要求；颁布了上海市的施政纲领；产生了革命的临时政府。本会的汪寿华、李泊之、王景云三人被选为市政府委员。会议还决定把上海市划分为八个区，设有区代表会议与执行委员。这种民治的基础，以后虽遭蒋介石的破坏，但上海市民的革命意识却因此增强。自孙传芳卷土重来以后，奉鲁军亦随之南下；本会领导的自治运动更趋高涨，其具体表现是三次暴动与总同盟罢工。关于罢工的情况，将在“上海工人的斗争”部分详细说明，这里只简单叙述三次暴动的经过。

第四个时期　三次暴动

一、第一次暴动

（一）当时的客观环境。（1）孙传芳在江西全军惨败；（2）夏超在浙江宣布独立；（3）上海在严春阳、丁文江的统治之下；（4）孙传芳残余势力中的精锐孟照月部，自南京经上海去杭州。

（二）本会预定的策略。待夏超的军队向松江进军时开始发动，以本会的工人纠察队为基础，与国民党的钮永建合作，袭击高昌庙，占龙华后再占领上海。

（三）暴动的经过。11 月 24 日，夏超的军队未能前进，但上海的局势已处于矢在弦上不得不发之势。工人纠察队的领导人奚佐尧与陶静轩乃率领队员援助群众，按预定计划自南市、浦东开始进攻；但因准备不充分，时机不利，沿途频遭狙击。我们的领袖奚佐尧、陶静轩因而牺牲。

（四）这次失败的原因。（1）暴动的时机迟缓，未能与夏超的军队取得联系；（2）大资本家虞洽卿及投机分子钮永建临阵脱逃，出卖同盟者；（3）准备不周密，枪械不良，军事技术幼稚；（4）因未全面考虑全国的政治局势，陷于孤立无援，以致失败。

二、第二次暴动

（一）当时的客观环境。（1）北伐军与鲁军在松江对峙；（2）直鲁军企图作最后抵抗；（3）上海在李宝章的统治之下；

（4）蒋介石为压制工人的革命高潮，把进军重点由上海转为苏州、常州；（5）自第一次暴动后，由于长期的宣传，上海市民大多数已认识了暴动的意义，但是除工人外，其他市民只是消极的参加；（6）2月21日，全上海八十万人举行了六小时的总同盟罢工。

（二）预定的策略。本会的工人纠察队与海军及商团配合，预定2月21日下午六时以海军开炮为信号，进攻高昌庙，同时缴除败兵及警察的武装；占领龙华后，成立上海市政府，响应北伐军。

（三）暴动的经过。2月21日下午二时起，各处的纠察队及罢工工人陆续到达指定地点集合。到下午六时，海军并未开炮，当时的指挥亦不够机敏，群众以为方针改变而陆续散去。至下午七时海军开炮，但因敌人防范周密，商团及钮永建率领的便衣队未起作用，本会的纠察队亦因人数过少，终于失败。翌日，工人、学生仍继续散发传单、讲演，遭到李宝章的大屠杀，死亡数十人，被捕者达五百人以上。

（四）这次失败的原因。（1）预定时间过早，未能与海军号炮配合一致；（2）未能与松江前线的战斗采取一致行动；（3）投机分子未起作用；（4）准备不充分，军事技术幼稚；（5）未能充分利用群众的力量。

三、第三次暴动

（一）当时的客观环境。（1）北伐军自闵行迂回，进军上海，将抵龙华；（2）毕庶澄的军队已无斗志；（3）上海市民的革命热情已达顶点；（4）本会与各方面都作了长期的准备；（5）帝国主义者除用铁丝网封锁租界以外，再无其他办法。

（二）预定的计划。罢工后立即暴动，夺取警察局；以纠察队维持治安，解除直鲁军败兵的武装；占领各公共机关，成立市政府，欢迎北伐军。

（三）暴动的经过。三月二十一日正午下令罢工，三小时内全市一致举行了罢工。下午一时，群众在闸北、浦东、吴淞的各指定地点集合；下午二时开始行动，工人纠察队在前线，群众在后方，仅在一小时内，各警察局相继被群众占领。至下午四时，南市、浦东全部被群众占领，仅在闸北与直鲁军巷战两昼夜，始完全攻克；吴淞的敌人亦相继被肃清。

由于军事行动的成功，其他预定计划都逐步的实现。

（四）结果。这次暴动的成功，是东方革命运动史上最光辉的一页；赤手空拳的工人不惜牺牲，解除敌人武装，成立了工人武装纠察队。北伐军一弹未发，收复了帝国主义的大本营——上海，使二百五十万上海市民平安的归于青天白日旗下；同时确立了本会的地位与工人阶级的革命领导权。

第五个时期　本会公开后的活动

三月二十一日的暴动成功以后，本会在闸北会文街湖州会馆设立会所，公开办公。自三月二十二日至四一二事件，共二十日。这期间本会的会务非常繁忙，各方面都表现出蓬蓬勃勃的气象。然而由于四一二事件，本会的文件全部被毁，无法作详细具体的报告，深感遗憾。兹将当时的情况，就记忆所及，逐项概述如下：

一、政治方面

上海工人很快的驱逐了军阀，促成革命军的胜利。换句话说，上海市民在短时期内未受任何重大的灾难就消灭了直鲁军阀。不用说，这是上海各阶级的力量与功劳。本会鉴于工人阶级夺取政权的重要性，自公开活动以后，即为建设民主的政权而努力斗争，以正确的革命政策，结成上海各革命民众的联合战线，发展群众的力量，巩固革命的基础。根据这一原则，体现在实际的工作中有以下各项：

甲、在政治上：由市民代表会议产生了上海特别市临时政府。产生的方法完全运用了民主的原则，由工商学联合会选出全部委员。本会执行委员被选为市政府委员者共三名，约占全数的三分之一（市政府委员共十一名）。

乙、在军事上：积极的加强工人与军队的联系，鼓励革命军队与工人亲密合作；如募捐慰劳北伐士兵，举行工兵联欢会等。

二、组织方面

本会公开以后，几乎一切的内部活动都集中于组织部，但当时组织部的工作人员非常薄弱，主观力量赶不上客观形势的发展。兹将当时的组织工作，按时间先后，概述如下：

甲、改选委员。本会公开后，即于28日改选，并成立新的执行委员会，当场选出汪寿华等四十一人为执行委员，并在执行委员中选出汪寿华、张之甫、李泊之、顾顺章、龙大道五人为常务委员；并组织了交际、宣传、经济斗争和纠察队等各部。

乙、整顿各产业总工会、工会联合会（简称“产总”、“工联”）。改组之后，各产总、各工联继续进行活动。上海工会组织分为十七个产业、八个地区。以前已成立的产总、工联，重新召开成立大会，认真整顿内部工作；尚未成立者，由本会派专人着手组织。以前及新成立的产总共十五个，另外，食品、建筑两个产业亦在进行筹备。新成立工联的有虹口、法租界、闸北等地。

丙、登记工会。以前及新加入本会的工会，都未免有些紊乱的现象，所以本会决定各工会在一周内，向各区工会提出详细的报告，重新进行登记，以便于划分工联、产总的范围及进行各厂工会的整顿和领导。当时已登记的工会有五百零二个。

丁、印发工会章程及组织办法纲要。为避免新加入的工会在领导上混乱，特印刷工会章程、工会组织办法纲要及加入本会的条件等各十万份。对来信请示或派人来本会洽谈的工会组织，均分发若干份以供参考。

三、经济斗争

上海工人在军阀统治时期，尚且为争取本身的经济利益进行了英勇的斗争，何况本会已经公开，已不再受政治上的压迫，所以当时劳动争议相继而起。本会早在暴动前已提出上海工人的总要求，公开后又向各厂普遍分发，指示各厂工会参考“总要求”，结合各厂特殊情况，向厂方提出经济条件，要求厂方承认。的确，当时各厂主鉴于工人力量的强大及政治环境的趋势，除少数极顽固的厂主外，大多数都给了工人以满意的答复。可以说仅在七日内，上海工人得到的经济利益，比以往任何劳动争议的成果都大得多。

四、整顿纠察队

甲、集中领导。暴动后本会的纠察队散在各区，缴获奉鲁军的武器也分散在各区。消灭奉鲁军的翌日，纠察队指挥者下令集中人员与武器加以检点之后，编成大、中、小队，分驻各区；同时在商务俱乐部内，成立了纠察队总指挥部。

乙、授与队旗及整顿服装。纠察队都是工人组成的，服装很不整齐，外观及精神上都有不好的影响，且又易混入流氓及捣乱分子，因此本会认真审查了工人纠察队的成员，制定纠察队制服。在换穿新制服的当日，在闸北青云路举行了本会纠察队的授旗仪式。

丙、设立纠察队训育部。为使纠察队愈益革命化，设立了纠察队训育部，使队员提高政治、提高军事知识，正确认识工人纠察队的意义，以充分负起职责。

从上述情况可以看出，在二十天的公开活动期间获得如此成绩，确属非常难能可贵。例如这个期间的工作是顺利的，各阶级的革命联合战线是稳固的。当时亦曾顾虑帝国主义与新军阀是否将策谋屠杀，实行“苦迭打”，镇压革命；果然帝国主义与新军阀的阴谋终于实现了。这种局面固然是新军阀甘心出卖革命，进行野蛮残暴的屠杀所造成的，但我们本身工作也不好，未警惕新军阀的反动阴谋，反而过于相信戴着革命假面具的军队，对此阴谋疏于防范，以致才有 4 月 12 日的惨痛事件突然发生。

第六个时期　四一二事件经过

一、起因

本会领导的上海八十余万革命工人，已成为帝国主义和反动派的眼中钉。旧军阀统治时代，由于反动派的手段笨拙，虽不断封闭、屠杀，但革命的工会组织却日益增加、扩大与巩固。蒋介石指挥的伪革命军进驻上海以后，反动派对上海工人为维护革命胜利以生命换得的武装所组成的工人纠察队，竟认为是他们灭亡的先兆，视上海工人为仇敌。当革命力量以一日千里之势蓬勃发展之时，帝国主义及反动的大资产阶级收买了蓄意压迫工农、实行独裁、叛党卖国的蒋介石，充当他们新的傀儡，屠杀我上海工人。蒋介石一到上海，即收买其党徒大流氓头子黄金荣等组织“中华共进会”；并利用工贼童理章等组织“工界联合总会”，作为破坏本会的工具。当时本会组织起来的纠察队已达三千人，分驻在闸北、南市、浦东、吴淞四地，保卫工会，维持社会秩序。蒋介石起初散布谣言，破坏本会信誉，后见诡计难逞，乃在工人热烈欢迎北伐军的声浪中，勾结帝国主义，决定了消灭工人纠察队的阴谋。

二、纠察队被解除武装

在纠察队被缴械以前，帝国主义即援助资产阶级向蒋介石捐助一千五百万元，作为彻底压制工人的交换条件。蒋得款后，立即收买流氓、工贼等五百余人，每人发枪一支、小洋八角，匿于租界内。四月十一日，蒋命其党羽白崇禧颁布戒严令；四月十二日拂晓，雇用的流氓一齐自租界内冲出，袭击纠察队，同时反动派的军队与流氓合作，欺骗工人，把纠察队缴了械。工人对革命军队始终以诚意相待，因而受骗。

纠察队被缴械后，引起了工人、市民的强烈反抗，蒋介石又屠杀了四百余人，并继续勾结帝国主义里应外合以武力摧残各级工会，捕杀工人，造成了空前的惨剧。

三、被缴械的经过

自四月十二日凌晨一时起，在三小时内，各纠察队驻所：闸北湖州会馆（本会会所）、商务印书馆俱乐部、总指挥部、江湾路、浦东、吴淞、南市、三山会馆、华商电车公司等地，都发生了同样的变乱，数十名臂缠白布黑“工”字符号的流氓向纠察队进攻。纠察队虽早知蒋介石叛变的阴谋，但为维持地方安宁、保持工人与革命军队的联合战线，仅采取了防御的对策。不料反动军队早已得到命令，于流氓进攻的同时，已派兵将纠察队四面包围，协同进攻。其计划是：军队先缴除流氓的枪械，假意表示与纠察队合作，使纠察队不仅不怀疑反而竭诚欢迎；于是反动派就顺利的占据了纠察队驻所。随即以司令部邀请纠察队代表协商善后事宜为名，将各纠察队负责人骗至司令部拘禁起来；同时反动军队又命纠察队员架枪休息，而乘机将各区纠察队的枪械全部夺去。缴械后，以检查为名，到各纠察队驻所等处抢劫，屋内凡能携带的物品，都被掠劫一空，笨重者全部捣毁；损失最重者是经营数十年、投资二百余万的东方图书馆（本会俱乐部）全被破坏。在青天白日的旗帜下，军队竟敢如此背叛人民，恣意掠夺的暴行，对此无不悲叹！缴械后，各区被驱逐的大部分纠察队员会同前来支援的各厂工人，参加了各区的市民大会。今将缴械的情况，列表如下。

四、被缴械后各区的市民大会

自纠察队被缴械的消息传出后，各区工厂的工人多自动罢工，要求士兵停止开枪。反动军队不但置之不理，反而逮捕、残杀工人，因而激起工人剧烈的愤怒，市民亦极不满。当日即四月十二日，本会、市党部与学生联合会在上海南、北市召开了“欢迎汪精卫大会”，到会人数很多，当群众听到纠察队被缴械的消息时，莫不异常激愤。大会通过决议，举行罢工、罢市、罢课，共同声援纠察队。同时吴淞、浦东、小沙渡等地，亦由本会领导召开了市民大会，工人无不踊跃参加。会后举行示威游行，各向该区司令部请愿，要求：（一）发还纠察队的枪械；

纠察队被缴械情况表

变乱地点	参加变乱的流氓人数	参加的军队	指挥者	事件发生时间	缴去纠察队的武器和马匹数							纠察队死亡人数	纠察队受伤人数
					机关枪（挺）	步枪（支）	毛瑟枪（支）	手枪（支）	小枪弹（箱）	手榴弹（个）	马匹（匹）		
俱乐部	100余人	26军2师5团1营	团长邢霆如	4月12日上午5时	7	1500	220	80	84	700	12	15	50余人
商务印书馆	20余人	26军2师60余人		4月12日上午4时	1	100	70	10	10	40	—	17	50余人
湖州会馆	50余人	26军2师2连		4月12日上午3时	5	420	80	35	15	20	1	9	10余人
江湾路	40余人				2	410	15	—	10	—	—	2	10余人
浦东	40余人	白崇禧的特务营	周营长	4月12日上午2时	—	400	—	10	10	—	10	5	30余人
华商电车公司	30余人	26军1师1团1营	团长徐雄 营长孟狄州	4月12日上午3时	4	300	2	—	10	—	—	1	30余人
吴淞	10余人	26军驻守炮台湾的两连	某营长	4月12日上午1时	—	107	—	—	10	—	—	4	10余人
三山会馆	60余人	26军2团1营	杨其藻	4月12日上午3时	10	400	30	40	2	100	—	8	30余人
共计	约400余人	约5个营	26军	自4月12日上午1时至5时	29	3637	417	175	151	860	23	61	220余人

（二）拥护上海总工会；（三）肃清反动派；（四）抚恤死伤人员。蒋介石既存心反动，当然没有任何结果。群众当时悲壮激昂，表现了空前未有的革命热情；尤其是南市三十万市民，全体步行十余里去龙华请愿。白崇禧不敢接见，用火车将群众送回。此次请愿，实为上海市的空前壮举。各厂工人都自12日起自动罢工；在罢工的准备期间，闸北工人齐赴湖州会馆夺回会所。本会立即进入会所照常办公，并召开工人代表大会，决定：发表通电，号召总罢工；要求交还纠察队枪械；电请武汉政府惩办祸首。12日下午六时，各区工人举行慰问、示威，有万余人涌至会所。本会组织了宣传队，揭发蒋介石的暴行；无不声泪俱下，群众听后，握拳扼腕，表示誓死反抗。是夜有工人万余露宿会所门前，秩序井然，忍受冷风苦雨，毫无倦容。

五、4月13日大屠杀

4月13日上午，本会在闸北青云路召开市民大会，到会者近二十万人，多为各区参加罢工的工人。散会后整队游行示威，并赴二十六军二师司令部请愿，途中由纠察队维持秩序，毫不紊乱。当大队行至宝山路司令部门前时，军队未作丝毫警告，突然以预先架好的机枪向群众扫射，秩序突然大乱，呼喊之声震天动地。群众向后溃退，而预先埋伏在宝山路、宝通路的军队又一齐开枪；宝山路一带顿时尸骨堆山、血流成河。最残酷的是宝山路义品里的包围屠杀，当场被击毙者百余人，被捕者二百余人，下落不明者五十余人；工人死伤最多，实为空前的大惨剧。

第七个时期　四一二事件以后

本会宣布总同盟罢工后，社会上各方面的空气顿时紧张。

帝国主义、新军阀、资产阶级、流氓、工贼等，皆被工人的气势所吓倒。中小商人虽未能积极援助工人，但对蒋介石的屠杀政策，也愤怒不平。平日自称稳健的学者如李石岑、郑振铎等，亦致函吴稚晖等大鸣不平。在此情势下，反动派唯一的对抗手段，即悍然实行资本家与帝国主义授意的屠杀政策，以维持社会上表面的安宁。所以在解除纠察队武装后，继续进行残酷的大屠杀，接着又实行了东南六省的大屠杀。本会所属的各级工会均被封闭；工会领袖与革命分子，几无活动的余地。此即是全国范围的反动局面的一部分；也即是全国的长期反动局面的开始。本会对付这种长期的反动局面的手段，是由积极的进攻改为防御；所以在总同盟罢工的三日后，于15日下令复工，以保存各级工会组织，并使群众不致因反动派的威胁利诱而发生动摇。

当时本会的策略是：（一）将机关转入地下，秘密领导；（二）整顿组织，严防内奸；（三）积极进行政治宣传工作；（四）抚恤、救济死伤与被捕的工人；（五）积极开展经济斗争；（六）打倒工贼、流氓的组织“工会统一委员会”；（七）处理纠察队的善后事宜。整顿的结果：“产总”、“工联”都保存了地下组织，受本会领导的工人有二十八万，受影响的近五十万人，此外有三十万人是家庭手工业工人或店员，他们表面虽较以前消极，但仍保持中立态度，未为反动派的威胁利诱所动摇。兹将以上各项策略的实施概况，略述于下：

甲、领导机关的秘密化

纠察队被缴械后，各“产总”、“工联”及所属工会，全部转入地下。上海总工会本身及各“产总”、“工联”都设立了交通、联络、文书等处。反动派利用“共进会”和悬赏，极力搜索工会机关，逮捕革命分子；但秘密机关遭搜查者甚少，领导人被捕杀的有虹口“工联”主任何大同、沪西“工联”主任王炎夏、书报科主任糜文浩等。

乙、整顿组织

四一二事件后，本会保持群众的策略是：（一）以绝对受“上海总工会”的领导、不加入“工会组织统一委员会”为上策；（二）以受“上海总工会”领导，而表面上托言工会不参与党派斗争为中策；（三）以加入“工会组织统一委员会”、实际受“上海总工会”的领导为下策。本会即根据上述策略继续活动。虽然“工会组织统一委员会”勾结资本家、新军阀和帝国主义采取各种手段进行破坏，然而到5月中旬因被迫或被骗而动摇者不过两万人，其多数是手工业工人，也有少数产业工人。他们都是由于环境不利，不便支持本会，而事先经本会允许有计划有目的的加入“工统会”的工会组织的。5月中旬以后，他们又与流氓勾结起来，愈益加剧进攻本会，利用公开活动和各种机会，威胁利诱欺骗工人。本会为了集中活动，将不健全的建筑、食品、化学等工会撤销；将烟厂总工会、药业职工友谊会、金属业总工会、纺织总工会、地方运输总工会等，或由本会直接领导，或合并于“工联”，由其负责领导。其结果，“产总”领导的工会数目虽有减少，但领导的群众毫未减少。至“五卅”二周年纪念时，为适应全国的政治局势，便于长期斗争，决定改变策略，把消极的保持群众改为积极的打入“工会组织统一委员会”。这是因为在政治、军事和流氓的压迫之下，为了争取合法活动，最适当的办法是使一部分处境不利的工会，在我们的领导下加入“工会组织统一委员会”，进行经济斗争，以巩固在群众中的威信。这种策略虽有将群众送给反动派的危险，但在当时的政治局势之下，亦不得不如此。这种政策的目的，并非真正加入“工会组织统一委员会”，而是为了恢复自己的活动。

丙、积极进行政治宣传工作

东南变乱以后，上海的报纸已变成了强奸民意、制造谣言、混淆群众视听的工具，而工人渴望正确的消息，犹如大旱望云霓；因此在反动派与帝国主义者搜查统治之下，本会进行了以下几项政治活动：

（一）办《平民日报》（后改名《青天白日》、《满地红》、《孙逸仙》等），刊登政治、军事消息及反动派压迫工农的阴谋及具体事实；每日发行五千份，为本会唯一的半公开机关报，颇受市民的欢迎。（二）《上海特别通讯》（秘密刊物）。分发各“产总”、“工联”，供应各种重要消息作为口头宣传的资料。（三）上总普通通讯。分发各“产总”、“工联”，并印发给群众，报导政治、军事及反动派活动的消息。（四）传单。以鼓动或解说为目的，在平时和“五一”、“五四”、“五九”、“五卅”等纪念日，约印发传单二百万份。

丁、救济死伤、被捕及失业工人

先进行调查，然后设法救济及抚恤死难者的家属；供给受伤者医药费用；尽力营救被捕工人；召开失业工人座谈会，并介绍职业等。但因经济拮据，救济工作甚感困难。自四一二事件以来，总计死亡近二百人，受伤五百人，被捕一千二百余人，失业者达五千余人。

戊、开展经济斗争

自反动派猖獗以来，工人以前获得之条件，多被资方片面推翻。“工会组织统一委员会”不但不支持工人，督促资方履行条件，反与资本家互相勾结，欺压工人。工会若向资方提出经济条件，立即受到攻击，或诬为扰乱后方，或指为共产党。一般工人逐渐认清“工会组织统一委员会”的反动面目。与此相反，本会坚决拥护工人的要求，给以大力援助；各区、各行业的罢工或谈判，仍由本会主持进行，因此群众对本会的信任愈益巩固。

己、打倒“工会组织统一委员会”

“工会组织统一委员会”系流氓（东路军前敌政治部陈群之走狗）工贼的组织。成立不到两周，即因争夺待遇地位而发生内讧，表面像是右派与西山会议派的冲突，而实际却是政治部和市党部的斗争，也可以说是守旧派与新进派之间的摩擦。他们的冲突日趋激烈，已濒于破裂。本会的策略是：利用其内讧与内部摩擦，瓦解其组织。本会在群众中随时以文字或口头揭发其反动的事实，因而工人对“工会组织统一委员会”怨声载道。各级工会如手工业所属的金银业工会，曾自动的散发传单反对该会。

庚、纠察队问题

纠察队在被缴械后，仍秘密存在；后因人数过多，成员复杂，训练不便，且所需之巨额经费无法筹措，因而分别遣散。除一部分派往汉口外，其余或由本会介绍职业，或使其自谋生计。解散纠察队，并非根本的取消，只是暂时的分散，一有机会，仍能随时集中使用。

辛、“五一”、“五四”、“五九”等纪念日的活动

本会在“五一”国际劳动节的活动计划如下：（一）罢工一

日。全上海约有八十万人罢工。（二）各区、各工厂召开纪念会，示威。因反动派计划于 5 月 1 日召开大会，本会的策略是：劝阻全体工人不参加。由于各厂按计划开会、示威，结果反动派召开的南北市大会，仅有数千工人参加；我们举行的示威运动达二百余次之多。（三）散发传单、标语七十万份。南市、闸北、租界、浦东及吴淞各地，5 月 1 日上午十一时起，十分钟内传单散遍全市。反动派为之惊惶失措。“五四”、“五九”纪念日亦与“五一”相同，各区开会，散发传单；但因环境关系，未能进行大的活动。

第八个时期　五卅事件二周年纪念经过

在白色恐怖之下迎接五卅事件二周年纪念日，上海工人的情绪自然更加激昂；曾计划向帝国主义示威，但反动派早与帝国主义妥协，承认不侵犯租界统治的尊严，仅在南市召开追悼会。本会在五卅事件二周年纪念日的活动如下：

（一）罢工。4 月 28 日下罢工命令，罢工工人约六十万。（二）宣传。印发传单六十万张、告工人书三十万张、烈士照片三十万张。（三）开会。各区工厂分别举行纪念会；各“产总”、“工联”派人参加作报告。（四）散发传单。各级工会组织了有三千人参加的八百个宣传队，从 28 日起向市民散发传单。（五）示威。本会计划动员工人群众一万人，会同学生联合会及国民党上海特别市党部，将群众事先布置在南京路。5 月 30 日上午十时十五分，自西藏路至外滩约二里长的地带，举行和平的示威运动；未殴打巡捕，亦未阻断交通。按预定的路线，示威约半小时后解散。当时为便于指挥，本会与国民党市党部、学联会，组织指挥委员会，设总指挥一处，分指挥两处，将总指挥处设于南京路附近。是日集合起来的基本群众将近万人，虽有英国军队及巡捕在街道巡行，但未发生任何冲突。这次运动固然给了帝国主义以威吓，但因客观环境所限，我们的策略似乎过于和平。

当日反动派亦在南市及江湾召集了市民大会，到会的不过两万人。本会原计划在浦东、吴淞同时举行纪念大会，但因军事当局临时禁止集会，帝国主义亦于事前断绝了交通，与反动派军警采取一致行动，大会未能召开。这一悲壮热烈的纪念日，除本会领导工人对帝国主义的示威以外，各区都在反动派的武力压制之下平平凡凡的寂然度过。

上海的工人组织

上海的工人组织在最近一年间有很大发展：工会由七十六个增至五百零二个；会员从四万人增至八十二万人。在上海的工人中，虽然还存在着帮口、同乡、盟兄弟等旧习，活动分子缺乏经验，组织还不够近代化，但由于在最近一年来频繁的斗争中受到了锻炼，增强了工人的组织观念，工会在工人群众中的地位和威信大大加强。这点虽无精确的统计数字，但事实上，上海的工会组织已建立了巩固的基础，非反动派所能摧毁。此点可以从四一二事件后，整顿组织的结果得到充分证明。

四一二事件后，本会各种文件多遭劫掠，关于组织活动的各项资料已不完备。为阐明概况，以下就各级工会的组织活动情形，做分别说明：

（一）上海总工会的组织系统

全上海的工人代表大会为本会的最高机关，由大会选出执行委员会，执行大会的决议案，内设常务委员会（常委五名）处理日常事务；下设秘书处、组织部、宣传部、经济斗争部、纠察队总指挥部五部分。按照各厂的产业性质及地区，分为“产业总工会”与“工会联合会”（简称“产总”、“工联”），直接受本会常务委员会领导。各“产总”或“工联”，分别在各产业或各区的代表大会上选举各产业或各区的执行委员会，内设一名主任，两名或一名宣传、组织，职员若干人。

各产业、各区不便召集代表大会时，则临时工作人员多为常务委员任命之。

以组织员为各厂工会的指导员，受“产总”、“工联”的领导。各厂有执行委员会，由各厂工人大会直接选出。

本会的组织系统如下：

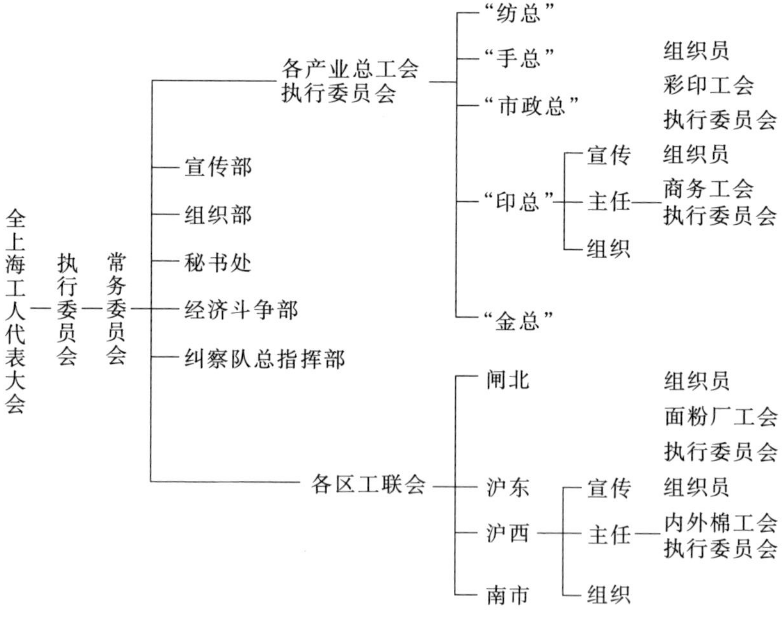

备考：由常务委员会各部向“印总”、“沪西”主任下达命令。

（二）“产总”、“工联”组织的变迁

去年六月，在新的执行委员会之下设立了常务委员会，下设秘书、宣传、组织三部，以秘书处为中心；为了便于领导，曾在三个地区的“工联”（“小、曹区”、“杨、引区”、“南、浦区”）及“产总”八个（码头、印总、铁路、海员、手工业、店员、丝厂、邮电）设主要活动员六六人，技术员二二人，共八八人。至十一月，因能力薄弱的人员甚多，反使工作混乱，精简结果有主要活动员四一人，技术员十一人，共五二人。至今年一月，本会的活动范围日渐扩大，劳动争议愈趋激烈，常务委员会除原有的三部外，增设了经济斗争部与纠察队总指挥部。“产总”增加至十二个（增设铁工厂、纱厂、电织、木业、烟厂）。“工联”亦改为六个地区（杨树浦、曹家渡、小沙渡、引翔港、浦东、吴淞）。自今年三月的暴动成功，本会正式公开活动后，组织又有进一步发展。产总十六个［手工业、华洋服、烟厂、地方运输、市政、药业（原属店员工会）、铁路、纺织、印刷、化学、金属业、艺界、店员、海员、建筑业、食品］；“工联”八个（沪东、沪西、南市、浦东、闸北、吴淞、法华、虹口）。四一二事件后，为了集中活动，撤销了不健全的化学、食品两工会，将药业合并于“店总”，金属业、烟厂的工作划归“工联”。

各工会组织情况较好者，首推产业工人、市政工人、交通工人，其次为手工业工人及店员。去年产业工人的组织中，较进步者为印刷工人（如商务工会），其次为纺织工人（如日华纱厂工会)。市政工人中较健全者为邮务工会、海员工会、铁路总工会等。今年初,各区的手工业工人与店员因受生活威胁及各厂工人斗争胜利的影响,陆续着手组织工会,进行斗争。药业及先施、永安、新新三大公司的职工会、洋布职员工会、估衣工会等,手工业之组织如洋服工会、地毯工会、茶箱工会等都公开活动,并在半公开的形式下设立委员会领导斗争。在公开的时期,各级工会都显示了巨大的发展。四一二事件后,本会与各级工会仅仅是由公开转为地下而已。

(三)上海总工会所属各产总会员及工会的增减趋势

上海工人运动之盛衰,与客观的政治环境以及斗争的盛衰有密切关系。最近一年间,本会在组织上的发展与日俱进。为说明它的发展过程,兹将去年6月、9月及今年1月至4月的总统计表列后;从这两表中可看出自去年6月劳动争议勃兴后,与去年9月日本工厂罢工时组织的增减情况。到今年1、2月因政治环境的变化,工人运动酝酿着大规模爆发时期,一个月内组织发展了四倍,公开后又增加三倍。由此可见上海工人的革命热情与要求组织起来的趋势。

全上海工人的统计与会员变迁比较表(第一表)[①]

	上海的工人总数	会员数					
		1926年6月份	1926年9月份	1927年1月份	1927年2月份	1927年3月份	1927年4月份
食品	22596	—	—	—	—	72596	700
手工业	226900	2247	2240	6230	5000	166900	13370

① 编者注:表中数字相加不符,原文如此,未做改动。

续表

	上海的工人总数	会员数					
		1926 年 6 月份	1926 年 9 月份	1927 年 1 月份	1927 年 2 月份	1927 年 3 月份	1927 年 4 月份
华洋服务	66617	—	600	2000	2000	37117	5800
烟厂	36020	—	500	4120	14000	19600	12800
地方运输	78500	2000	2898	4250	30300	43000	1760
市政	149480	1910	2100	9250	12660	119484	42160
铁路	6740	—	1500	1500	1500	3500	3500
纺织	241390	27280	30468	25640	74440	175280	133960
印刷	36445	5880	5790	4793	4783	36445	25550
化学	33760	—	—	—	—	6260	1100
金属业	39500	420	420	2406	15300	21100	8680
艺界	29300	—	—	—	—	21300	2800
店员	272440	3014	4155	11050	79950	81070	29510
海员	6800	—	1200	4500	5000	6800	5000
建筑	10830	350	150	500	1200	10830	1000
总计	1253326	43100	51961	76245	289180	821282	287590

注：二月份人数系第一次罢工后之统计，三月份系公开后之统计，四月份系四一二事变后之统计。

一年来所属工会数目增减表（第二表）

	1926 年 6 月份	1926 年 9 月份	1927 年 1 月份	1927 年 3 月份	1927 年 4 月份
食品				13	2
手工业	7	8	24	54	29
华洋服务		2	4	17	10

续表

	1926年6月份	1926年9月份	1927年1月份	1927年3月份	1927年4月份
烟厂			4	9	4
地方运输	6	6	6	8	6
市政	3	4	8	40	38
铁路			1	1	1
纺织	46	46	89	184	135
印刷	7	8	11	27	22
化学				12	4
金属业	2	2	6	40	23
艺界			1	8	5
店员	3	16	28	72	34
海员		1	1	1	1
建筑	1	1	4	13	5
总计	75	94	187	499	319

由上面两表可得出以下之结论：

（1）工会数与会员数增加非常迅速：一方面产业工人之组织渐次充实，另一方面也表明组织已渐次普及于店员、手工业工人。

（2）会员之增减与斗争之胜败有密切关系。但斗争失败后人数的激减，并非表示工人的退缩，而是一种暂时养精蓄锐，以酝酿今后更大的或其他方面的斗争。

（3）工人如有较好的环境，即能迅速的组织起来，经几次斗争训练以后，即能成为不被反动势力所能动摇的坚强战斗的部队。

（4）以上两表的调查统计尚不全面，因工会的基层组织不够健全，数字难免不精确，但以上统计，系综合各种实际报告而成，尚属可靠。

（四）各“产总”、“工联”的活动概况

（1）纺织总工会。包括纺织厂、丝厂、电织厂等三部分。“纺总”设主任及秘书，有关纺织工人方面的一切事情，都以纺总名义指挥、命令。以下分述在“纺总”领导下，各区域工人的活动情形：

甲、沪西区。包括“小沙渡”及“曹家渡”，为工人最多的地区。其中组织较好的为内外棉东西五、七、八、九、十二、十四、十五等厂；都受本会领导。但日商工厂的罢工失败后，失业者达四百人，经两个月的努力，至今年一月逐渐恢复原状。在今年的政治斗争中，仍然表现出巨大的团结的力量。

乙、浦东区。日华工会有会员一千四百人，是各纺织工会中最优秀的单位。反日罢工时，虽过了两个月的救济生活，仍能很好坚持；劳动争议结束后，工会仍然健全，这次虽遭反动派多方破坏，但依然毫不动摇。

丙、沪东区。是纺织工人区。工人有十万以上。从过去活动的经验来看，有以下的特点：（1）日商工厂与英商工厂容易组织；（2）中国工厂中的活动甚为困难；（3）从每次罢工中证明女工的团结力量较男工坚强；其中以杨树浦的活动较好，引翔港次之。斗争中表现得最有力的是老怡和纱厂，该厂工人善于联合工头共同作战，因此内部很稳固。

丁、吴淞区。大中华、华丰等厂至今年一月始有组织，因地处僻远，工厂少，力量甚弱。

戊、丝厂。闸北胡家木桥、虹口一带有丝厂八十余家。去年五月，各厂工会联合起来组织了丝厂联合会，原来由本会直接领导，今年本会公开时，合并于纱厂总工会。自去年六月，六十余家丝厂同盟罢工胜利后，群众对本会的信任更加提高。这次虽受反动派的压迫，组织仍非常巩固。

（2）印刷总工会。其中以商务、中华、彩印、世界书局、美华书局等工会较巩固。其他如黑色石印、铅印、装订、纸盒等工会，因行业的特点，工人的组织较散漫，仅能维持现状，无大的发展。报业工会虽是后来成立的，但组织最好。

（3）市政总工会。五卅事件一周年纪念后加强了组织。电业工人方面：英商新旧两厂的工会能联合工头，尚属稳健。电车方面：去年 8 月华商电车工会因罢工胜利，会员由一百二十余人增至四百五十余人。在今年几次政治罢工中，都采取了一致行动。公共租界电车工会在今年 1 月始建立，力量不及华商电车工会。法租界电业、电车、自来水工会，至今年 1 月组织始臻健全，在几次运动中步调都能一致，最近虽受资本家与反动派的破坏，仍能保持原状。邮务工会的组织非常良好，初成立时因工会领袖与资本家妥协，失去了群众的信任。但旧领导者下台后，组织仍然健全，以前组织的邮务工人纠察队亦甚有力。其余粪夫工会、黄包车工会、救火工会等工作散漫，尚无多大成绩。

（4）海员工会。海员工会的力量大部分在日本船。中国船方面，起初仅限于沪粤航线一部分组织，至今年始全部组织起来。英国船不及日本船。海员工会委员会尚属健全。去年 9 月，因“江新号”轮船失火引起的海员大罢工，坚持一月余获胜后复工，因之工会的地位与威信愈益巩固，在上海是个有力量的工会。

（5）金属业总工会。以前称铁厂工会，公开后扩大组织，改为此名。去年沪东各铁厂如祥生、瑞熔的工会委员会均甚健全。南市的铁工厂工人俱乐部曾遭破坏分子捣乱，以后又恢复了原状。今年二月间，各大铁厂组织都健全起来，曾参加数次总罢工，步调均甚一致。本会公开后，受影响的群众增至二万余人。各铁厂及手工工人虽都有组织，但因未受过经济斗争的锻炼，在形势恶劣时，会员曾一度减至八千余人，但目前已逐渐恢复原状。

（6）手工业总工会。该会工人在去年五卅事件一周年纪念以前，仅有金银业工会及固本皂厂的工会。五卅一周年纪念以后，又向洋服、地毯、精益眼镜、皮革、人力车、麻袋等方面发展。香料业、帆布业皆自动地组织起来，加入本会。各工会中以洋服工会的发展最为迅速，罢工胜利后，会员增至百余人；改选后的执行委员会亦颇健全。其次，地毯工人亦因六月的长期罢工成立了组织，会员共六百余人；会员中很多北方人，具有坚毅不屈的性格；罢工结束后，又组织了俱乐部，其中并设立业余补习学校。金银业工会原有会员四百余人，虽经去年八月罢工的失败，但对本会仍有坚固的信任。这次事件以后，该会独自散发传单，揭发“工会组织统一委员会”的内幕。香业工会、帆布工会，自加入本会后即改良其组织，机构已甚为健全。本会公开后，在手工业工人中——如猪鬃、制墨、板箱、手织等工会，相继成立起来，手工业工会已增至五十四个，群众数万人，其中一小部分群众于四一二事件后被反动派拉拢，但绝大部分仍在本会影响之下。

（7）店员总工会。店员方面的组织在最近一年来颇有进步。店员的生活较产业工人更为艰苦，故经常罢工，要求增加工资、改善待遇。在去年8月至今年2月间不断的罢工斗争中，群众已进一步认识了建立组织的必要。华洋布职员公会于去年八月召开成立大会，会员增至四百余人，并创立“生产合作社”与“函授学校”。药业友谊会去年已有会员二千余人。其他如南货业、估衣业、典当业、煤炭业等工会都能维持原状。今年，店员工会更有巨大发展：五金店、纸烟店、绸缎业、酱园等行业的会员增至一万六千余人，受本会影响群众约占其三分之二。

（8）铁路总工会。去年五卅事件一周年纪念以前，因军警及工贼的反动，颇受压迫，领袖亦遭逮捕。十月间另派专人领导，至今年1月始臻健全，群众对工会的组织与教育颇感满意。在今年的三次总罢工中，工会的地位愈益巩固，尤以沪杭路及淞沪路的工会最为巩固。四一二事件后，因受反动派的残酷压迫，群众极度愤慨，彼等情愿放弃已获得之经济条件，希望最近掀起一次大规模的政治斗争。

（9）烟厂总工会。卷烟工厂中，小南洋、英美等厂去年已有组织，但至今年二月才健全起来。烟厂总工会三月始成立，南洋、华成、英美等厂的工会都甚健全。工会组织公开时，有工会组织的烟厂共九个。政局反动以后，南洋烟草公司的工会虽遭工贼破坏，但群众对本会仍有好感。英美、小南洋等厂的工会，仍在地下受本会的影响，努力进行斗争。

（10）建筑、化学、食品工会。这三个行业的工会去年虽稍有组织，但均由各区“工联”领导。本会公开后，为了便于领导才成立总工会。因不久受政局反动的影响，尚未十分健全，现又撤销，仍由各“工联”领导。本会公开后，面粉厂、肥皂厂、泥水匠、皮革厂等虽均成立工会，因未经斗争锻炼，组织散漫。

上海工人的斗争

概　论

上海是全国工商业最发达的地区，是全国工人最多的城市，也是帝国主义对中国经济侵略的中心。因此，上海工人阶级的一般生活状况更是苦不堪言：工资最少者每月仅三四元，在工厂中的待遇，犹如封建时代封建主对待奴隶一样。在这种情况下，上海工人过着奴隶般的生活，自然表现一种不满的心理与反抗的意识，甚至表现于行动。然而，上海的统治大权，一部分（租界）操在帝国主义手中，一部分操在军阀手中，他们都是受国内外资本家的委托，保护资本家的利益，镇压工人的反抗行动。因此，帝国主义租界内的工部局和中国军阀的警察厅，必然对工人改善生活的要求和斗争进行残酷的镇压。

上海工人最近一年斗争的经验教训证明，"工人欲获得彻底的胜利，必须进行政治斗争"。五卅运动以后，上海工人的团结已较前巩固，不安于现状，斗争勇气非常高涨，因此，在一九二六年六月间，经济斗争表现得异常活跃，遂促成了上海劳动争议的勃兴时期。当时，一方面劳动争议的背景是物价昂贵、生活困难；另一方面是有了团结巩固的工会作为斗争的武器。六月工潮中，工人的伟大的斗争力量，终于使顽固的资本家屈服，并阻止了官署不合理的干涉与压迫，获得了相当的胜利。如小沙渡纺织厂六月间的十七次罢工，只有两次未胜利。罢工的胜利，一方面鼓舞了工人斗争的勇气，巩固了工会的威信；另一方面引起了未组织起来的工人的羡慕和激动，迫切要求本身的团结和组织，并且消除了畏怯、消极和错误认识。

六月以后，上海工人的罢工斗争，仍然此起彼伏，继续不断，直至今年正月，纷纷而起的小规模罢工，稍有减少。概括一九二六年上海工人经济斗争的各种情况如下：

（1）大产业工人如纺织、缫丝等大工厂中工人的团结，较易坚固，所以资本家一施压迫，或日用品价格上涨时，极易激起罢工行动。只要工会领导得当，即能坚持下去，除了遭受极残酷的压迫外都是不得胜利不肯复工的。

（2）上海的手工业工人不像大产业工人那样集中，但其生活条件的恶劣，不次于大产业工人，因之改善生活的要求也是非常迫切。五卅事件以来，上海的手工业工人有了很好的组织。在去年 8 月的罢工高潮中，手工业工人往往能由一户联合一个行业全体罢工，提出经济要求及改善待遇的条件。虽然有胜利也有失败，但其团结斗争的精神都不断加强，并继续努力前进。

（3）上海店员在去年曾进行数次激烈的经济斗争，一般均获得一定的胜利。如典当业、估衣业、南货业、米业及商务印书馆职工、中华书局职工、先施、永安、新新三大公司等的大规模的长期的罢工，使资方不得不屈服于店员的团结力量，不得不承认店员提出的条件。因此，上海店员的经济斗争终于发展起来。

（4）此外如印刷、市政、烟厂、金银首饰、码头等工人，各产业都举行了几次的经济斗争，而且在每次斗争中大多数都增强了团结，受到了革命的锻炼。

综合以上各点，我们可以看出上海工人斗争的趋势：（1）上海工人在不断的斗争中更巩固了团结。（2）上海工人在不断的斗争中，认清了资本家的狡猾和帝国主义、军阀的残暴，从而具有了政治斗争的觉悟。（3）上海工人在不断的斗争中，认识和信任了本会是维护工人利益的组织；相信了全上海工人自己的团结力量。

上海工人既有了巩固的团结与明确的认识，为了彻底的胜利，斗争的方式必定从经济斗争转向政治斗争。大资产阶级是专靠压榨工人的血汗满足其发财的欲望的。他们看来，工人得到的一分利益，就是他们的一分损失。上海的政权只要掌握于帝国主义、军阀、资产阶级手中，就根本不会允许工人获得任何利益的。工人倾全力进行斗争的结果，资本家只是给工人增加些工资、承认几项改善生活的条件，仅仅这些，他们就认为已经是莫大的失败与耻辱，便随时开除工人领袖，千方百计拖延履行条件以图报复。只要政权是操纵在资本家及其代理人的手里，这些事实都是必然的。所以上海工人在斗争过程中得到了“必须夺取政权”的教训，因而，至1927年，上海工人即展开了伟大的政治斗争。这就是爆发了上海工人举行三次大罢工、积极驱逐旧军阀、反抗新军阀的原因；也是上海工人不得不领导各界人民致力国民革命、建立民主政权的原因。

工人驱逐直鲁军阀而得到的政治、军事胜利，被帝国主义的新走狗蒋介石用一千五百万元的代价出卖了。但是，这并未使工人阶级悲观失望，相反的，更巩固了工人的斗争意志。从革命的意义说来，人们从资产阶级代表蒋介石的反动行为中，认清了谁是革命者，谁是反革命者；需要革命的工人阶级与城市的小资产阶级巩固地联合起来，打倒资产阶级的走狗反革命分子蒋介石。因此，上海的工人阶级虽然屡遭压迫，但仍能继续准备更强大的斗争；如果时机一旦到来，失去人心的蒋介石自然是不难被打倒的。

1926 年 6 月至 12 月之罢工条件统计表（第一表）①

月份	罢工条件						罢工条件之胜败											
							胜利						失败					
	政治	经济	待遇	工会	援助	共计	政治	经济	待遇	工会	援助	共计	政治	经济	待遇	工会	援助	共计
六 月	4	56	54	2	1	117	12	23	22	1	0	49	1	33	32	1	1	68
百分比	3%	48%	46%	2%	1%	100%	6%	47%	45%	2%	0%	100%	1.4%	49%	48%	1.4%	1.4%	100%
七月	5	53	42	2	51	153	1	34	24	0	1	60	4	19	18	2	50	93
百分比	3%	34%	26%	1%	34%	100%	2%	56%	40%	0	2%	100%	4%	20%	20%	2%	56%	100%
八月	0	40	29	2	2	73	0	20	7	0	1	28	0	20	22	2	1	45
百分比	0	56%	39%	3%	3%	100%	0	75%	22%	0	3%	100%	0	44%	49%	5%	2%	100%
九月	3	28	15	2	3	51	1	26	12	1	1	41	2	2	3	1	3	11
百分比	6%	55%	29%	4%	6%	100%	2%	63%	31%	2%	2%	100%	19%	19%	24%	8%	24%	100%
十月	1	18	21	4	3	47	1	13	7	3	1	25	0	5	14	1	2	22
百分比	2%	40%	44%	8%	6%	100%	4%	52%	28%	12%	4%	100%	0	23%	65%	5%	17%	100%
十一月	0	19	10	2	2	33	0	5	4	0	2	11	0	14	6	2	0	22

① 编者注：表中数字相加不符，原文如此，未做改动。

续表

月份	罢工条件						罢工条件之胜败											
							胜利						失败					
	政治	经济	待遇	工会	援助	共计	政治	经济	待遇	工会	援助	共计	政治	经济	待遇	工会	援助	共计
百分比	0%	58%	30%	6%	6%	100%	0%	45%	36%	0%	19%	100%	0%	62%	28%	10%	0%	100%
十二月	0	39	50	5	3	97	0	15	27	1	1	44	0	24	23	4	2	53
百分比	0	40%	52%	5%	3%	100%	0	34%	62%	2%	2%	100%	0	46%	43%	7%	4%	100%
统计	13	233	221	19	74	560	28	138	94	28	7	231	7	117	118	13	69	33

1926 年 7 月至 9 月罢工工厂名称及人数时间表（第二表）①

工厂名称	国籍	产业	罢工时日			参加人数
			开始月日	终止月日	共计时日	
日华一、二纱厂	日	纱业	7.24	8.29	34	4325
老怡和纱厂	英	纱业	7.26	10.13	7	4000
恒丰永地毯厂	华	手工业	7.19	8.6	17	51840
北大等三地毯厂	华	手工业	7.20	8.6	16	51840
义恒丰等六地毯厂	华	手工业	7.21	8.6	15	51840
海京地毯厂	华	手工业	7.21	8.19	28	51840
恒记地毯厂	华	手工业	7.23	8.6	16	51840
华昌祥等三地毯厂	华	手工业	7.23	8.6	13	51840
周义和地毯厂	华	手工业	7.25	8.6	11	51840
文记丝厂	华	丝业	8.1	8.6	7	2500
花旗烟厂	美	烟业	8.3	8.9	6	750
上海日报	日	印刷	8.2	8.3	2	25
新怡和纱厂	英	纱业	8.5	8.5	1	1500
中华书局装订部	华	印刷	8.7	8.30	24	700
义兴印刷局	华	印刷	8.3	8.5	3	45
中华书局总店	华	印刷	8.13	8.14	2	109
祥生铁厂	华	金属业	8.6	8.11	6	300
勤华布厂	华	布业	8.18	8.21	4	210
商务书馆（铁桦工）	华	铁业	8.20	8.22	3	24
内外棉第九厂	日	纱业	7.29	8.14	16	300
内外棉东亚五、七、八、十二、十五厂	日	纱业	8.20	9.17	27	8379

① 编者注：表中数字相加不符，原文如此，未做改动。

续表

工厂名称	国籍	产业	罢工时日			参加人数
			开始月日	终止月日	共计时日	
内外棉三、四、九厂	日	纱业	8.27	9.17	20	6500
内兴纱厂	日	纱业	8.28	9.14	12	2200
南北市装订工厂	华	手工业	8.28	9.8	10	2200
金银业十四家	华	手工业	8.28	9.7	9	12000
华新电车	华	电业	8.31	9.7	8	450
美华书局	华	印刷	8.6	8.19	13	150
内外棉十三、十四厂	日	纱业	8.26	9.10	14	2600
香叶店员	华	手工业	9.4	9.6	3	125
闸北清道夫	华	市政	9.1	9.6	6	267
中华印书局	华	印刷	9.6	9.11	5	136
冠生园	华	食料	9.10	9.11	2	550
新怡和纱厂	英	纱业	9.16	9.20	5	2000
南洋烟厂	美	烟业	9.18	9.25	8	450
日华纱厂	日	纱业	9.1	9.27	27	4325
开泰丝厂	华	丝业	9.13	9.20	7	1000
敬神纸业	华	手工业	9.20	9.22	2	50
三新纱厂	华	纱业	9.20	10.5	15	3000
上海一厂	日	纱业	9.27	10.1	4	1250
纬通纱厂	华	纱业	10.18	10.25	7	1480
恒丰纱厂	华	纱业	10.11	10.21	11	3500
祥泰木行	英	手工业	10.11	10.19	9	700
杨树浦自来水厂	英	电业	10.18	10.19	2	100
装订业三家	华	印刷	10.1	10.3	3	120

续表

工厂名称	国籍	产业	罢工时日			参加人数
			开始月日	终止月日	共计时日	
东兴印刷局	华	印刷	10.2	10.4	3	60
上海纺织一厂	日	纱业	10.24	10.31	7	1800
新怡和纱厂	英	纱业	11.14	11.19	5	1700
纬通纱厂	华	纱业	11.21	11.29	8	1500
天纶丝厂	华	丝业	11.20	11.23	4	400
隆茂栈码头小工	英	运输	11.1	11.2	2	1000
物华一二厂	华	丝业	11.21	11.30	9	1200
恒顺泰猪鬃厂	华	手工业	11.22	11.30	8	175
招商轮五船	华	海员	11.12	11.30	18	250
老怡和纱厂	英	纱业	11.30	11.30	1	4000
物华丝厂	华	丝业	11.21	12.6	15	1200
三新纱厂	华	纱业	12.2	12.6	5	3500
公文丝厂	华	丝业	12.4	12.5	11	3200
估衣业店员	华	店员	12.8	12.23	6	3000
法界电车	法	市政	12.21	12.24	5	605
震华纱厂	华	纱业	12.23	12.31	8	100
和丰船厂	华	金属	12.9	12.14	5	200
恒丰纱厂	华	纱业	12.15	12.19	5	3500
三新纱厂	华	纱业	12.27	12.29	3	1350
公共汽车	英	市政	12.28	12.29	2	345
押当业员	华	店员	12.28	12.31	6	1825
总计 97 家						737141

1926年6月至12月各企业罢工比较表（第三表）[①]

月份	参加罢工之企业及人数											罢工次数	罢工人数	罢工时间
	纱业	丝业	手工	印刷	店员	烟业	邮电	金属	码头	其他	共计			
6月	19	62	9	2	0	2	1	0	0	12	107	215	69556	3364622
百分比	17%	58%	8%	2%	0	2%	1%	0	0	11%	30%	195%		
7月	18	3	37	37	0	3	1	0	4	4	107	54	70497	663197
百分比	164%	25%	34.3%	143%	0	25%	1%	0	3%	3%	30%	30%		
8月	16	1	35	4	0	1	1	0	0	2	60	27	42737	10350396
百分比	26%	15%	58.5%	7%	1.5%	1.5%	1.5%	0	0	3.5%	17%	14.5%		
9月	17	1	17	2	0	1	1	0	0	2	41	19	42307	13431614
百分比	39.25%	2.5%	39.25%	5%	0	2.5%	2.5%	0	0	5%	14%	9%		
10月	5	0	2	1	0	0	1	0	0	0	9	9	15760	4194120
百分比	55%	0	2.25%	1.25%	0	0	11.25%	0	0	0	2.5%	5%		
11月	3	2	1	0	0	0	0	0	1	1	8	9	20225	794000
百分比	31%	23%	12%	0	0	0	0	0	12%	12%	2.5%	5%		

① 编者注：表中数字相加不符，原文如此，未做改动。

续表

月份	参加罢工之企业及人数											罢工次数	罢工人数	罢工时间
	纱业	丝业	手工	印刷	店员	烟业	邮电	金属	码头	其他	共计			
12月	4	1	1	0	3	0	2	1	0	0	12	13	19410	2181740
百分比	31%	8.5%	8.5%	0	25%	0	16.5%	8.5%	0	0	4%			
统计	82	70	102	46	3	7	7	1	5	21	344	166	270492	40928689
百分比	24%	21%	30%	13%	21%	2%	2%	3%	13%	5.4%	100%	100%		

1927年的三次大罢工

（一）三次大罢工的环境及目的：

去年10月以后，本会鉴于北伐军事的进展及政治环境的变化，立即领导全上海工人进行了驱逐军阀、建立上海的民主政权、实现人民的自治等的斗争。第一、二次全上海工人的大罢工，发生于孙传芳、毕庶澄的势力崩溃，北伐军胜利之际，其结果达到了消灭军阀、实现民主自治的目的。本会亦于此时完全公开进行活动。不意历时未久，自甘出卖革命、残暴卑鄙的新军阀蒋介石，竟秘密勾结帝国主义与资产阶级，破坏本会会所，骗夺工人纠察队的枪械，屠杀工人、市民。我英勇斗争的上海工人突遭此野蛮残暴之迫害，怎能不愤怒？怎能不反抗？所以开始了第三次大罢工。这次大罢工的目的虽未实现，但上海工人阶级的强大势力犹存，一俟时机到来，上海工人将是打倒新军阀蒋介石的最基本的力量。

（二）三次罢工的详细情况：

甲、第一次大罢工。二月中旬，上海工人得到北伐军进驻杭州的消息，全都异常兴奋，愿奋起消灭军阀。这时本会召开了全上海工人代表大会，通过了全上海工人同盟罢工的决议案。至2月19日，本会应群众的要求，下令自当日正午十二时起举行同盟罢工，同时发表罢工宣言，提出十七条政治、经济条件。当时各报纸将政治条件报导的极为模糊，经济条件则刊载了全文。罢工共历五天，兹将每天的情况分述如下：

第一日（2月19日），因罢工命令发迟，多数工厂未接到通知，因而当日罢工者仅纺织、手工、首饰等行业共十万余人。

此外，市政、店员等仅有少数人罢工。

第二日（2 月 20 日），各方面工人全部接到通知，参加罢工人数大大增加。市政、电车、电业、自来水、邮政工人等二万余人；店员工会有先施、永安、新新等三大公司，商务印书馆、中华书局及药业、南货业、估衣业等三万余人参加。此外，纺织、印刷、首饰、手工、食品、建筑、运输、华洋、海员等行业的罢工人数，逐渐增加，各有数千人至数万人。第二日的罢工总人数达二十五万人以上。

第三日（2 月 21 日），群众情绪仍极高昂，租界地区的公共汽车、无轨电车，华界的自来水、电灯等工人均参加罢工。当日的罢工人数共达二十万以上。

第四日（2 月 22 日），因各方面对工人的压迫极为严重，有的请示本会拟先行复工，但此种情况并不多，大多数群众仍在坚持。

在罢工中，孙传芳的走狗李宝章加紧压迫。在大罢工后，反动的西山会议派张继等极力唆使李贼屠杀工人，并下保证请蒋介石委其为第三十三军军长。李贼乃悍然对上海罢工的工人进行血腥镇压，组织大刀队，屠杀罢工的工人及工人、学生组织的讲演队队员，任意加以逮捕，甚至在路上走的工人也被逮捕押送警察厅或龙华司令部。在罢工中惨遭李宝章杀害者共二十余人，被捕后生死不明者达三百余人之多。

罢工中的本会宣传工作。罢工后立即出版《罢工日刊》，并散发各种传单。第二日在各区选拔勇敢的工人组织传单队及讲演队，宣传此次罢工的意义及作用，并揭发孙传芳、李宝章的罪恶，以争取市民的同情与援助。

复工的原因。此次罢工纯系上海工人的政治斗争，其目的在于响应北伐军、加速孙传芳的崩溃、促进各阶级的革命群众建立上海的民主政治。罢工已达五日，北伐军尚未越过松江，工人对军事进展迟缓已有不安情绪，同时商、学各界亦劝告本会速命工人复工，养精蓄锐以待时机。本会亦认为在当时的情况下，毋须长期孤立坚持，可暂时忍痛复工，以减少牺牲，保全实力。所以于二月二十三日暴动失败后，向全体工人下令忍痛复工。

乙、第二次大罢工。二月二十三日以后，在前线的孙传芳军队继续溃败，濒于灭亡；孙传芳不惜奴颜婢膝亲赴济南求救于张宗昌。对江南垂涎已久的张宗昌认为时机到来，遂命毕庶澄、吴光新、褚玉璞等军沿津浦路南下，名为准备防线，实际目的是攫取南京、上海一带膏腴之地。但为时不久，孙、张军同时大败，北伐军一面进逼距上海一百零二华里的松江，一面进攻南京。这时，第二次大罢工的时机已告成熟。如前所述，本会第一次大罢工的复工，并非屈服，目的在于养精蓄锐，准备更大的斗争；故复工后立即认真整顿组织，加强宣传鼓动，以期工人及工会及时掌握局势，认清斗争的意义，在本会下令后，六小时以内一致罢工。当北伐军进攻至松江，本会立即召开“全上海工人代表大会”，通过了“实行总同盟罢工、驱逐直鲁军阀毕庶澄”的决议。轰动一时的全上海第二次总罢工，遂于三月二十一日上午十时开始。这次罢工的准备及组织均较上次大有改进，下令后只不过三小时，全市工人就完全罢工，较预计的时间六小时提早了一半时间。这次上海工人大罢工提出的“总要求”条件及罢工宣言，与第一次罢工时所提者略同。

罢工后，当日下午一时，本会命令各区纠察队率领工人，或赤手空拳，或持木棍、铁棒及少数持手枪，夺取了直鲁军和警察厅的武器，至下午四时，各区军警的武器全被缴收。本会为迅速恢复社会秩序及治安，接受了临时革命政府的决议，于二十三日下令全市工人复工。参加此次罢工的各行各业工人共达六十万人以上，行动整齐一致。工人的牺牲斗争精神，亦为空前所未有；死者百余人，伤者达四百余人之多。上海工人缴获的直鲁联军的武器，完全是用血肉换来的。工人拥有武装，即能防止反动派的侵害，保护工人阶级的利益，抵抗资本家的压迫。上海工人正在欢庆革命利益已有保障时，不意叛党卖国的蒋介石，受国内外资本家的指使，公然破坏全上海工人的总机关——本会会所，强夺全上海工人的保护者——纠察队的武器，因而又激起全上海工人的第三次大罢工。

丙、第三次总同盟罢工。四月十二日上午四时，本会的纠察队被缴械，本会会所遭破坏。全上海工人闻此消息后，无不悲愤痛哭，转瞬之间，集合十万余人举行示威，反抗新军阀的暴行。沿途高呼“拥护上海总工会”、“打倒压迫工人的新军阀”、“要求严惩破坏上海总工会的主谋”、“要求发还工人纠察队的枪械”等悲壮激烈的口号。游行至湖州会馆本会会所时，群众更激烈高呼上述口号。当时监视本会会所的军队惧而撤退，本会会所乃得收回。是日午后召集了“工人代表大会”，通过了“实行全上海总同盟罢工、要求发还工人纠察队武器”的决议；翌日罢工命令均已下达。实际上自工人听到不幸消息后，自动举行罢工者已达三十万人，及本会下令罢工，群众情绪更为激昂，全部罢工，参加人数远超过了第二次罢工。

四月十三日，参加闸北市民大会的群众达二十万人。散会后整队游行，赴二十六军司令部请愿。穷凶恶极的新军阀，竟悍然实行空前未有的大屠杀，在宝山路一带杀害工人及市民二百余人，逮捕三百余人，并第二次派兵占领本会会所。新军阀之残暴，可谓已达极点。

至四月十五日，本会为保存实力，养精蓄锐，整顿组织及巩固团结以图再起，下令上海工人于四月十五日全部复工。复工的意义与第一次大罢工时大致相同，说明工人阶级今后更应加倍努力，充实力量，联系各阶级的革命群众，与新军阀及反动派继续斗争。

第三次大罢工后，新军阀及反动派更为猖獗，出现了所谓“工会组织统一委员会”。该会一方面勾结资本家压制工人的经济斗争，另一方面专门逮捕工人领袖，指为赤化分子。被秘密枪杀者日必数十起。但是上海工人具有长期斗争历史和政治觉悟，始终愤恨和反对反动派的工会。他们更加信仰本会，团结于本会秘密组织之下，不断进行经济斗争，以继续争取自己的经济利益。现在本会正有计划地开展工人的经济斗争，以巩固群众对本会的信任，并且表明工人阶级反抗资本家与反动派的斗争，是任何压迫也不可能扑灭的。

上海工人生活标准调查表

产总			纺织总工会（一）							
标准工厂			统一（中）	内外棉（日）	新怡和（英）	同兴（日）	允余（中）	东方（英）	日华（日）	益申（中）
工作几时			12时	11时半	男女童 14 15 12	12时	11时	纱布 12 16	12时	9时
夜工 女工 童工			一样做	一样做	一样做	有时间	无	一样做	一样做	一样做
休息日有否工资			礼拜有	礼拜无	停工无	两次无	无	无	无	无
每日工资	男	最高	0.40	0.70	0.80	0.70	0.55	0.90	0.50	0.30
		最低	0.24	0.30	0.10	0.44	0.16	0.36	0.32	0.16
	女	最高	0.50	0.70	0.50	0.55	0.50	0.70	0.50	0.40
		最低	0.30	0.30	0.10	0.44	0.15	0.26	0.28	0.15
	童	最低	0.24	0.25	0.07	0.25	0.12	0.12	0.28	0.15
罚工		最高	2.00	1.00	1.00	2.00	3.00	完全扣	5角以上	无限制
		最低	0.20	0.30	0.05	0.20	0.20	0.20	—	0.05
赏工情形			0.40—0.10	每月6角津贴	不停工每周3角	每月8角米贴	0.10—0.40	无	两星期不停一工	每月一工

续表

产　总	纺织总工会（一）							
标准工厂	统一（中）	内外棉（日）	新怡和（英）	同兴（日）	允余（中）	东方（英）	日华（日）	益申（中）
工厂有无娱乐教育机关	无	无	无	无	无	无	无	无
工厂宿舍租金若干	月租6元住15人	月租6元住16人	无	月租6元住15人	月租5元住16人	无	工房每间4元	每间8人不卫生
吃饭时有多少时间休息	无	无	无	30分	45分	无	1点钟	1小时
工人家庭状况	全家做工能维持	1人做工3、4人吃	穷苦	1人做工4、5人吃	痛苦不堪	难维持	少数能维持	奇苦
工人死伤女工临产之待遇	无	女工生产20天休息	无	无	无	无	无	无
有否分红制	无	无	无	无	无	工人分最少数	无	无
工人总数	2800	3030	4500	1960	970	3670	3850	216

续表

产　总			市　政　总　工　会（二）						
标准工厂			自来水厂（英）	华洋电话（英）	公共电车（英）	清洁夫（中）	邮　局	工部局电灯（英）	法商电车
工作几时			8时	9时	铜匠8时 开车8时半	8时	8时	9时	8时半
夜工　女工　童工			一样做	有	铜匠有		无	三班费	
休息日有否工资			无	有两次	星期半天 有工钱	无	无	无	无
每日工资	男	最高	1. 30	月100元	1. 34	0. 14	2. 70	2. 00	0. 70
		最低	0. 40	10元	0. 40		0. 67	0. 50	0. 50
	女	最高		100元	0. 50	0. 14			
		最低		20元					
	童	最低	日0. 27	日0. 40	0. 23	0. 14			
罚工		最高	一工	无	卖票1元 铜匠2元	无	纪过9次开除	1元	5元
		最低		无	一工	无	纪过9次开除	一工	1角
赏工情形			无	无	开车每月 2元3角	有酒钱	纪功	无	做25工有一工

续表

产　总	市政总工会（二）						
标准工厂	自来水厂（英）	华洋电话（英）	公共电车（英）	清洁夫（中）	邮　局	工部局电灯（英）	法商电车
工厂有无娱乐教育机关	有夜校	无	无	无	无	无	无
工厂宿舍 租金若干	无	无	无	无	无	无	无
吃饭时有多少时间休息	1 小时	1 小时	铜匠 2 小时	无	换班	1 小时	1 小时
工人家庭状况			铜匠较苦	困苦	可以	可度活	有妻尚可过活
工人死伤女工临产之待遇	无	无	无	无	因公死至多 400 元	病亡 60 元 公死 200 元	无
有否分红制	每年半月工资	无	新年双薪	有节钱	无	无	无
工人总数	500	2400	3000	2200	3000	3000	1300

续表

产　总			（三）铁路	（四）店员		（五）烟厂		（六）手工业		
工会名称			沪宁铁 路吴淞厂	烟兑业	先 施	英美第三厂	南 洋	裕昌火柴	制 茶	猪 鬃
工作几时			9 时	18 时	11 时	10 时	11 时	10 时	5 时 6 时	12 时
夜工 女工 童工			夜工十余人			有	无	无	有女童工 无夜工	女工不做
休息日 有否工资			每月四次 有工资	无	星期纪念日	礼拜无工资	月二次 无工资	无	无	无
每日工资	男	最高	2.00	0.40	1.00	0.80	1.50	0.60	0.90	1.00
		最低	0.50	0.05	0.35	0.40	0.45	0.27	0.20	0.50
	女	最高				0.90	0.80		0.20	0.67
		最低				0.36	0.20			0.30
	童	最低				0.32	0.30	0.40	0.20	0.26
罚工		最高	二礼拜			二元	十元		二元	
		最低	半工			二角	二角		五角	
赏工情形			无			无	有	无	无	无

续表

产　总	（三）铁路	（四）店员		（五）烟厂		（六）手工业		
工会名称	沪宁铁路吴淞厂	烟兑业	先施	英美第三厂	南洋	裕昌火柴	制茶	猪鬃
工厂有无娱乐及教育机关	无	无	无	无	无	无	无	无
工房租金	无	宿在店内	有宿舍不卫生	无	无	有白鸽笼免租	无	无
工人家庭状况	做工过活	多困苦	多无产	多困难	做工度日	苦不堪	可以生活	困苦
死伤及临产待遇			因公死二百元	有病医无恤	女工生产四元	无	无	无
吃饭休息时间	无			无	1时	无	1时	无
有否分红制	年底有花红	有稍许不定	由十元至百元	无	无	无	无	无
工人总数	3500	23000学徒在内	800	900	2430	400	500	130

续表

产总			（七）化学				（八）金属	（九）华洋	（十）工艺界
工会名称			美孚油	国民制糖	面粉厂	油厂	铁厂	洋务	中国影片公司
工作几时			8时	10时	10时	11时半	8时至10时	15时	10时
夜工 女工 童工			有	无童女工	无童女工	无	不定	有	无
休息日有否工资			礼拜无工资	礼拜半日	无	无	礼拜有工资	无	只新年有
每日工资	男	最高	2.00	0.40	0.50	0.60	1.00	1.17	1.00
		最低	1.20	0.38	0.30	0.40	0.40	0.32	0.20
	女	最高	0.80					1.00	
		最低	0.35					0.26	
	童	最低	0.50					0.26	0.20
罚工		最高	有		一元	一元	二元	全扣	
		最低			一角	二角	一元		
赏工情形			有	一星期不停加一天	年底有一月花红	无	无	年底加半薪	

续表

产　总	（七）化　学				（八）金属	（九）华洋	（十）工艺界
工会名称	美孚油	国民制糖	面粉厂	油厂	铁厂	洋务	中国影片公司
工厂有无娱乐及教育机关	无	无	无	无	无	前有现无	无
工房租金	不要租金	无	无	无	无	无	每间住四人
工人家庭状况	可以度日	做一天吃一天	四口一家可以够食	日做日吃	勉强	很困难	不好
死伤及临产待遇	无	有医药费	无	无	无	无	
吃饭休息时间	1时	1时	无	30分	无	半时	
有否分红制	无	无	年底1月	有	无	无	有
工人总数	820	250	596	3110	3000	8000	2500

（中华全国总工会中国工人运动史研究室编：《中国工会历次代表大会文献》，工人出版社，1984年，第186–241页）

关于中华全国总工会会务报告的决议案*

一、中华全国总工会第二届执行委员会在过去一年中，对于全国工人阶级政治的、经济的斗争，有适当之指导，如引导工人参加北伐斗争，反对借口北伐牺牲工农自由的斗争，省港罢工停止武装封锁，上海三次暴动，指示各地不断的做改良生活运动，以及全国一致罢工一小时作反帝国主义武力干涉中国之表示等。大会认为第二届执行委员会，确能认清革命的环境与时机，完全站在工人阶级利益上领导工人阶级向前奋斗；一切政策都是对的，大会非常满意。

二、全总在广东时，曾发展广东各县及南洋各埠之工会组织。北伐后，又加紧发展湖南、湖北、上海、河南之工会组织；及迁鄂后，又陆续发展江西、安徽各地之工会组织。有组织的工人之增加，有惊人的地步：第三次劳动大会人数一百二十万，现在已增加到二百九十万。大会非常满意的。

三、第二届执行委员会常务委员，往往因客观需要分散各地，以致会中技术工作，不能完备。大会责成下届执行委员会纠正此项缺点，必须集中得力人员住会办事，对各地应有经常之指导。中华全国总工会成为健全机关，尽他伟大的指导责任。

四、各地工会、各产业工会对于中华全国总工会，绝对表

---

* 本文原载一九二七年七月八日出版的北京《晨报》。

示拥护与信任。全国工人阶级誓立在中华全国总工会旗帜之下，谋得阶级的完全解放。法西斯蒂与改良派之上海工会组织统一委员会及广东总工会，有另组全国总工会逆谋，大会赞成各地一致反对。

五、第二届执行委员李森、何耀全、邓培、刘尔崧、戴卓民诸同志，被反革命派所杀，大会誓愿为诸烈士复仇，继续其精神奋斗。

（1927年6月23日通过）

（中华全国总工会中国工人运动史研究室编：《中国工会历次代表大会文献》，工人出版社，1984年，第242–243页）

政治报告决议案 *

国民革命的前途和工会的任务

一、大资产阶级的代理人蒋介石在叛变革命以后，已成为反革命的中心。蒋介石不仅与帝国主义妥协、封锁武汉、勾结奉系军阀，以图夹击武汉；并且勾结少数专事煽惑的叛徒夏斗寅、杨森、许克祥等，乘机捣乱，散布谣言，以图破坏革命的工农小资产阶级的联合战线。这个反革命的祸首如不彻底铲除，将是革命前途的严重阻碍。因此，大会认定工人阶级当前在政治上最大的责任是：联合农民、小资产阶级及一切革命人士，向反革命的中心英勇进攻，务于短期内将其彻底消灭。反革命的中心不只是蒋介石一个人，大资产阶级、买办、大地主等已经结成了一个反革命的联盟。因之，那种一方面进攻蒋介石，另一方面又想与大资产阶级联合的企图，是毫无意义的。工人阶级必须团结起来，打破这种幻想。

二、大资产阶级破坏革命的最阴险的政策是散布流言，在小资产阶级中大肆宣传，以动摇工农小资产阶级的革命联合战线。如最近流传的所谓工农运动“过火”的论调，就是大资产阶级煽动小资产阶级的主要口号的一例。国民革命是以群众的

* 本文译自日文一九二九年十一月出版的满铁调查资料第一百零九编《中国无产阶级运动史》。

力量而摧毁封建制度的基础，因而在革命过程中，群众的激烈的革命行动，在客观上是必然要出现的。如果指摘群众的革命行动为“过火”，即无异是否认革命。因此，大会认为必须对大资产阶级宣传的这些流言蜚语，坚决予以驳斥。

三、最近在国民政府统治的区域内，到处发生屠杀工农领袖及群众，压迫工农组织，制止工人运动等事件。这都是大资产阶级破坏革命的阴谋。国民政府对这些事件尚未断然为工人处理，大会对此深感遗憾。为此，除了提醒全国工人阶级及全国人民对这些事件的重视，提出严正的抗议外，并要求国民政府对这些反革命分子以严厉的惩办。

四、为了进一步推进革命的发展，必须全力巩固工、农、小资产阶级的联盟。因此工人阶级当前的任务是：

第一，向帝国主义、军阀、买办、大资产阶级进行猛烈的攻击，粉碎反革命的封锁，铲除工商业发展的障碍；

第二，巩固自己的组织，壮大自己的力量，纠正过去非组织的行动。

对于手工业工人、店员的经济要求，应当照顾小资产阶级经济条件的可能性；只有这样，才能进一步巩固工农小资产阶级的革命联盟，加强工人阶级革命的领导作用。

五、农民的斗争已经动摇了封建制度的基础。但近来封建地主和土豪劣绅利用少数叛徒、土匪大举反攻，造成各地的惨案，摧残各地的农民运动，这是当前国民革命中最危险的现象。因此工人阶级应积极支持农民，消灭一切封建势力；只有立即使农民获得土地，解决土地问题，才能从根本上摧毁一切封建势力的基础。所以支持农民获得土地的斗争，乃是工人阶级在国民革命中最大的责任。

六、自国民革命进展以后，工人阶级虽然得到了组织工会的自由，但是工人阶级的生活因物价高涨，不仅毫无改善，甚至更趋下降。因而大会要求国民政府颁布劳动保护法、规定八小时工作制，并适应物价的上涨，不断地增加工资。只有这样，工人的生活才有保障，并且随着革命的进展而有所提高；只有这样，国民革命的成功才能给一切被压迫的民众带来利益。

七、中国革命必须以工农小资产阶级联盟的力量，消灭一切反动派，建立工农小资产阶级的民主专政，然后将一切帝国主义手中的企业，及关系国计民生的重要企业收归国有。这样才能彻底完成国民革命；这样，国民革命才能走向非资本主义的前途。目前有不少人希望中国革命是资本主义的胜利，这在实际上是帝国主义的胜利；帝国主义将以资本输出来控制中国的经济。我们必须对这种倾向坚决斗争。

八、北方的工人运动，特别是铁路工人在中国工人运动史上占有非常重要的地位。过去一年中，全国总工会对北方的工人运动重视不够，是非常错误的。目前奉系军阀即将崩溃，北方的工人运动已进入了极端重要的时期。我们必须特别重视北方的工作，争取在最短期内广泛的发展起来，以完成在北方的任务。

（中华全国总工会中国工人运动史研究室编：《中国工会历次代表大会文献》，工人出版社，1984 年，第 244—246 页）

组织问题决议案*

最近政治形势日趋复杂。很多工厂主和企业主在帝国主义的指使下，向工人阶级的组织进攻。他们一方面以封闭工厂的政策，迫使工人陷于长期失业的痛苦中饥饿待毙；另一方面又利用工人十分困难的处境，施以政治和经济的双重压迫，以绞杀工人阶级的革命。这些事实，给我们的教训是：必须将工人阶级的队伍整顿为巩固的统一的组织；必须用适当的方法，吸收骨干分子参加工会工作，在群众中开展有力的活动；将各分散的工会集中起来，组成革命的战斗团体；必须领导全体工人阶级团结一致，反对压榨工人的剥削阶级，消灭国内外一切反动派。工人阶级为了完成这一重大任务，只有吸收广大的工人群众参加工会；工会领导机关深入群众，与他们共同研究各种重要的事件，讨论有关工人斗争的方法等问题；在斗争中培养提拔有能力的工人参加工会活动。只有这样，才能使工会组织健全有力，进而与国际工人结成联合战线，共同斗争。

根据以上的形势，第四次大会特别注意工会的组织工作，在组织工作上提出以下几个原则：

一、中国工人运动发展到今天，工人阶级的组织虽大有进步，但第二次及第三次劳动大会通过的关于组织决议案，到现

---

* 本文译自日文一九二九年十一月出版的满铁调查资料第一百零九编《中国无产阶级运动史》。

在尚可以适用。

二、工业非常落后的中国，除几个大工业区有广大的产业工人以外，各地的工人大部分为手工业工人及店员。

中国工人总数若是一千二百万，其中手工业工人及店员即占九百万。因此中国的工人运动大部分为手工业工人和店员的运动。现在中国有组织的工人已达二百九十万，工会的组织从大产业工人发展到小城市和县的手工业工人和店员，因此，手工业工人和店员的组织工作，是今后工会组织工作中最重要的问题。我们须研究这个问题，以便消灭工人运动内部的许多纠纷。手工业工人和店员特别容易发生以下几个问题：

1. 行会性质特别浓厚，一旦成立工会，即拒绝外来的同业工人参加工作；苛待学徒；入会费很高；行业界限特别鲜明；经常企图剥削其他行业的劳动者；非常保守，仅将自己的技术传授给子孙，并有反对机器的倾向。

2. 地方的帮口界限严重，难与外地工人团结，时常发生冲突。

3. 工人的住址和工作地点分散不固定；许多工人从事流动性的劳动。

4. 各雇主的经济状况不同。工人若提出一样的要求，有的雇主有能力承认，而有的雇主则无力接受，并会因此而引起雇主间的剧烈竞争，使一般小雇主迅速破产没落。如将工人的要求划分为若干等级，大雇主就以承认工人的要求，来挑拨工会内部的纠纷，引起工人的不团结。

5. 工会训练、教育会员特别困难。

在同一工作范围内与其他工会发生冲突，或一个企业内部发生或存在着互相仇视的现象，必将削弱工人阶级斗争的力量，而对资本家有莫大的利益，对工人阶级则将遭受严重的损失。因此，上述的各项指示，应引起全国工会工作同志的特别注意。同时，手工业工人和店员的生活状况非常痛苦，他们的大多数仍被奴役在封建的雇佣关系之下，各地必须积极地帮助他们发展组织，保护他们的利益。尤其是非工业区的手工业工人和店员，他们是该地区无产阶级的代表，更需要重视他们的组织问题。在手工业工人和店员工会中固然须与行会主义、帮口组织进行斗争，但也不能按照产业工人的方法进行组织。我们应按照他们的职业和过去的组织习惯作为组织的原则；必须采取一种联合的组织形式，将各帮口的工人都吸收在工会内，逐步加强工会的权利，消灭帮口的权利，引导其向产业组织的方向发展。同时必须反对手工业工人与店员以作坊或店铺为单位组织工会，或一个作坊、一个店铺内的工人参加两个以上的工会。大会委托下届执行委员会颁布手工业工会及店员工会组织大纲；并认定上届执行委员会颁布的各县及特别市的组织大纲也是适当的。

三、各地工会组织虽有进步，但尚存在着某些散漫、混乱的状况。大部分工会仍未在群众中建立稳固的基础。今后必须通过以下的方法，集中工会组织，使工会在群众中建立巩固的基础。

1. 在各大城市联合产业性质相近的各工会，组成当地各种产业总工会。尽可能地将得力人员、工作职权及经费集中在这些产业总工会，以消除散漫、混乱的状况。加入产业总工会的手工业工人组成地区或街道委员会，直属产业总工会领导。

2. 各工会设立由工人群众选出的常任代表会；规定代表的职权；每月召开一定的会议。

3. 严密的组织工厂委员会或街道委员会，各委员会认真的开展活动，在群众中发挥其作用，使其成为群众的首脑和核心。

4. 反对法西斯及其他破坏工会组织统一的企图，坚持打倒反动派组织的伪工会。

四、工人的斗争和组织，两者应相辅而行。工会组织活动得好，能加强斗争的力量，而通过斗争又能壮大工会的组织。没有经过斗争锻炼的工会，不能健全组织；而没有组织健全的工会，也决难开展有力的斗争。我们反对只有等待组织训练健全后再开展斗争的意见，认为工人必须在各种政治和经济的斗争中巩固自己的组织。我们必须牢记，只有在技术上有了充分的准备后，才能使工会的组织和斗争取得伟大的效果。各级工会必须充分进行工会技术的训练。

五、为了集中工会的职权，免除组织上的混乱，特将全国总工会的组织系统确定如下：

（一）全国总工会——各省总工会
- 各县总工会
  - 各市总工会
  - 各业工会或支部
- 各特别市总工会——各业工会

（二）全国总工会——各全国产业总工会
- 各省产业总工会——各工会
- 各特别市产业总工会——各工会

各地方产业总工会加入各地方总工会，有关地方的问题受地方总工会的领导；有关产业性的问题受该产业的上级总工会领导。各工会只向其直属上级总工会缴纳会费。下级工会服从上级工会的领导。

六、由于中国革命运动的突飞猛进、国内战争的延长、各地政治形势的不断变化，因而工会的组织也经常由公开转入秘密、由秘密转为公开。工会在由秘密变为公开的期间，应很好的注意以下各点：

1. 规定各产业总工会的组织范围，设立各产业总工会的组织委员会及其筹备处。根据过去的经验：开始组织时，如果是有计划地自上而下的组织广大的工人群众，就较为容易地将工会的组织集中统一起来。

2. 迅速颁发工会的组织大纲、工作计划及其他各项章程表册等。

3. 进行充分的技术工作的准备，取得对群众的领导地位，以及工会的社会地位。

4. 应严格防止因纠缠在组织手工业工人和店员而放弃了产业工人的组织。应设法防止手工业工人和店员在社会上或与其他工人发生不必要的冲突。组织手工业工人和店员的委员会，专门处理他们的一切问题及纠纷。

5. 当群众已团结于工会之内，应准备经济斗争，在斗争中加强组织，使工会真正成为群众的领导者。

6. 童工和女工也应同样吸收为工会会员。除教育训练童工、女工的组织（如童子团）外，不得有其他女工、童工的组织。工会执行委员会也应吸收童工、女工参加。工会中的女工及童工委员会只筹划有关维护女工、童工的利益，训练、教育及调查其生活状况等事宜，一切斗争与行动不得脱离工会单独进行，须极力避免组织女工、童工的孤立的斗争；要严格防止把教育训练女工的组织，变成领导斗争的机构。有女工、童工的工会，应认真为童工、女工的利益而斗争，否则，教育训练他们的机构，可能会变成领导斗争的机构。

七、中国工人运动的发展，已进一步与工人阶级的敌人短兵相接，并已由单纯的经济斗争发展成为政治的武装斗争，因而工人的武装组织更为重要。兹列举武装工人的方法如下：

1. 动员觉悟高的工人参加军队或军事学校。

2. 组织工人武装纠察队。

3. 组织秘密的工人武装队。

4. 组织工人义勇队，在工余时进行武装训练。

应特别注意工人纠察队的纪律，并以军队的组织为标准。工会在指挥纠察队时应特别谨慎。

八、工会会费每月以会员的半日工资为原则。下级工会向各直属上级工会缴纳的会费，其数额以该会收入的百分之十至二十为标准。工会应将会费的百分之十至二十作为工会基金及失业救济金等。

九、在地域广阔、交通不便的中国，各地的政治形势经常变化，因此希望组织健全的全国总工会事实上甚为困难；但目前中国的工人运动迫切需要全国各产业总工会及健全的全国总工会进行领导。全国除海员、铁路、邮政已有全国总工会的组织外，其他纺织、印刷、矿工、电报、金属等工会须于最短期内建立全国总工会的组织。中华全国总工会必须竭力健全各产业工会，以领导全国的工人运动。内河的木船及帆船工人应以河流为单位组织工会，并只准木船工人加入，不得组织某省、某县的工会。

十、大会委托上届执行委员会向全国宣布广东机器工会及江西景德镇等地的反动派武装进攻工人的罪行，使全国工人及社会人士知道反动派摧残工人、破坏工会组织的真相。

（中华全国总工会中国工人运动史研究室编：
《中国工会历次代表大会文献》，工人出版社，
1984 年，第 246–251 页）

经济斗争决议案*

最近几年来，中国工人群众为反对帝国主义、国内军阀及反动派，进行了激烈的斗争。这个激烈的斗争就是我们工人阶级要求生存的斗争。我们中国工人为了解除全国人民被压榨及受着无人道的剥削和奴役，为着全国人民的自由解放的胜利，不知有多少兄弟姊妹遭到牺牲。由于我们中国工人的牺牲奋斗，把中国革命推进到今天的地步，给了反动派以严重的打击。但是，革命仅仅获得部分的胜利，我们工人的生活依然如故。中国工人为了改善痛苦的生活，急需进行改善生活的经济斗争。

第一、二、三次劳动大会的经济斗争决议案曾指出："经济斗争是工会组织的经常工作"、"经济斗争也是政治斗争；政治斗争的胜利才能保证经济斗争的胜利"。从全国普遍的事实中已明显的证明了这些决议的正确。

经济斗争的胜利，不是单纯获得多少经济条件，而是决定于这些经济条件是否在工人的实际生活中得到实现，工人的日常生活能否根据新的条件得到改善，以及工人的日常生活能否获得新的改善。

经济斗争不仅是工人改善生活的一种行动，也是工人阶级获得斗争胜利的一种教育和训练。工人固然由于经济斗争的结

---

* 本文译自日文一九二九年十一月出版的满铁调查资料第一百零九编《中国无产阶级运动史》。

果，生活得以改善，同时在斗争的过程中，也教育和提高我们工人争取解放的力量。各工会必须记住在经济斗争中训练和教育工人。

第三次劳动大会以后，全国工人在革命发展的过程中，经历了广泛的普遍的经济斗争。这些斗争要求的综合，也就是全国工人阶级急需的经济斗争的总要求。这个总要求的要点就是：

（1）必须立即规定全国工人实行法定的劳动时间。

（2）适应社会经济的变化，规定最低工资标准，并按照物价规定工资增加的比例。

（3）为了保障工人的生活条件，对不可避免的疾病、死伤、失业、衰老等，实行社会劳动保险。

因此，第四次大会通过以下三个决议案：

一、产业工人经济斗争决议案

（一）工作时间

1. 新型的产业工人立即实行八小时工作制。

2. 为保护工人身体健康，特别是在繁重和危险的产业工作部门，工作时间要减至八小时以内，如冶炼业、矿山、有毒的化学工业等。

3. 任何工人每周均应有连续二十四小时以上的休息时间。

4. 除每周的休息日外，政府与全国总工会协议，规定每年一定的纪念日、节日的休假。

5. 因社会治安及革命需要等特殊原因，须在法定时间外加点时，限在两小时以下；每月不得超过二十四小时，并须加倍发给工资。

6. 每天工作中休息时间为一小时以上。

7. 工厂夜班较昼间工作时间缩短一小时，但应发给同额的工资；如因特殊事情而不能减少时，对应减少的时间发给加倍的工资。

8. 给工人每年连续一周的休假，并照发工资。

9. 星期天、纪念日、节日休息，照发工资。

（二）工资和雇佣条件

10. 政府根据当地物价，规定工人的最低工资标准，并规定童工的最低工资标准。

11. 政府与工会共同规定工人工资增加的比例。

12. 工资应以现款为标准，每周支发，直接发给工人，不得以实物代替。

13. 雇用工人时应订立劳动合同，规定劳资双方须遵守的条件。

14. 工人退职时，至少发给一个月的退职津贴；并应根据工作年限及每月工资数额，适当增加。

（三）童工及女工的保护

15. 不许雇用十三岁以下的儿童。

16. 十六岁以下的童工工作时间限制在六小时以内。

17. 禁止使用女工和十六岁以下的童工从事有害健康的化学工业、坑下劳动及繁重的劳动。

18. 禁止使用十六岁以下的童工及女工从事夜班工作；由于特殊情况而雇用女工做夜工时，应加严格的规定。

19. 在任何情况下，不得使用孕妇及哺乳的女工做夜工。

20. 女工产前产后给八个星期的休假，并照发工资。

21. 对有乳儿的女工，除普通休息时间外，每三小时应给三十分钟的哺乳时间。

22. 童工、女工与成年工做同样工作时，应得同额工资。

23. 专用女工的工厂，须设幼儿院。

24. 女工因生理关系，每月除星期日外另给三天的休假日，照发工资。

（四）劳动保护

25. 所有重工业、化学工业、有害健康工业的工人，每年给一个月的休假，照发工资。

26. 一切企业机关对有危险性的工作岗位，应有充分的防护设施，并注意卫生工作。

27. 各种机器均须有安全装备。

28. 各工厂必须有通风除尘等设备，以畅通空气、防止尘埃。

29. 各种污秽有毒的工厂，须供给工人工作服，并建立其他预防设施。

（五）医疗及劳动保险

30. 企业主为工人设立诊疗医院。

31. 工人因病在三个月内不能工作时，仍照发工资。

32. 因工受伤时，除发给医药费外，照发工资。

33. 因公切断手足残废时，终身发给原来工资。如能从事适当的工作时，仍发给原来工资。

34. 政府设立劳动保险局，由资本家每月缴纳工资总额百分之三为基金，此外政府从预算中拨出若干，以充做工人失业救济及养老金。

35. 工人病死时，按照其工资的三倍发给家属作为抚恤金。

36. 因公死亡时，资本家按死亡工人原来工资发给其子女抚恤金，至年满十六岁止。子女满十六岁后，按死亡工人原工资的三分之一的比例终身发给其妻子。

37. 年老残废者，由劳动保险金中发给终身养老金。

（六）学徒的待遇

38. 禁止使用十三岁以下的儿童当学徒，学徒期限不能超过三年。

39. 学徒的工资，第一年为普通工人最低工资的三分之一；第二年为二分之一；第三年为全额。

40. 工资直接发给工人本人。

41. 各企业须逐渐废除学徒制度，设立艺徒学校。

42. 禁止使用学徒为私人劳役。学徒在工作时间外完全自由。

（七）改善待遇

43. 禁止辱骂、殴打；禁止对女工的侮辱；禁止为私人劳役。

44. 废除罚款制度。

（八）实现以上条件的保证

45. 为实现以上最低限度的要求，政府须在最短时间内颁布劳动法。

46. 工会为改善工人的经济地位，须继续进行经常的经济斗争。

47. 为了取得工人的经济利益，工会和企业主之间必须订立合同。

48. 工会须在短时期内，根据经济要求大纲与资本家缔结合同。

（九）解决劳资纠纷

49. 一切劳资纠纷按照下列方式解决：

（1）工会与资本家谈判；

（2）调解或提请裁判；

（3）罢工。

二、救济失业工人决议案

第四次劳动大会认为，必须迅速认真的救济失业工人。兹列举当前的办法十四项如后：

1. 国民政府每月拨出经费作为失业救济津贴。

2. 失业津贴不能少于原工资的一半。

3. 失业津贴的来源。

（1）政府支付。

（2）雇主出款及在各种税款上附加一定的百分数，作为失业救济费。

4. 有关失业救济组织及经费等一切事项，由政府劳工部在各地设立机构承办。

5. 为迅速救济失业，政府须设立疗养所、宿舍和食堂。

6. 除发失业津贴外，限制工厂、作坊及商店解雇工人，以减少失业。工会也要密切监督工人及其领袖的行动。

7. 工会必须对雇主随便开除工人的行为进行严正的斗争。

8. 工厂、作坊、商店增加人员时，须征得工会的同意。

9. 政府劳工部迅速设立劳动职业介绍所。

10. 劳动职业介绍所登记所有的失业工人。介绍所与工会共同努力为失业工人介绍职业。

11. 失业津贴经介绍所发放。

12. 工会与介绍所要有密切的联系，因此任命介绍所的负责人，须经工会的同意。

13. 要求政府补助将破产的企业，并资助新企业的发展，以防止失业，救济失业。

14. 目前失业工人很多是由于外国公司、工厂封锁武汉的结果。大会委托下届执行委员会立即向全世界无产阶级呼吁，救济中国的失业工人，援助中国工人的反对帝国主义运动。

三、手工业工人经济斗争决议案

在工业落后机器生产尚不发达的中国，除了上海、汉口等工业中心和铁路、矿山等的机器产业工人，及天津、广州、浙江、河南、直隶等省市一部分轻工业的机器产业工人以外，全国各市、县、乡的工人都是工场手工业或手工作坊的工人，同时在雇佣劳动上店员中的大部分是附属于手工业者。

这种遍及全国的手工业工人及店员的生活状况与劳动关系仍是沿袭中国数千年的封建制度的主仆关系。近年来，由于帝国主义的经济侵略和大资产阶级的压迫和垄断，手工业者日趋破产，手工业工人的生活愈加贫困。

手工业者或中小商人，是在数千年封建制度的思想习惯中寻求生存的，因而，对手工业工人的劳动条件和生活条件，是以封建制度的惯例为标准，工商手工业者专门以剥削工人来寻找出路，并未想到他们的破产是由于大资产阶级和帝国主义的压迫，只有和工人联合起来打倒大资产阶级和帝国主义才有前途。他们一味加重对手工业工人的剥削，其结果不仅工人的劳动待遇和经济条件无从改善，相反却更加巩固了反动落后的社会经济制度的基础，因而更不能促进民主革命力量的发展。这更有助于资本主义的大资产阶级、买办资产阶级、帝国主义等垄断中国社会经济；不仅不能促进国民革命的完成，反而在社会上阻碍国民革命的进展。

现在，一般人对“工商联合”的观念非常错误，认为“工商联合”只不过是工人为改善生活向工商业者提出种种要求；而不懂得“工商联合”的革命利益，在于联合工人与中小资产阶级的力量，打倒压迫剥削工人和中、小资产阶级的大资产阶级、大地主、贪官污吏、军阀、帝国主义，以增加工人和中小商人、手工业者的利益。

工人为改善生活提出的经济要求，从革命意义上说仅是最低的要求。工人的经济要求决不妨碍“工商联合”。工商业者的利益，并不在于更多的剥削工人，而在于打倒阻挠他们利益增长的大资产阶级、贪官污吏、军阀和帝国主义。革命的“工商联合”不是要工人在经济要求上让步来换取“工商联合”，而是取消一些不适当的要求，由工商共同巩固自己的地位，建立“工商联合”。因此：

（一）为争取改善全国所有手工业工人的生活，必须加强手工业工人的经济斗争。

（二）为促进民主革命势力的发展，全国手工业工人应反对封建式的主仆关系、劳动待遇，深入开展经济斗争。因此，手工业工人的经济斗争，在今后中国工人运动中将占有重要的地位。基于上述的需要，第四次劳动大会规定手工业工人的要求为：

1. 规定每天工作时间在十小时以内；每周应有连续二十四小时的休息。

2. 规定最低工资标准，并按物价的增长增加工资。

3. 改善学徒制度：

（1）学徒期限最长为三年。

（2）不得雇用十三岁以下者当学徒。

（3）学徒工资：第一年应相当于普通工人工资的五分之一以上；第二年为五分之二；第三年为二分之一；第四年为普通工人的最低工资。

（4）工作时间八小时。

（5）在工作时间外完全自由。

（6）禁止雇主、工头辱骂、殴打学徒及为私事役使学徒。

4. 学徒疾病、死伤时，由店主负担医药费。养病期间的工资照发。因公或在学徒期间死亡时，发给治丧费，并按工作年限抚恤：

一年以内者一个月的工资；

二年以内者两个月的工资；

三年以内者四个月的工资；

四年以内者六个月的工资；

五年以内者八个月的工资；

十年以上者一年的工资。

5. 不得无故解雇。

6. 包工合同与工程任务应向有关工人公开。

7. 手工业工人得享受劳动保险的利益。

8. 签订劳动合同，规定双方应遵守的有关劳动条件的权利和义务；并要求政府制定商店法、手工业劳动保护法。

（中华全国总工会中国工人运动史研究室编：《中国工会历次代表大会文献》，工人出版社，1984年，第251—259页）

反对法西斯主义及对法西斯工会斗争决议案*

中国工人运动一开始即进入反帝国主义、反军阀、反资产阶级的政治斗争。从五卅运动到北伐期间，全国的工人运动得到了空前的发展，推进了民族革命运动在群众中深入普遍的发展，从根本上动摇了统治阶级的基础。

统治阶级——帝国主义、军阀、资产阶级于是即向工人联合进攻。他们进攻的唯一工具，就是利用一部分落后的工人和流氓等组织的黄色工会，扰乱工会的组织系统，以暴力捣毁工会，组织法西斯工会（如□□□改组的广东工会及上海的工团联合会）。

统治阶级的军队借口工会内讧，妨碍革命，进而利用青、红帮会匪等组织法西斯工会，如东南的中华共进会；以蒋介石为首的资产阶级代理人的军队与会匪合力，以政治暴力解散工会，组织御用的黄色工会；同时与厂主勾结，对工人的言行加以“赤化”的罪名，判处死刑，并且公开派遣军队到工厂中搜捕工人领袖；另一方面工厂主亦大批解雇所谓活动分子。这样厂主、会匪、流氓、刽子手、警察及军队等结成了反对工人阶级的统一战线。在这种形势之下，反对法西斯主义就成为工人阶级今后最重要的任务。然而，我们究竟应该如何反对法西斯

* 本文译自日文一九二九年十一月出版的满铁调查资料第一百零九编《中国无产阶级运动史》。

主义和法西斯工会呢?

一、打倒蒋介石。资产阶级的代表蒋介石，是背叛了革命与国民党、公开与帝国主义勾结的唯一的法西斯魁首。他指挥各地的反革命派，屠杀革命领袖。我们必须列举事实，宣布蒋介石的罪状，打倒蒋介石。

二、反对法西斯工会。我们必须在各地坚持革命的组织，坚决实行我们的革命政纲，在任何情况下不让工人加入法西斯工会，否则就是在政治上投降敌人。我们必须领导群众与法西斯工会斗争，消灭法西斯工会。

三、争取已加入法西斯工会的觉悟不高的群众。法西斯工会能够深入群众是靠了一时的欺骗。我们必须在法西斯工会的会员中进行宣传，吸引群众站到我们方面来，以破坏法西斯工会的组织。

四、重视经济斗争。在白色恐怖期间，我们必须重视经济斗争，使工人从切身的体验中，认识到法西斯工会是不能维护工人利益的。

五、武装工人与刽子手斗争。除工人纠察队以外，必须还要有特殊的工人组织，以对付法西斯凶手与法西斯的恐怖。

六、巩固自己的组织。与法西斯的欺骗斗争和争夺群众的最重要的手段，是积极的巩固“地下工会”的组织，工会与群众要建立巩固的密切的联系。

七、出版反法西斯的刊物。在存在法西斯工会的城市，要出版长期的秘密刊物，不断的揭露法西斯工会的本质。

八、在工厂中与法西斯斗争。特别是在重要的工厂、作坊与法西斯工会代表的斗争，必须采取适宜的方法和手段，其中重要的是通过群众本身的行动，迫使法西斯工会的代表在工厂、作坊中没有存在的余地。

九、争取工会合法化的斗争。工人阶级和工会无论遭受任何摧残，全国各级工会即在不能公开活动的省域内，亦必须利用种种方法，为争取工会的合法化而进行斗争。

第四次全国劳动大会强调指出，反法西斯斗争的胜利，必须是把所有反革命悉数灭尽。只有消灭一切新旧军阀（张作霖、蒋介石、□□□），实行大工业、银行的国有化，把地主的土地分配给农民，建立农村的民主政权，与城市小资产阶级密切联系，彻底实现中国的伟大革命，中国工人阶级才能获得自由与发展。

（中华全国总工会中国工人运动史研究室编：《中国工会历次代表大会文献》，工人出版社，1984 年，第 259–261 页）

对于失业工人问题决议案*

保障失业工人决议案

（一）凡能容十人以上之作坊、工厂、商店等之停歇及辞退工人，须经政府之许可。

（二）凡工厂、作坊、商店停歇及辞退工人，须于一月前公布停歇及辞退之理由。

（三）凡因营业在原有资本亏本三分之一者，得呈请政府帮助，继续维持营业现状。亏本达二分之一者，得准其缩小范围。亏本超过二分之一以上者，经政府之许可，方准其停歇。

（四）凡无故停歇者，得呈请政府没收其生产机关。惟国有及社会日常必需品之生产机关，不得停歇及辞退工人。

（五）凡因亏本经政府允许缩小范围或停歇者应发给被辞退工人之遣散费。手工业者与店员，按原工资发给 3 个月，大生产机关发给 4 个月，未经政府允许者，遣散费一律加倍。

（六）政府指定医院为失业工人疾病治疗所，并拨款建设失业工人寄宿舍及饭堂。

（七）由政府设立失业工人俱乐部、职业讲习所及子弟学校。

---

* 本文原载一九二七年七月七日出版的北京《晨报》。

救济失业工人决议案

（一）呈请政府设立救济机关，拨款救济。

（二）由政府命令各工厂、作坊、商店，按百分之几作失业工人之救济金。

（三）由政府按各种捐税内，增加百分之几，作失业工人救济金。

（四）由各团体募捐交救济机关，救济失业工人。

（五）各工会应由每月月费项内，抽出百分之三，作救济失业工人之救济金。

安插失业工人决议案

（一）由政府协同工会设立失业工人职业介绍所。

（二）凡工厂、作坊、商店扩张营业增加工人者，应请职业介绍所介绍，不得自由雇请。

（三）由政府筹款兴办实业，安插失业工人。

（刘明逵、唐玉良主编：《中国近代工人阶级和工人运动》第六册，中央党校出版社，2002 年，第 781 页）

女工童工问题决议案*

女工童工在中国工人运动中占着极重要的地位。由于中国的工业落后，轻工业占整个工业的绝大部分，因而女工童工的人数特别多（针织及纺织工厂的女工童工占百分之七十以上）。至于手工业中的学徒人数，则更是惊人。

这些广大的女工童工群众，以衰弱的或正在发育的身体从事劳动，与成年工人同样劳苦，同样的劳动时间，而所得的工资却很低廉，并且还要受资本家的种种虐待。因此，他们的阶级意识特别显明，革命精神特别饱满。

事实证明：女工童工在过去的工人运动中，发挥了很大的作用。凡有工会组织的地方，都有女工童工加入工会，并且活动的最积极。如童子团的飞跃发展和它在革命运动中所起的作用，早已引起各方面的重视。

大会认为：领导广大的女工童工群众解除他们的痛苦，壮大革命的战斗力，乃是当前工人运动的最重要的任务。我们必须为女工童工争取下列条件而斗争：

一、十六岁以上的男女工人，每天工作在八小时以内；十六岁以下的在六小时以内；禁止雇用十三岁以下的少年做工。

二、每周须有连续四十二小时的休息；每年须有连续二周

* 本文译自日文一九二九年十一月出版的满铁调查资料第一百零九编《中国无产阶级运动史》。

的休假，照发工资。

三、女工童工与成年工人从事同样劳动时，应得同额工资；并规定维持生活的最低工资。

四、改善女工童工的卫生条件：不得让女工童工做夜班（但特殊情形另规定）及从事繁重和危险的工作。

五、女工童工疾病、伤亡、失业的抚恤，及其他一切待遇应与成年工人一律平等。

六、学徒期限应为三年以内。学徒期间禁止使用学徒为私人私事服务。规定请假和休假制度。学徒期满后，一切待遇与成年工人平等享受。

七、一切行业应逐渐废除私人徒弟；另设艺徒学校。

八、禁止贩卖童工；禁止打骂、罚款、侮辱及其他一切虐待女工童工的行为。

九、女工在产前产后给八周的休假，照发工资。

十、女工因生理关系，每月除星期日以外给三天的休假，照发工资。

十一、雇用女工的工厂须设立托儿所，并规定哺乳时间。

十二、废除包工制度和养成工制度。

十三、国家和厂主设立补习学校、俱乐部，供女工及童工的学习和娱乐。

十四、女工童工与成年工同样享受集会、结社、言论、出版、罢工的绝对自由。

过去各工会对女工和童工的利益注意的不够，因而削弱了女工童工的力量。尤其是有童工的工会，没有能够积极的领导他们进行斗争。但是童工因不堪忍受的痛苦，自己进行了单独的斗争，甚至发生了女工和童工脱离工会或童工单独组织工会的危险。成年工人仍不了解改善童工生活的结果，也就是改善成年工人本身生活的道理。因此今后必须：

一、在各工会设立女工委员会及童工委员会或学徒委员会，保护女工、童工的利益。

二、在各级工会内，十六岁以下的童工组织童子团，直属工会领导。工会要切实的帮助和指导童子团。

三、各级工会的执行委员会或代表会，应尽可能的吸收女工童工参加。

四、在每次斗争中要提出女工童工的特殊要求。

五、女工、童工、学徒加入工会时，与其他会员的待遇平等。童工、学徒的入会费、会费须减收。

六、工会应尽最大的努力吸收广大的女工、童工参加工会或童工团。

七、工会须注意女工童工利益的宣传；工会的各种刊物应注意刊载有关女工童工斗争的记述。

八、应与一切保护童工利益的革命团体、政党、工会及童子团保持密切的联系。

九、要求国民政府迅速颁布童工保护法，认真的保护青年工人的利益。

（中华全国总工会中国工人运动史研究室编：
《中国工会历次代表大会文献》，工人出版社，
1984 年，第 261−263 页）

广东工会运动决议案*

一年以来，广东处在左、右派政权之下，工人的斗争非常艰难。四月以来，广东完全出现了白色恐怖的局面，工会领袖和其他人员被捕者二千余人，被杀者无数。工会运动更为困难。但是，广东的工会运动有其悠久的历史，具有省港罢工的经验，不论处境怎样艰难，都未丧失其深厚的基础。例如四月十四日事变后，不但举行了反抗蒋介石、□□□等的政治罢工，而且不断的进行了反抗工贼工会的斗争。大会对广东工会运动指示如下：

一、不断的领导工人开展改善生活的经济斗争，增强工人的团结。

二、不断的以有效的措施，破坏反动派的政权。

三、反对工贼改组工会。

四、反对广州总工会及广州机器工会蜕化领袖所作的助桀为虐的欺骗宣传。

五、准备秘密武装，与农民结成亲密的同盟，以便响应武汉革命军攻打广东。

六、在最短期间收复广东，为死难烈士报仇，解除工人所

---

* 本文译自日文一九二九年十一月出版的的满铁调查资料第一百零九编《中国无产阶级运动史》。

受的压迫。

（中华全国总工会中国工人运动史研究室编：
《中国工会历次代表大会文献》，工人出版社，
1984 年，第 264 页）

北方工会运动决议案*

北方的大部分地区仍在奉系军阀的统治之下，但是北方有几百万的产业工人，中国的铁路、矿山大部分在北方，我们不能忽视北方的工人运动。北方各地的工人，过去也有其许多光荣的斗争历史。大会对北方各地的工会工作，做如下指示：

一、准备实力，响应武汉国民政府的第三次北伐。

二、不断举行经济斗争，要求规定最低工资；加强工人的团结。

三、保持工会公开的或秘密的组织；进行组织、训练及鼓动工作。

四、全国总工会在北方设立办事处，领导北方的工作。

（中华全国总工会中国工人运动史研究室编：《中国工会历次代表大会文献》，工人出版社，1984 年，第 264−265 页）

* 本文译自日文一九二九年十一月出版的满铁调查资料第一百零九编《中国无产阶级运动史》。

上海工会运动决议案*

过去一年间，上海工人举行了三次武装起义和三次大罢工，组织了市民政府，进行了七百余次的经济斗争。这些都是反对帝国主义、反对新旧军阀、反对资产阶级的伟大斗争，为中国工人运动开辟了新的纪元。上海工人用行动证明了工人阶级是拥护支持国民革命最有力的队伍，但是上海工人亦因此而遭受了巨大的蹂躏和牺牲，上海总工会委员长汪寿华同志亦不幸遇害。现在，大资产阶级的代表蒋介石勾结帝国主义，一方面用法西斯手段屠杀工人，另一方面用改良主义欺骗工人。在这种新军阀反动政权的统治下，上海工人的痛苦自不待言。但是由于上海工人经历了无数次激烈的斗争和长期正确的秘密工作，基础已非常坚实巩固，绝非反动派所能动摇。大会对于上海总工会的工作指示如下：

一、严密的准备第四次大暴动，响应国民政府的东征。

二、不断的进行经济斗争，团结工人，揭破反动派改良主义的假面具。

三、实行武装自卫对抗法西斯的进攻。

四、号召工人抵制蒋介石御用的上海工会组织统一委员会，大力宣传反对上海工会组织统一委员会。

---

* 本文译自一九二九年十一月出版的日文满铁调查资料第一百零九编《中国无产阶级运动史》。

五、积极努力实现上海总工会的“总要求”。

六、进一步努力进行工会的秘密组织和训练。

七、联合小资产阶级进行广大的民族革命斗争，增强工人阶级的势力。

八、扩大上海附近的工会运动，如南京、苏州、南通、杭州、宁波等地，并着手组织两省的总工会。

（中华全国总工会中国工人运动史研究室编：《中国工会历次代表大会文献》，工人出版社，1984 年，第 265–266 页）

铁路工会运动决议案*

中国铁路工人在过去具有二七斗争的光荣历史；在反奉战争，反吴战争，反刘、杨战争中，进行了伟大的斗争，在最近一年间亦创造了很大的功绩。例如国民政府出师北伐时，铁路工人组织了铁路交通队，一面破坏敌人交通，一面又迅速的恢复革命军的交通，便利革命军北进，在短时间内击败敌人，获得了胜利；铁路工人和交通队的领导人忍受了千辛万苦和牺牲。但是，铁路工人运动在组织方面有着很大的缺点，如最高领导机构不健全，各路工会及支部解体等。大会对铁路工会的指示是：

一、迅速健全执行委员会，领导各地的工作。

二、派出特派员，帮助各地各站很快的恢复并发展工会。

三、参加管理铁路。

四、铁路交通队领袖及队员应该与工会建立密切关系，不要脱离工会系统。

（中华全国总工会中国工人运动史研究室编：《中国工会历次代表大会文献》，工人出版社，1984年，第266页）

---

* 本文译自日文一九二九年十一月出版的满铁调查资料第一百零九编《中国无产阶级运动史》。

海员工会运动决议案*

中华海员工会联合总会在这一年里有了很大的进步，如领导省港罢工，扩大分会，并在各船舶建立支部等。大会对海员工会指示以下各项：

一、全力重视海外大轮船的工作，尽可能在海外各大港口设立机关，并在各大轮船上进行广泛的宣传和组织工作。只有在这些大轮船上建立起基本的组织，海员工会的基础才能坚固深入。

二、重视沿海内河船舶的工作，扩大其支部；但木帆船要另外单独组织。过去广东及汉口的海员工会，曾发生了偏重木船组织的倾向，今后必须改进。

三、海员中帮口观念很深。大会认为，一年来海员工会为打破帮口观念，颇为努力。应该使工人知道，工人都一样是被压迫、被剥削的阶级，不应有帮口观念，而应代之以阶级观念；因此海员工会必须继续努力进行打破帮口观念的宣传及工作。

四、中国海员须与各国海员建立密切的联系，只有这样，才能完成从根本上推翻帝国主义的任务。

（中华全国总工会中国工人运动史研究室编：《中国工会历次代表大会文献》，工人出版社，1984年，第267页）

* 本文译自日文一九二九年十一月出版的满铁调查资料第一百零九编《中国无产阶级运动史》。

四川、江西、安徽、浙江、福建、广西等省的工会运动决议案*

大会对这些省份的工会，做以下各项指示：

一、注意筹备或成立全省总工会。

二、注意培养工会领袖。

三、注意适当的改善手工业工人和店员的生活。

四、注意与农民联合，帮助他们进行减租及土地斗争，建立自治政权。

五、与城市小资产阶级联合，对他们采取妥当的政策。

（中华全国总工会中国工人运动史研究室编：《中国工会历次代表大会文献》，工人出版社，1984 年，第 267—268 页）

* 本文译自日文一九二九年十一月出版的满铁调查资料第一百零九编《中国无产阶级运动史》。

湖北工会运动决议案*

湖北工人运动在二七事件以前，曾有一度发展。二七事件失败以后，遭直系军阀残酷压迫达两年。去年国民政府出师北伐后，湖北工人以最大的努力援助北伐，如兵工厂工人反对吴佩孚的罢工，铁路工人破坏敌人后退的交通线路等。湖北工人在极短时间内建立了工会，会员达五十一万人，并进行了各种革命工作。这都应归功于湖北全省总工会的努力。武汉是国民政府所在地，是革命的根据地，因此，帝国主义、新旧军阀、资产阶级及土豪劣绅极为敌视，以封锁经济、封锁交通、封锁财政等的毒辣政策加以压迫；同时勾结反动的小军阀如夏斗寅、杨森、许克祥等叛变，扰乱武汉。在这种情况下，武汉是四面受敌，商业停顿，工人失业尤其严重。目前，无论是武汉政府，或是工商业者，或是工人阶级，都处在一个极为艰难的时期。大会指出湖北工会在这时期的各项工作如下：

一、全力援助国民政府克服一切困难。

二、巩固革命的联合战线，与被压迫的农民及小商人等共同反对帝国主义和新旧军阀的反革命。

三、纠正“过火”的言论，以免助长反动派的气焰，巩固孙中山先生的农工政策。

---

* 本文译自日文一九二九年十一月出版的满铁调查资料第一百零九编《中国无产阶级运动史》。

四、切实援助国民政府肃清内部反动派及实行北伐、东伐、南伐的政策；巩固革命的基础，扩大革命势力。

五、工会组织进一步系统化、正规化；建立工人代表会。

六、督促政府解决失业问题。

七、援助农民的解放斗争。

八、进一步加强宣传教育工作，提高工人的政治觉悟和斗争能力。

九、力争最低工资及劳动时间的法律保障，开展争取实现劳动保护法运动。

（中华全国总工会中国工人运动史研究室编：《中国工会历次代表大会文献》，工人出版社，1984年，第268–269页）

湖南工会运动决议案*

湖南的工会运动，在过去具有光荣的革命斗争历史。在政治斗争方面，驱逐赵恒惕、援助北伐军，功迹显著。在农民斗争方面，更有其独特的成就。在这次第二次北伐中，工人纠察队援助政府维持秩序，亦有大功。然而，叛将许克祥受蒋介石的唆使，制造五月二十一日事件，包围纠察队，解除纠察队的武装，封闭全省总工会，捕杀很多工人。现在湖南全省实际上已出现了白色恐怖的局面。大会指示湖南工会的任务如下：

一、要求国民政府严办许克祥，歼灭其党羽，解散土豪劣绅组织的救党委员会等团体，并予以严厉惩办。

二、要求国民政府明令保护工农运动，恢复工会、农会，恢复工人自卫武装。

三、实行县、乡自治运动，建立平民政权，彻底肃清土豪劣绅的封建势力。

四、联合农民和被压迫的广大民众，大力援助国民政府，打倒一切反革命势力，建立湖南的革命政权。

五、努力开展经济斗争，反对资本家减低工资，延长工时；要求在法律上给工人利益以保障。

六、湖南全省总工会要努力争取合法化的保证，同时，严

* 本文译自日文一九二九年十一月出版的满铁调查资料第一百零九编《中国无产阶级运动史》。

密所有的工会组织，建立更巩固的群众基础。

（中华全国总工会中国工人运动史研究室编：
《中国工会历次代表大会文献》，工人出版社，
1984 年，第 269–270 页）

第四次全国劳动大会选出的中华全国总工会执行委员、候补委员名单

执行委员（三十五人）

李立三	邓中夏	林育南	刘少奇	项　英	苏兆征
向忠发	王荷波	罗　珠	许白昊	马超凡	陈寿昌
董锄平	郭　亮	韩蔚文	李泊之	郑覆他	袁达时
杨培生	钟苗夫	王耀郁	董　平	杨元杞	张佐臣
鲍　武	胡锡泰	王　荃	朱英如	朱宝庭	刘文松
宁迪卿	陈　权	袁　容	李　铭	黄　钊	

候补执行委员（二十人）①

陈为人	梁茂康	范增荣	彭　江	王成伟	刘幼坤
杨桂林	舒传贤	郭华俊	张　斌	刘　义	吴汝敏
夏佐乾	杨名魂	李悼珍	刘亚雄	张昆弟	孙良惠
姚达夫					

（天津《大公报》，1927 年 7 月 10 日，第二版）

---

① 原文如此，漏列候补执行委员一名。

第四次全国劳动大会宣言*

中华全国第四次劳动大会是在国内外政治局势异常紧张的情况下召开的。帝国主义列强为反对中国革命，出兵北方、上海及北京等地，并以军舰威胁武汉政府，直接以武力干涉中国革命。与此同时，帝国主义列强联合起来反对苏联。这都表明，帝国主义的政策是企图彻底摧毁中国革命，并征服我们的盟友——世界革命的堡垒苏联。在中国内部，反革命势力亦日益猖狂，吴佩孚虽被打倒，但封建势力及资产阶级的代理人蒋介石、□□□、许克祥等却取而代之，镇压屠杀人民及工农群众，特别是镇压虐杀革命战士；并打着国民革命的招牌，实行种种无耻的欺骗政策和残酷的屠杀政策。现在，许多省份的工人运动已遭受严重的打击，工会组织不能公开活动。即在国民政府管辖下，除武汉等地工会尚能公开存在之外，湖南、江西、河南各省的反动势力飞扬跋扈，工人运动仍遭新的专制政府的压迫。这种反革命势力猖獗的情况，就是在武汉亦有所表现。因此，中国工人运动必须在严重的白色恐怖之下，为保卫工会的权利而继续进行斗争。

中国工人阶级是中国革命的先锋。中国工人阶级为民族解放事业付出了巨大的牺牲。在反抗军阀和帝国主义，在为争取

---

* 本文译自日文一九二九年十一月出版的满铁调查资料第一百零九编《中国无产阶级运动史》。

中国的独立和自由的斗争中，较其他任何阶级都更英勇更坚决。在 1925 年的五卅运动及六二三的沙基惨案中，中国工人阶级领导全国民众奋勇斗争，举行总同盟罢工，广东的省港大罢工坚持了十六个月之久，给帝国主义以严重打击，给国民政府以巨大支持。1927 年 1 月，汉口工人掀起了收回英租界的运动，上海工人阶级为反对孙传芳、毕庶澄举行了三次起义。所有这些，都说明中国新兴的无产阶级已领导其他革命阶级，与帝国主义、军阀进行斗争。中国革命没有工人阶级的参加是决难胜利的。中国工人阶级必须把反对帝国主义的斗争坚持到底，同时亦必须坚决的反对背叛革命的大资产阶级及其代理人蒋介石。

中华全国第四次劳动大会认为，中国工人阶级现阶段革命的首要任务是：反对一切反动势力，粉碎反革命大资产阶级一切企图扑灭革命、镇压工人运动的反动阴谋。中国工人阶级必须竭尽全力击破敌人的阴谋。工会组织必须领导工人群众进行英勇的斗争，以争取工人组织的自由权利，改善工人的生活状况。这次大会要求切实实行保护工人的劳动法、工厂法，并宣布与企图剥夺工人权利以及帮助大资产阶级剥夺工人权利的反动派，进行坚决的斗争。

中国工人阶级必须竭力参加反对封建制度、打倒豪绅政权的斗争，争取实行平民的民权主义的政治，拥护支援农民的斗争。这次大会认定，数亿被压迫的农民是工人阶级最可靠的同盟军，工人阶级要为农民而斗争，使农民无代价的得到土地。工人、农民是中国最革命的阶级，必须建立更巩固更亲密的联盟。工人阶级在与帝国主义及大资产阶级的斗争过程中，必须逐渐联合革命的城市小资产阶级，吸收他们参加革命的联盟。

如果中国的工人、农民及小资产阶级群众认真的团结起来，建立巩固的同盟，即使遭遇某些困难，亦能保证中国革命的胜利。

中华全国第四次劳动大会代表三百余万有组织的工人决定：拥护农民反对豪绅地主的斗争；并决定与革命小资产阶级结成战斗的联盟，使他们与工人、农民共同斗争，反对帝国主义及新旧军阀。这次大会坚决宣布，无论付出多大的牺牲，中国无产阶级将坚持斗争到底！

中华全国第四次劳动大会号召全体工人群众准备新的斗争！工人们必须知道：只有斗争才能获得工会组织的自由和生活的改善。任何革命政府，如果没有工人的自觉的努力，决没有力量解放工人阶级。只有广大的劳动群众团结起来，奋勇斗争，才能迫使资产阶级让步，使政府实行改善工人生活的政策。

中华全国第四次劳动大会认定，所有工会组织必须迅速的坚决的开展自己的工作，认真的领导群众进行斗争。肃清内部的工贼和改良主义分子，深入工人群众，树立新的工人领袖和培养其斗争能力等这是最近期间工人运动的组织任务。

中华全国第四次劳动大会相信，中国无产阶级必将保持在革命运动中的领导地位。无产阶级必须团结在自己组织的周围，团结在无产阶级政党的周围，并联合革命的农民和城市小资产阶级结成巩固的联盟，反对帝国主义及新旧军阀，争取革命获得新的胜利。

（中华全国总工会中国工人运动史研究室编：《中国工会历次代表大会文献》，工人出版社，1984 年，第 272–274 页）

中华全国总工会召开第四次全国劳动大会宣言*

自蒋介石叛变，买办大资产阶级退出国民革命的联合战线以后，中国的革命运动即转入了一个新的时期。这是进入由小资产阶级、农民和我们工人阶级共同担负这个革命任务的新时期。因此，我们工人阶级在国民革命中的任务和责任已更加重大，并且愈趋急迫。

我们在第一次劳动大会后，开展了反对军阀的二七惨案的大斗争，因而，我们的组织得以扩大和巩固，我们的实力更加充实，并给了广大的民众以深刻的影响。第二次大会后，先后发生了震动世界的五卅运动、省港大罢工等工人阶级直接反对帝国主义的运动，唤起了举国一致的反对帝国主义、反对军阀的民族革命运动。第三次大会后，工人阶级仍坚持了省港大罢工，给了帝国主义以严重的打击；镇压了一切反革命派；巩固了国民政府和左派政权的基础，顺利的进行了北伐工作。北伐战争开始以后，我们全国工人阶级一致积极的参加了北伐，即在敌人统治区内，亦舍身奋斗，进行破坏活动和积极响应北伐军。

目前，革命形势已到了最紧要的时刻。全国最大多数的农民已经起来，为摆脱压迫，用要求解决土地问题和农村政权问

* 本文译自日文一九二九年十一月出版的满铁调查资料第一百零九编《中国无产阶级运动史》。

题而斗争；革命的势力更加扩大了。这些已成为国民革命的中心问题。但是，反革命势力的凶焰亦随之增长，大资产阶级叛变，帝国主义进兵北方，封锁武汉，封建势力的余孽蒋介石、杨森、夏斗寅、张联升、许克祥等相继叛变，大肆屠杀工农群众，实行全国的白色恐怖，更进而联合起来进攻革命力量，以图摧毁中国国民革命的基础。

北伐战争仍在继续胜利进展。然而，反革命的凶残恶焰决未因此而消灭，却反有扩大的倾向，因此就有很多重大而迫切的问题摆在我们的面前，要求给以迅速的解决。

一、我们应该如何援助农民打倒土豪劣绅、铲除农村的封建势力，解决土地问题，建立农村的民主政权，扩大和巩固革命的基础？

二、我们应该如何领导全国的革命民众，建立工农与小资产阶级的革命联盟，以反击反革命的势力，并督促政府肃清全部反革命势力，立即镇压遍及全国的法西斯白色恐怖，以挽救国民革命的危机？

三、应该如何与全世界无产阶级建立亲密巩固的联合战线，促进国际工会组织行动的统一，特别是联合太平洋各国的劳动者，按照泛太平洋劳动会议决议的策略，共同反击国际帝国主义；反对其进兵北方，勾结军阀、大资产阶级，粉碎其对国民政府的封锁政策；反对其进攻苏联，防止第二次世界大战？

四、应该如何揭破大资产阶级的阴谋，及其对工人的欺骗政策、改良主义；反对其垄断经济及对中小商人的压迫和剥削；镇压其反革命的叛逆行为及肃清其对小资产阶级的影响；推翻其在东南的统治、夺取全部政治的领导权，领导国民革命克服一切困难，向非资本主义的道路迈进？

五、应该如何促进中小商人和广大小资产阶级的觉悟，使他们明了他们的破产和经济崩溃，乃是大资产阶级和帝国主义的压迫以及资本主义经济制度和生产方式发展的必然结果？而且工人阶级在繁重的劳动、冗长的劳动时间及微薄的工资等方面，已经对资产阶级做了很大的让步。他们的唯一的出路，就是联合工农，共同打倒大资产阶级和帝国主义，完成国民革命。

六、应该如何参加各级政权机关，要求实施劳动保护法、工厂法及国家劳动保险制度，并要求参加企业的管理及没收帝国主义在中国所有的大企业？

七、应该如何巩固自己的组织，整顿工会组织系统，达到集中统一；建立巩固的工厂委员会，准备参加管理国有企业；改进全国总工会及各产业总工会工作中的缺点，以切实负起领导各级工会的责任；重视农村的手工业、店员工人及北方工人的组织和斗争，扩大工人的实力，使全国有组织的工人队伍，由二百八十万进一步发展扩大？

八、应该如何深入普遍的进行宣传教育工作，进一步扩大对全国民众的影响，并加强工人的武装和一般工人的军事教育，动员工人参加军队，或与士兵建立密切的友好关系，启发士兵的觉悟，建立巩固的工兵联合战线？

总之，革命的形势是如此紧迫，我们的责任又是如此重大，而目前需要解决的问题又是如此之多，因此，召开第四次全国劳动大会已不容片刻犹豫。并且，这次大会的任务和责任，较以往任何一次大会都重要百倍。我们工人阶级自应衷心诚意的迎接这次大会。此外，我们还希望全国各界和全世界工人阶级及其他同情者，给予亲切的指导和帮助，俾使这次大会圆满成功，并使它在中国革命的进程中，发生广泛和深刻的影响。

中华全国总工会

（中华全国总工会中国工人运动史研究室编：《中国工会历次代表大会文献》，工人出版社，1984 年，第 171−173 页）

第五次全国劳动大会

中国共产党中央委员会祝词*

全国劳动大会代表同志们:

在现在资本进攻残酷压榨的时期，在工人斗争与全国革命运动正在复兴的时期，在统治阶级企图镇压革命的复兴、施行残暴的白色恐怖的时期，在军阀战争正在大爆发的时期，在豪绅、地主、资产阶级、国民党受着帝国主义的指使向世界革命的大本营、无产阶级祖国苏联实行反革命的进攻时期，你们受全国工人阶级的委托，于十月革命纪念日举行第五次全国劳动大会，这是在中国工人运动的历史上，将要有不可磨灭的伟大的意义。中国共产党谨向大会致极热诚的共产主义的敬礼!

本党是工人阶级的政党，为工人阶级的解放而奋斗，为世界共产主义革命而奋斗。当此中国革命与国际革命形势都在异常重要的关头，愿以本党目前的政治主张、政策、策略及发展的前途，向大会及全国工人阶级的面前作一概括的说明，使本党的奋斗与全国工人阶级有更密切的联系，而更顺利的走向胜利的前途。

一九二五至一九二七年的革命高潮，以全国工人阶级与农民、劳苦群众的英勇斗争，中国革命的第一阶段——资产阶级民主革命阶段已有很快胜利而转向社会主义前途的可能。可是

---

* 本文原载一九三〇年中华全国总工会编的《第五次全国劳动代表大会决议案》。

自私自利的中国资产阶级在经济上、政治上与帝国主义、封建势力都有密切关联，看见革命的发展超过了他一阶级的利益，便马上叛变革命，投降帝国主义，妥协封建势力，而与他们联合一致来压迫革命，采用极野蛮的白色恐怖的手段来摧残工农劳苦群众，尤其是共产党，遂使革命受到严重的打击而暂时失败。

资产阶级叛变革命以后，在帝国主义指使之下建立了封建势力联合的南京政府，镇压工农革命是他们共同的政纲，于是国民党的青天白日旗完全成了白色恐怖的旗帜。

工人农民与共产党的战士，遭受他们屠杀的将近几十万人，就是古代的专制魔君也没有这样的残忍！

于是帝国主义对中国的侵略更加厉害起来，以前工人阶级英勇斗争收回的汉口、九江、镇江的租界，固然被国民党做了投降的礼物奉还了帝国主义，而且许多新的特权都在国民党的卖国外交政策之下断送了。航空送给了美国，海军请英国顾问来管理，山东、满洲因济案的条约，让日本自由驻兵，其他与各国帝国主义订的条约没有一次不是更加上一条奴隶中国的锁链。工人阶级反对帝国主义残酷剥削的斗争，如青岛的纺织工人的罢工、天津电车的罢工、上海法界电车、英界自来水的斗争，没有一次不是在帝国主义与国民党合作压迫欺骗之下而失败。国民党两年政权的卖国成绩，已经超过以前北洋军阀政府十百倍以上。

封建势力也是极显明的恢复起来，军阀割据和对于广大劳苦群众的抽剥，较以前益加厉害，并因此而造成不断的军阀战争。地主阶级对农民压榨尤其是残酷无比，不仅是目前的剥削方法较以前加倍苛虐，而且地主的封建特权又复兴起来：掌握乡村武装可以自由审判、处罚以致屠杀农民，自由抽农民的捐税，甚至公开的掠夺。这就使农民一天一天成为不自由的奴隶。现在国民党所制定的什么乡村自治、土地法令，都是明白的保障地主阶级这些封建特权。如果不是有彻底的土地革命的胜利，中国三万万以上的农民群众决不能从封建的枷锁之下解放出来。

这样的客观条件就加重了中国工人阶级的历史任务，不只是要为社会主义的革命而斗争，而且首先要为反帝国主义、反封建势力的民主革命而斗争。中国资产阶级反革命以后，已经成为帝国主义封建势力的同盟者，已经成为反民主革命的势力；所以中国民主革命必须坚决的反对资产阶级才能完成。这样就把完成民主革命的历史使命落到了工人阶级的肩上。帝国主义、封建势力和资产阶级的反革命的结合，是非常强大的敌人。工人阶级要战胜这样强大的敌人，必须把广大的革命势力都团结在自己的周围，来一致斗争；所以工人阶级在目前必须极力地为反帝国主义、没收地主阶级的土地、八小时工作制的政纲来奋斗。只有这样的政纲才能把几万万的农民和劳苦群众发动起来，并且只有与几万万农民和劳苦群众的亲密的联合，才能战胜这样强大的敌人。如果把帝国主义、封建势力、资产阶级、国民党通通打倒了，建立了工农代表会议政府，则这一革命的胜利决不只是民主革命的胜利，而且是工人阶级的胜利。在民主革命的时期便把资产阶级打倒了，自然很便利的转变到社会主义的前途；所以民主革命的胜利就是打开了社会主义之门，所以现在为民主革命而斗争就是为社会主义的前途而斗争。并且到了民主革命胜利的时候，资产阶级为要挽救自己的死灭，必定更要实行一切的可能来反对革命；胜利的苏维埃政府为保持这一胜利，自然要马上剥夺一切资产阶级反革命的武器，没收一切银行、工厂、企业，施行更严厉的镇压。这就是已经走到要实行无产阶级革命的政纲，那么在政权上便要进到无产阶级专政；因为如果没有无产阶级专政，决不能实行无产阶级革命的政纲，决不能坚决镇压资产阶级的反革命。所以民主革命的彻底成功，必须有社会主义的胜利才能保障。因此中国革命的前途是异常明显的；不经过民主革命决不能有社会主义革命的胜利，同时没有社会主义的胜利决不能保障民主的革命胜利。重复一句，所以现在为民主革命而斗争，就是为社会主义的前途而斗争。

现在统治阶级建筑在各种矛盾的基础上，帝国主义侵略中国加激，同时各个帝国主义互相抢夺中国的冲突也就益加厉害。资产阶级与封建势力虽然在压迫工农群众的一点上是一致的，然而他们互相之间在争夺剥削工农的利益上，也就包含了不可调和的冲突，并且在资产阶级与封建势力的本身分成了无数的派别；军阀制度的存在，无可避免的要继续不断的发生抢夺地盘的斗争，这些就是军阀战争接续起来而且不能停止的主要原因。统治阶级的各派谁也不能解决这样复杂的矛盾，谁也不愿让别人单独来垄断中国统治与利益，谁也不能克服各派的敌人，这就造成中国如果没有工农革命的彻底胜利，永远是各派军阀互相争夺局面；无论是谁占到南京政府，都是一样的无法统一无法稳定。可是另一方面，统治阶级这样互相抢夺，更要残酷的压榨工农劳苦群众，逼迫工农劳苦群众只有起来坚决斗争解除自己的痛苦，而这样渐次汇合起来不可避免的成为反统治阶级的革命高潮，同时因为他们抢夺战争不已，自然使他们统治的力量互相削弱而造成革命胜利的客观的可能条件。所以这样的前途是极明显的，统治阶级各派的争夺，要走到各派同时俱倒，工农革命势力取得最后胜利。

但是不管统治阶级各派冲突到如何激烈，对付工农仍然是一致的。假如工农革命运动高涨起来的时候，他们更要很快的互相妥协起来一致来压迫工农。这就告诉我们：只有斗争，只有力量，只有阶级力量的对比，然后才能战胜统治阶级，争取苏维埃革命的胜利。

反革命资产阶级，他也极明白的看清了这样的前途，极力为挽救自己的恶运来挣扎，企图用改良主义的方法来柔化这些矛盾，主要欺骗工农群众，消灭革命斗争。所以他除掉用极残酷的白色恐怖的手段以外，同时雇用很多的走狗到工人阶级中来散布改良主义的思想。所谓国民党的改组派与第三党固然极明显的是资产阶级改良主义的工具，就是南京派也还在不断的传播这样的欺骗，尤其各地的黄色工会的兴起，更是他们把这样的思想深入到工人阶级内部很好的工具。第二国际资产阶级的走狗们，也在特别努力帮助中国资产阶级这样的企图，不止一次的派代表来华教育中国资产阶级建立黄色工会的工作。固然在中国资产阶级这样弱小，无法收买工人贵族来建立强固的改良主义的基础，可是现在各处黄色工会在群众中已经发生了暂时的相当的影响，并且这些影响在工人阶级这样的痛苦的条件之下，再加资产阶级武装警察的帮助，不是绝对没有扩大的可能。所以改良主义尤其是黄色工会，是革命工会运动的最大的敌人；如果革命工会不能深入到群众中去，领导群众的斗争，在斗争中揭破他们的欺骗，提出革命的要求纲领，使广大群众坚决团结到革命要求纲领的周围，那末，革命工会决不能战胜黄色的影响，而树立起强固的群众的基础。所以在群众中与改良主义黄色思想作坚决的斗争，并且加入有群众的黄色工会去发动群众的斗争，在斗争中揭破黄色领袖的欺骗而夺取广大群众到革命工会之下，是目前革命工会第一大的任务。

现在全国工人斗争虽然走到了开始复兴的形势，一厂一业的同盟罢工到处爆发，但是还有不少的弱点。最主要的，一方面是黄色工会的影响还大过于革命工会，仍有使斗争在改良欺骗之下而暂时软化的可能；另一面是群众斗争的勇气尚未十分提高，革命工会的组织尚未强大，还不能促进斗争的高潮。因此革命工会在目前必须特别注意群众的日常要求，指出资本进攻的每一个事实来发动工人的斗争，从不断的斗争的胜利，来提高群众斗争的勇气，来吸收广大群众加入革命工会。这并不是说工会不要领导群众的政治斗争，而是说必须注意从经济的斗争发展到政治斗争，只有经济的深刻斗争愈加尖锐，然后群众的政治认识才能更会深刻；只有经济的斗争愈加扩大，然后群众政治斗争的勇气才能更加提高。现在广大群众的生活痛苦到牛马奴隶还不如的时候，广大的群众已经忍受不住压榨而自发的起来斗争的时候，革命工会如果能特别注意为群众的日常痛苦而斗争，毫无疑问的可以发动广大群众，可以领导广大的群众斗争走向伟大的革命运动。领导群众日常斗争最好的策略，是到每个工厂作坊中去建立工厂委员会的组织。只有工厂委员会能够特别注意为群众的日常要求而斗争，能够发动全厂的工人群众都走向斗争的道路；能够很敏捷的暴露黄色工会的欺骗；

能够很便利的扩大革命纲领影响。如果工厂委员会得到了全体工人的拥护，在现在可以因此扩大革命工会的组织，在将来可以成为革命工会的强固的下层基础。因此到每个工厂作坊中去建立工厂委员会的组织，领导群众日常斗争渐次汇合到伟大的革命斗争，是目前革命工会第二个大任务。

现在国民党恐惧革命斗争的发展，极力箝制工人的自由，压迫群众的斗争，用委派、整理、指导、登记的方法来压迫真正工人群众的工会，尤其是革命工会。最近颁布的工会法，简直把群众集会、结社、言论、出版、罢工之自由剥削殆尽。所以革命工会应当坚决的号召群众起来为自由而斗争，反对国民党解散工会，反对一切委派、整理、指导、登记、禁止自由组织工会的把戏，反对压迫罢工，反对压迫工人的工会法。这不只是为争革命工会的公开存在，而且这些争自由斗争的发展，便是在政治上直接向国民党的统治进攻。这一争自由的运动，不只是可以号召工人群众起来，而且可以影响广大的劳苦群众，是有伟大的革命的意义。所以号召群众起来，为争集会、结社、言论、出版、罢工的自由，反对国民党压迫自由而斗争，是革命工会目前第三个大的任务。

帝国主义对中国的压迫，一天一天的更加厉害起来，不只掠夺中国许多经济上、政治上的特权，而且把中国人民看做牛马奴隶不如，任意屠杀，打死中国人的惨案到处发生。尤其是在帝国主义工厂做工的工人，直接在他们宰割之下，待遇苛虐简直无以为生。譬如青岛十万纱厂工人，因日本帝国主义纱厂关门，几乎饿死；所以革命工会应当坚决的起来号召群众的反帝国主义的斗争，反对帝国主义的野蛮暴行，反对国民党的卖国条约，反对帝国主义国民党联合压迫工人，一直领导群众走向彻底驱逐帝国主义的革命斗争。“打倒帝国主义”的口号，现在更成为广大群众的迫切要求。如果革命工会能够坚决的号召群众起来斗争，是可以得到广大群众的拥护，并且可以由此更加巩固工人阶级在革命斗争中的领导地位。这是革命工会目前第四个大的任务。

中国工人阶级革命伟大的同盟军就是几万万的农民群众。他们处在帝国主义、军阀、地主、豪绅、高利贷、商业资本以及反革命的富农数层榨压之下，已经到了奴隶不如、饥饿待死的地位。惟其如是，所以他们革命的要求也就异常的迫切。他们要从这些压迫之下解放出来，只有彻底的土地革命；彻底的土地革命，就是摧毁帝国主义、军阀统治中国的基础，就是根本消灭封建势力以及一切高利贷、商业资本与富农的剥削。所以他们的土地革命的彻底胜利，就是中国民主革命的彻底胜利。所以革命工会应当号召广大工人群众起来，极力帮助农民的土地革命，建立亲密的工农联合，以完成中国的民主革命。这是革命工会第五个大的任务。

特别摆在目前异常严重的问题，就是军阀战争与进攻苏联。军阀战争给与广大群众莫大的痛苦，广大群众不只是因军阀战争遭受更残酷的压榨，而且要遭受炮火的毁灭。军阀战争主要的动力，是由各个帝国主义互相抢夺中国；这就使军阀战争永无停止之时，并且将有进一步的直接冲突，爆发世界大战的危险。现在英、日、美各个帝国主义都在中国加紧军事的准备，最显著的为美国占领航空，英国夺取海军，日本取得山东、满洲做军事的根据地。世界大战的危险，已经异常紧张的临到广大群众的头上。这一浩劫，比之军阀战争还要超过千百倍以上。革命工会应当坚决起来号召广大群众反对军阀战争，反对世界大战！并且告诉广大群众：要消灭军阀战争，消灭世界大战的危险，必须与全世界无产阶级，尤其是工人阶级的国家苏联联合起来。苏联是中国革命的好朋友，是世界大革命的大本营，是全世界无产阶级的祖国。现在国民党在帝国主义指使之下，利用中东路问题积极向苏联进攻，就是为着要镇压中国的工农革命，镇压世界无产阶级的革命，以便更顺利的瓜分中国，瓜分世界殖民地。革命工会应当站在广大群众的前面，号召他们坚决的起来反对国民党帝国主义进攻苏联。这是革命工会第六个大的任务。

最后，革命工会要能执行这些伟大的任务，必须首先注意巩固自己的组织，扩大自己的组织，在不断的斗争中发展起来。这就需要革命工会注意过去组织上的弱点，注意主观方面脱离群众的危险，注意是否有“命令”、“委派”的残留。这些都可阻碍革命工会的发展，必须把他彻底肃清。“工会组织群众化、民主化”是目前重要的口号；都必须尽可能的实行民主制度，吸引广大群众参加工会工作，使广大群众认识工会真正的是自己的组织。这是革命工会发展并巩固自己的前提。尤其重要的就是必须特别注意铁路、海员与重工业的工人；这是工人阶级中最主要的力量，这是革命工会最主要的基础。必须将这些重要的产业工人群众都团聚在革命工会的组织之下，然后才能担负领导全国工人斗争、领导全国革命运动的任务。所以实行工会的民主化，强固革命工会的组织，以吸引广大群众参加工会工作，特别注意发展铁路、海员与重工业工人中的组织，是革命工会第七个大任务。

这些伟大的任务都摆在全国工人阶级的前面，也就是摆在劳动大会的前面。中国工人阶级经过极伟大的革命斗争，有了极丰富的经验，我们相信劳动大会的代表必能总合全国工人阶级的经验，对于执行这些伟大的任务的策略与工作，必能给以极完全的解答；将要进一步的领导全国工人阶级为完成这些任务，完成民主革命以及社会主义的胜利而斗争。因此我们断言：此次劳动大会的成功，将是中国革命与工人阶级彻底解放胜利之起点！

中国共产党始终是站在革命的前面，始终要执行工人阶级的先锋队的使命，而与本阶级密切联络的向一切敌人进攻，为中国革命的胜利而奋斗！为工人阶级的解放而奋斗！为世界共产主义的伟大的前途而奋斗！因此坚决的相信必能得到工人阶级以至广大农民、劳苦群众的拥护，而战胜一切敌人！

中国的革命斗争，正在开始复兴了！

世界革命的高潮将要来到我们的前面了！

领导全国工人阶级以及广大农民、劳苦群众坚决的勇猛的起来斗争呵！

使豪绅、买办、资产阶级以至全世界的帝国主义都在我们的面前发抖！

我们共同高呼：

中国劳动大会万岁！

中国共产党万岁！

赤色职工国际万岁！

共产国际万岁！

打倒帝国主义!

打倒豪绅、买办、资产阶级、国民党!

工农联合万岁!

工农苏维埃革命胜利万岁!

社会主义的胜利万岁!

工人阶级解放万岁!

工人阶级的祖国苏联万岁!

世界共产主义成功万岁!

中国共产党中央委员会

11月7日

(中华全国总工会中国工人运动史研究室编:《中国工会历次代表大会文献》,工人出版社,1984年,第285−293页)

中华全国总工会工作报告*

项 英

自全国第四次劳动大会（一九二七年六月）到现在，差不多两年半了；在这个长期间中，全国工人在帝国主义、豪绅资产阶级国民党联合进攻、压迫、摧残、屠杀之下，不断起来抗争。全国总工会是全国二百八十多万工人阶级组织的联合机关，是全国工人阶级的总指挥部。在此全国工人不断的英勇的反抗斗争当中，虽因反动统治阶级对于交通的封锁，对于赤色工会的破坏，使各地工人与全总的直接关系和全总指导各地工会工作上发生不少困难，然而全总在全国工人阶级拥护之下，在全国工人长期的不断斗争中，终于能够打破这些困难，卒至在全国工人运动发展中，于十月革命十二周年纪念的十一月七日，实现了今天的劳动大会。全国工人代表能相聚一处，共同检阅过去的工作和讨论今后的工作计划，这是全国工人英勇的斗争和热诚拥护他的总指挥部——全总——的结果。这是我们甚为欣慰的。

在这两年多的长期间中，全国工人运动的发展经过了非常复杂的变化。所以全总的工作如果要详细的很广泛的报告起来，也是非常复杂的。因此，今天报告的范围，只能注意到全总本

* 本文原载一九二九年十一月出版的《劳动》周刊第十六、十七期《第五次劳动大会特刊》。

身及其所属各工会比较技术方面的工作；至于整个职工运动的叙述，已另有专门报告，在这里不涉及。

我们要说明全总工作的大概，首先要略略说明全总的职任和地位。

全总是全国工人群众组织的联合总机关，在中国民族革命史上负着重大的责任，占了重要的位置。中国工人阶级在反帝国主义及豪绅、地主封建势力的革命中，是主要的革命动力。中国革命运动很急剧的发展，达到一九二七年中国革命的最高阶段，就是中国工农阶级参加革命、领导革命的结果。这在以下几个例子就可以证明：

第一，自上海五卅反帝国主义运动，全国反帝的高潮就像潮水一般的汹涌起来；广州六二三沙基惨案，继之省港工人大罢工参加革命运动，置香港英帝国主义于死命，并巩固了那时还带有革命性的国民政府。这一反帝的高潮，使帝国主义在华的统治大大动摇，直至以工人阶级的革命力量收回了汉口、九江英国租界；以三次暴动驱逐了北洋军阀在上海的军队，组织了上海市民政府。

第二，中国南部各大城市（如广州、上海、汉口）工人，反对资本家的过份剥削与榨取，不断地发动急剧的经济斗争，工人生活的确得到相当的改善，更增加工人革命的力量；另一方面则使资产阶级震惧异常。

第三，城市工人在革命运动中表现伟大的力量，而广东、两湖的农民，久处地主、豪绅、军阀们的高压和剥削之下，亦在革命蓬勃的高涨中抬起头来。他们在农民协会组织领导之下，努力于推翻地主、豪绅的统治，进行土地革命，动摇中国封建制度的基础。

这一工农阶级联合领导的革命，革命的运动才有急剧的进展。换言之，中国革命能够很快的由广东进取武汉，把北洋军阀打倒，也就是我们工农阶级领导革命的结果。

中国革命发展俱在中国工农阶级领导中进行。工农在革命运动的地位愈重要，工农阶级的革命势力也愈发展，因此，国民党及地主、豪绅资产阶级畏惧工农势力的澎涨动摇其统治地位，更为维持其无限制的剥削工农、榨取工农的制度，就无耻的公开的背叛中国革命，结合帝国主义、军阀、官僚、豪绅、地主，联合一致进攻工农阶级。在所谓北伐的当中，他们就已设下进攻工农的计划；到一九二七年四月十二日蒋介石的屠杀工人，资产阶级的反革命更加明显。接着，四月十五□□□在广州的大屠杀，夏斗寅在鄂西的大屠杀，长沙五月二十一日的大屠杀，帝国主义、豪绅资产阶级、地主联合一致地向工农阶级下总攻击令，企图消灭革命工农势力，以遂其建立反动统治政权的迷梦。

在豪绅资产阶级公开的背叛革命、到处屠杀工农的时候，全国第四次劳动大会正聚集全国代表开会于武汉，讨论全国工人运动以及工农革命运动的进行计划。四次大会闭幕，即以这些重大任务交付全总执委去执行。可是不久，武汉政府如汪精卫等继续投降帝国主义，跟着蒋介石公开的反动了，说“工农运动太激烈过火”。在他们的意思，是不愿意工农运动损伤帝国主义的毫毛，不愿意损伤豪绅、地主的皮肉。工农革命势力动摇了帝国主义在华的统治，动摇了封建制度基础，他们自然是认为“太激烈过火”！

四次大会以后，资产阶级的反动、白色恐怖更加厉害，湖南、湖北、江西、广西工农阶级都不断的被汪精卫、□□□、朱培德、胡宗铎、□□□等大屠杀；河南□□□在卫辉纱厂的大屠杀，天津、北京张作霖的大屠杀，全国各地无不洒上工农的革命热血！最后，一九二七年十二月十三日帝国主义又伙同广东军阀李福林、张发奎、□□□等在广州市大屠杀革命工人五千九百余人。工人阶级在反动统治白色恐怖底下而牺牲者，前后达十数万人！

反动统治的极端的白色恐怖的镇压，工人领袖以及一般活动干部分子多数牺牲或流亡；全国赤色工会被封闭解散；工人阶级政治上的自由完全被剥夺，而经济生活尤为痛苦。过去工人斗争得到的条件全被取消，工资减少，工作时间加长，更加以改良主义的欺骗，全国工人阶级愈陷万分痛苦。

在各地职工运动遭了这样大的摧残以后，赤色工会的工作就不能不转变到一个秘密状态之下。然而，四次大会交付给全总的任务，就是领导全国工人阶级向反动统治阶级反攻；在斗争中艰难困苦的发展工人群众的组织，尤其是要注意大的产业工人群众的组织的恢复和发展，以实现工农阶级革命的任务。所以全总在这两年多的中间的工作，就是努力执行这一个任务。

全总为了实现这一任务，在一九二八年二月间曾召集各产业工会、各重要地方总工会的干部，开了一次扩大会。在这次会议中，估量客观环境及主观力量，改正第四次大会政治的错误，计划全国的职工运动的工作。工作的原则上是：要从组织上和宣传上领导所属工会积极地启发群众的阶级意识，发展和领导群众的斗争，扩大群众的组织。工作要点分列如下：

（一）确定政治新任务，坚决推翻国民党、帝国主义的反动统治。

（二）特别注意海员、铁路、矿工、纺织、五金等产业工人，及上海、天津、青岛、香港、广州、武汉等大城市工会工作。

（三）对于铁总、海总、上总（现改组为上海工联会）及全总南方办事处（现已取消）工作，经常予以有力的指导，并随时派人巡视指导其工作。

（四）加强对于上海工作的指导，经常参加上海的会议，实际帮助上海建立工会群众的组织。

（五）在工人斗争期内，注意派人巡视，直接指导各地的工会斗争。

（六）在严厉白色恐怖摧残之后，工运干部人才的缺乏，影响工作甚大，故必须开办工会干部训练班，同时督促所属各工会就地开办训练班，养成干部人才。

（七）积极注意宣传教育工作，并实际帮助所属各工会的宣传教育工作。

（八）研究国内经济、劳动情形及职运的一切理论和实际问题，随时供给各干部及群众组织，作宣传教育的材料。

上述各要点，可以说是全总在一九二八年二月扩大会后至一九二九年二月扩大会前，一年间的工作标准范围。虽然在工作进行中不能全盘的顾到，但工作方针大体上是没有改变的。

在一九二八年二月第一次扩大会议后至一九二九年二月，这一年中间，全国职工运动的发展已开始到一个新时期，而黄色工会在各地的发展以及其欺骗宣传，在部分的群众中不免受到相当的影响。同时，又接到赤色职工国际第四次会议决议案以及其指示中国工运的信；全总为着职工运动计划和策略更加正确以及如何去切实执行国际的指示起见，又于今年“二七”五周年纪念日，在上海举行第二次扩大会。事先通知全国赤色工会及同情赤色工会的工人组织，选举代表参加，除各大工业区及各重要产业均有代表列席外，尚有几个省份因白色恐怖严重压迫，所选派的代表未能登程，或中途被阻。计到会代表全体共计十七人（天津、山东、河南、江西各一人，满洲、广东、海员各二人，江苏七人），委员列席五人，其中尚有代表一人于开会期内被上海帝国主义工部局无故逮捕，迄至今天才释放。代表中计分：铁路二人，矿工二人，海员二人，纱厂三人，交通一人，店员一人，印刷一人，五金一人，妇女二人，其他二人。

此次会议是在帝国主义、中国军阀国民党军警联合监视之下举行，所以全体会议的会期前后共计四日（二月十七日至二十日），连各委员会（铁路、海员、矿工、上海及总任务等委员会）的工作前后经过一星期的讨论。为经济时间及注意中心问题起见，在议事日程中只规定极重要的报告及发展主要问题的讨论，其内容如下：

（一）出席赤色职工国际第四次会议代表的报告——苏兆征；

（二）出席太平洋劳动会议扩大会议代表的报告——文虎；

（三）全国职工运动状况的报告——项英；

（四）海员、铁路、上总、南方办事处、青工、女工等报告。

此次会议所讨论的主要问题，为黄色工会与改良主义、工厂委员会及斗争策略等，通过的决议凡七件：

（一）中国职工运动目前的总任务（附青工、女工问题决议案）；

（二）国际报告决议案；

（三）太平洋劳动会议报告决议案；

（四）中国铁路工人运动决议案；

（五）中国海员工人运动决议案；

（六）中国矿工运动决议案；

（七）上海工人运动决议案。（各报告及各决议均见《中国工人》第八期）

经过此次会议以后，工运计划和策略更为正确，工作更为切实的到群众中去。全总工作在第二次扩大会后直到现在，都是为着执行这些决议案而努力。

全总工作在大体上已如上述。现在我们更为较详细的叙述全总过去两年多的工作的情形：

一、领导斗争

全国工人阶级在资本进攻底下，生活痛苦已达极点；加以帝国主义、国民党军阀联合的压迫，工人的集会、言论、罢工等自由完全被剥夺殆尽。在此情形之下，全国工人阶级为争政治上的集会、言论、罢工等自由，争经济上的条件，不断的起来斗争。全总在全国工人阶级不断的大小斗争中，无不直接的或间接的领导，给以正确的斗争策略，使斗争达到胜利。最著为去年上海法电工人的斗争、邮务工人的斗争，今年煤炭、码头、丝厂、估衣业等工人的斗争，尤其是法电及邮务，全总尽全力参加这些斗争，领导这些斗争。此外如海员工人、皇后船反包工制剥削的斗争，全总加重对于海总的指导，以正确策略领导海员工人的斗争。唐山五矿工人的斗争，全总特派专员参加指导工作。江西景德镇二十万工人自五月份到现在，不断的发动大小斗争，全总特派专员参加指导。在领导工人的斗争中，全总给各工会的指导，在策略上特别指出者：（一）在斗争中加紧巩固和发展群众组织和训练；（二）揭出黄色工会的始则延搁政策以缓和工人斗争，继则以领导斗争来消灭斗争，使斗争走向失败道路的欺骗政策（如上海邮电工人斗争，以及唐山工人斗争）；（三）指出斗争的领导权要完全在工人手中，一切条件要由工人群众解决，以防止工头和少数黄色领袖的出卖和妥协（如皇后船的斗争）；（四）在斗争中积极扩大赤色工会的政治影响，加紧反对黄色领袖。各种斗争的结束，无论胜利和失败，更将斗争的经过和教训编成专册，以教训工会干部和工人群众，以为在斗争中的借镜。兹将我们所领导的斗争，简单统计如下：

一九二八年上海罢工统计[①]

月份	件数	赤色领导的件数	非赤色领导的件数	人数
1	7	4	3	10812
2	8	3	5	7265
3	8	4	4	56113
4	12	3	9	4670
5	7	3	4	2492
6	4	3	1	66095
7	14	4	10	7697
8	15	5	10	18102
9	14	4	10	9755
10	13	5	8	9078
11	22	9	13	11587
12	16	7	9	23237
共计	140	54	86	234806

① 编者注：表中数字相加不符，原文如此，未做改动。

一九二八年下半年我们领导的斗争

地名	斗争次数	我们领导的
上海	187（下半年）	70
香港	12	12
淄博	2	2
浙江	8	8
四川	3	3
云南铁路	13	13
抚顺	1	1
共	226	109

二、发动群众的组织

有组织才有力量，有健全广大的组织才能表现斗争的力量，斗争才有胜利的可能。自国民党无耻投降帝国主义反叛中国革命后，全国各级工会尽被封闭，或完全在秘密状态之下。因此，赤色工会的活动范围，缩小到极小的范围，加以严厉白色恐怖摧残，一般工人畏惧心理还未完全消除，间有表示不愿组织的。这自然是不正确的观念。全总除直接或间接指导各工会积极领导工人的日常斗争，在斗争中发展群众组织外，更随时注意客观环境的需要和主观力量的所及，随时派专员到各地帮助当地群众组织的工作，如满洲、唐山、津浦铁路、沪宁铁路、沪杭铁路、武汉、江西景德、香港，全总均派专员到各地帮助群众的组织工作（全国群众的组织现状，俟下文再详述）。

三、宣传教育工作

宣传教育工作是提高工人阶级的阶级意识、揭破国民党黄色工会的欺骗阴谋的最重要的工作；全总对于这种工作，经常的注重。计出版方面，有《中国工人》，初为半月刊，系一种职工运动的理论兼内部阅读的刊物，自一九二八年十一月一日发刊，出至第七期后改为两月刊，内容亦变更，纯为职工运动理论的指导，现已出至八期。但近数月来，因工作发展，工作人员多出外巡视，遂未能顾到，尚未续刊。同时为提高一般工会干部文化及群众煽动起见，帮助上海、广东各出《工人日报》，并帮助其自办印刷，解决印刷上的困难。至于政治变化急剧的时候，除印发宣言（如军阀战争以及最近国民党承帝国主义的旨意进攻苏联等），更印发临时鼓动日刊（如四月间蒋、桂军阀混战时印的《混战小报》）；为使工人群众特别学习斗争的经验，对于每一次较大的斗争，作有系统的叙述，编成小册子（如上海法电、邮务斗争的《工人宝鉴》、皇后船斗争即由海总将始末编成小册子等）。至今年八月间，更觉宣传工作尚未足供工人群众以及干部之需求，遂又出版《劳动周刊》；同时翻印国际职工运动的材料，以为训练干部之用。并有编印职工运动小丛书以及有关中国劳动书籍的计划，现在从事编纂，不久当可以完成。

全总不但注意本身的宣传工作，同时亦注意各工会的宣传工作，注意指导各工会自办工厂小报。对于上海工会的宣传工作及日报、三日刊，颇便于就近指导，较有成绩。其他较远之处，则以书面指导。

全总前后刊印的宣传品，计大小共三十二万六千五百，印刷问题已用很大力量解决困难，虽然因各地工会尚多无直接关系，以及反动统治阶级对于交通之封锁，发行上的困难仍未能解决，宣传品尚不能普遍的达到各地工人群众中去，但宣传收效尚称不坏。兹将全总刊物表列下：

宣传出版物的统计

出版物名称	出版年月	定期或不定期	每期份数	总份数
《中国工人》	1928.12.1	初为半月刊后改为两月刊	3000	24000
《工人宝鉴》	1928.11	不定期，已出两册	3000	6000
《混战小报》	1929.4.6	两日刊	4000	40000
传　单		不定	每种3000至5000	215000
《职工国际决议案》	1924.12		2000	2000
《职工运动报告》	1929.5		1000	1000
《劳动周刊》	1929.8.1	每周一期	2300	34500
《革命与苏俄》	1929.10		4000	4000
总计				326500

附：

各工会定期刊物表

工会名称	刊物名称	期间	附注
铁总	《火车头》、《铁路工人》	周刊	
海总	《中国海员》	月刊	
上海海员	《海灯》、《海员生活》	周刊，旬刊	
上总	《上海工人》	三日刊	
上海工联	《上海画报》、《日报》	三日刊、日刊	即上总前身

续表

工会名称	刊物名称	期间	附注
上海工联	《工联》	三日刊	
福建	《厦门工人》		
香港工代会	《工人之路》、《香港工人》		
顺直	《天津工人》		
北京	《北京工人》		

（各工会刊物以收到者为限）

教育工作——这个工作是在上海一个地方开始工作，其他各地尚未顾及。这工作在今年五月间开始，办理稍有头绪和成效后，即交上海工联会继续办理。上海工人教育分工人读书班及工人学校两种，这工作是一方使工人多认识字以启发其阶级意识，一方利用教育的关系，扩大群众的组织工作。初开办时即成立教育委员会，指定委员五人；全总经常参加会议，讨论教育计划，审定教材，以及读书班及学校的计划。办理三月，读书计发展至五十二班，学生四百余人。学校则有□□□学校二十余人，□□学校数十人。现这些工作已完全交上海工联会经常办理（除全总特别自办的一校外）。工作发展情形，工联报告当有详细，不重叙述。

四、训练干部人材

全国工运干部，在国民党长期的白色恐怖摧残底下，不少牺牲，而全国工运工作的发展，各地工会的干部更觉需要。虽然在不断的斗争中养成不少的新的干部人材，但仍不足供工运发展客观上的需要。因此，全总第二次扩大会议后，由于工作路线的改变，由下向上的建立工会组织系统，这要实行“到工厂、作坊去”，才能建立真正的群众工会基础。要实现这一正确路线，干部人才的养成和训练更是刻不容缓。于是决定开办训练班，第一班训练海员与铁路学生十四人，三星期毕业。同时更帮助海总、铁总、上海各在当地办训练班，全总派人参加训练，或由各工会负责。计已受训的干部三十余人。在上海，更有继续开办上海铁路、五金工人的训练班，以及找一班热心工运的人才训练，以供全国各地需要的计划，这计划不久即可实现。

五、指导工作及巡视工作

在工运工作日有发展的当中，一切斗争、组织、宣传，对黄色工会的策略，工厂委员会的运用，斗争的发动，斗争的汇合与联系……的工作中，执行正确的策略以及策略的转变，都是非常重要的问题。因此，全总对指导工作非常重视，对于上海总工会（现在为工联）的指导工作，均由全总经常派人参加各级会议，共同决定各种日常工作问题，予以实际上的指导与帮助。在一九二八年十二月间，曾举行上海工作的下级巡视，由全总分派工作人员到市政、交通、运输、纱厂、丝厂、重要手工业及店员工会中，实际考察工会及群众情形，参加讨论问题和决定，随时予以指导和纠正其错误，使工作路线更能正确，工作更能发展。对于铁路、海员、从前的南方办事处、香港工代会，则以地域远离的关系不能直接参加指导，只能经常以书面指导；有重大问题和必要时，则召集各工会负责人参加全总会议，共同讨论工作问题。至于上海海员，沪杭、沪宁、津浦路南段工作，均由全总直接负责经常指导。

至于其他各地有工会组织之处，因组织关系未能与全总直接发生关系，或尚未形成组织者，亦设法使之间接发生关系，用种种方法使全总的指导能达到各地工会和工人群众中。

巡视全国重要产业区域，帮助当地工人建立组织的计划，在二次扩大会后，也曾具体的计划；但重要的地方和产业，如天津、北京、唐山、满洲、江西、香港、铁路、海员等，曾先后派专员出发巡视。巡视员到达各地，除实际考察各地各工会工人情况外，更以种种方法帮助各地各工会建立和发展群众的组织，并使与全总能经常发生关系。这一工作实行以后，工作进展可以说已达到一个新时期。

六、全总常委的经常工作

全总常委经常的举行指导全国各地各工会的工作会议。在两年多中间，除二次扩大会议后常委数人出国参加第四次职工国际会议，不在会外，其余时间会议照常进行，很少间断，计共四十六次。讨论的问题主要的是工作路线、斗争策略、宣传、组织、工厂委员会、黄色工会以及各产业工会、地方工会问题，计讨论的问题，主要的有二三八件。兹列表如下：

常委会议及讨论问题统计表

<table>
<tr><td>常委会议总次数</td><td>46</td><td>附记</td></tr>
<tr><td>讨论各种问题的件数</td><td></td><td rowspan="6">关于讨论问题的次数，只择各种大问题加以统计，至于小的技术工作的讨论，每次常委都有五六件，尚有不提出常会，直接由秘书处解决者亦颇不少；因不关重要，故不列入统计</td></tr>
<tr><td>组织问题</td><td>15</td></tr>
<tr><td>宣传问题</td><td>12</td></tr>
<tr><td>斗争策略</td><td>27</td></tr>
<tr><td>黄色工会及工厂委员会</td><td>19</td></tr>
</table>

续表

		附记
铁路问题	31	
海员问题	34	
矿山问题	2	
上海问题	37	
香港工代会	4	
反帝国主义及世界大战拥护苏联	4	
劳动大会	6	
其他各地工作	47	
共计	238	

至于全总秘书处经常工作，则随时和各地方工会、各产业工会的代表接洽，解决各种问题。计和各地代表接洽最多的是天津、香港、海总、铁总及满洲、武汉、江西、云南各地。

秘书处发出各地的文件是经常不断的，关于重要的政治问题如：反国民党反军阀战争，反黄色工会的欺骗，以及最近的反帝国主义、国民党的夺取中东路、进攻苏联，反世界大战，均普遍宣传，使赤色工会政治影响深入群众，更通告所属各工会，指示各种问题的工作进行。而主要的仍是指导各地方工会、各产业工会的文件，计指导海员九件，铁路八件，南方办事处一件，香港工代会一件，天津二件，满洲二件，山东二件，河南三件，陕西一件，广东三件，福建二件，江西二件，安徽一件，云南三件，报告国际四件，致各兄弟国工会四件，通告十三件。兹将详细统计如下：

发出文件统计表[①]

类别	件数	附记
关于政治的	37	
关于指导的	41	指导各地方、各产业工会工作的重要文件，普通信件不计
通告	13	
报告职工国际	4	除经常报告太平洋劳动会议不计，专书报告太平洋及职工国际者
致兄弟国工会	4	印度工会、南洋工会、美国工会、苏联工会
关于技术的	24	
其他	4	
共计	127	

七、全总与赤色职工国际及太平洋劳动会议秘书处的关系

赤色职工国际是全世界各国革命工人的组织，全总也是加入赤色职工国际的，因此国际与全总是有经常的关系的。在去年五月，全总曾派代表数人出席国际会议，全总按时将全国职工运动向国际报告，国际亦随时指导全总工作，全总亦派代表经常驻在国际，随时将中国职工运动问题向国际提出，讨论工作的进行计划，太平洋劳动会议是太平洋沿岸各国革命工人的联合组织；全总并派人参加秘书处的组织。去年十一月秘书处扩大会议，全总派代表二人参加。今年八月一日太平洋劳动会议第三次大会在海参威开会，除各地工人代表外，全总亦派代表参加。反帝大同盟亦在八月一日在欧洲开会，全总亦派代表

① 编者注："关于指导的"件数，上文加和为40，统计表中为41，原文如此，未做改动。

一人前往参加，现代表因交通关系尚未回国。至于赤色职工国际及太平洋劳动会议的组织及详细情形，备载赤色职工国际第四次会议决议案、太平洋劳动会议的缘起及其组织及全总出版之《中国工人》第八册中。兹不赘述。

八、全总与各国工会的关系

各国革命工会和全总，同是参加职工国际同时在国际指导之下工作，和各国工会自然是应有很亲密关系的。中国工人阶级在 1927 年遭受空前的白色恐怖摧残之后，各国工人阶级尤其是苏联工人，都不胜愤慨和同情。国际曾经号召世界各国工人举行“援助中国职工运动周”，以精神和物质的援助，这是各国工人在我们全国工人长期艰苦的奋斗中，给予我们的鼓励。这更在实际上证明：全世界无产阶级是站在一条战线上，联合一致的向帝国主义和资产阶级进攻。至于全总和各国工会的关系，也应略略说及。在第一次扩大会议后，曾发出告太平洋各国工会书，在印度棉织工人大罢工中，致电鼓励其斗争的勇气。菲律宾工会与全总常有文件来往。南洋总工会在太平洋劳动会议三次大会前，系由全总指导其工作，亦常有文件往来；现南洋总工会已由太平洋秘书处直接指导，但和全总关系甚密。在帝国主义指使国民党强夺中东路、进攻苏联的事件发生后，全总曾通电世界各国工人及苏联工人，一致武装拥护苏联，反对世界大战，同时更和日本工会、菲律宾工会共同对于中东路事件发表宣言，指出帝国主义和国民党进攻苏联的阴谋。

至于最近反对帝国主义、国民党进攻苏联的工作布置：中东路事件发生，显然是帝国主义进攻苏联的初步工作，他们嗾使他们的走狗——国民党强夺中东路，以为进攻苏联的根据地，全总即通告全国工人（通告第十号）。通告中具体的指出：

（一）反动国民党仰承帝国主义的意旨，一步一步的加紧对于苏联的进攻；

（二）反动国民党假造苏联红军进攻的谣言，以及其公开的向帝国主义请求公断——共管的丑态；

（三）指出帝国主义对于苏联进攻，同时就是实行瓜分中国；

（四）帝国主义及反动国民党为着进攻苏联，同时对于工人阶级的斗争加紧压迫和摧残；

（五）全国工人必须一致起来，反对帝国主义国民党进攻苏联，保护中国革命，反对瓜分中国；在这斗争中要与工人一切斗争联系起来。

关于全总工作已略如上述。现在说到全总的现况，以及全国工人群众组织的概况。

自第四次劳动大会闭幕之后，国民党已完全反动，大会所选出的执委许多因反动统治阶级严厉的压迫，执行工作职务发生困难。因此，在一九二七年全总乃由武汉迁至上海。一九二八年二月第一次扩大会议后，常务委员会才能正式成立。但这期间，又以出席国际会议，常委在上海者只二三人，组织仍未健全，直到九月间常委（七人组织之）乃能健全地成立。组织系统如下：

- 常务委员会——委员长
  - 秘书处——秘书长
    - 秘书
    - 交通
    - 发行
  - 组织部——部　长
  - 宣传部——部　长
    - 编辑委员会
    - 干事
  - 青工部——部　长

在全总下面所属总工会之组织，计有：

（一）上海总工会（现为上海工联会）；

（二）铁路总工会；

（三）海员总工会；

（四）全总南方办事处（在广东）；

（五）南洋总工会（在新加坡现由太平洋秘书处直接指导）。

其他各省有部分的工会组织，但多未形成总组织。

本年二月第二次扩大会后，全总本身及所属各工会的组织均有变更，为使工作更深入群众，从下而上建立真正的群众的基础起见，采取缩小上层机关和减少委派人员的办法，全总即将各部分立的组织裁撤，常委之下只设秘书处，减少机关工作，实行集体的指导和参加下层群众的工作；南方办事处取消。海总、铁总、上海也采取这个原则，机关尽量缩小，工作更切实的转到群众方面去。

在这个期间，全总所属各工会工作因工作路线的转变，虽然遇到许多困难，然而努力的在正确的路线之下艰难困苦工作，群众工作确有不少的进步，详细另有各工会单独报告。兹将各工会工作情形、群众组织状况概述如后：

一、上海工会联合会

工联会包括二十余个工会，以上海划分五区，各区成立区工联会，约有会员二万七千余人，包括铁路、海员、电气、纱业、丝业、店员等。其组织统计略如下：

上海工联会群众组织统计表（以区域计）

区别	人数
东	2960
南	2900
西	2480
北	9280
中	6540
浦东	1610
吴淞	1000
闸北、虹口丝厂	760
总计	27530

二、海员总工会

海总设于香港，实际上工作只能注意香港、南洋、外洋船及省河船工作，至于长江船及北洋船，则另设海员分会于上海，由全总直接指导其工作，最近更派人到天津，发动海员组织。过去海员工作没有健全船上委员会的组织，更以海员的帮口观念关系，工作颇感很大的困难。全总二次扩大会后，对于海员工作已有新的纠正，特别注意群众组织的发展，在斗争中发展组织。在此时期发动了皇后船的斗争，群众工作颇有发展，但在广大的海员群众中仍未能成为广大群众的组织。海总新的工作的总报告尚未送到，兹将其去年十一月间报告的组织情形列表如下。至于如何发动与发展，可参看海总对大会的报告。

上海海员分会，最近工作渐有发展的现象，但又生活困难。群众组织还未能形成到很广大的范围。

香港海员组织状况表

航线	公司	轮船总数	有支部的船数	有会员未成支部的船数	会员人数	附记
外洋	昌兴	3	3	无	122	这个统计是海总在一九二八年十一月的报告，迄今如何变化增减，尚未有新的报告来，只能根据这表
	大来	16	2	3	22	
	太古	数+	1	2	9	
哥士	太古	30（+）	无	3	4	
	渣甸	20（+）	3	8	37	
	挪威	30（+）	10	4	96	
	荷兰	10	6	1	48	
	杂号外国船	40（+）	4	7	26	
	杂号中国船	40（+）	7	7	50	
内河	各公司、港、梧、陈	24	5	9	40	
岸上	宿舍	100（+）间	24间	22间	371	
总计		300	41	44	825	

三、铁路总工会

铁总设在天津。铁路工作因过去——一九二八年以前长期的忽视，所以停顿了好久，加以干部人才的缺乏，使工作更加困难。而全国铁路工作范围甚广，铁路工作实际只能领导北方，如京绥、京汉北段，京奉南段，津浦北段；其他铁路因交通和人力的关系，铁总实际上不能顾到。因此，全总二次扩大会后，决定铁路工作先从京奉、京汉、京绥、正太、津浦各主要线路着手，山东、满洲及南方各铁路工作则由各地方工会或全总直接指导工作。

现在铁总工作也渐有发展，铁路工人在赤色工会影响之下有二千余人。中东路三十六栅已发动斗争发动组织；浦镇已成立组织，并发动斗争；沪宁路常州、镇江、吴淞、北站，均已着手组织起来，沪杭闸口有群众组织，但尚未健全；滇越路亦有工会之组织。统计铁路组织现已普及于全国十三条干路。

四、香港工代会

香港工代会在本年七月间，由香港各工会（十一个工会）联合组织。有组织会员可统计者1296人，但会员成分手工业工人占大部分，重要工厂如太古船厂、九龙船厂邮电等或尚没有组织，或有组织基础仍很薄弱。兹将其组织状况列表如下：

香港工代会群众组织表①

工人类别	人数	附记
太古船厂	80	香港工代会的工作，还未能发展到大的产业工厂，而主要的大产业工厂大部分有黄色工会的组织。反之，则主要的大产业工厂，则大部分没有赤色工会的组织
码头工人	30	
煤炭工人	30	
清道夫	100	
九龙货舱	200	
黄埔船厂	30	
过海小轮船	6	
烟业工人	120	
半岛酒店	40	
洋务工人	40	
木匠工人	600	
总计	1296	

① 编者注：表中数字相加不符，原文如此，未做改动。

五、唐山矿工

唐山五矿工人在今年五月间大斗争以前，差不多完全在黄色工会欺骗之下，自发动斗争，赤色工会积极领导群众斗争，揭破黄色工会欺骗的面具，因此，赤色工会影响逐渐扩大，计现在五矿工人在赤色工会领导之下者一万八千人，如下表：

唐山矿名	人数
赵各庄	10000
林西	8000
共计	18000

此外，福建省总工会最近开全省代表大会，成立组织（福建工会出席代表另有报告）。北平人力车夫有二千人的组织。满洲纱厂，矿山——抚顺、鞍山，中东路各处，最近已发动斗争及组织。广东顺德丝厂工人有五百人的组织；东莞、石龙、佛山、陈村、江门、汕头、广州以及各地，一九二八年上半年赤色工会仍极活动，会员统计有七万七千七百多人。最近未接报告，详情未悉。云南昆明有总工会组织。四川成都有数千手工业工人组织。川东盐业总工会有会员 12000 人。川西独轮车夫会有会员 2000 余人。江西大兴纱厂、印刷工人、景德镇的瓷工均有部分的组织。过去北方之天津，山东之青岛、淄博，河南之开封、卫辉、磁州，均有部分赤色工会组织，惟迭遭白色恐怖的摧残，最近已失联络。最近广西之南宁酱园工人、轮船工人及汽车路工人，亦有不少赤色工会会员。

至于赤色区域如湖北、湖南、江西、福建、广东各地，农村工人的工会组织均有广大的群众热烈参加，惟以交通不便，尚未得到详细材料，暂不详述。

（中华全国总工会中国工人运动史研究室编：
《中国工会历次代表大会文献》，工人出版社，
1984年，第294—312页）

上海工联会代表团报告 *

从五月以来上海工人运动的形势

在五月那个时候，蒋桂战争虽一时妥协，表面上好像暂告结束，但其给予工人的痛苦，实已至深且巨；加之由这一个战争，更使得帝国主义与帝国主义之间、封建阶级与资产阶级之间，以至于军阀与军阀、个人与个人中间的矛盾和冲突都日益加紧，酝酿着全国的大混战。在这一个酝酿大混战期间，经济方面，可以说从七千万编遣公债起，各种的苛捐杂税都相继逼迫工人负担，上海一地就有七十二种之多。资本家进攻也特别厉害，工人最后一点一滴的血汗都榨取完了。政治方面，则国民党军阀和平统一的假面具，在工人阶级面前已撕得粉碎了；改良主义的欺骗亦逐渐减少影响。统治阶级为要维持其政权起见，只得一面采取白色恐怖的政策，屠杀工农领袖，以至于对一般积极分子不断的加以通缉、逮捕、拘禁；另一方面则组织伪上海市总工会，企图继承“工统”、“工总”、“工整”未了的工作，进一步欺压工人，甚至有组织的利用一切工贼、流氓打击工人的斗争。这些环攻高压，都使上海工人十分悲愤，不得不要更向前更扩大的斗争起来。

---

* 本文原载一九二九年十一月二十八日出版的《劳动》周刊第十八期《第五次劳动大会会刊》。

所以从“五一”到“五九”示威运动周，到“五卅”再到“八一”的总示威当中，上海工人都不断的从经济斗争的反攻转变到从政治上给予统治阶级大大的威吓。这一个斗争的形势已经相当的打破了和平合法的观念，打破了三四月间在蒋桂战争当中，敌人环攻高压之下一种暂时保守的局面，陡然转变为抬头昂进着。虽然在这五、六、七三个月当中，因为军阀准备混战，欺压工人的方式特别机警，以致几个大的斗争，如丝厂、华成、电气等相继失败了，给与工人以不好影响；八、九两月间，工人斗争的形势表面虽然无大发展，但实际上上海工人此时是一个最受苦痛的时期。所以一到十月战争的影响，无论在政治上经济上都予工人的痛苦更加惨剧了。因此，工人的斗争又复向前扩大着，他的前途必然是很急剧的。

七月份斗争统计表之五——原因

<table>
<tr><th colspan="2">原因</th><th>次数</th></tr>
<tr><td rowspan="9">资方之进攻</td><td>开除组织工会之工人</td><td>2</td></tr>
<tr><td>勾结巡捕打工人</td><td>1</td></tr>
<tr><td>减少工资</td><td>1</td></tr>
<tr><td>开除工人</td><td>4</td></tr>
<tr><td>扣工资</td><td>3</td></tr>
<tr><td>打工人</td><td>1</td></tr>
<tr><td>厂方压迫</td><td>2</td></tr>
<tr><td>调动人</td><td>1</td></tr>
<tr><td>共计</td><td>15</td></tr>
<tr><td rowspan="2">工人之反攻</td><td>增加工资改良待遇</td><td>3</td></tr>
<tr><td>增加工资减少工时</td><td>2</td></tr>
</table>

续表

原 因		次 数
	要求夏季奖	1
	加资	6
	恢复失业工人	1
	要求分花红	1
	反对打骂罚工钱	1
	共计	15
其他	反对党部整理工会	1
	不明	2
	共计	3
统 计		33

现在我们开始论述斗争，概括地分起来是：一、斗争原因；二、斗争范围；三、斗争的方式与结果；四、斗争领导与方式；五、斗争领导与结果。

一、斗争原因

下面都是各月份的斗争原因统计表。

八月份斗争统计表之五——原因

原 因		次 数
资方之进攻	调中班改夜班	1
	待遇恶劣	1
	无故开除工人	3
	辞退工人不给退职金	1
	共计	6

续表

原 因		次 数
工人之反攻	反对工头，要求米贴	1
	反对工贼及克扣工资	1
	要求不虚发工资	1
	要求米贴	1
	共计	4
其他	要求抚恤	1
	不明	1
	共计	2
统计		12

九月份斗争统计表之五——原因

原 因		次 数
资方之进攻	不准组织工会	1
	停办	1
	无故开除工人	2
	减少工资	1
	无故打骂工人	1
	共计	6
工人之反攻	要求恢复原资	1
	反对用亨司表	1
	要求恢复原条件	2
	共计	4
其他	打倒包工制	1
	共计	1
统 计		11

十月份斗争统计表之五——原因

原因		次数
资方之进攻	停办	3
	无故开除工人	2
	打伤童工	1
	共计	6
工人之反攻	加资分红	1
	加工作需补工钱	2
	改良待遇	1
	要求开除工贼	1
	反对九条厂规	1
	共计	6
其他	要求米贴	7
	反对国民党工贼	1
	共计	8
统计		20

根据上表可以看出：

1. 七月份工人是反攻资方，八月份则两不上下，九月份工人才转变为保守的形势，但到了十月份工人又急剧向资方反攻。

2. 在七月工人反攻资方时，工人的要求多半是增加工资、要求津贴、改良待遇等，以后八、九两月，资本进攻特别厉害，十月份工人不但反对资本进攻，而且不断的要求米贴，包含着反对军阀混战，里头有很大的政治的意义。

二、斗争范围

七月份斗争统计表之一——业别与人数

业别	次数	罢工日数	工人总数	参加人数
纱厂	2	5	9850	1910
纱厂	5	38	24600	24600
市政	9	74	8780	2130
制盐	1	1	508	508
金属业	1	1	120	120
制麻	1	16	2000	2000
烛皂	1			
制片	1	18		
运输	1	1		
码头	1			
烟厂	1	1	1500	1500
印刷业	1		1300	
店员	3	75	10600	7600
手工业	4	16	2000	2000
公役	1	2	36	36
统计	33	248	61294	42404

八月份斗争统计表之一——业别与人数

业别	次数	工人总数	参加人数	罢工日数
纱厂	3	7700	5014	12
市政	3	3400	2610	19
印刷	2	222	222	15
烟厂	1	7000	7000	7
制麻	1	2000	2000	1

续表

业别	次数	工人总数	参加人数	罢工日数
海员	1	200	200	2
制盐	1			
统计	12	20522	17046	56

九月份斗争统计表之一——业别与人数[①]

业别	次数	工人总数	参加人数	罢工日数
市政	2	3000	900	22
纱厂	4	13900	2430	11
棉织	4	20700	20550	16（几十小时）
丝厂	2	1200	1200	11
烟厂	2	6500	6500	10
印刷	3	5300	5300	12
手工业	1	50	50	7
制革	1	2200	2200	10
店员	1	103	103	7
统计	20	52953	42233	105（几十小时）

十月份斗争统计表之一——业别与人数[②]

业别	次数	工人总数	参加人数	罢工日数
纱厂	4	8200	1600	33
丝厂	2	3500	2320	8
市政	1	700	700	10

①② 编者注：表中“参加人数”数字相加不符，原文如此，未做改动。

续表

业别	次数	工人总数	参加人数	罢工日数
码头	1	280	280	5
手工业	1	50	50	7
制麻	2	4000	1500	20
统计	11	16730	5450	83

把上面表研究一下，有几点值得注意的：

1. 这四个月来的斗争，仍然是和去年下半年、今年上半年一样的畸形的发展着，而不是普遍的都有斗争。

2. 店员、手工业的斗争，四个月是缩小了。

三、斗争方式与结果

七月份斗争统计表之三——方式与结果

结果 方式	胜利	失败	妥协无结果	未解决	不明	统计
罢工	10	8	1		6	25
和平交涉	1	1	1		4	7
直接行动			1			1
厂方自动加资						
不明						
统计	11	9	3		10	33

八月份斗争统计表之三——方式与结果

结果 方式	胜利	失败	妥协无结果	未解决	不明	统计
罢工	5	1	2			8
和平交涉		1		1	1	3

续表

结果 方式	胜利	失败	妥协无结果	未解决	不明	统计
直接行动		1				1
厂方自动加资						
不明						
统计	5	3	2	1	1	12

九月份斗争统计表之三——方式与结果

结果 方式	胜利	失败	妥协无结果	未解决	不明	统计
罢工	2	2			1	5
和平交涉	2		2			4
直接行动		1	1			2
厂方自动加资						
不明						
统计	4	3	3		1	11

十月份斗争统计表之三——方式与结果

结果 方式	胜利	失败	妥协无结果	未解决	不明	统计
罢工	5	1	1	1	1	9
和平交涉	2		2	4	1	9
直接行动	1	1				2
厂方自动加资						
不明						
统计	8	2	3	5	2	20

其次我们来研究斗争的方式及结果。根据上表，也有几点值得注意：

1. 四个月当中，罢工共四十七次，其中胜利二十二次，将及总数之半；其次即是妥协的占四次，失败的占四次。

2. 和平交涉共二十三次，胜利的仅五次，失败与妥协的共七次，其间有五次尚未解决。以目前和平交涉形势来看，要求得胜利当然很少可能。

3. 直接行动共六次，胜利的一次，妥协与失败共五次。

4. 四个月当中，总共有七十六次的斗争，罢工的占四十七次，和平交涉的占二十三次，直接行动的仅六次。

根据以上的分析，即是群众斗争的方式罢工的多，和平交涉已逐渐减少；而其结果，则罢工的百分之四十是胜利的，和平交涉的仅百分之十五是胜利的。

四、斗争的领导与方式

七月份斗争统计表之四——领导与方式

方式 领导	罢工	和平交涉	厂方自动加资	直接行动	不明	统计
工联	12					12
工联影响	2	1		1		4
国民党	2					2
自发	4	3				7
不明	5	3				8
统计	25	7		1		33

八月份斗争统计表之四——领导与方式

方式 领导	罢工	和平交涉	直接行动	厂方自动加资	不明	统计
工联	5	1				6
工联影响	1					1
国民党	1	1				2
自发	1	1	1			3
不明						
统计	8	3	1			12

九月份斗争统计表之四——领导与方式

方式 领导	罢工	和平交涉	厂方自动加资	直接行动	不明	统计
工联	2	4				6
工联影响				2		2
国民党	1					1
自发	2					2
不明						
统计	5	4		2		11

十月份斗争统计表之四——领导与方式

方式 领导	罢工	和平交涉	直接行动	厂方自动加资	不明	统计
工联	4	4	2			10
工联影响	1	2				3
国民党		1				1
自发	4	1				5

续表

领导＼方式	罢工	和平交涉	直接行动	厂方自动加资	不明	统计
不明		1				1
统计	9	9	2			20

从上面的表看来：

1. 在领导方面，工联的确力量加强了；七十六次斗争中，四十四次是工联领导的，即其明证。相反的，国民党领导的力量则惊人的缩小了，盖七十六次斗争中，其能领导的仅六次；至于说到自发的斗争共十七次，也比上年减少了。

2. 以领导的斗争方式而言，则无论工联会、国民党或自发的斗争，均侧重在罢工。比如工联领导的斗争共四十四次，罢工的竟占二十七次；国民党领导的共六次，罢工的亦占四次。尤其是自发的斗争共十七次，其中罢工的竟占十一次。这是打破了过去的状况，十分值得注意的事。由这里就可以看出，群众在高压之下，需要有组织的罢工去反对敌人。

五、斗争的领导与结果

七月份斗争统计表之二——领导与结果

领导＼结果	胜利	失败	妥协无结果	未解决	不明	统计
工联	7	4	1			12
工联影响		3	1			4
国民党		2				2
自发	4		1		2	7
不明					8	8
统计	11	9	3		10	33

八月份斗争统计表之二——领导与结果

领导＼结果	胜利	失败	妥协无结果	未解决	不明	统计
工联	4	1		1		6
工联影响			1			1
国民党		1	1			2
自发	1	1			1	3
不明						
统计	5	3	2	1	1	12

九月份斗争统计表之二——领导与结果

领导＼结果	胜利	失败	妥协无结果	未解决	不明	统计
工联	3	1	2			6
工联影响		1	1			2
国民党		1				1
自发	1				1	2
不明						
统计	4	3	3		1	11

十月份斗争统计表之二——领导与结果

领导＼结果	胜利	失败	妥协无结果	未解决	不明	统计
工联	6	1		3		10
工联影响		1	2			3
国民党				1		1
自发	2		1	1	1	5

续表

领导 \ 结果	胜利	失败	妥协无结果	未解决	不明	统计
不明					1	1
统计	8	2	3	5	2	20

上面的表，很明显的表示出：

1. 四个月当中，七十六次斗争仅二十八次是胜利的，而且这些胜利还是新近的米贴斗争；其次，失败的占了十七次，妥协的亦占了十一次。这可以证明敌人进攻工人的方式，比过去特别机警。

2. 工联会在四个月当中，领导过的斗争共四十四次，胜利的占二十次，失败的占十二次，妥协的亦有八次，未解决的则为四次。

国民党领导的没有一次胜利，四次失败，一次妥协，一次未解决。

自发的斗争共十七次，其中倒有八次胜利，失败与妥协的仅有三次，其余不明或未解决。

此地有几个特点应该指出；

（1）国民党十次领导斗争，十次是出卖群众。

（2）工联会的领导虽已加强了，但在全部所领导的斗争中，妥协的仍有八次（即是百分之五十）。

（3）自发的斗争胜利多，失败的少，不是一个反常的事情，而是资本家给予工人一点小惠，无非是想消灭大的罢工罢了。

斗争论述完了。目前急需报告的是黄色工会与赤色工会的工作。

一、黄色工会的工作

在中国大革命失败之后，黄色工会随国民党改良主义的欺骗政策而产生出来，是必有的现象。唯其如此，便成了我们在职工运动过程中一个劲敌，现在把他分几部来说明：甲、黄色工会的组织形式；乙、黄色工会的基础；丙、黄色工会改良主义的欺骗方法；丁、黄色工会内部的冲突和分化。

甲、黄色工会的组织形式：上海的黄色工会，已经是有悠远的历史。以前“工统”、“工总”、“工整”七大工会的组织被群众斗争冲破了之后，直至今日又有了“上海市总工会”；在这个总工会底下的黄色工会，最大的还是过去所谓七大工会，如南洋、英美、报界、商务、邮务、华商等。他的组织形式，完全是利用反动的势力公开的存在着；大部分只有上层的执常委会的组织，很少健全的小组干事会等。

乙、黄色工会的基础：在过去，黄色工会并不是完全没有基础，如商务工会的小组实行什么三民主义的党化训练，以及组织一些法西斯蒂的团体，监视并领导一部分革命分子等，都是证明他是有相当的群众。但自去年法电、邮务斗争被国民党出卖，以及军阀一再火并，黄色工会的基础亦随之而削弱了。

丙、黄色工会改良主义欺骗的方法：虽然黄色工会的基础逐渐削弱了，但他并不因此而减少他对于欺骗群众的努力，反之，在目前军阀混战当中，所谓拥护中央、反对非蒋系的军阀，拥护民族利益、反对暴俄，主张阶级妥协、劳资合作等宣传，仍然企图扩大；并且在实际行动上尽量的利用“仲裁”和“调解”或“延缓”的各种方式，以消灭斗争。

丁、黄色工会内部的冲突：但是黄色工会这些对付群众的方式，根本是解除不了工人本身的痛苦，当然也就消灭不了工人的斗争；加之国民党军阀的各个政治派别反映到群众当中的冲突日益加紧，而促成其内部的分化亦特别快。所以最近如商务、南洋、英美等工人斗争，一起来即包含着反对国民党的成见，大多数的工人，都一天一天的倾向工联会的组织路线上来。

二、赤色工会的工作

对于这个问题，我们把他分为四部说明：甲、赤色工会的基础；乙、赤色工会的组织形式；丙、赤色工会的工作；丁、赤色工会在斗争中的作用。

甲、赤色工会的基础：目下这个工会的基础，是建立在市政工人和轻工业工人（最主要的是纺织工人）之上。

乙、赤色工会组织形式：就一般来说，已具有工会组织规模的是电气、彩印、英商电车等工会，其余大部分是用灰色团体名义而起赤色工会的作用。

丙、赤色工会的工作：在组织形式上，赤色工会所负的工作责任完全是和一般赤色工会相同的。工联的政治主张，都要靠每个赤色工会会员常到群众中去起作用。工联的策略和计划，也是靠他们拿到群众中去执行。

丁、赤色工会在斗争中的作用：尤其是到了斗争起来的时候，赤色工会的作用更加显明的表现出来了。哪怕他们只包含极少数的人。或竟至于只有几个人，他总是群众运动的核心。他领导群众离开改良主义和平的影响，走向斗争的反抗的正路。他把敌人发展及其工具的各种阴谋与欺骗一一指给群众看，把正确的策略、斗争方式也一一的告诉群众，并且详细说明各种事变的前途，使群众知所去向。

结论：工联会自从“五一”采取公开活动的工作路线以来，加之客观上政治经济的环境更便利于工作，虽然主观的工作上有许多缺点，统治阶级欺压工人的方式特别机警，但上海工人的斗争向前进展扩大，以及整个的职工运动比以前进步，的确是一件不可磨灭的事实。

斗争方向，在这四个月当中，常是由经济的斗争转变到政治的斗争了，而且其范围是以产业工人为中心，不过海关、铁路、重工业工人的斗争特别的少，这应该注意的。在这许多的斗争中，多半是采取罢工的方式得到了胜利，反之，和平交涉的方式则大部分失败了。工联对于各个斗争的领导，亦比以前加强，国民党的领导特别减弱了，这是工联会能利用公开名义指导和号召斗争的缘故。

其次组织方面，第一，就是工联与群众的关系已经建立了相当的组织形式。赤色工会的会员已经有了相当的发展，能在工人群众当中起核心作用。这也是我们组织上的进步。第二，黄色工会在群众当中改良主义的欺骗日益破产，而且因为军阀混战，国民党各个的政治派别反映到其内部冲突加紧，而起了分化。大部分的群众斗争起来，多半包含着反国民党的成见，一天天的“左”倾，跑上我们的组织道路上来了。

因此，工联的政治影响也日益扩大了，尤其是经过多次的示威以后，政治上的进步比组织上的进步来得快。相反的，国民党的政治影响却一天天缩小了，这也是因为工联不但能公开指导经济斗争，而且能利用组织系统，进一步的经常不断的暴露统治阶级的罪恶，号召群众起来作政治的斗争。

（中华全国总工会中国工人运动史研究室编：
《中国工会历次代表大会文献》，工人出版社，
1984 年，第 313–326 页）

上海海员工作报告*

一、过去海员斗争与组织历史

甲、自 1919 年公所领导海员加薪胜利后，公所便无形中成为海员领导机关。这种公所，也逐渐由行会的组织变为阶级斗争的组织。而一般工贼流氓，觉得公所的得势，也就加入去极力活动。

乙、自 1925 年五卅运动后，海员群众许多由公所脱离出来，加进海员工会。公所的领袖觉得海员工会有政治的活动，也都相率加入，因此，结果广大的海员群众能够起来反对孙传芳，反对傅筱庵，及得到日轮加薪斗争的胜利。这时工会不仅在海员中有势力，即驳轮工人也同时受了影响加入工会组织之内。这是上海海员工作最发展的时期。

丙、1927 年国民党反动以后，国民党封闭海员工会，屠杀工人。资本家即乘机将原有条件取消，破坏介绍权，欠发工资及自由开除工友。帝国主义加紧的剥削，官办工会更为虎作伥。而一般海员遂失去公开保障，重复归到各公所领袖把持之下。

二、过去的教训

甲、过去的工作，没有建立船上和公所的基础组织，同时

* 本文原载一九二九年十一月十一日出版的《劳动》周刊第十七期《第五次劳动大会特刊》。

又没有提高宣传教育以引起工人阶级觉悟，以至经过白色恐怖之后，工会失去了公开活动，而船上大受打击，公所的领袖随之动摇，少数投降到国民党去。

乙、但海员斗争并不停止，因为在帝国主义、国民党和资本家残酷无理的压迫下，海员斗争是很可能的。但一方面因为公开领导工会失掉了，因此他们多数都存在着等候观念，希望工会再得公开领导他们，并主采合法的斗争形式。

三、目前政治情况与群众情形

帝国主义者在近半年来，不仅加紧进行裁员减薪的剥削，如在花旗船等，而且直接的惨毙海员，如新大明、新康等案及最近的元利轮案。

国民党在加紧对苏联进攻及军阀混战中，将一切中国轮船封去，以军法管理工人，禁止一切自由，甚至强占工友床位，强迫工人到火线去，结果酿成江靖、峨嵋的惨案。

资本家欠发工钱，自由开除工友，使工友罹莫大失业痛苦，一方面米价高涨，使工人求生不得，求死不能。

国民党的官办工会以恢复香港工会为欺骗工友之宣传，而航海公会又高唱加薪，以图和缓工友斗争情绪。

在这样情形之下，海员工友的斗争，是无法避免的。

甲、新大明、新康与元利轮惨案——日本帝国主义者在半年来直接惨毙海员的数量，在二百人以上。但是国民党对这些惨案，到现在还没有解决，所以帝国主义者仍然继续行凶。虽然工人尚不敢直接起来反抗，但他们已认识国民党和帝国主义勾结的事实。元利的惨案更引起海员的愤激了。目前政记和海昌公司的工友，表现已经走上反对军阀战争的行动。

四个月来上海海员斗争表（归香港范围者不在内）

斗争案件	发生日期	原因	经过	结果
新康斗争	七月末	七月二十日，日轮龙野丸，将新康轮撞沉，死工友十人	海委会决定发动被难工友家属及脱难工友组织团体，要求社会援助，及向招商局提出抚恤、赔偿、安置脱难工友、惩凶——日轮等	招商局自提赔偿死者五百元，脱难者六十元，以和缓斗争；但国民党对日交涉，尚无结果
唐山丸工友殴打改委斗争	八月六日	因改委开船强收会费	工友将改委大打一顿	
泰顺索薪斗争				
驳轮工人米贴斗争	十月二十日	军阀战争，米价高涨，生活无法维持	向公司提出要求	资方允每月加五角并允以后按米价增高再加
元利斗争	十月二十日	日轮泰安丸在黄浦江撞沉元利船，死一人		闻公司拟酌量赔偿；对日交涉，循例绝无进行
顺天轮事件	十月二十日	工友走私，被船主察觉，抛下海中，损失二千余元	当时工友非常愤激，拟半海停船，但为头目巧语所骗，他说“我们到岸上公司处才和他理论”	失败
海平反抗运兵斗争	十一月四日	军阀封船，强占工友床位，驱工友露宿	在芜湖停船，不代运兵。军阀用刺刀乱刺，重伤生火工友二名	不明
公所反涉孖沙斗争	十一月一日	因不甘涉孖沙剥削		

乙、欠薪问题——国民党管理下之招商局，因将工人工钱用作军费，以至欠薪三月有多，他们还强迫工友拍照，以限制工友斗争；另一方面又利用头月借粮，以和缓反抗。因此，清发欠薪成为急切之要求。但他们不敢积极起来反抗，只广利、泰顺，在军阀运兵中要求清薪，得到相当胜利。

丙、加薪运动——官办工会和航海公会虽然制造这空气来一方面欺骗，别方面和缓海员，但他们从没有实行一些。

丁、反改委斗争——国民党组织的北方工会与各地改委，同样地压迫海员，强收会费，因此引起唐山丸工友将改委殴打，并公开提出组织老工会。

戊、米贴斗争——国民党军阀战争，引起米价飞涨，因此要求米贴成为海员迫切的要求。驳轮工人对此已得到部分的胜利，并且在条件当中有米贴以后随米价继续高涨而继续增加之一条。

己、反关员斗争——在生活痛苦的压迫下，怡和、太古、招商等工友，普遍多借走私货以弥补，但关员流氓对他们常常加以种种的勒索和妨碍。顺天、新疆等轮工友，反对关员异常剧烈，这更可以引起加薪的斗争。

庚、反军阀战争——军阀封船运兵，使工友生出种种痛苦。海平轮工友因被军阀霸占宿位，在芜湖停船，反对运兵，与国民党军队冲突。

辛、反涉孖沙包工制——最近有些船尾工人，反对涉孖沙的剥削，但他们却不是希图整个推翻这个制度，只不过是退出涉孖沙支配的范围，所以须加紧工人改造公所，这运动才得发展。

半年来，海员的斗争已逐渐由小的斗争走到大的斗争，由本身利益的斗争走到反国民党的斗争，由反对伪海员工会而发生对赤色工会的认识。虽然没有什么整个的、伟大的斗争，但这个趋势，已显然存着。

（中华全国总工会中国工人运动史研究室编：《中国工会历次代表大会文献》，工人出版社，1984 年，第 327—330 页）

中华全国工人斗争纲领*

自从中国的资产阶级公开的背叛革命、投降帝国主义、出卖中国民族利益以来，中国的革命斗争不停的进展；中国工农与代表豪绅、地主、官僚、军阀、国民党间的冲突和斗争，更是愈演愈烈，血肉相搏；没有片刻休息的时候。在这个历史上伟大的阶级战斗中，反动的国民党、国民政府虽然用尽空前残酷的野蛮屠杀方法，用尽种种的无耻的欺骗诱惑民众的方法，要想镇压革命，奴役民众，可是中国的工人阶级始终不懈的站在革命的最前线，领导着全国革命势力进攻反革命的营垒，揭破反革命的欺骗，用热血和毅力不断反抗资本进攻，打击反动统治，使反动统治没有喘息安定的机会，全国革命的力量得以重新团结起来。

中国工人阶级自始至终即为中国革命的原动力；这一点在两年来的革命斗争中益加证明。反动的资产阶级、国民党等在1928年几百次罢工中更加明白，如果不把革命的工人阶级施以极残酷的镇压，绝不足以巩固他们的反动统治，安心做帝国主义的走狗。他们更知道中国工人阶级是国际革命势力之一部分，中国工人是在国际工人战线中反资本主义的有力队伍。因此，他们不仅要镇压中国工人革命运动，并且要进一步的在帝国主

* 本文原载一九三〇年中华全国总工会编的《第五次全国劳动代表大会决议案》。

义指使之下，强占中东路进攻工农祖国的苏联，威胁帮助中国革命的苏联，使中国革命受到间接的损失。这一切都充分的显出反革命的国民党完全变为帝国主义的忠实工具，中国革命民众的死敌。自中东路问题发生后，群众的斗争更奋进，中国革命形势愈发展，国民党国民政府摧残革命压迫民众的企图也就愈来得凶恶。他们一方面派遣奉天的胡匪军队任意屠杀苏联工农弟兄，蹂躏中东路的工会，摧残满洲工人无所不至；同时更在帝国主义指使之下，大规模实行向全国工人阶级更残酷的资本进攻，实行屠杀，实行更无耻的欺骗。

资本进攻现在已扩大到全国的范围：上海、汉口、天津、山东、无锡纺织工厂的合理化，使工人的工作强度无限制的增加；降低工资，克扣工资，滥罚工资，打骂工人，延长夜工，加重童工女工的虐待，使上海八十万工人过空前黑暗的地狱生活。全国的铁路、海员，在帝国主义工头制奴辱之下，工资日减，工作日增，失业工友不可数计。在国内军阀混战之下，拼着他们穷苦的生命为军阀运兵运械，整日整夜的工作不休。既得不到按时发给工资，而且出入火线，牺牲于枪炮之下，像最近峨嵋、江靖两轮的炸毁，交通工友的痛苦真是不可以言语来形容！此外如英帝国主义在香港、日帝国主义在满洲、法帝国主义在云南，他们用最残暴的工头制度，无限度的剥削矿山、城市的工人，用武装工厂警察直接压制工人，勾结当地官僚、军阀、国民党法西斯蒂等摧残工人。至于阎锡山、□□□、□□□及内地军阀、资本家都是虐待剥削，与蒋介石政府之下的如出一辙；尤其是在进攻苏联及军阀战争，南北工友所受直接的灾害更为残酷。中国工人在反动势力环攻之下，不仅是没有足够的工资维持最低生活，不仅是每天要过十一时至十六时的牛马生活，不仅是疾病、养老、伤亡没有丝毫的保障，他们在资本家高压之下简直失去了一切说话、行动的自由，失去了生活的保障；并且他们经常在失业的恐慌中过生活。他们的娇弱的妻室儿女，不断的被资本家强拉进工厂，而将他们自己驱逐到工厂之外去。

国民党、国民政府掩护资本进攻，剥削工人，使工人过到比奴隶还苦痛的生活，自然只有引起工人更激昂的反抗和奋斗，他们于是颁布种种箝制工人的枷锁。国民政府颁布的工会法就是虚伪的法律，企图根本上消灭工人的革命组织，破坏工会的作战队伍，在工会法中不过充分表现强奸工人意志，束缚工会行动，限制工会一切革命的进展，把整个工人革命战线加以破坏，阻止工人为自己利益而战争的行动罢了。同样的阴谋就是有系统的向群众说谎；他们试图在工人中组织他们御用的工会，如最近上海总工会，北平、天津的总工会，海员总工会，广东的机器工会，就是这类欺骗的把戏。他们收买少数工贼做工会的招牌，实行把这些工会当做压迫工人、破坏罢工、献媚中外资本家的工具，当做掩饰国民党反革命罪恶，武装进攻苏联的工具。

国民党反革命的表演到如今可谓登峰造极了；但是终于不能阻抗中国革命潮流的前进，终于不能稳定他们的反动统治。军阀间的激烈混战，已经在河南、广东打得一塌糊涂。各地农民革命的蜂起，全国大城市不断的怠工、罢工和骚乱，国内大饥荒和经济的衰落，已经迫使反动统治走向日暮途穷的境地。到现在，全国工人阶级已经从生活的苦痛中认识国民党的凶恶面孔，已经从历次罢工斗争中揭破他们的阴谋，已经从工贼出卖工人的利益中认识那黄色工会的反革命性了。这正是全国工人斗争的复兴机会，也就是我们向资本家及反动统治争取胜利的绝好时候！

为争取全国工人的迫切利益，为解放目前的巨大痛苦，我们必须发展广大工人阶级的斗争基础，积极加紧进行推翻反革命的统治。因此本会号召全国工人共同提出斗争纲领，树立目前全国工人一致奔赴的伟大目标。这个要求包含下列各项：

（一）关于政治的：

一、工人有创立工会的绝对自由，不受国民党劳动法的种种限制。应废除向党部官厅立案、注册、登记等办法，并不得以政治势力改组工会或解散工会。

二、工人在各工厂范围内，尤其是在黄色工会区域有成立工厂委员会及其他工人自己的革命组织的自由。经过该会组织，经常注意改善工人生活，保护工人经济利益。

三、工人有开会、言论、出版的绝对自由；不应受党部官厅的任何限制。废除开会须呈报党部或官厅派员出席监视的办法。废除禁止或检查工人出版物及禁止邮寄工会刊物的办法。

四、工人有直接向国际革命团体自由联合的权利。废除政府禁止工会从事国际运动的不良法令（如国民政府颁布的劳动法）。

五、工人有自由选举工会职员、处理一切事务之权利。废除党部官厅委派工会秘书、指导员办事等办法。

六、工人有罢工、游行、示威及用自己力量争取工人利益的绝对自由。应根本废除党部官厅限制罢工、强迫仲裁种种压迫工人的政策和法令。

七、工人与资本家冲突，应由劳资双方缔结团体契约直接处理，不应受国民党党部及官厅的居间操纵。

八、工人有拒绝加入党部官厅工会之自由。反对强迫入会、强收会费、捐税以及强迫参加各项违反工人利益的政治运动。

九、应即撤退监视工人工作之武装警探。废除工厂中一切政治性的虐待（如禁止工人看书报、谈时事、接见外人等）。

十、反对白色恐怖及一切法西斯蒂组织活动（如北方黄色工会的暗杀团、上海黄色工会的密查队）。严禁逮捕工人、枪毙工人及殴打虐待等情。并应释放被捕工人及全国一切为工人利益而奋斗之政治犯。

十一、工人有建立保卫本身利益之武装组织的绝对自由（如纠察队等）。

（二）关于经济的：

一、马上实行八小时工作制。笨重工作及化学工作时间不得超过七小时。

二、按照生活标准规定最低工资；最低工资必须足够维持工人的家室生活。

三、每星期应有继续三十六小时休息，发给工资。

四、禁止用低折纸币、小洋发给工资；不准用任何借口克扣工资（如改洋码为钱码找尾数、工人工作所用之工具费须扣工钱等）。废除存工制度（如北方纱厂每月扣五天工资作存工、上海纱厂扣二星期工资作存工）。废除储金制度；其已交付之储金，应即发还。

五、每年应有四星期的休假。工人婚丧疾病应给充分假期。各项革命纪念节均应放假，工资〔照〕给。

六、发清欠薪；实行每年至少加薪一次，并应按期发薪，根本禁止借故欠薪的恶习。

七、工厂午餐应有一小时休息；延长上工的限时。

八、男工与女工同样工作应给同样工资。

九、实行保护女工（如产前产后应各有四星期的休息，发给保产金、育婴补助费，设置女工育儿院，女工得于工作时哺乳，设立工作坐凳等）。

十、废除雇用十四岁以内的童工。童工工作不得过六小时；不得做成年工人工作。规定童工最低工资，废除学徒制（养成工、艺徒等）。

十一、取消包工制（废除论件给资）及包工头制（如拌工制、把头制、涉孖沙等）。

十二、废除女工童工之夜间工作及危险不卫生的工作。

十三、工厂不得开除工人。

十四、反对年关开除工人的恶习。工厂倒闭须按工资情形优给工人退职金；此项退职金不得少于工人三个月之工资总数。

（三）关于待遇的：

一、工厂应有最完备的卫生、防险等设备；应由工会监督工厂此项设施，尽力保持工人康健，减少伤害不幸事件。

二、反对由进攻苏联、军阀混战而延长工作时间、加重工作、改恶待遇、增加工人痛苦、开除工友等。

三、反对因采用生产合理化而加重工人工作；其已加重之工作应立即恢复原状。

四、工人或工人家属发生疾病伤害，应由资本家给以医药费，听其自由医愈为度；病假期间不得扣工资。

五、因工作致死伤之工人，应给以优厚恤金；因工残废之工人，应给以终身恤金，并由其子弟代工。

六、工人补习教育、工人子弟义务教育及娱乐文化等设施，均应由资方拨款交给工会举办。

七、立即举办工人社会保险（失业、养老、疾病等保险）；所有费用应由资方与政府分担。

八、工厂应拨款交工会建立工人宿舍，洗澡堂免费供给工人应用。工厂内应设换衣洗濯室给工人应用。

九、反对交纳保证、联保、照相，打骂、搜身、滥罚工钱、调戏女工。

（四）关于失业的：

一、强迫政府与资本家恢复失业工人工作。举办救济失业，安置失业工人。失业工友经常的得到救济，其有家属者并应救济其家属。立即建立失业工人宿舍、工人饭堂等。

二、失业工人应在赤色工会领导之下，立即组织失业工人机关。

三、失业工人的组织，应与在业工人的革命工会互相联系，共策进行。

四、失业工人应帮助在业工人之经济斗争，帮助在业工人争得利益。在业工人应直接给失业工人以物质上、精神上之救助，并帮助失业工人恢复工作及发展组织。

五、为求减少因中东路事件而失业之工人数目起见，应即敦促恢复与苏联之商业关系；停止国民党对苏联的进攻，恢复中东路之原有状况。

上面的纲领均是全国工人目前最痛苦的起码要求。这些痛苦是帝国主义、资产阶级、中国国民党所加到工人身上的。中华全国总工会及其所属各工会号召全国劳动战士，为实现这个纲领而奋斗。我们要从帝国主义、中外资本家、国民党手中夺取我们的经济利益；从一切反革命手中夺取我们的政治自由，从不断斗争的总过程中建立赤色工会的阶级组织，锻炼赤色工会的力量，削弱敌人，壮大自己，一直到根本推翻帝国主义与国民党的反动统治。这就是中国工人阶级对于反动统治的一个总回答。

为强大我们的力量、广布我们的声援，我们的斗争必须与全国革命工会与农民一致联合奋斗。更当时时与苏联工农、国际赤色工会、太平洋劳动会议建立一个国际同盟的关系。我们一切斗争只要在国际的革命工人联合战线之内，才能彻底肃清国际工贼运动，推翻世界资本主义。因此，目前亚洲劳动会议分裂远东工人运动为国际帝国主义作伥的阴谋，中国工人阶级是要严阵对付的。

全国工友为这个纲领斗争，必须是一个英勇的鏖战。我们应在不断与敌人勇敢斗争中拥护我们的纲领，扩大我们的阶级工会，坚决我们的队伍，从资本家和反动统治派手中争取我们的胜利。

（中华全国总工会中国工人运动史研究室编：《中国工会历次代表大会文献》，工人出版社，1984 年，第 331—337 页）

工会组织问题决议案*

一、全国工人争斗浪潮的发展中，最明显的表现工人阶级在斗争中最大的弱点就是缺乏强固的组织力量，成为许多争斗中失败原因之一。组织问题成为目前工会运动中最迫切而关重要的基本问题。

二、革命工会组织，自国民党叛变革命后，受了最严重的摧残，完全失去公开活动的机会，陷于极狭小的秘密活动范围。自国民党工会与黄色工会组织挟其反动政治势力，在群众中有了相当发展以来，赤色工会又缺乏独立的发展，因此在组织上黄色工会比赤色工会要大得多；在争斗中赤色工会由组织上表现他的领导作用非常微薄，大部分完全在国民党和黄色工会组织控制之下。这是在目前工会运动中最严重的问题。

三、在全国总工会所属之赤色工会，在组织上：（一）还是一些散布于各工厂各职业工人中的散漫的组织，不能包括全厂全业的工人在其组织之内，并且没有正式建立赤色工会组织生活。（二）各重要的产业工会没有正式建立。已有的铁总、海总还没有吸收广大群众在组织之内，建立巩固的下层组织基础。领导机关与群众极不密切。（三）对于全国重要产业工人区域中，大多数没有赤色工会组织的建立。（四）在黄色工会发展的

* 本文原载一九三〇年中华全国总工会编的《第五次全国劳动代表大会决议案》。

地方，赤色工会差不多放弃了自己的独立发展，而隐藏于黄色工会组织之下设立各种附属组织，失掉了赤色工会在群众中独立领导地位。（五）许多地方总工会（如上海、香港），也没有吸引大量的群众参加，群众基础非常薄弱。与下级工会没有正式组织关系的建立；委派制度的残余在组织上还有充分的存在。指导机关不能吸收工人中积极分子参加，充分表现少数包办的形式，因此大会对于过去赤色工会在组织上的发展认为不满。

四、大会认为全国工人争斗的浪潮中，要保障这种争斗浪潮有力的向革命方面发展。赤色工会的发展成为最主要的基本动力，只有团结广大群众在赤色工会组织之内，才能加强群众争斗的力量，打破国民党黄色工会对于斗争的控制作用，使这些斗争成为革命运动中最大的力量。

五、赤色工会为了在革命运动中完成他的责任、作用，必须要争取广大工人群众在其组织之内，必须普遍的在产业区域的工人中建立强固的赤色工会组织。为了实现这种任务，赤色工会在黄色工会与非黄色工会群众中，要有独立的发展。这是最基本的前提。

六、赤色工会的发展，首先要在产业工人如铁路、海员、矿山、兵工厂、市政、纺织等，建立下层强固工会组织。这种组织的建立，才能树立赤色工会坚强基础。

七、赤色工会的建立，必须以生产单位做基础、由下而上的建立起来，没有坚固的工会基本组织，就不能树立强有力的赤色工会；因此应该坚决的反对现在的工会机关主义。凡是与群众远离的工会就不是赤色工会。我们必须坚决取消空招牌的工会，纠正非群众的委派制度的残余，将一些有工会组织经验的机关人员，有计划的派送到重要工厂参加生产，建立下层工会组织。

八、赤色工会要建立自己下层强固基础，首先要将现在有散布于各地工厂的零碎的组织，及带革命性的工人，正式建立〔起〕赤色工会支部来。每一支部都要订立章程，定期的会议，经常讨论工厂问题及赤色工会的发展。每个会员要缴会费，参加工会实际生活。

九、对于各产业工人，不论他是有黄色工会组织或是无组织的工人群众中，都要有计划的去发展和建立赤色工会组织；就是几个人的赤色工会小组都应坚决的去建立。固然，这种少数人的赤色工会组织在组织上表现微弱，但在群众斗争中间能发生强大的领导作用，尤其是在政治上要表现他的伟大的领导作用。这是比黄色工会在群众中的地位要大得多。

十、赤色工会要能吸收广大群众参加工会生活，增加会员对于工会的积极性，必须厉行民主化，工会职员尽可能由群众选举出来。在目前秘密环境之下，可用间接选举。建立工会定期代表会议的制度才能发展工会讨论，促进工会干部分子的自动精神，吸引工人中积极的活动分子，参加指导机关，纠正在过去少数人包办的毛病。这是使工会与群众建立密切关系必要的办法。

十一、赤色工会组织的原则是民主集中制。在发展会员的积极性，参加工会的生活，要厉行民主化。同时工会权力要集中，才能有力的指导群众阶级斗争，并且工会要有纪律的建立，才能保障工会在争斗中强固的战斗力。

十二、真正群众的产业工会建立，是目前革命工会运动中的骨干、全国总工会的柱石。产业工会的建立，必须要有下层的产业工会的支部组织，然后联合这些支部正式成立产业工会。目前最重要的产业工会：海员、铁路、矿山、五金、纺织、邮电、市政等，在建立产业支部中有相当发展时，应马上成立起来。在全国各地同一产业的工会有相当发展时，立刻组织全国各种产业总工会。

十三、产业工会组织的原则，一个地方只能建立一个产业工会。无论各地同一产业的工厂有多少，但是每一工厂，只能成立工会支部（或叫分会）；支部下按照各生产部门成立小组及干事会，改正过去每工厂设立一个工会的组织原则及组织系统。

十四、赤色工会要在群众中扩大他的影响，加强他的领导作用，应该经常的在群众中公开宣传自己的纲领和主张，尽可能在群众斗争中公开起来领导；即或在极端白色恐怖之下，也应公开的利用各种会议，提出他的主张，号召群众起来开会，由群众选举临时领导机关或罢工委员会。赤色工会的组织和会员，要在这些组织中起领导作用。

十五、目前反动政治，任何赤色工会虽不能得到公开存在的自由，但是如果要吸引多数群众到工会中来，仍然应该注重充分争取公开的机会。因为纯粹秘密组织方法，始终是阻碍群众发展的狭隘范围，不能扩大赤色工会的组织。所谓公开机会是社会上一般公认的组织和名义，如俱乐部、工人学校、图书馆、储蓄会等，目的就在利用这类灰色的团体，从实际行动中去发挥赤色工会的作用，领导群众在斗争中不断争取工会自由。但同时仍须注意工会指导机关的秘密存在，以防敌人的袭击。

十六、赤色工会应更注意他在斗争中的领导作用，借此扩大他的组织。因为和平发展往往是不能代表大多数工人利益，包含广大群众；多数工人只有在斗争激进中才能更迅速的加入工会。所以发展赤色工会的组织与群众斗争胜利，常常是互相影响的。在斗争中注意扩大工会组织，在扩大组织中更能保障斗争的胜利。利用公开机会活动，也只有在斗争进展中，他的作用才越发显著出来。

十七、在斗争中扩大工会组织的主要方法，就是在每个罢工或斗争开始的时候，号召全体工人组织公开的领导斗争的如罢工委员会、索薪团、代表团、护工团等等组织。这些组织的指导机关负责人员，应该从工厂各部门的群众中自己选出。指导机关下面，更要有各项下层组织，如小组、十人团，以为建立工会基础的准备。同时还要注意组织宣传队、交通队、纠察队、工会活动分子会议。总之，务使大多数甚至全厂工人都能参加争斗，参加组织为目的，这样做到建立工会群众基础的工作。

十八、赤色工会执行委员会之下，应该设立各部组织（组织部、宣传部、青工部、女工部），在可能范围内设立雇工部（如地方总工会），建立各部自己的工作，执行工会一切任务，在工会支部中指定干事，负责组织、宣传工作；有青工女工工厂须设青工女工干事。工会及其支部一切职员应当选举最积极的分子充当，坚决排斥一般妥协分子参加到指导机关。

十九、赤色工会为了争取广大群众在其组织和影响之下，不应放弃对于国民党的有群众的黄色工会下层群众，争取广大群众的工作。只有这一工作实现，才能消灭黄色工会的组织。凡是没有群众的空招牌的黄色工会，应该直接在群众中建立赤色工会支部和小组，不应参加进去。

二十、黄色工会是国民党的工会——三民主义的工会；因此，在组织立场上，赤色工会与黄色工会是绝对对立的，因此，必须在群众中坚决的反对黄色工会。

二十一、在黄色工会内的工作，在组织上应该坚决的建立赤色工会的支部和小组；同时在群众中起核心作用，领导群众起来继续不断的作反黄色工会及其领袖的争斗，以达到消灭黄色工会的目的。

二十二、在黄色工会内领导群众斗争，应当以工厂委员会的组织直接领导群众起来斗争，脱离黄色工会的影响，尤其要坚决的纠正一切争斗都要经过黄色工会的形式和其组织去组织斗争的错误。赤色工会组织在群众中取得群众的信仰和拥护时，应当坚决的领导群众驱逐黄色领袖消灭黄色工会组织，建立赤色工会；即或在这一斗争中有少数群众跟着黄色领袖分裂出来，我们都不应放弃这一争斗。

二十三、在黄色工会中主张民主化的口号，不是中心口号与策略；因为现在黄色工会一天天的法西斯蒂化，我们在黄色工会内应引导群众自动起来开会，直接派代表到工厂中交涉，打破群众的合法观念与对于黄色工会国民党的幻想，领导到直接争斗的革命道路。

二十四、工厂委员会在目前形势上说，是消灭黄色工会的正确方法。工厂委员会是工人自己组织、保护自己斗争领导的机关；在手工业中是工场作坊委员会，号召群众作阶级斗争，同时是教育群众的初等小学校，由下而上建立工人阶级整个争斗战线的好方法，特别是可使工人群众不加入黄色工会；在黄色工会的地方，可以使群众与黄色工会隔离起来，是反对改良主义有力的武器。在斗争中以帮助赤色工会建立产业工会基础的可能。有赤色工会的地方，工厂委员会更是巩固赤色工会的群众基础。

二十五、工厂委员会是站在全厂工人共同经济利益上组织起来的，因此各帮派的工人都应该是会员，而且组织简单，不收会费，没有政治派别。这些条件，可以团结广大群众。在革命形势发展时，工厂委员会是实际树立革命政权的一个重要的原动力。

二十六、工厂委员会不能与工会混合一体，即或有赤色工会组织地方，应有他独立存在基础，力争公开的存在，也不能将工会支部来代替他。为发展工厂委员会起见，顶好召集各厂工人代表开会，讨论与发展工厂委员会组织，并在区域内可联合工厂代表，成立固定代表会，在罢工时可另行组织罢工委员会。

二十七、现在各地还有许多产业工人没有组织起来，如上海之纱厂工人群众，不在国民党反动影响之下，也没有与革命工人取得相当之联络。对于这部分工人应设法克服各种困难，建立赤色工会的组织。还有一部分工人长期生活于封建性的组织中（如兄弟团、姊妹团等），在过去工作经验看来，他们有深厚的封建性与行会性。这类组织我们应该参加进去，在思想上和组织上以及在斗争中去消灭他，吸收其他群众到工会组织。再不宜奖励这种组织，甚至助长他的发展，使成赤色工会发展的障碍。

二十八、手工业与店员工作，过去组织上也有显著的忽视；

这部分工人仍有许多没有组织或部分受行会及黄色工会之影响。加重注意发展店员、手工业工人的组织，与行会及黄色工会作坚决的斗争，建立赤色工会手工业、店员工会，也是目前必要的任务。

二十九、农村雇工的组织，再不能延迟，在赤色区域固然很重要，在一般的反动区域尤为重要。关于雇工各项问题，全总及各地工会应立即派有组织能力的人，到农村中去发展组织。

三十、失业工人运动为目前国内产业界最严重的问题。赤色工会应注意领导发展失业工人组织，在工会中成立失业工人委员会，办理失业登记、介绍、捐款、救济、交涉恢复工作、宣传教育等，最重要的就是帮助失业工人的斗争。赤色工会须有计划的进行这项工作。

三十一、赤色区域工会应该有计划的领导去作。这些区域多半是产业落后、文化低落的地方，所以尤其应在组织上纠正工会中的一切散漫现象，提高群众的工会生活，容纳群众的活动分子参加工会工作，成立各城市间的联合组织；尤其是对于农村雇工组织，应该特别注重。

三十二、青工在工会组织中应占极重要的地位。工会应成立青工部，在工会执行委员会之下，经常计划和执行青工文化教育训练工作以及争斗计划。工会下层得有青工小组之组织，按期召集青工大会以为专事训练青工之用。在黄色工会中应号召青工群众成立独立的青工组织，发展反黄色工会与其领袖的斗争。在尚未形成组织的工人群众中，可组织青工独立组织，但必须使这个组织是帮助工会发展。童工的组织最好是采用劳动童子团的组织，加强对于童工的训练，这是工会工作最主要一部。

三十三、女工是目前工会最重要的成分。在工会指导机关中，应特别注意引进女工参加，应成立女工部，经常注意女工的特殊争斗教育与训练，召集各种女工代表会议，促进女工运动之更快发展。这就是巩固及扩大赤色工会的重要工作。

三十四、工人群众的武装自卫与训练，是目前斗争激进中保护工人的必要组织。现在国民党法西斯蒂工会摧残工人之事无日无之，证明这个工作的迫切需要。这个组织虽然是秘密性的，但是也应该利用一切公开的名义（如足球队、国术团等），争取公开或半公开的存在，征求工会积极分子加入。

（中华全国总工会中国工人运动史研究室编：
《中国工会历次代表大会文献》，工人出版社，
1984 年，第 337–344 页）

工厂委员会决议案*

一、工厂委员会系工人阶级运动中的基础组织；我们不应把他和工会混合起来，他们本身既不是工会，也不是用来代替工会的。工厂委员会的存在与否，并不听工会存在与否为转移。在没有组织工会的地方，他们可以存在；即在目前工厂矿山等处已有我们隶属工会支部的存在，还不能将工厂矿山等全体工人都组织在工会时，那末工厂委员会即变成我们工会运动中一部分，并且是工会的辅助机关。

二、工厂委员会的范围，有时较工会为宽大。他们系代表某企业的全体工人，并且也应当建筑在各部分工人的上面。

三、组织工厂委员会，并不是召集几个工人在一起而组织一个工厂委员会就够了的，这样的机关是太机械，并不是工人们的代表机关，而结果也只是使得这组织工厂委员会的人们，脱离群众而孤立。

四、切不可将工厂委员会和工会在工厂中的支部相混合，也不应以工会中所指定的收会费、征求会员等干事会来代替工厂委员会。

五、为组织一个基础稳固的工厂委员会起见，我们必须好好的准备宣传工作，使得工人能够了解工厂委员会的作用、任

* 本文原载一九三〇年中华全国总工会编的《第五次全国劳动代表大会决议案》。

务和目的。如果有很多的工人们了解组织工厂委员会的需要，我们就要进一步召集会议；工厂委员会的委员应由厂中工人们选举出来。如果在秘密的状况中不能开群众大会，我们一定要把工人们分开一部分一部分的开会，选出代表来参加选举工厂委员会委员的会议，并付代表以选举的全权。

六、工厂委员会的作用是经常的领导工厂的日常斗争，收集关于工厂破坏与工人在斗争中所订的规约和契约以及恶劣的工作条件，或者工厂中矿山中以及船上一切虐待工人的报告。工厂委员会是抵抗资本进攻的一个最好的工具，无论工人们是否组织在工会之内，工厂委员会都能号召他们起来向减少工资、延长工作时间和加紧工作等进攻。他使得工会领导者能够和无组织的工人们维持密切的关系，扩大有组织工人们的影响，结果能使得工会在组织上更达到完善的地步。组织正确的工厂委员会，是团结工人们反抗虐待、欺骗和逮捕等的一个很好的武器。他是反对走狗和改良主义工会中的奸诈的官僚们的一个工具。最重要的，工厂委员会可以保障工人从雇主方面获得较好的待遇，并能使得工人用集体的力量，来对付工厂中每日所发生的大大小小的意外，以及资本家们不顾及工人利益的事件。工厂委员会团结一切的工人们，无论他们之间言语上、政治思想上有何种不同的地方，并且使得斗争的工会能够解决组织工人们的问题。

七、在接受了任何虐待工人的报告以后，工厂委员会应立刻的号召该企业中工人的大会，而提出立刻可以得改善待遇的方法。假使工厂委员会不能达到改善待遇的目的，并且那个企业中还没有工会的存在，那就可以号召工人而准备一个补救方法，如果需要即可号召罢工。但是如果该厂中有革命工会组织，那么这种斗争的工会必须立刻准备必需的行动，在工厂委员会内起核心领导作用以反抗资本家，达到废除种种虐待工人的事实。到罢工时在适当的情形之下，革命工会应公开来领导罢工。但在各种情势之下，如于问题未解决之前，必须把消息报告工人，并咨询他们的意见。

八、在没有斗争工会存在的地方，工厂委员会必须很谨慎的准备在一切劳资纠纷中争得胜利。他们应当提出罢工组织的计划和进行罢工的方法。如罢工委员的选举，救济的组织，宣传和出版各部，组织纠察队，组织收集和分散救济费，散发传单和要求经济上的援助，以及设立公共食堂，等等。

九、当无组织的工人发生罢工而同时也没有工厂委员会组织的时候，那么斗争的工人们的任务，便是立即号召工人群众，而选举一代表各部分工人的罢工委员会。在罢工结束时，罢工委员会可变成工厂委员会，并仍须经过全厂工人大会改选。如在无组织工人中发生斗争，而已有工厂委员会组织的时候，那么仍然经过罢工工人的决议，另行组织扩大为罢工委员会，他的责任便是实现一切获取胜利的计划。

十、工厂委员会是组织斗争的阶级工会的基础。一切可以使工厂委员会组织包括整个企业中工人的产业工会的机会，都不应放弃。在罢工期间，时常有机会组织阶级工会的基础。在资本家和国民党走狗统治之下的官僚走狗工会，或者是在国民党改组派领导之下的黄色工会存在的时候，工厂委员会必须准备把工人们转到我们领导之下的阶级工会中来。阶级的工会，应当由工人们很民主化的选出他们的领袖来组织之。不过我们要注意，在我们成立新的斗争的工会以前，一定要工人们是接受了我们的领导的。

十一、在我们反黄色工会的斗争中，工厂委员会特别的有用处。工厂委员会一定要成为我们反对反动的或法西斯蒂的工会（即最反动的工会）斗争的中心组织。在我们反国民党（执政的国民党或左派国民党）斗争中，我们一定要很谨慎的把政治斗争和工人们每个迫切要求联系起来。我们的责任，并不是去试叫国民党的黄色领袖或强迫他们向资本家提出要求。向资本家提出要求，这一定是要工厂委员会或斗争的工会去做，因为他们是要把全总的要求行动大纲，变为各种产业工人的要求基础。而这种要求行动大纲，也必须得着工人们的承认，再由工厂委员会或斗争的工会，用工人们的名义向资本家提出来。这样，工厂委员会成为我们反黄色工会、反国民党和帝国主义的活动基础。

十二、工厂委员会必须成为工人们一切活动的中心。各种的委员会应当选举起来，以组织和监察各种附属的组织，如游艺会、读书班、演剧班、书报社、储蓄会等。这些组织是目前秘密状况之下，公开的来做工厂委员会的工作。但是工厂委员会不应仅限于这些活动，因为这些活动仅是为团结工人，而发展群众迫切要求的斗争。而这种斗争可以引起反国民党、反黄色工会领袖、反地方和中央政府，以及反帝国主义的政治斗争。

十三、当一个工厂中的各部门已有了几个工厂委员会相类似形式的组织的时候，那末就召集各代表开会，成立整个的工厂委员会组织；就是没有组织的其他部门的工人，也应当邀他们派代表参加。这样，就可以扩大群众的活动和组织整个的工厂委员会。

十四、工厂委员会的运用，不必机械的采取工厂委员会的名称。如工厂代表会、全厂工人互助会等名称都可；必须力求工厂委员会的公开和半公开的存在。

十五、工厂委员会可以团结全体工人群众，就是一部分思想落后的工人和畏惧敌人的白色恐怖、还不敢公开来加入赤色工会，却可以经过工厂委员会领导形式，在斗争中逐渐启发他的阶级觉悟，走上阶级斗争的战线转变为赤色工会会员。因此赤色工会可以经过工厂委员会的组织，来扩大影响与群众基础。

十六、为发展工厂委员会组织起见，全总所属各工会的会员，应积极去准备召集各厂的代表会议；在我们按照半公开或秘密的状况而决定计划以后，我们应选出几个重要产业，而邀请属于各该产业的工厂选派代表出席工厂代表会议。这个会议不仅讨论工厂委员会的问题，并且要联系到工人的迫切要求和政治问题，以及关于决定斗争纲领，等等。在这些会议中，应产生一个固定的工厂代表会的机关，以检视各厂中的活动和竭力的去发展工厂委员会。

我们实现工厂委员会的任务是：

（1）全总执委会应通告全国各工会，坚决在工厂中做广大宣传，有计划去发展和建立工厂委员会，并加紧督促各地对于这一任务的执行。

（2）发动我们的斗争工会，去讨论什么是工厂委员会，他的组织方式和作用。

（3）全总执行委员会应在我们的报纸上发表文字，解释工厂委员会，并且还要发小册子说到工厂委员会的各要点，以及在阶级斗争中的重要，解释运用工厂委员会的方式。

（4）在我们的斗争工会中，已经了解工厂委员会的重要和组织等，那末便应当在各个产业各个工厂中，散发传单，解释工厂委员会，并应发动广大群众的讨论。

（5）在我们工会所召集的各种会议中，应将工厂委员会列入议事日程中。

（6）在我们工会能够领导工厂中的工人群众时，应即成立工厂委员会。在我们工会会员一了解工厂委员会的作用的时候，他们便应开始在各个工厂中组织工厂委员会。

（7）在每一斗争中，革命工会都利用这一机会来号召全体工人，进行工厂委员会的组织，领导全体工人斗争。特别是在黄色工会中，运用工厂委员会的组织，领导群众来反对黄色领袖和脱离黄色领袖的领导。

（中华全国总工会中国工人运动史研究室编：
《中国工会历次代表大会文献》，工人出版社，
1984 年，第 344–349 页）

对黄色工会问题决议案*

在反动的国民党背叛革命后，大屠杀工人，摧残一切革命的斗争的工会；在中国工会运动中，遂产生了黄色工会组织。国民党不仅在政治上极端来压迫工人，而且还运用工会的组织来束缚工人。当开始将革命的工会摧残殆尽的时候，即借改组工会的名义，来组织官僚、工贼的官办工会（即从前工会改组委员会、上海工统会等），企图压制工人自己的工会发展。这种企图已被全国工人所反抗，失去了效用的时候，国民党更进一步的利用工厂中的工头、职员、工贼和一部分思想落后的分子，来发展黄色工会组织，以欺骗一般工人群众；黄色工会遂成为压迫工人、统治工会运动最有力的工具。

黄色工会在群众中，完全依靠国民党反动政治势力的保护而发展起来的；强迫工人加入，禁止一切工人自己组织的工会存在，要在国民党登记批准形势之下，只有一般国民党的忠实走狗，才能办理工会、组织工会。于是使一般工人群众受到政治的威逼、黄色工会的强迫、改良欺骗的面目，而加入到黄色工会中去；黄色工会因此包括有大多数工人群众在其组织之内。目前若是极端否认黄色工会有群众，这是一个极大的错误。国民党在各地所组织的工会整理委员会，他本身不是黄色工会，

* 本文原载一九二九年十二月六日—十日出版的《上海报》第一百四十四——一百四十八期。

不过国民党运用他来传播黄色工会种子，在群众中来建立黄色工会的组织，是国民党御用的机关。各地黄色工会的发展，也不完全相同。在上海的黄色工会是经过了国民党不断的屠杀和压迫，改良主义的欺骗，逐渐由过去工会中反动分子和所谓国民党忠实同志依靠反动统治势力扶持而发展起来的。在北方的黄色工会完全由国民党改组派利用党与政治地位，在把持和强迫形势之下一手建立起来的。最近武汉，即是国民党在这种形式之下来发展黄色工会组织（如强迫征收工会登记费）。黄色工会的发展，因为国民党内部派别不同，互相利用工会来夺取群众，以扩充自己政治上的势力，遂反映到黄色工会内各派领袖的冲突。在各地发展与形成的形势不同，因此有些黄色工会在实际上已变成国民党的官僚工会（如上海市总工会、海员总工会、上海兵工厂造船厂工会、津浦铁路工会等）；有的变成资本家的御用工会（北京电车工会，上海丝厂工会联合会，先施、永安工会），完全成为国民党、资本家公开压迫群众的工具。工会的领袖不尽然是黄色领袖，有的直接变成官僚、资本家的走狗了。

黄色工会的作用，因为过去大革命中中国工人伟大革命作用的表现，当着中国革命失败后，帝国主义和反动国民党企图消灭中国革命运动，除白色恐怖外，遂积极采用改良主义的欺骗方法，来麻醉群众，阻碍革命的工会运动发展。黄色工会就是改良主义在群众中实行欺骗工人有力的工具；因此他的主张完全是反对阶级斗争，实行劳资合作，牺牲工人阶级的利益，来拥护资产阶级的剥削地位。用改良欺骗的方法，实行消灭工人的阶级斗争，引导工人走上合法的和平道路，永远替资本家做忠顺的奴隶。

中国过去的工会运动，完全是在革命斗争中发展起来的，没有改良主义的遗传性。加以改良主义在中国经济基础非常微弱，中国资产阶级还靠加紧剥削工人的血汗来发展生产，积累资本，不能真正实行改良工人的生活；因此，黄色工会的基础在群众中并不宽广，只有在反动政治保护之下来发展其作用。

因此，黄色工会最易于欺骗群众的方法，不仅是挂着工人工会的假招牌，使一般工人分辨不清，受其蒙蔽；而且利用一些小的利益，争取来获得群众对他的信仰。一般黄色领袖操纵工会机关，把持群众的斗争。在每次斗争中，表面上是领导工人来斗争，实际是攫取斗争领导权，用妥协方法（请愿、仲裁等）来代替群众直接斗争行动；用拖延政策（听候党部和政府解决等）来消磨工人群众的斗争情绪；使每次斗争在这种形势之下，不是完全断送，就是将工人群众最主要的要求放弃，争得不关紧要的小的要求。实际上，一般黄色领袖完全是帮助资本家压迫工人，不过在领导斗争来破坏斗争的方式之下，以掩藏他出卖工人的面目和罪恶，使得部分工人群众一时受其欺骗。到了群众斗争已发展时，黄色领袖即行妥协出卖，用种种政治势力的威吓，来压迫工人群众斗争。当着工会中革命分子坚决的领导斗争或反抗的时候，黄色领袖即挟其国民党政治势力，不是假以反革命的罪名，将工会革命分子拘捕或枪毙，就是整个工会改组，换一批忠实走狗来把持工会；在思想上用劳资合作来代替阶级斗争，以民族改良主义的宣传来掩饰阶级对立形式和资产阶级剥削罪恶；实际以麻醉工人群众，模糊群众的阶级观念，要工人阶级无条件的牺牲阶级利益来努力替资本家发展生产。这完全是帮助资本家压迫工人的最厉害的敌人。

黄色工会的发展，除了反动政治势力帮助以外，在客观上还因赤色工会运动近年来在群众中还没有普遍的深入的发展。赤色工会的活动和影响并未积极的扩大，因此在客观上更加给黄色工会在群众中发展的机会。

黄色工会是目前全国工会运动中最大的障碍；他不仅把持了工人斗争的领导权，压制工人的斗争，并且包括有大多数工人群众在组织之内，足以增加赤色工会运动在群众中发展的困难。这是赤色工会运动者所不应稍存忽视的一个问题。

目前赤色工会要能在群众中有广大的发展，获得广大工人群众在其组织和影响之下，最中心的任务应当是坚决的来发展反黄色工会与其领袖的斗争，深入到黄色工会下层群众中，扩大赤色工会运动，夺取其广大群众。

黄色工会的基础是建筑在一般黄色领袖及其少数群众身上；大多数群众并不是接受改良主义的影响、自觉的加入到黄色工会，而是受了政治势力的威迫和改良主义的欺骗，不自觉的甚至受强迫而加入。因此黄色工会内大多数群众依然是革命工人，赤色工会应该积极的来争取这一多数工人群众。因此赤色工会的会员必须参加到黄色工会下层群众中去，来扩大赤色工会的影响，发动群众反黄色领袖的斗争，才能将大多数群众脱离黄色领袖的影响，走到赤色工会领导之下。若是单纯的站在黄色工会以外来反对黄色工会，而拒绝参加到黄色工会群众中去工作，这是实际反对黄色工会的斗争上，成为空喊反黄色工会的口号，实际是放弃了反黄色工会的斗争，反而将大多数群众长久的放在改良主义影响之下。

我们参加黄色工会群众中去工作，是为争夺下层广大群众。因此，工作的中心是努力来发展下层群众中的工作，决不与上层黄色领袖勾结和联络，企图不在斗争形势之下来夺取大多数群众，驱逐黄色领袖，而以和平的方式，利用黄色领袖来转变为赤色工会。这不仅是一个很大的错误，反而助长黄色工会的领袖在群众中的信仰。还有参加在黄色工会内已由群众选举为工会委员，不利用指导机关的形式和委员的地位积极的来发动群众斗争，领导群众反对一切合法的、和平的行动，在群众中公开的宣布其他黄色领袖的罪恶，这必然使他变成黄色领袖，与其他的黄色领袖没有两样。就是和平的发展秘密的赤色工会组织，不公开的积极的领导工人群众作反黄色领袖的斗争，在客观上这都要变成黄色工会的尾巴和工具。赤色工会和革命工人都应当坚决的反对这种行动和倾向。

反对黄色工会及其领袖们，应当靠群众的力量来斗争，只有在群众不断的反黄色领袖的剧烈的斗争当中，一方面揭破黄色领袖出卖工人的假面具，另一方面打破群众对黄色领袖的一切幻想，将黄色领袖与群众分离起来，形成对立形势，才能实现将黄色领袖驱逐出工会或群众之外的目的。

在反黄色工会领袖的斗争中，最主要的是扩大赤色工会的影响，加强政治的领导。只有黄色工会大多数群众受赤色工会政治上、组织上的领导和影响，才可以说将黄色工会大多数群众夺取过来，消灭黄色工会的组织。否则群众没有对黄色工会和国民党有明确认识，国民党和黄色工会领袖可以利用政治势力和欺骗方法，将工会领导地位仍然夺取过去，黄色工会仍在群众中复活起来。

黄色领袖的定义，不是单对几个人来讲的。凡是接近国民党的政治领导、主张阶级合作，在合法的、和平的方法来领导经济斗争，都是黄色领袖。因此黄色领袖中比较的争点工人的利益，或是口头上说几句为工人谋利益的话，在政治上、在行动上仍然在国民党领导之下，我们不能把他认为非黄色领袖；就是赤色工会的会员取得黄色工会委员地位，仍采取这样行动，我们仍然以黄色领袖看待，同样的领导群众来反对。只有坚决的站在群众利益上，领导群众作直接斗争行动，反对国民党一切合法行动的工会领袖们，他才是非黄色领袖而成为革命工会的领袖了。

我们反对黄色工会的目的，不是分裂一部分群众或是极少数的群众，成立一个赤色工会组织就够了，而是在夺取大多数的群众。因为目前黄色工会内大多数群众，在客观上依然是革命的群众，单靠分裂的方法是削弱群众斗争力量，并且黄色工会更利用这种机会来制造派别、宣传、挑拨、离间，使群众形成分裂现象，于反对黄色工会的斗争上是有损失的。所以赤色工会在黄色工会工作中，赤色组织的建立虽属重要，但是赤色组织的活动，一定要在黄色工会下层组织和群众中起核心作用，来领导群众作一切斗争——特别是反黄色领袖的斗争。赤色组织在群众中不应放弃下层群众组织的活动关系，形成与群众分裂或对立的形势。假如在斗争发展的时候，赤色工会在群众中有坚强的领导地位，获得大多数群众的拥护，在驱逐黄色领袖斗争中，即或有一部分群众要跟黄色领袖分裂出去，那末，赤色工会就不应顾及这一群众分裂而放弃这一斗争。

反对黄色工会与其领袖斗争，只有坚决发动群众的经济斗争，反对一切合法、和平的妥协方式，采取直接斗争的行动。要应用工厂委员会的方式，来领导群众完全脱离黄色领袖的领导，直接斗争起来。在反黄色领袖斗争，必须坚决的反对国民党，因为国民党、资本家、黄色领袖是三位一体的东西。假使忽视这一斗争，必定使国民党对于群众反黄色领袖斗争中，可以用政治势力、欺骗方法，取消群众所反对的黄色领袖，换一新的黄色领袖，使群众认识不清，很易于使这一斗争失败下去。

目前反黄色工会的策略和具体方法如下：

一、赤色工会和其会员对于有群众性的黄色工会，应当参加到下层群众中去，来扩大赤色工会的宣传，发动群众反黄色领袖斗争，夺取大多数群众在赤色工会影响之下；驱逐黄色领袖，消灭黄色工会组织。

二、反黄色工会主要的策略，是发动群众的斗争，反对和平的合法的妥协斗争方式，领导群众采取直接斗争的行动，如罢工、怠工等，特别是日常斗争中不断进行反黄色领袖工作。在这些斗争中不断地扩大反对黄色领袖斗争，使黄色领袖与群众对立起来。

三、对于官僚的工会、资本家的御用工会，我们应当坚决号召和领导群众起来打倒这一工会，应当建立赤色工会与他对抗。没有群众的黄色工会，也同样的采取这策略。

四、反黄色工会斗争中，要坚决的采取工厂委员会的方式来团结全体工人，使他脱离黄色领袖的影响，来领导全体工人斗争，建立固定的工厂委员会。

五、反黄色工会领袖的斗争，应在一切斗争中、工会日常生活中，不断的利用黄色领袖出卖工人和各种贪污、压迫工人的事实，来揭破其面目，发动群众起来斗争。在这些实际事实的斗争中，才能使一般群众认识反黄色领袖斗争的意义。

六、在黄色工会发生罢工时，应当由全体工人另行选举罢工委员会，脱离黄色工会领袖的领导。在罢工之后，可以在群众拥护之下，成立工厂委员会或工会领导机关，消灭黄色工会组织。

七、黄色工会领袖对于群众斗争剧烈的时候，常常以拖延政策和政治威吓来压制工人的斗争；这个时候必须发动广大群众用各种群众组织会议与决定，来反抗黄色领袖，宣布黄色领袖出卖工人的罪恶，将黄色领袖驱出工会，由群众自动开会选举革命分子来组织领导斗争的组织。在斗争完结后，这一组织就可以转为赤色工会领导机关，或是另行选举。

八、因为国民党各派的冲突，互相利用工人争夺政权和工会领导机关，甚至挑拨工人引起互相残杀。赤色工会其会员应在群众中宣布他们的阴谋，领导群众提出自己的要求，对国民党任何一派一致反对，将两派黄色领袖驱逐出去，改选工人中革命分子，转为赤色工会组织。

九、在黄色工会内提出“民主化”、“反对黄色官僚包办工会”的口号，固然……口号，有时在反对黄色领袖有力的一个口号，但是不应当以这一个口号作为反黄色领袖中心口号；特别在“民主化”口号之下，来逼迫黄色领袖服从群众执行的一切斗争，这是与反黄色领袖斗争上是有危险的，使得一般群众对于黄色工会和其领袖们，不能取坚决的反对的态度，而增加对于黄色工会的幻想，维持黄色领袖在群众中的地位。赤色工会在黄色工会内，不应主张“民主化”，使黄色工会与群众关系密切，应当引导工人站在反黄色领袖的立场上，自动的开会，领导群众斗争。

十、反黄色领袖斗争，不应企图用和平的方式达到驱逐黄色领袖的目的。只有群众斗争的力量发展，在不断的斗争中建立赤色工会领导地位，才能使驱逐黄色领袖这一口号实现。

十一、夺取黄色工会的群众，应注意在下层群众中去工作。假如赤色工会会员能经过群众选举，取得黄色工会指导机关，这对于转变为赤色工会的政策上，是有很大的便利和利益的。应当利用这一机关和领导地位，积极来领导群众斗争，反对一切合法运动，扩大赤色工会政治宣传，实际在群众中建立赤色工会的生活；但是取得了机关而放弃了这一工作，使这一领袖必然成为黄色领袖。

十二、要黄色工会转变为赤色工会，不仅要在组织上将群众夺取过来，更要注意在政治上来争取群众；否则，国民党利用欺骗方法或调换黄色领袖，仍然使黄色工会组织复活起来。

十三、反黄色工会斗争中，必须坚决的反对国民党，反对国民党来改组和整理工会，以及工会职员应由国民党圈定、压迫反黄色领袖斗争。必须领导群众起来，由群众自动开会，选举革命分子来组织工会指导机关。以“工会职员应由工人选举”、“工会应由工人自己办理”、“反对国民党改组工会”、“力争工会自由”等口号，来发动群众起来斗争。

十四、黄色工会每每利用工会机关和会议，来宣传三民主义，企图在思想上来麻醉群众；我们领导群众起来反抗，号召群众不参加会议。假使在群众被强迫到会时，我们应提出群众的要求要他们解决，在实际问题上来揭破欺骗群众的三民主义给群众看。

十五、对黄色工会的组织策略，不是组织一个少群众的赤色工会与之对抗就够了的，而是要尽量的深入到黄色工会下层组织接近群众，利用各种下层组织会议与斗争问题，来领导群众起来反黄色领袖斗争。只有深入到黄色工会下层群众组织中，才能易于接近群众，扩大赤色工会的活动。

十六、在黄色工会内建立赤色组织是非常之重要。在各工厂工会中，应当建立赤色工会支部，在群众中起核心的领导作用。应当利用可能条件，进行工会各种附设组织（如足球队、俱乐部等），以求得赤色组织的公开活动地位。

十七、在黄色工会内建立赤色工会下层群众组织的赤色工会支部，不是脱离广大群众而单独成立的形式，而是为了增加在群众中的活动与领导的力量加强。但是在斗争中反黄色领袖压迫斗争的时候，特别在反黄色领袖斗争中，应当运用工厂委员会方式，在群众中作独立的领导。

十八、在黄色工会工作中，不应在群众中采取分裂群众的组织策略，但是在斗争中，赤色工会支部及革命工人组织在群众中已有很强固的地位，大多数群众的信仰，应当坚决的实行驱逐黄色领袖斗争。在斗争中，赤色工会应当公开的起来领导，虽有一小部分群众要跟黄色领袖走，我们不应顾及而放弃这一斗争。

十九、在黄色工会中没有获取大多数群众拥护，企图夺取上层工会机关来转变为赤色工会，是不可能的。只有大多数群众在政治上、组织上受赤色工会组织和会员领导，将黄色领袖驱逐，才能实现转变为赤色工会的目的。

二十、在黄色工会中的赤色会员，若是被群众选举为黄色工会的委员时，应当坚决的站在群众方面，主张群众的利益；注意下层群众工作，不断的在群众中宣布黄色领袖的罪恶，促进群众反黄色领袖斗争的发展。不应采取消极的态度或是辞职，这都是妨碍反黄色斗争的发展、帮助黄色工会在群众中的信仰。至于在黄色工会充当委员，不敢在群众中公开的宣布黄色领袖罪恶，发动反黄色领袖斗争，与黄色领袖合作办理工会，这无疑的他本身就变成黄色领袖，我们同样的要坚决反对。

二十一、在反黄色工会领袖斗争时，赤色工会支部或革命群众组织已获取大多数群众的拥护，应当坚决的实行驱逐黄色领袖消灭黄色工会组织。虽然所建立的赤色工会被国民党解散或压迫下的，赤色工会仍要秘密的存在，继续进行领导群众力争赤色工会公开的运动。

（中华全国总工会中国工人运动史研究室编：《中国工会历次代表大会文献》，工人出版社，1984 年，第 349—357 页）

反对国民政府工会法决议案*

国民党代表资产阶级的利益，不断的造谣惑众，欺骗工人，破坏工人的罢工，出卖工人的利益。他们的狰狞面目久已被全国工人所认识清楚了。但是他们欺骗工人的诡计仍是层出不穷，他们对工人所布置的陷阱，仍在不断的陷害工人。国民政府所颁布的劳动法，就是一面欺骗工人，一面残害工人的有力证据。

劳动法的用意是限制工人组织，剥夺工人一切政治自由，强迫工人服从国民党野蛮统治的一个工具；同时也就是欺骗工人、强奸工人意志的东西。在劳动法里面，所谓国家产业如铁路、邮电、兵工厂各种工人，是丝毫没有组织工会、举行罢工、为保护工人利益而奋斗的自由的。一切工会的组织，必须完全受军阀、官僚、资本家严重监视。八小时工作制是劳动法所不承认的。童工、女工在劳动法束缚之下，只有受更大的痛苦。此外如禁止赤色工会的发展，分裂工人的组织，禁止中国工人与全世界革命工人的联合。他的整个条文，完全是为资本家给中国劳动者所预备的一副枷锁。

大会对于国民党这种反革命的镇压工人，与帮助中外资本家剥削工人的法令，根本反对。大会号召全国工人阶级共同起

---

* 本文原载一九三〇年中华全国总工会编的《第五次全国劳动代表大会决议案》。

来反对这一个反革命的劳动法，誓打破这种为中国工人预备的枷锁。我们认为中国工人只有用革命的斗争方法，才能揭破国民党的欺骗，才能打破国民党的阴谋！

（中华全国总工会中国工人运动史研究室编：《中国工会历次代表大会文献》，工人出版社，1984 年，第 358 页）

工农联合决议案*

一、目前中国反抗帝国主义、反抗资产阶级、肃清封建残余的革命，是要得到全国数万万广大的劳苦群众与全世界无产阶级的拥护，才能彻底胜利的。因此城市的工人与乡村的农民结成巩固的同盟，是保障革命胜利的唯一条件。只有工人与农民手牵手的相依为命的前进，才能摧毁阻碍中国革命的一切敌人。

二、现在帝国主义、资产阶级和封建势力已统一在一条战线上，张着大口狼吞虎咽的咀嚼着广大工农群众的血肉。城市的工人在资本家与帝国主义所建立的牢狱一般的工厂中，度着悲痛无涯的生活，每日做十几小时的牛马苦工，得不到一点儿休息，而工资则少到不能养活父母妻儿；至于待遇更简直和牲畜一般。乡村的农民处在地主、军阀两片石磨之间，不但血肉、差不多连骨也给碾碎了。

三、帝国主义侵略中国的结果，首先使乡村中的农民及手工业者失去了土地和工作。有一小部分跑到城市中，为资本家挑选了去替他们作榨取剩余劳动的牛马；又有一部分投到军队中去，当军阀们抢地盘时的炮灰，或上山落草当土匪流寇；其余大部分都没有地方容身，坐在家里望着天等待死亡。所以城

---

* 本文原载一九三〇年中华全国总工会编的《第五次全国劳动代表大会决议案》。

市的工人与乡村的农民，在先原是同气连枝的亲兄弟，现在虽分离开，然而一个在城市一个在乡村所过的，都仍旧是同一般苦痛的命运。

四、统治阶级的一切所得、一切需要，都靠剥削我们工农而来。我们的血肉都成统治者及所有社会寄生虫的养料，而我们自己却得到悲惨结局。如拉夫、征粮、奸淫、烧杀无非是工农们的妻女；数不清的苛捐杂税，混乱的金融，无数的债票库券，吓人的高利盘剥，又无非转嫁到我们工农身上。我们简直逼到上天无路。然而地主、资本家却依然一样的快乐繁华。为打倒这些敌人，城市工人与乡村农民的要求，都是一致迫切的。

五、再就我们敌人方面来说，他们也并没有划分城市与乡村。在半殖民地的中国里，城市的资本家有许多就是乡村的地主。地主与资产阶级也和兄弟式姻娅的关系一样，他们彼此之间是一致的。所以中国农民不能希冀〔望〕得到资产阶级丝毫的援助，而从地主手里解放出来。这完全是一种无耻的欺骗。只有城市的无产阶级才是农民反地主的友军。

六、过去的事实也证明，上面所说的是十成十足的真理。过去反军阀、反帝国主义的斗争中，工农都是手牵手的前进的。我们深切的认识，劳苦的工农除依赖自己的力量以外，是不能依靠任何他人的。劳苦的工农若不自己来解放自己的痛苦，谁都不能为我们设法的。我们为解放自己，必须将各个地方打成一片，必须全国在一个同盟之下、在一个组织中结合起来。

七、过去的经验也教训了我们，以前很多次的农民暴动（如太平天国）是失败了的。为什么呢？因为是无自觉的农民暴动，所以失败了；因为没有预先准备，所以失败了；因为没有农村无产阶级与城市无产阶级的同盟，所以失败了。这是农民原始暴动所以失败的重要原因。

八、前年广州工人伟大的暴动所以失败的主要原因之一，就是得不到市郊四周农民的援助。这一个创伤永远存留在我们的心中。我们深刻的记着：中国革命的胜利，必须城市与农村两种斗争汇合起来；然而这必须城市的工人与乡村的农民先有一种坚强联盟。

九、然则是否城市的无产阶级与乡村中全体农民结成一个联盟呢？不是的。

在农村中有一种受雇于地主、富农的人，这种人叫做雇农，是农村中的工人，是属于无产阶级的。剥削他是富农和地主。富农与地主残酷的待遇这些农村工人，以最低廉的工钱，为他们做很长久时间的工作。我们要努力使在富农、地主底下的雇工，得到更高的工资，按时的休息和良好的待遇。雇工也只有和城市无产阶级一起，才能从一切困苦与贫穷中逃脱出来。除了城市无产阶级之外，没有人会来帮助雇农的，除了依恃自己之外，也没有人可以依恃。

在农村中有许多没有或者很少土地的、不能不替富人做工以维持生活的农民，这样的农民叫做半无产阶级；他们也是城市工人的兄弟。他们为对一切的富农、地主做斗争计，除了与城市工人结合起来以外，也是没有其他出路的。

我们看，在铁路经过的地方，谁在路面上工作呢？谁在水上摇船呢？谁在蜿蜒的道上推着小车、挑着扁担呢？这都是乡村的无产阶级干的事。这种人在中国是很多很多的。这些人名义上是农民，实际上是被雇佣者，是工人。他们全部必须与城市工人结成一个联盟。

在农村中耕有不多的土地，可是他们依然不能用这些土地上的收获来支持，即在丰年他们的生活也不会好的，这种农民叫做贫农。贫农一年的收入不能温饱自己的身体，挨饥挨饿。他们的经营完全濒于破产，简直没有能力去整顿照料所耕的土地。贫农必须与城市无产阶级结成联盟，而对剥削他们的富农与地主作坚决的斗争。

中农是位于富农与贫农之间的；农民丰年的时候，可以从农业经营所得平稳的过去，但是贫穷却不时追随着他们的后头。他们的经济是动摇不定的。在帝国主义、地主、豪绅、资产阶级掌握着政权与土地，若临在我们头上的时候，贫农当然不能脱出贫困的命运，中农也断然不能不受这种命运宰制的。中农虽然始终要想变成一个土地私有者，但是想是不能成事实的。他必须要打击富农与地主。为要打击富农与地主，又必须与城市工人及乡村的雇农、贫农，结成同盟才有可能。

富农是农村中的资产阶级，同时是高利贷、商业资本及半地主的剥削者。他包含一些动摇以至反革命的成分，在反地主、反军阀、反帝国主义的斗争中，富农是不会起积极作用的，而且他更有接近地主与地主联合的可能。所以城市无产阶级与乡村农民的联合，是必须把富农除外的。贫农中如果不从富农分离出来，而与雇农与城市工人结合联盟，则富农将欺骗他们，而把他们引到地主的队伍中去。

十、我们要使中国革命胜利，首先必须做到使农村的中农、贫农、农村无产阶级及半无产阶级与城市无产阶级的联盟强固起来。为这一联盟的实现，马上就需要进行争自由（言论、出版、集会、结社等自由）的斗争；马上便需要帮助农民进行争地位平等，废除封建剥削的斗争。自然，我们最后的目的并不限于这些，我们最后的目的在求得社会主义的胜利。但是，社会主义的胜利不是马上就可实现的；要使他实现，必须坚决的不断的与帝国主义、地主、豪绅、资产阶级作殊死的斗争，把这些敌人打倒。要实现这个最后的目的，必须全中国的一切城市与乡村的无产阶级与贫农，结合在一个铁一般坚固的同盟之中。

我们现在正向着这方向前进。同时我们的敌人也对我们施行空前的白色恐怖，极野蛮残酷的迫害我们。然而我们决不屈服于敌人之前，我们继续着斗争！我们决不怕敌人的刀锋子弹，我们决不怕敌人的手镣足铐。我们为中国从帝国主义之下解放出来而斗争！为工友们农友们的自由幸福、反抗地主、豪绅、军阀、资产阶级而斗争！为推翻国民党反动的统治，建立我们的工农共和国而斗争！为解放几千万几万万民众的贫困与痛苦而斗争！无论帝国主义怎样顽强，白色恐怖怎样严厉，只要我们这个工农的联合能够坚强伟大，那末，胜利终归是属于我们的。

（中华全国总工会中国工人运动史研究室编：
《中国工会历次代表大会文献》，工人出版社，
1984 年，第 359–362 页）

农村工人工作大纲决议案*

一、在半殖民地的中国，一切社会经济组织都束缚于帝国主义铁蹄之下，不能前进。因此，工业无产阶级虽因帝国主义直接在中国开设工厂有了相当的发展，但是他的数量仍不十分发达。在中国整个无产阶级力量上看，除了主要的工业无产阶级外，还有上千万的手工业工人，二千多万的农村工人，都是构成中国整个无产阶级的力量，成为中国革命中强有力的领导者。

二、农村工人最主要是广大雇工群众；其次是农村中手工业工人和店员。中国农村经济自经帝国主义侵入以后，日益崩溃。虽然农村生产形式仍停滞在资本主义社会前一阶段，并没有产生新式生产的农村工人，可是有些地方已经发生集中的或半集中的农业公司或垦牧场大公司等（如江苏、满洲），包含有多数雇工群众。虽他的生产方式仍然采用旧的工具，但是在他们阶级关系上已达到工厂和工场的工人地位。还有在地主、富农直接所雇用的工人更占多数，不过人数不大集中而已。

三、农村广大的雇工群众，他是被地主、富农及新式农业公司直接剥削剩余价值的一个雇佣劳动者；他与工业无产阶级同样的出卖劳动力维持生活，所不同的只生产方式而已。因此

* 本文原载一九三〇年中华全国总工会编的《第五次全国劳动代表大会决议案》。

在他的经济地位与生活条件上，决定了他是农村无产阶级；在整个无产阶级的意义上说，他是无产阶级之一部。

四、雇工因为经济的地位与生活的背景，表现他的阶级意义与一般农民不同，而接近于无产阶级。

（1）对于阶级意识比较明显，阶级觉悟比较敏锐。

（2）私有观念比较薄弱，对于无产阶级革命——社会主义革命，并不畏惧而且热烈拥护。

（3）封建思想比较少。

（4）在革命运动中特别坚决。

因此，雇工工人在革命运动中形成一个占主要的地位，在民权革命阶段中，他是最积极的革命分子，而能完全接受城市无产阶级领导，来领导一般农民，彻底肃清封建势力，完成土地革命。在革命深入转变到社会主义革命的时候，他不仅是坚决反对农村富农最有力一种革命势力，并且是领导贫农进行社会主义革命中坚力量，同时是建设社会主义之一员。因此我们不应将他混合在一般农民群众中，应由农民群众中划分出，列入到无产阶级的队伍中来。

五、无产阶级在目前革命阶段欲巩固他对于农民领导地位，只有经过农村无产阶级——雇工，才能建立强固的工农革命同盟，才能引导农民群众（除富农外）由民权革命进到社会主义的阶段。无产阶级必须吸引广大的农村雇工到了自己阶级战垒内，构成强大的无产阶级革命力量，建立在农村中强固领导地位。因此无产阶级要以最大的力量来帮助农村雇工群众建立组织，发展斗争，使他在农村中形成独立的斗争力量。

六、在城市的赤色工会和地方总工会，对于雇工工作要与城市工人与手工业工人及店员，同样的认为自己主要工作之一，同样的到农村中来建立和发展农村工会组织。应当使农村工会加入到市总工会组织内，由全总至各县总工会，在执行委员会之下，设立雇工部来管理一切农村工会工作。

七、农村工会组织基本群众是雇工群众，其次手工业工人以及少数店员。至于临时帮工而仍耕有土地者和带剥削地位的手工业者，不能将他们组织在内；应以农业公司和雇佣有多数雇工的大地主、富农为中心工作。

八、农村工会组织以农村支部为基本组织，联合一乡或一区（视区域大小来规定）农村支部，和附近市镇各业支部成立农村工会。较大的农场公司，应单独成立工会，然后按耕耘的区域或居住的关系来组织支部。至于手工业工人在乡村中除了该项手工业为特殊工业（如福建烟工、各地油坊工人、酿酒工人、浙江之纸工）可另成立工会外，其他手工业工人可按其职业关系，在工会之下成立职业支部。

九、农村工会中对于青工、妇女应设青工和妇女部，专门负宣传教育工作。对于青年和儿童雇工，仍然要加入到工会，编入各农村支部组织；同时可以组织劳动童子团和少年先锋队。

十、雇工群众在地主、富农残酷剥削之下，不仅勤劳终年，所得无几，特别是儿童的雇工，每年工资甚至不到一元；除了耕种田地以外，还要替地主、富农无代价做各种劳役，生活的痛苦达到了极点。因此在发展农村工人运动，主要的是坚决来领导雇工群众作经济的、政治的斗争，只有在斗争中才能发展工会组织，建立农村工人在革命中对于农民群众的领导地位。

十一、雇工的经济要求，主要的：

（1）增加工资；（2）减少工作时间；（3）改良待遇；（4）规定工作范围，反对其他的额外工作和劳役（如抬轿、推车、防盗等）；（5）规定休息时间和一切例假；（6）反对雇主任意解雇；（7）儿童、妇女与成年同样工作时，应给同样工资。

十二、雇工的斗争应当要注意在斗争中组织活动，尽可能的使每一斗争采取联合形势（如同盟罢工、怠工等），不要太偏于个别斗争而易于发生失败；同时在斗争时应注意工作的时令，才能保障斗争胜利。

十三、雇工政治斗争是土地革命——没收土地、建立苏维埃政权。因此他的斗争不能脱离一般农民的斗争，对于农村中一般斗争（如反抗苛捐杂税、抗租、抗债、反豪绅地主等斗争），应该积极参加，领导农民来实行土地革命。农村工会不仅在宣传上要使一般雇工对于土地革命认识，指出土地革命与雇工解放的前途，引导他们积极参加，并且在雇工每一斗争中，都要注意到与农民一般斗争的联系，在这种斗争中才能建立雇工领导地位。

十四、贫农是半无产阶级，是农村雇工永远最坚固的同盟者——自民权革命至社会主义革命阶段中坚固的同盟者。富农是农村资产阶级的前身，并且中国富农多半是兼中小地主和半封建性剥削者，是雇工阶级斗争的对象；同时富农有妥协和反动性，尤其农村斗争稍一发展，或雇工斗争发动以后，必然更快的变成乡村反动势力之一。因此，雇工在农村同盟要自贫农至中农，富农除外。对于雇工斗争时，应当坚决的拥护雇工利益，不应对富农有丝毫让步。在苏维埃区域中更要加深这一斗争；即或在一般斗争中（如抗捐税等），有富农参加在内应由雇农领导贫农、中农积极的夺取领导权。

十五、农村工会与农民协会或农民委员会，要建立很密切的关系。应互派代表参加会议，讨论一切斗争问题。在农村暴动和一般斗争，可共同组织行动委员会来指挥。在雇工斗争时，农协或农民委员会要召集全体农民起来援助。雇工群众除了加入工会以外，仍可用个人名义加入农协为会员，在农协中取得领导地位。在苏维埃区域中，雇工应完全退出农协，而只团结在独立的农村工会中。

（中华全国总工会中国工人运动史研究室编：
《中国工会历次代表大会文献》，工人出版社，
1984 年，第 363–366 页）

宣传教育问题决议案*

一、目前工会宣传工作在政治上的主要任务，便是启发工人群众的阶级觉悟，提高工人阶级的政治认识，唤起广大的工人阶级在赤色工会领导之下，一致为反对世界大战，拥护苏联，推翻帝国主义、国民党反动统治，建立工农政权，完成中国革命，谋中国工人彻底解放而斗争。

二、在工会日常宣传工作中，应有系统的计划宣传鼓动与教育工作，领导工人群众与国民党、改组派、黄色工会改良主义等作思想上的决斗。这是赤色工会群众化的第一步工作。因为如果没有深入于群众的宣传，便没有广大的群众加入到工会中去，同时黄色工会、国民党工会便可以利用一切欺骗的妖言妄语，侵入于工人阶级队伍里面去，促成黄色工会在思想上的发展。

三、根据上述宣传的中心任务，宣传方略便是用真实的工人痛苦生活，去揭破反动统治阶级压迫工人、资本进攻的罪恶；用赤色工会的行动纲领，去回答国民党及黄色工会的改良主义；用鼓动日常斗争的方法，去代替敌人宣传的种种合作、合法请愿、劳资妥协的理论。

四、自然，上述不过是赤色工会宣传工作的主要内容，这

---

* 本文原载一九三〇年中华全国总工会编的《第五次全国劳动代表大会决议案》。

个内容应当与工会日常工作相连合。即在日常斗争中必须注意提出当时当地的具体要求和口号，在宣传这些具体要求和口号的时候，应该指示群众斗争的目标与前途，使与总纲领相连合。

五、宣传煽动在工会工作中应占一个最重要的地位。每个工会须成立强有力的宣传部，有计划的按时决定宣传纲领，督促所属工会并指导审查各工会的宣传工作。宣传部须设法招引工会多数会员参加工作，并推广教育训练班的组织，以养成专门干部。

六、为使宣传工作增加效力起见，宣传工作须有充分的准备和材料，切忌拿许多不切实际的空洞言论去做宣传的张本，因此关于工人生活、物价增高以及资本进攻种种实际情形，工会宣传部须经常注意搜集、统计，供给各宣传工作人员之用。各工会宣传部须有很好的调查工作及整理材料的组织。

七、因为宣传工作多半带一点技术性，工会须养成多数宣传工作人员供给应用。在过去工会多有成立宣传教育班的，应于可能范围之内将这个办法恢复起来。宣传班的人员须选择工会积极活动分子轮流教育。

八、在每个重大政治事件及工人斗争发生，过去往往只见反动派工会的宣传而缺少革命工会的宣传，这是足以混淆工人的视听。工会宣传部对于这类宣传，应该采取极迅速的处置，针对敌人的反宣传一一加以驳斥；应该在敌人宣传达到群众之前，将赤色工会的宣传刊物发到群众中去。

九、工会宣传部应尽量规划每个工会出版刊物，周刊、月刊、不定期刊均可。这些刊物应该文字浅显，带地方性，多容纳工厂通讯员，内容切合于工人的心理和要求，而且印刷力求明晰，发行应力求有固定阅者；在许多不识字的工人群众中更应出版画报。这些工作，宣传部应经常指导，并定出经常活动的费用。

十、每个产业工厂或铁路、轮船、矿山，均应设法出版本工厂的小报。本工厂小报应该是工人自己办理，更具体的描写本地工人的生活痛苦，提出工友切身问题讨论，同时还应注意宣传国际工人运动的消息和理论。不论份数多少，时期长短，他的效力是很大的。

十一、关于一般工人重大斗争，工会应经常注意编成有系统的小册子，详载事件的经过及工人所得的教训。又如关于提高工人文化的理论以及文艺书籍，工会宣传部亦应积极进行，建立工人思想的深远基础。

十二、宣传工作并须特别注意利用群众的斗争，采取共同一致的行动。如在黄色工会的会场上，有计划的鼓动群众的反抗黄色工会领袖；在罢工游行示威的时候，召集群众的宣传会议；在反动势力高压之下，计划飞行集会等，都是重要的工作。

十三、在黄色工会中的宣传，第一是与改良主义的思想作根本上的斗争。其次要利用黄色工会欺骗工人、出卖工人的种种事实，作有系统的宣传。在黄色工会中应组织反黄色工会的宣传班，经常到群众中活动。

十四、关于经常宣传教育群众的工作，开始建立各种形式的工人读书、体育、娱乐的组织，如工人读书班、识字运动、工人补习学校、工人子女学校、书报室、俱乐部、体育会、球队、游艺会、新剧社、音乐社，等等。利用这些组织，灌输群众以种种基本知识。训练群众中一般积极的分子，成为工会中的干部人才。提高一般群众的政治认识，养成他们团体生活的习惯，使他们了解工人阶级的出路和工会的性质及其斗争目标、斗争方法等。

（中华全国总工会中国工人运动史研究室编：《中国工会历次代表大会文献》，工人出版社，1984 年，第 366–369 页）

海员工作决议案*

一、两年来，帝国主义与中国资本家在中国航业的竞争十分激烈。帝国主义各恢复了在大革命前的航业，而且超过原有的地位。因为航业竞争的激烈与军阀混战的延长，所以对于海员的剥削和压迫也越加重了。现在海员的生活不但是丧失以前的经济条件和工会介绍权，而且在资本进攻与合理化之下增加工作，减少工资，不断降低了自己的生活，造成大批的失业恐慌。一切对于海员的政治压迫和苛例（如帝国主义禁止海员登岸，黄色工会强收会费，运兵运械的危险工作，撞沉船只的事时常发生，以及最近严厉压迫参加香港罢工的海员等），更是层出不穷，激起海员工友的经常反抗和争斗。

二、全国海员在过去两年内，表面上是没有很大的斗争，但是每个轮船的争斗却是此仆彼兴，没有停止过。自从北方政记公司海员几次采取直接争斗的形式、招商局海员要求发欠薪的运动、福建海员的反国民党斗争，以至俄国皇后船的大罢工，海员运动已有了很大的发展。直到现在，帝国主义虐待海员愈酷，军阀混战中海员生活愈恶化，大洋船的海员已经发动了普遍各轮的反“涉孖沙”运动，沿海岸及内河船海员的斗争正在酝酿待发之中。这些现象证明海员的争斗已到了新的严重

* 本文原载一九三〇年中华全国总工会编的《第五次全国劳动代表大会决议案》。

形势！

为领导这个快要到来的伟大争斗，并且当帝国主义积极准备世界大战武装进攻苏联紧张的时候，为执行大会反对帝国主义世界大战争、拥护苏联的政治任务，都有使海员工作更加注重的必要。因此，目前海员工会的发展，成为全国工会的最中心工作，含有实际的争斗的重大意义。

三、过去海员工作犯了很多的错误，但是主要的错误即是海员总工会没有认清海员的阶级力量，没有了解海员工会的群众性（如最近海总成立的夺取反动派之海总委员会，即其最著之例），没有努力去发展海员的赤色工会组织，没有注意船上委员会及支部的建立和发挥其作用，有个时候竟发生取消工会工作的事件；另方面缺乏注意全国的工作。因此，现在有工会会员的仅限于极少的船只，北洋、长江一带的轮船没有多大的发展，即已有工会会员的，亦没有形成强固的船上支部组织，不能尽领导争斗、代表海员利益的职责。努力纠正这些错误，是目前海员工会的第一步工作，因此决定下列各项实施办法。

四、全国海员工作，现在要有整个的全部计划。海总的整顿与健全是目前急不容缓之事；但是因客观环境的限制，海总现在还不能实际担负指导全国工作的责任，因此，长江、北洋、东北的海员工会，须由全总海铁委员会直接指导去发展工作。海总应积极注意发展大洋轮船及南洋海岸、广东内河轮船的工会工作。在发展赤色工会会员的时候，应特别重视舱底生火与舱面水手工人的领导作用，应把生火与水手当做构成工会的主要分子（俄国皇后船罢工的教训完全证明这一点）。

五、目前反“涉孖沙”的口号，已成为一个伟大的运动：

极重要的皇后、总统轮船，都已有了许多自发的工会组织和争斗。长江、北洋船的加薪争斗，正在公所领导之下发动；争取这个争斗的领导，揭破工头与公所领导间争斗的危险，是马上就要去做的事。继续扩大这些争斗，提出全国海员的共同要求纲领，联合这些斗争，使各船争斗互相声援，形成总的斗争。海总与海铁委员会必须经常注意拟定扩大斗争的具体计划，因为就现势观察，如果不能确定推动总的斗争，海员争斗的战线是不能进展与巩固的。

六、现在海员中有各种不同性质的官僚政府工会，如国民党军阀政府包办的海员总会、香港政府御用机关的船员总会。这些工会名义上是海员的，实际完全变为压迫海员的官僚机关和工头组织，没有什么群众的基础，因此，我们对于他们的工作方法，主要的是有系统的在海员工友中揭破这些反动工会压迫工友、剥削工友的罪恶，宣传拒绝加入反动工会，拒绝交纳会费。同时应该独立的发展赤色工会的组织，在日常斗争中争取争斗的领导权。在揭破反动工会的欺骗政策时候，最主要的是以阶级利益的宣传去代替国民党狭隘的民族宣传；以阶级争斗去攻破反动工会的劳资妥协论调。

七、同样重要的就是公所工作与宿舍工作。公所本是长江方面一班剥削海员的头目所组织的机关；在反动政治高压及黄色工会丧失信仰的时候，公所乘机在海员中活动，是有相当的作用的，并且现在已成为一个可注意的问题。对于公所的运动，我们决不要对他存任何幻想，决不要帮助他的发展，要向海员工友指出他是与工人阶级利害相反的封建机关，必然是背叛工人利益压迫工人的工具，在有相当群众的公所中，应运用对黄色工会的策略开始工作。次之关于香港宿舍的工作，首先应纠正过去站在宿舍外面工作或自己建立宿舍的狭隘办法，目前最主要的是有计划向已有的百余宿舍工友群众中去活动，从一般的宣传开始，引导他们参加争斗，参加赤色工会组织，参加失业工人的组织。要在每个宿舍中建立基本组织，帮助赤色工会工作的发展。

八、实行向没有组织的船上海员以及反动工会、公所宿舍争取海员群众的工作。必须以建立船上委员会为这个工作的中心任务。现在皇后船、总统船的海员，自动的均有船上委员会性质的组织；我们必须把这些船上的组织领导权，设法由工头的手里转移到海员工人身上去，才能实际保护工人的利益。在还没有赤色工会组织的轮船上，必须有计划的宣传船上委员会的组织，促成他的实现，经过这个组织，积极建立强固的赤色海员工会。

九、为争取争斗的领导，为消灭黄色工会在海员中的影响，海员工会组织必须完全建立在船上支部的基础上。应把现在以开船为中心的工作，变成为积极建立船上支部的工作。因为过去两年的经验，已完全证明开船工作不成为根本办法，徒然有少数散漫的工会会员和同情的分子是万分不够的。所以今后船上组织必须是完全采用大会组织问题决议的整个精神，必须有计划的派人跟船作支部教育训练工作，必须注意训练船上的干部分子，同时应注意建立组织的关系去代替个人的关系；只要有三个工会会员，便应该把他们组织起来，这样才能渐渐建立有下层基础的群众工会，才能使工会会员参加工会生活，充分发挥工会的革命作用。

十、海员运动与国际海员运动的联络是非常重要。首先设法进行对于国际海员的宣传；在各船的中国海员，应利用工作的关系，去进行外国海员的联络，应注意与太平洋各国海员工人反国际运输宣传委员会发生关系，渐进到组织上联络。

十一、在海员工会宣传工作方面，除根据目前的政治任务，须努力于反国民党的统治，反对世界大战，武装拥护苏联外，并应特别注重国际的宣传和阶级的教育；因为现在海员中狭隘的国家思想仍然很盛，国民党常常利用这个弱点去做简单反对外国人的煽动，模糊了工人的阶级观念，以遂其欺骗工人的阴谋。必须多数海员了解国际阶级的联络，然后才能促成强大的国际组织。至于地方思想、行会思想、职业差别的界限，在业工人与失业工人的冲突，等等，都是船主与涉孖沙有计划的在不断的制造；改良主义劳资合作的宣传，也经过国民党改组派渐渐散播到海员中去。针对这些反动宣传，揭破他的反革命性，灌输海员群众以工人阶级的正确思想，是海员宣传中不能再缓的事。此外关于罢工和斗争的教训，每个特殊问题的发生均应尽力纠正过去的放弃态度，有迅速正确的反映。为实现这个任务，海总与海铁委员会须有健全的定期出版物，并须有完善的宣传工作计划；这个计划必须根据各航线的海员生活的实际情形。

十二、为促进海员工会的实际发展，定于五个月内召集全国海员代表会议，讨论海员工会工作。在这五个月内，应充分准备这个会议的工作，必须保证代表会议有代表多数群众的代表参加；在这次会议上选举新的海总执行委员会。

（中华全国总工会中国工人运动史研究室编：
《中国工会历次代表大会文献》，工人出版社，
1984 年，第 369—373 页）

铁路工作决议案*

目前铁路工作中几种主要的现象。

（一）一年以来，各路工人的工资虽然有几条铁路是相当的增加了一点，但是因为物价的增高，工作的加重，待遇的恶劣，有许多过去于工人有利益的条件（如北宁工程处的两天赏工、平汉路的礼拜双工等）均已取消。路规的加严，工人过去所靠的额外收入，现在几乎完全取消了。又加上黄色工会的压迫与剥削，所以事实上一般铁路工人的生活不但未有改善，反而日趋恶化。

（二）大部分的铁路工人一方面因为生活的恶化，另一方面已感觉到了国民党和黄色领袖的欺骗与压迫，因此才发生了不断的经济要求与反黄色领袖的斗争。这些斗争又多半是狭义的对人的争斗，仍然在国民党与黄色工会范围之内而被国民党与黄色领袖所压迫和欺骗，以至失败。

（三）赤色工会的领导力量还是非常之微弱。各路还没有一处有一个健全的赤色工会的支部，只是一些赤色分子，并没有形成组织，干部分子异常缺乏。

（四）黄色工会在铁路工人中虽然很明显的是一种剥削的趋势，但是一般工人对于黄色工会的欺骗，还没有深刻的了解与

---

* 本文原载一九三〇年中华全国总工会编的《第五次全国劳动代表大会决议案》。

认识；同时在铁路上黄色工会与其他黄色工会特殊的地方，就是这些黄色领袖多半是过去大革命时期中之工会领袖而叛变者，并且多半是领导过斗争的，大部分的工人对他们尚保持有相当的信仰。有的地方赤色工会的会员在群众中的地位，比他们还差的多了；同时又因为铁路与军阀、官僚有直接的关系，铁路工人的领袖们更最容易官僚化，成为军阀、官僚的工具（如京汉等）。

（五）许多铁路的重要站厂，几乎完全为国民党与黄色工会把持着。有些重要地方，虽然有了赤色工会关系（如石家庄、张家口、天津老站等处），仍然不能发生积极的领导作用；就是较好的地方（如津浦、唐山等处），也还不能够冲破国民党与黄色工会的束缚，形成赤色工会的组织。

（六）在拥护苏联与反军阀战争的运动中，铁路工人的力量表现非常之弱，特别是对于拥护苏联，有许多地方的工人群众在国民党爱国主义的欺骗宣传之下，受了相当影响，尤其是在北方的更为严重的现象。同时国民党黄色工会又利用他们政治上的势力，到处去散布谣言。赤色工会的宣传受种种的限制，还不能普遍的深入到群众中去。根据目前铁路工作的形势及第五次劳动大会的精神，对于铁路工作有以下的决议：

一、对于反军阀战争与拥护苏联这两个重要的政治任务，铁路工人的责任特别重大，国民党各派也特别认清了这一点，都派他们的走狗到铁路工人群众中去，想法欺骗、迷惑，拉着一部分工人作为他们争地盘与进攻苏联的工具。因此，铁总以及其所属的群众组织，对于拥护苏联这一工作都应加以充分的注意，去扩大在群众中的宣传，说明拥护苏联不仅为了苏联是无产阶级的祖国而拥护之，并且是为了中国民族革命成功而拥护苏联，因为苏联是真正以平等对我们的国家，帮助中国革命的好友；同时要经常的介绍苏联的实际情形，特别是关于工人的生活状况，叫他们了解他们目前的一切痛苦，只有像苏联一样之后，才能根本解除。要利用选派代表赴苏联参观的机会，在铁路工人作广大的宣传。至于反军阀战争，更是一个于铁路工人有直接利害关系的问题，就是一个最落后的工人都感觉得到。铁总一方面要经常的、明显的指出这种混战继续不断爆发的原因，要站在各路工人的迫切要求上，坚决的去领导这种斗争。因为现在的铁路，都是各派军阀的私产；这种经济斗争，便是给各派军阀在军事上的直接打击。从这种斗争中，可以揭破国民党各派以及一切投降了军阀的黄色领袖们的假面具，打破他们的合法观念，提高他们的斗争情绪与政治的认识。

二、半年以来，几乎没有一条路没有斗争；这些斗争多半是偏于经济方面的。铁总应根据各路所提的条件，规定一个全国铁路工人斗争纲领，作为领导全国铁路工人一致奋斗的目标，及与黄色工会争取群众的武器。

（1）工人有集会、言论、出版、罢工的绝对自由。（2）反对军阀战争及其加重工作、延长时间、拖欠工资、运兵运械、军事管理等。（3）立即实行八小时工作制。（4）加工资，每年至少一律加薪一次；并废除包工制。（5）每年每人有一个月的例假，工资照发。星期歇工，工资照给；做工者双薪。（6）按级提升，并提升必须加薪，以五元为起码。（7）铁路公司应为工人建筑公共宿舍，一切的费用免收。无宿舍时，每人每月由路局津贴房金五元。（8）工人在病时间，医药费由公司发给，工资照发，至病愈为止，不得限制日期。（9）工人因工残废时，路局不得停止供给工资，并与其他工人一样按期加薪。（10）工人因工毙命时，由路局发给一千元之抚恤金；有子弟时得顶死者原工码上工。（11）工人年老不能工作时，由路局发给一千元之养老金，或者照常发给工资至老死为止。（12）路局上下工友，须得真正工人工会之同意。（13）取消扣留储金制度；现在工人之储金，应立即按利完全发给工人。（14）差饭按八小时计算，每天至少一元。（15）每月发给煤票至少半吨。（16）每人每年一律发给制服二次，并须员工衣料一律。（17）每人每年发给四次免票，并废除一切限制办法：地点、车次、取保。（18）一律恢复失业工人工作。同时铁总注意使各路的争斗有系统的、互相联络的进行；应注意组织每路各站的斗争，使成为全路的斗争；进一步更联络各路斗争，使成为几路的总斗争。这不仅是在策略上互相声援的必要，而且有严重的政治意义。

三、黄色工会的影响在铁路工人中虽已呈削弱的趋势，但是工人的恐惧心理与合法观念的浓厚、黄色领袖的信仰，还未完全打消，这都足以延长黄色工会的影响在铁路工人中的命运。所以反黄色工会是目前铁路工作最重要的任务之一。在铁路工人的反黄色工会的工作中，应特别注意以下的几点：

1. 加紧领导工人的经济的、政治的斗争。只有在斗争中才能使群众认识黄色工会与黄色领袖们的欺骗作用。

2. 加紧对铁路工人的教育；最主要是建立赤色工会的独立的、政治的纲领的宣传。因为目前铁路上一般黄色领袖中，大多数是过去曾做过工会领袖，老奸巨猾，最会以小恩小惠来取得工人群众信仰，以缓和和消灭工人的斗争。假使我们不积极提出政治上的主张、赤色工会纲领，在群众中公开宣传，坚决的指出黄色工会的反动性，将使群众觉得赤色工会与黄色工会没有什么多大的区别。同时我们如果离开了群众的实际生活，空洞的政治口号，也就不能争取群众。

3. 对于黄色领袖，应当不断地在争斗中揭破黄色领袖的欺骗群众面具，宣布出卖工人的罪恶，特别是对于事实上已经作了国民党、军阀走狗的黄色领袖（如刘文、黄金荣等）；更应坚决的号召群众去打倒他们，把他们勾结军阀、提高个人的地位、出卖工人的利益种种的事实经常的向工人群众宣布，使群众认清他们罪恶；只有在赤色工会纲领之下坚决的反对国民党，反对一切合法运动，领导群众斗争的才不是黄色领袖。

4. 目前最主要的任务，首先建立赤色工会支部组织。将在各路、各站的已有关系的赤色工会分子组织起来，正式成立支部，与铁总建立正式组织上的关系。各路、各站的赤色工会支部发展，必须联合各站支部正式建立各路赤色工会。所以目前铁总应当用极大的力量去建立并发展各站赤色工会的组织，是最重要任务之一；只有赤色支部与工会的发展，才能强固铁总在各路工人中的领导地位。

在目前各站赤色工会的组织发展，在客观上不能有广大的发展。各站赤色工会支部必须努力在工厂中来发展和建立工厂委员会组织，是目前最主要的任务；特别是在黄色工会普遍于各站，只有工厂委员会的建立，才能使广大群众脱离黄色工会，而在赤色工会直接领导下群众起来争斗。工厂委员会的组织，不是临时争斗的方式，而是一种保护工人利益固定的组织。赤色工会支部在工厂委员会中，要起核心领导作用，吸引进步的分子加入赤色工会，扩大赤色工会的组织。

5. 按着目前客观上的形势，以及主观上的力量，应当去特别注意几个中心区域工作的建立。目前较有群众关系的中心地方，如浦镇、唐山、石家庄、哈尔滨、南京、吴淞、信阳，应以最大的力量去强固组织，发挥在群众中领导作用。其他最重要的地方，如长辛店、南口、大连、徐家棚、郑州、江岸、广州等，要开始去建立该地方的工作，因为这些地方有了办法，便可以影响到全线。

6. 假使没有一部分在政治上、在策略上有了相当的了解的干部，坚决执行这些策略，则所有的办法便成了空谈，特别在那些有重要的黄色领袖的地方，如平汉的长辛店、郑州，津浦的北段，赤色工会干部分子的培养更为重要。主要的当然是在斗争中去培养，但是训练班的方法，也是目前加强培养干部方法之一。铁总应开始进行这一重要工作。

7. 过去因为力量及交通的关系，铁总的工作只限于顺直；但是铁路的各路多半是一致互有密切关系的，特别是在几条干路上，如果不能在组织工作上统一起来，在斗争行动上便有很大的困难。因此，目前为发展工作与建立下层群众组织基础，铁总本身的力量还不能顾及全国各路，只能注意北方各路。在南方各路，全总应以最大力量来帮助建立工作以及加强指导；同时在南方各路各站工作，应在工作上与铁总发生密切关系。工作报告应转给铁总，使工作有相当的发展，即应统一于铁总指导之下，成为全国铁路集中的组织与领导。

8. 当然铁路目前最重要的任务，还是建立各路的中心区域的基础。对于过去那种流动式的工作方式，应即改正，所有派到各路的工作人员和巡视员，应在相当的时期内住居各重要站厂的地方，注意各路下层群众工作。铁总本身应加强起来，要经常的去指导各地的工作。

9. 铁总除了帮助各地出版工厂小报外，现在出版的《铁路工人》应注意下列几点：（1）按期出版。（2）很快的把自己的交通来弄好，普遍的散发到群众中去。（3）使中心地方必须找出真正工人的通讯员，经常的供给稿件。

10. 铁总应准备于三个月之内，召集第五次全国铁路代表大会，改组铁总。

（中华全国总工会中国工人运动史研究室编：《中国工会历次代表大会文献》，工人出版社，1984 年，第 373–378 页）

拥护苏联决议案*

一、中国在过去大革命中，无产阶级与农民群众之英勇奋斗和苏联直接的、积极有力的帮助，使中国革命长足的进展，给帝国主义以严重的打击。在帝国主义阴谋诱胁和国内阶级斗争日趋尖锐之下，代表地主、买办和资产阶级的国民党，投降帝国主义，背叛革命，一贯的走上屠杀工农、反对苏联的反动道路。

二、苏联是世界上第一个工人国家；社会主义的建设日益巩固。他领导全世界的无产阶级和被压迫民族的解放斗争，成为世界革命的大本营。在目前各资本主义国内的阶级斗争日加剧烈，工人运动的“左”倾，以及被压迫民族的革命运动的奋进，使帝国主义更感觉得苏联的存在，为他们致命的敌人。因此，他们更加坚决、更加猛烈的向世界一切革命的势力——特别是向苏联进攻。中国国民党是帝国主义进攻苏联的最好的工具。哈尔滨事件和武装夺取中东路，是国际帝国主义进攻苏联的有力信号。

三、苏联是帝国主义的死敌。帝国主义攻击苏联，扑灭无产阶级国家之企图，从未放松。最近帝国主义更是积极的、有系统的用各种方法来进攻苏联。他们之间不断的召集会议、协

---

* 本文原载一九三〇年中华全国总工会编的《第五次全国劳动代表大会决议案》。

定公约、设立军事同盟，并利用其走狗改良派社会民主党，努力作反动的宣传，以欺骗群众。这一方面是和缓他们自己之间的冲突，一方面乃是联合一致的更加准备进攻苏联。在这种形势之下，反苏联的战争是不会避免的。全世界的工人阶级当此危机之前，应该齐心一致、秣马厉兵的起来拥护苏联，反对帝国主义向苏联进攻和压迫中国的革命。

四、苏联不但是世界无产阶级的领导者，同时他又是努力实行解放被压迫民族的先锋。十月革命不但完全解放了苏联国内的弱小民族，尤其是领导了全世界弱小民族的解放运动。他努力帮助中国反帝国主义国民革命，首先自动的放弃了在中国的一切特权利益，废止了一切不平等的条约，退还了租界和赔款；根据平等的中俄协定，将中东路两国共管，改良中东路的工人生活（现因国民党之武力接收，而完全取消了）。这一切都是给中国人民以深切的助力和友谊；同时是与帝国主义在中国残酷的剥削和压迫的暴行，是根本相反的。反动的国民党做中国人民的敌人——帝国主义的走狗，出卖民族利益，向中国人民的好友——苏联进攻，全中国的劳苦群众特别是工人阶级，一致起来，猛烈的反抗国民党向苏联进攻，为工人阶级的利益，为中国民族的利益，都应当毫无疑义的拥护苏联。反对帝国主义和国民党进攻苏联；拥护苏联同时也就是保卫中国革命。

五、苏联对于国际所取的和平政策，这完全是立足于全世界无产阶级和劳苦群众之上。虽然敌人向他积极挑战，他犹不惜忍耐，尽力避免战争，以阻止帝国主义与国民党利用中国劳苦群众，去做进攻苏联的牺牲品。全世界的无产阶级特别中国工人和劳苦群众，都要为保卫本身的利益，为拥护苏联，为保护中国革命而反对世界大战，尤其是进攻苏联的战争！我们要拥护苏联国际和平政策，但同时要反对掩饰帝国主义侵略的国民党及社会民主党等反动派欺骗群众的、虚伪的和平主义！

六、在帝国主义利用其走狗国民党和旧白党积极向苏联挑战之时，苏联的和平政策不能制止帝国主义及其走狗进攻的暴行。战争是迟早终于不可避免的要爆发的。中国工人阶级当前的严重的责任，是要更加坚强的团结，强壮自己的阶级的战斗力，积极的来反对帝国主义。全国的工人阶级武装起来，实行武装拥护苏联，变帝国主义、国民党反苏联的战争为拥护苏联而战。以国内阶级战争来回答帝国主义、国民党进攻苏联的战争，推翻帝国主义国民党的统治。这是最彻底的制止反苏联战争的方法，而达到完成中国革命和世界革命。

七、依据上述，大会决定中国工人阶级拥护苏联、反对帝国主义进攻苏联目前具体的任务如下：

（一）全国各级工会应即切实宣传鼓动，号召广大的工人群众起来拥护苏联。

（二）组织广大的工人群众在反对帝国主义和国民党、拥护苏联的政治影响之下，举行集会及示威运动。

（三）加紧发动群众一切斗争，扩大反国、反帝的政治斗争。

（四）在斗争中组织工厂委员会、赤色工会及工联会，为群众的政治及斗争的领导者。

（五）反对国民党、改组派及社会民主党、黄色工会领袖等欺骗民众的、虚伪的、和平主义的宣传。

（六）注意在有群众的黄色工会中，扩大反帝、反国，拥护苏联的宣传。

（七）工会应加重对农民及兵士的政治影响；领导他们加入拥护苏联的战线。

（八）发行各种适合群众的、拥护苏联的刊物、小册子、书报、壁报等。

（九）组织运输工人的特别委员会；阻止运输进攻苏联的军火和军队。

（十）组织兵工厂及军用品制造厂特别委员会，阻止进攻苏联的一切军用制造。

（十一）在进攻苏联的战区，应实行罢工及军事破坏工作，使进攻苏联的反动军队失败。

（十二）建立工人武装组织，准备武装保护苏联，变帝国主义、国民党反苏联战争为拥护苏联和中国革命战争！

（中华全国总工会中国工人运动史研究室编：
《中国工会历次代表大会文献》，工人出版社，
1984年，第378—381页）

派遣参观苏联代表团决议案*

在开辟人类历史新纪元的苏联社会主义建设已届十二年的时候；在国际帝国主义时刻企图推翻苏联、近更指使其走狗中国国民党武力进攻苏联、实行爆发世界大战的严重的时候；在中国资产阶级投降帝国主义，一致压迫中国革命，而英勇的中国工人阶级两年来，在反动统治的极端白色恐怖之下，领导革命不断的奋斗牺牲，使全国革命运动又复兴起的历史重要时期；中国第五次全国劳动大会在反对帝国主义进攻苏联、瓜分中国，武装保护苏联、反对世界大战的中心任务之下，决定派遣参观苏联代表团到苏联去。代表团的任务是要代表全中国的工人阶级去与伟大的苏联无产阶级很亲密的携手，更加紧的联合起来，去打倒国际帝国主义和反动的中国统治阶级；去考察苏联社会主义一切建设的情形，尤其是接收和学习先进的苏联无产阶级伟大的十月革命之经验，以供给目前中国无产阶级的迫切需要；同时更将中国革命的过去和现在，以及工人生活和奋斗的情形，传达到苏联和国际的工人阶级中去。代表团的组织如下：

一、由上海代表二人、天津代表一人、武汉代表一人、香港代表一人、青岛代表一人、铁路代表一人、海员代表一人、矿工代表一人、兵工厂代表一人组织之。

---

* 本文原载一九三〇年中华全国总工会编的《第五次全国劳动代表大会决议案》。

二、代表须由该地或该业之工人群众，或代表大会选举在业之工人充当之。

三、代表须身体健康，无传染病（特别是花柳病及眼病），及有用文字技能者。

四、代表团参观期间，以六个月至十个月为限。代表团须于月内出发。

五、代表团得聘请翻译、秘书及专门家为助手。

（中华全国总工会中国工人运动史研究室编：
《中国工会历次代表大会文献》，工人出版社，
1984年，第381—382页）

第五次全国劳动大会选出的中华全国总工会执行委员、候补委员名单*

执行委员（二十七人）

王　浦　黄　明　康　进　王小妹　王　佐　李耀全

陈炳光　陆阿三　史文彬　路见光　杨　文　杨宝元

韩三益　谭复生　马统骏　李　培　赵　三　王少华

王醒五　邓中夏　刘　汉　余茂恒　金　城　张　俊

梁明光　林　福　丘　九

候补委员（十八人）

尤芳田　赵大福　张金妹　张慕林　甘　民　刘　俊

周文光　毛大公　刘　逸　向楚才　傅锦堂　丁九城

王　明　林　章　张老大　朱毓麟　周阿金　李　金

（中华全国总工会中国工人运动史研究室编：《中国工会历次代表大会文献》，工人出版社，1984 年，第 383 页）

* 本文原载一九三〇年全国总工会致赤色职工国际执行委员会信。

第五次全国劳动大会宣言*

中国革命势力与反革命的搏战经过了很长的时间，到现在中国国民党的反动统治愈野蛮黑暗，革命反抗的斗争也就愈激昂奋进。几年来站在最前线的便是中国的工人阶级。

帝国主义的强盗政治宰割着中国的命运。中国资本家、地主、买办、官僚及其代表的国民党军阀政府，便是帮助帝国主义统治中国、奴辱民众、屠杀工农的忠实工具。现在帝国主义和国民党军阀一方面是联合武装进攻苏联，实行反世界工农祖国苏联的战争和瓜分中国；一方面是各军阀之间，进行循环不息的国内混战。中国民众在反动统治的大横暴政治下面，过着比北洋军阀时代还更痛苦的生活，首受其祸的便是国内的工人阶级。中国工人阶级的生活水平线，被不断的资本进攻，久已沦陷于水深火热之境。自从国民党军阀不休的混战以来，资产阶级和军阀、官僚更将一切战争的负担推卸到工人肩上，于是大批开除工人，增加工作，积欠工资，减少工资，吞没储金，强迫捐输，强迫运兵运械等种种暴行，一齐加到工人身上来了。中国工人的痛苦愈深，他们的反抗和斗争愈大；工人阶级的革命工会也跟着斗争扩大起来。因此中国的革命工人两年以来便得在不断的与敌人反抗中，重建立起群众的基础。

---

* 本文原载一九三〇年七月中华全国总工会编的《第五次全国劳动代表大会决议案》。

第五次全国劳动大会是根据全国革命运动的要求和工会组织发展的基础而举行的。他具有伟大的历史意义。他是重新团结中国革命工人的新营垒，保护全国工人阶级利益的总机关。大会在接受过去宝贵的斗争经验，估计目前的革命形势，决定全国工人的斗争纲领和策略，解决工会上一切迫切的问题之后，将引导全国工人更正确的、更勇敢的迅速走向解放中国工人、完成中国革命的大道上去！

大会一致承认，因目前中国工人阶级在帝国主义与中外资本家的走狗国民党统治之下，一切政治上集会、结社、言论、罢工的自由已完全被掠夺。全国工人继续处于国民党白色恐怖政治之下，失去了生命的一切保障。资本家向工人进攻均是借反动统治的掩护而愈演愈烈。国民党采用原始的野蛮方法镇压工人运动。他们一方面服从国际改良主义的指导，从事有系统的建立许多欺骗工人、麻醉工人的黄色工会，颁布束缚工人的劳动法；另方面更在帝国主义唆使之下，实行武装进攻工农祖国的苏联，挑动满洲战争，意在减轻中国革命的国际声援，使中国革命势力陷于孤立不振。

大会彻底的揭破统治阶级整个的反革命企图，并决定给他们一个总的回答。这个总回答的主要内容，即号召全国工人阶级起来与敌人作坚决的斗争。全国工人阶级斗争的路线，是要彻底反抗统治阶级的野蛮统治，争取工人的集会、结社、出版、言论、罢工的政治自由；要反抗因资本进攻、进攻苏联、军阀混战与生产合理化所给予工人的种种经济生活困难；实现八小时工作制，增加工资，改善待遇；要反对阶级妥协、劳资协调及改良主义和黄色工会领袖种种欺骗工人、出卖工人，而申讨他们的罪恶，号召该会工友回复到赤色工会来。要积极扩大全国产业的广大群众的赤色工会，建立普遍的工厂委员会，建立工人武装和坚固的工会下层组织，以为团结中国工人阶级力量的总营垒。在斗争中，我们深切认识国际帝国主义、中国国民党是阻碍中国工人运动、破坏中国革命的主要敌人。国民党下面各种各样的黄色工会，已完全变为分裂工会组织、破坏罢工、出卖工人利益的官僚衙门。站在国民党、黄色工会后面的国际改良主义、社会民主党的工贼们，更是阴谋破坏中国工人阶级的教唆凶犯。这一切反动势力，统是中国工人与中国革命的仇敌，全国工人阶级只有团结一致向他们总攻击。

全国工人阶级的广泛战线，目前不仅是要求国内工人的普遍联合，还亟谋与全国农民、兵士的革命一致进行结合全国革命势力与反革命势力作一死战。不仅要建立中国工农兵士的巩固联盟，而且还要更进一步与工农祖国的苏联，与太平洋沿岸各国工人及西欧各国工人阶级取得一致的联络。只有拥护苏联与全世界无产阶级共同作战，我们的斗争才能得最后的胜利！全国工友们！起来！起来！

为推翻帝国主义、国民党的反动统治而争斗！

为拥护工农祖国的苏联、反对帝国主义瓜分中国而争斗！

为反抗军阀混战、资本进攻而争斗！

为实现全国工人斗争纲领而争斗！

为打倒黄色工会及其领袖们，建立革命工会而争斗！

（1929年11月11日）

（中华全国总工会中国工人运动史研究室编：《中国工会历次代表大会文献》，工人出版社，1984年，第384−386页）

第六次全国劳动大会

中国共产党中央委员会祝词

中国解放区工人代表大会主席团转各解放区工人代表及由国民党统治区各大城市远道前来的工人代表们：

亲爱的同志们，我们以最大的兴奋闻悉你们的大会将于八月一日在哈尔滨开幕的消息。自从一九二九年在上海秘密环境下举行的第五次全国劳动大会以来，你们现在所举行的大会是十九年来的第一次。此次大会的举行，表示在无产阶级领导下的我国的人民解放战争已经接近最后胜利，表示全国性的新的大革命时期又已到来，表示国民党反动集团在全国工人中的分裂政策已经最后宣告破产，全国工人运动重新在革命的旗帜下统一起来。因此，全国的工人和职员代表，乃得重新团聚一堂，在业已解放了的自己的城市中，讨论工人阶级命运所系的重大问题。

同志们！当此人民解放军在进攻中节节胜利，新的大革命高潮正在向全国范围内发展，美国帝国主义走狗国民党反动集团的统治业已接近最后崩溃的时候，全国工人阶级的最大任务，就是首先团结自己，并以自己的英勇奋斗与自我牺牲精神去团结农民、独立劳动者、自由职业者、知识分子、自由资产阶级与一切爱国分子，帮助人民解放军，坚决彻底干净全部地歼灭国民党的反动军队，推翻美国帝国主义与国民党反动集团的万恶统治，建立独立自由强盛和统一的中华人民民主共和国。为了这个共同的目的，解放区工人和职员的任务，是在毛泽东同志著名的经济方针，即“发展生产，繁荣经济，公私兼顾，劳资两利”的方针之下，振兴工业，巩固解放区，支援前线。国民党统治区工人和职员的任务，是团结全体职工和全体人民，对美国帝国主义与官僚资本作斗争，对人民解放军的胜利进攻作必要的和可能的配合，并在城市被解放以后帮助民主政府有秩序地接管城市。为了完成这些任务，必须迅速加强工会的工作，团结和教育工人职员群众，使他们成为人民民主共和国的领导力量。我们相信，在历史上有二七罢工、五卅罢工、省港罢工、上海三次起义和第一次大革命时期普遍全国的罢工斗争和广州起义等光荣传统的、曾经产生过像林祥谦、施洋、刘华、赵世炎、汪寿华、苏兆征、王荷波、郭亮、邓中夏、项英、许白昊、张太雷、罗登贤、杨殷、林育英、邓发等英雄人物的中国工人阶级的今天的代表大会，必能胜利地完成这些光荣的任务。敬祝大会的成功。

中国共产党中央委员会

1948 年 7 月 29 日

（中华全国总工会中国工人运动史研究室编：《中国工会历次代表大会文献》，工人出版社，1984 年，第 417–418 页）

中国解放区职工联合会筹备委员会、中国劳动协会、上海代表团、唐山代表团、天津代表团关于大会名称的提议

当此人民解放战争走向全国胜利的形势下，全国职工代表齐集于自由民主的哈尔滨，举行工代大会，到会代表不仅有各解放区职工代表而且有国民党统治区各大城市上海、武汉、天津、唐山等大城市及全国各大产业之职工代表，无论在所代表的有组织工人的数量上或所包括之产业和地区上，都具有充分全国意义。

因此为了继承中国工人运动自一九二二至一九二九年召开过的五次劳动大会的光荣传统，为了统一领导全国职工运动集中工人阶级的力量及早打倒国民党卖国政府，驱逐美帝国主义出中国，我们提议将这次大会定名为第六次全国劳动大会，大会将产生之全国组织，亦应恢复以前名称，定名为中华全国总工会。是否有当请大会决定。

中国解放区职工联合会筹备委员会 主任

中国劳动协会 理事长

上海代表团 团长

唐山代表团 团长

天津代表团 团长

1948 年 7 月

（中华全国总工会中国工人运动史研究室编：
《中国工会历次代表大会文献》，工人出版社，
1984 年，第 415 页）

大会预备会议确定大会名称与大会所产生组织之名称的决议

大会一致同意全国解放区职工联合会筹备委员会主任刘宁一，中国劳动协会理事长朱学范，上海代表团团长汤桂芬，天津代表团团长周青诸同志之提议，为了继承中国工人运动的革命光荣传统，为了统一全国职工运动领导，集中工人阶级力量联合一切民主爱国阶级，更快的打倒国民党卖国统治，驱逐美帝国主义出中国，决定将此次大会定名为第六次全国劳动大会，将由大会产生之全国组织，恢复历史上之光荣名称，定名为中华全国总工会。

大会预备会议

1948 年 7 月 31 日

（中华全国总工会中国工人运动史研究室编：《中国工会历次代表大会文献》，工人出版社，1984 年，第 416 页）

开　幕　词

李立三

诸位来宾，诸位代表，诸位同志：

中国第六次全国劳动大会，在今天——八月一日——中国人民解放军诞生的纪念日，于东北解放区的首府——哈尔滨，正式宣告开幕了（第六次全国劳动大会万岁！中国人民解放万岁……的口号声与掌声经久不绝）。

出席这次大会的有解放区职工联合总会的代表、有中国劳动协会的代表，有各解放区职工会的代表，还有国民党统治区各大城市的代表——上海的代表，武汉的代表，天津的代表，南方的代表，共代表全国有组织的职工二百八十三万余人。

这次大会无论是从它所代表的数量上看，从它所代表的各大产业上看，从地区上看，都是真正全中国工人阶级的大团结（全国工人阶级团结万岁！口号声与掌声四起）。

我们工人阶级，在历史上已经举行过五次劳动大会了，过去五次大会，都是在中国共产党领导下举行的（毛主席万岁！中国共产党万岁！）。有了中国共产党，中国工人阶级才开始了真正革命的斗争和革命的职工运动。一九二二年五月一日在广州举行的第一次全国劳动大会，就是由中国共产党当时从事工人运动的组织——中国劳动组合书记部所发起。当时大会确定了中国工人运动统一团结的斗争方向，并正式决议承认书记部为全国总工会成立以前的工人运动的全国总的领导机关，今日中国人民的领袖毛泽东主席，就是当时劳动组合书记部的领导者之一（全场高呼：毛主席万岁）。

在第一次劳动大会的推动和影响之下，展开了中国工人阶级第一次的罢工斗争高潮，在不到一年的时间，全国铁路，海员，矿山及全国各大城市的工人，差不多都举行过胜利的罢工，并成立了工会。至一九二三年二月全国铁路工人为援助京汉铁路工人为争取组织工会的自由，反对当时北洋军阀的压迫而举行的二七大罢工，已使中国工人阶级登上了政治舞台，并表示了自己坚强的斗争能力，受到各方面的重视。从那时起，中国工人阶级已成为全国人民解放运动的先锋队。

第二次大会是一九二五年五月一日在广州举行的，苏兆征、邓中夏等同志即是这次大会的领导者，会上通过了中华全国总工会章程，选举了中华全国总工会的执行委员会。当时总工会的委员长是香港海员大罢工的著名领导者林伟民同志；现在中共卓越的领导者，毛主席的战友刘少奇同志，就是当时的副委员长。大会确定了中国工人阶级应当参加和领导国民革命，以反对帝国主义和封建军阀的正确方向。在大会闭幕不久，就掀起了成为全国革命高潮起点的上海五卅总罢工，开始了中国第一次大革命。而当时在中华全国总工会领导下坚持了两年之久的香港大罢工，可以说是世界上最持久的罢工运动之一，成为支援当时广州革命政府的支柱。这次大罢工的领袖苏兆征、邓中夏、李启汉诸同志，及赵世炎同志就是一九二六年五月在广州举行的第三次全国劳动大会的领导者。

在这次大会上决定了号召全国工人积极参加和支援快要举行的北伐战争。上海工人在一九二七年三月为响应北伐军而举行的武装起义，并占领上海的壮举，成为中国工人阶级拿起武器进行革命斗争而且获得了胜利的首次尝试。在北伐军打到武汉，全国革命运动正蓬勃发展之际，以蒋介石为首的中国大资产阶级叛变了革命，首先在上海对革命工人举行了四一二大屠杀，当时工人没有警惕革命阵营内的这种反革命叛变；受到了很大损失。（全场高呼“打倒卖国贼蒋介石！”）但工人阶级并没有为“四一二”的反革命大屠杀所骇倒。当时蒋介石的反革命，还只在东南数省及广州等地进行，而以武汉为中心的中部各省，革命仍在继续发展中。

全国总工会在一九二六年秋季已迁至武汉，在北伐军占领的各省，进行极大的组织工作，并举行了改善工人生活的普遍的斗争，对于北伐军的支援和帮助，起了极大的作用。当时组织在全国总工会之内的有二百八十万会员。

至一九二七年夏季在汉口举行了第四次全国劳动大会。会上坚决地反对了蒋介石的叛变，并号召全国工人援助当时正在南方各省蓬勃开展的农民运动，继续深入展开革命斗争。但是当时由于中国共产党的领导机关以陈独秀为首，犯了机会主义的错误，对于武汉政府内部的反革命分子采取完全退让的政策，因而使武汉政府的反革命叛变成为可能，革命又受到了极大的损失。但工人阶级并未因而屈服，坚决联合广大农民和小资产阶级继续坚持了革命斗争。并在二十一年前的今天，举行了南昌起义，中国人民解放军从此诞生。以后，一九二七年十二月又在广州举行了起义试图挽救革命的失败。但广州起义失败以后，中国第一次大革命高潮，即以失败的结局而终结，以蒋介石为首的反革命集团在帝国主义帮助之下暂时地得到了胜利，从此，中国共产党及革命职工会不得不暂时转入地下活动。

在第一次大革命失败以后，工人阶级在大革命时期所争得的各种权利和利益，差不多完全丧失，革命的工人则处于白色恐怖之下，但在一九二九年仍然在上海秘密举行了第五次劳动大会。由于城市是反革命力量集中的据点，很难进行革命活动，乃号召和组织工人下乡，以便帮助农民——中国工人阶级最广大最可靠的革命同盟军组织起来，发动游击战争和土地革命。因为在当时以工人阶级的政党——共产党为领导的特别是以毛泽东主席为领导的农民土地革命的武装斗争的新时期已经开始，并已获得了重要的成果。以土地革命为内容的武装斗争，坚持了十年之久，并粉碎了国民党反动集团的五次反革命围剿，曾经得到更大的胜利和发展，但在它的末期，又由于领导上的错误与张国焘的破坏，又受到严重的挫折，然而在最后，仍在毛泽东主席领导之下克服了这种错误与破坏，得以保存中国人民军队及革命干部，迎接了一九三七年新的民族革命运动高潮时期的到来。

在抗日时期，中华全国总工会的工作人员曾经不得不分散，一部分在敌后领导抗日参加游击战争，这种游击战争创造了敌后广大的解放区，因而坚持了中国的抗战，以至最后战胜了日本帝国主义。一部分则在敌占区坚持地下斗争，再一部分则到国民党统治区与朱学范同志领导的中国劳动协会联合，进行合法运动。大后方工人运动的统一，对抗日民族统一战线是有重大的推动作用的。正是由于中华全国总工会在中国共产党领导下在各方面进行的工作，才表现出工人阶级在坚持抗战与最后战胜日本帝国主义当中所起的伟大作用。

从第五次劳动大会以来的十九年中，中国革命在无产阶级伟大战略家和中国人民领袖毛泽东主席领导下，胜利的经过了三个革命时期，证明了中国工人阶级始终是中国人民争取民族独立解放斗争的先锋队和领导者，是在斗争中最坚决最彻底的领导阶级。

在国民党统治区，中国工人阶级处在毫无自由与权利的奴隶地位，受着官僚资本的残酷剥削和美蒋联合的恐怖统治，几乎每天都受到饥饿和杀害的威胁，但他们仍然坚持着英勇顽强的斗争。以上海的工人为例来说，在九一八事变后，上海十万纱厂工人的大罢工，曾经直接推动了振奋全国的一二八上海抗战。在沦陷期间，又进行了各种抗日活动，扩大了地下的工人组织，在日本投降时，粉碎了日寇炸毁上海工厂的阴谋企图，后来，又在国民党反动集团高压下，为救死求生，进行了很多罢工斗争。其他各地的工人斗争，十九年来也没有停止过。如去年一年，据统计参加罢工的人数就达三百二十万人。特别是今年二月间上海申新纱厂工人的罢工，在国民党反动派的坦克、机枪的屠杀下，死伤一百多人之多，表现了上海工人革命斗争的英勇传统至今是仍然保持着的。

今天上海、天津、武汉、唐山、广州及其他各大城市的工人代表能够冲破国民党的白色恐怖，来出席这次大会，说明了中国工人团结在毛泽东旗帜下的革命斗争是不可抗拒的（全场高呼“团结在毛主席旗帜下前进！”）。

解放区工人则不仅已经获得了一切民主权利，实现了工人阶级几十年奋斗所要求的目的，而且参加了人民政权，成了人民政权的领导阶级。在经济上不但完全解除了帝国主义和官僚资本的剥削，而且参加了经济管理，许多工人运动的老前辈和新起的许多劳动英雄，如赵占魁、刘英源同志等，现在成了国营企业的领导者，工人已经是公营企业的主人翁，私人资本的剥削也受到了适当的限制。工人在文化教育方面，不但不受任何的排斥和限制，而且政府特为工人进行各种文化教育的设施，工人中的天才可以不再受埋没了。解放区工人阶级已经同一切被压迫人民一起成为国家的、社会的真正主人翁了。现在中国解放区的人口，已比美国还多了。我们能够在自由的土地上，举行第六次全国劳动大会，乃是中国工人阶级和农民及其他革命人民几十年流血斗争所取得的果实，特别是工人农民及其他劳动人民的子弟兵——人民解放军牺牲流血所创造的果实。我们代表全国工人，向数十年来在工人阶级革命斗争中英勇牺牲的烈士：林祥谦同志、施洋同志、赵世炎同志、邓中夏同志、李启汉同志、许白昊同志、郭亮同志、刘华同志、罗亦农同志、汪寿华同志、王荷波同志、张太雷同志、苏兆征同志、项英同志、罗登贤同志、杨殷同志、邓发同志、张浩同志、朱宝庭同志及其他工人阶级优秀烈士致哀；（全场肃立静默）向二十年来为中国工人阶级及中国人民解放事业而英勇牺牲的中国人民解放军诸阵亡将士致哀。（全场肃立静默）

今天转入全面进攻的中国人民解放军，已经成为无坚不摧的最后解放全中国的强大的革命武装力量；我们代表全国工人向朱总司令致敬！向正在各个前线胜利进行的全体指战员致敬！（全场起立高呼“人民解放军胜利万岁！”）这个胜利最主要和最基本的原因，是由于中国工人阶级及其政党——中国共产党的领导，是由于毛泽东主席的英明领导，有了毛主席掌舵，中国工人阶级和中国人民一定会得到最后解放的胜利。因此第六次全国劳动大会代表全国工人阶级向中共中央致敬！向工人阶级及中国人民的领袖毛泽东主席致敬。（全场起立，奏乐唱“没有中共就没有中国”歌，高呼中国共产党万岁！毛主席万岁！）

中国民族的解放事业，一开始就得到世界各国工人，特别是苏联人民的援助，特别是苏联红军粉碎暴日的伟绩，直接解放了东北，并使中国人民从日寇压迫下迅速获得解放。今天国际帝国主义正在进行破坏世界和平与世界民主的阴谋活动，只有全世界工人及一切民主人士团结起来，才能战胜以美国为首的国际反动势力和战争贩子，因此第六次全国劳动大会代表中国工人阶级，向苏联人民领袖，世界工人阶级导师斯大林大元帅致敬！（全场欢呼不绝，万岁声、欢呼声震撼屋宇，国际歌声随之而起）

此次大会的主要任务，就是讨论如何进一步地巩固和扩大工人阶级的团结，并联合全国各个民主阶层人民，发挥中国人民更伟大的战斗力，彻底粉碎国民党反动集团的反革命军队及反革命政权，建立毛泽东主席所指出的独立、自由、民主、统一与富强的新中国。最后让我们高呼：

全中国工人阶级团结起来，在毛主席旗帜下前进！

中国人民解放军万岁！

中国共产党万岁！

全国人民领袖毛主席万岁！

（全场掌声、口号声经久不息）

（1948年8月1日）

（中华全国总工会中国工人运动史研究室编：
《中国工会历次代表大会文献》，工人出版社，
1984年，第419-424页）

当前中国职工运动的总任务*

陈　云

第六次全国劳动大会提出了当前中国职工运动的总任务。总任务是什么？就是彻底推翻美帝国主义及其走狗国民党反动派在中国的统治，建立新民主主义的人民共和国。讲得普通一点，就是打倒国民党反动派，打倒反革命的旧政府，建立革命的新政府。这是现阶段中国工人阶级最高的任务，解放区的工人和国民党统治区的工人都要为此而奋斗。到会的同志都是工人的代表，工人谋利益的，我们应该郑重其事地讨论这个总任务，并且广泛地向全国工人阶级宣传这个总任务，让每一个工人都了解，打倒蒋介石，建立新中国，就是工人阶级和全国人民的根本利益所在。

我们向全国工人阶级提出这个总任务，那末，工人生活问题，比如说，在国民党统治区，工人劳动时间太长，工资太低，组织工会没有自由等等问题，都不提了吗？不是的。凡是有关工人切身利益的一切问题，我们都要关心，都要帮助解决。但是，如果不完成我们的总任务，要彻底解决这些问题是不可能的，即使是部分地解决了，也是不能持久的。现在国民党统治

* 这是陈云同志在第六次全国劳动大会上的报告摘要。

区的工人生活还是很苦的，他们还受着剥削压迫，没有自由；解放区的工人虽然得到了民主，但生活还是不好。这些苦是从哪里来的？归根到底，是美帝国主义及其走狗国民党反动派剥削压迫造成的，除了打倒他们，工人就没有出路。

不打倒国民党就没有出路，这是历史作出的结论。从一九二七年到现在，我们已经同国民党斗争了二十几年。现在可以讲一点历史事实。大革命时期我在上海，参加了反对北洋军阀的三次武装暴动。我们工人拥护国民革命军，工会派代表到新龙华去迎接国民党。可是，他们来了，搞了一个“四一二”大屠杀。接着是十年内战，调动几十万、上百万军队“围剿”苏区，在白区残酷杀害共产党人和工人革命分子。以后日本帝国主义占领东北，进攻华北，中国共产党提出了停止内战、联合抗日的主张，蒋介石则坚持“先安内，后攘外”的反动政策。结果来了个西安事变，把蒋介石捉住了。共产党以民族存亡的大义为重，主张放他出去，要他抗日，但是，他在八年抗战中打日本很消极，反共反人民却起劲得很。抗战结束后，毛主席到重庆同他谈判，国共双方都在“双十协定”上签了字，但他的老毛病又犯了，赖账不算，同美帝国主义勾结在一起，来了个全面内战，准备一家伙把革命力量统统打下去。在国民党统治区，他疯狂地镇压要饭吃、要和平、要民主、要自由的人们，查封报纸，逮捕了许多人，打了许多人，杀了许多人。被捕被打被杀的，有工人，有共产党人，也有民主人士，在座的朱学范同志就是一个。最可恶的是，日本帝国主义侵略中国八年多，蒋介石最近却任用日本侵华军总司令冈村宁次这个首要战争罪犯当他的秘密军事顾问，帮助他打内战。蒋介石国民党二十几年的所作所为，证明了不战胜它，不打倒它，我们就要吃亏，就要倒霉。因此，彻底推翻美帝国主义及其走狗国民党反动派在中国的统治，建立新民主主义的人民共和国，这是我们现阶段的总任务，最高的任务。至于工人的劳动时间问题，工资问题，组织工会自由问题，等等，比较起来，都是些小问题。推翻国民党反动统治这个大问题解决了。小问题都容易解决。

工人阶级现在是为新民主主义而奋斗，将来还要为社会主义而奋斗。新民主主义好，社会主义更好。因为社会主义可以完全消灭人剥削人的现象，生产力可以有更大的发展，全体人民可以生活得更好。要为社会主义而斗争，首先就要参加新民主主义的斗争。不完成新民主主义革命，就不可能开始社会主义革命。中国新民主主义革命是无产阶级及其先锋队共产党领导的。打败了蒋介石，我们就可以掌握国民经济命脉，发展劳动群众的合作经济，这样就可以由新民主主义革命转到社会主义革命。我们工人阶级越是干得好，贡献大，英勇奋斗，不惜牺牲，就越能成为领导的阶级，中国就越有可能胜利地走向社会主义。

现在我们取得的大胜利是几十年来没有过的。据新华社发表的消息，我们已经消灭了敌人的军队二百六十四万，解放区的人口已经有一万万六千八百万，战争已经从敌人的进攻，变为我们的进攻了。我们已经掌握了战争主动权。反革命已经到了彻底垮台的边边上了。比如爬山，我们已经快爬到山顶了。这是中国工人阶级和全体人民的大胜利。国民党快要垮台了，它就要打主意，搞新的阴谋诡计。美帝国主义也要替它想办法。他们新的阴谋诡计，就是搞一部分军人，一部分政客，利用中间派、右翼分子，来搞假和平，而且还可能让蒋介石下台，将来上台的是张介石、王介石、李介石。他们搞假和平是为了什么？目的是不想下台，想重新组织力量来打我们。出现了这种情况我们怎么办？同志们不要上当，不要被他们骗了。只要我们坚持斗争，在我们这一代手里取得胜利，这是肯定了的。

现在我还要讲一下中国共产党中央委员会规定的现阶段的总路线和总政策。无产阶级领导的，人民大众的，反对帝国主义、封建主义和官僚资本主义的革命，这就是中国的新民主主义的革命，这就是中国共产党在当前历史阶段的总路线和总政策。我们工人阶级要团结起来，联合农民阶级、城市小资产阶级和民族资产阶级，建立最广泛的反对美帝国主义及其走狗国民党反动派的革命统一战线，建立无产阶级领导的几个民主阶级的联合专政。这是人民的政权，帝国主义无份，封建阶级无份，官僚资产阶级无份，而且要对他们实行专政。为了达到这个目的，我们要在适当时机举行新的政治协商会议，讨论召开全国人民代表大会，成立民主联合政府，支援战争，争取最后胜利。中国共产党中央委员会又告诉我们，目前在农村中要有步骤地彻底地实行土地改革，依靠贫农，团结中农，消灭地主阶级和旧式富农的封建剥削制度，实现耕者有其田。在城市中，没收官僚资本，保护民族工商业，实行发展生产、繁荣经济、公私兼顾、劳资两利的政策。我们的大会，应该号召全国工人阶级按照这个章程办事。

在国民党统治区，职工运动当前的任务有四条：（一）聚集力量，扩大队伍，准备迎接人民解放军。（二）掌握斗争和团结的策略，对待民族资本家和官僚资本家应取不同的政策，联合民族资本家，共同反对帝国主义和官僚资本。（三）派遣熟练的技术人员到解放区来参加新式的工商业的建设，同时保护一切公私营企业及其机器、物资，使之不被破坏。（四）注意保护自己的团体和领袖人物，加强职工内部的团结，严防敌人的挑拨离间。国民党统治区的工人同志们做到了这些，就是对革命、对人民做出了贡献，尽到了自己应尽的责任。

解放区的职工运动是在一种完全新的条件下进行的。工人阶级已经获得解放，并成为人民政权的领导阶级，在国营、公营和合作经营的企业中，职工们已经是企业的主人。在私营企业中，虽然仍有劳资关系的存在，但由于工人阶级在政治上、政权中的领导地位，就保障了职工们不致受到压迫和过分的剥削。因此，解放区的职工运动就应该在完全新的方针和政策下来进行。

在这种情况下，解放区职工的任务首先是提高自己的觉悟，好好学习，有组织地自觉地去积极参加新民主主义的各方面建设工作，特别是发展工业生产，以保证革命战争的胜利，满足人民的需要。

在解放区，恢复和发展工业生产，已经提到了重要的地位，这就必须解决一连串的问题。

首先，要加强工业的计划性，我们工业中的计划性太少。做事要按一定的计划，一定的办法。这个问题在国民党区域不是工人管的，而是老板管的。我们解放区要把这个问题提到第一位。要使一切国营、公营企业，都能经过调查研究和全盘筹划，在统一领导、统一计划之下进行生产。就东北来说，破钢烂铁已快要用完了，现在就要打主意，在什么地方开铁矿，办钢铁厂，搞炼铁炼钢。要分清哪些是几年以后需要的，哪些是今天战争需要的，还有哪些是今天需要，将来和平建设时也需要的。比如说，鞍山钢铁厂今天不能开工，但是要做好准备，待把本溪、沈阳拿下来就动工恢复生产。这些都要经过调查研究，全盘筹划。军火工业，重工业，轻工业各搞多少，要有适当的比例。原料、机器、技术力量各方面，也要有一个调剂，克服那些各抓一把的不统一现象。同时要克服那种原料来源、成品推销没有计划，资金周转迟缓的现象。从总的方面来看，工业、农业、交通运输、金融、贸易都需要互相配合，不统一管理，经济就搞不好。各个地方的工厂，也不能各行其是，互不通气，否则就会产生很大的害处。现在我们提倡有计划，首先要把国营、公营企业的计划搞好，只有这样，才能对私人资本家工厂和合资工厂加以领导。总之，没有计划就会造成浪费，按计划办事就可以提高生产，也可以为将来搞全国计划打下基础。

其次，要改善国营、公营企业的经营和管理工作，主要是贯彻企业化原则和实行管理民主化。只有切实改善经营和管理工作，才能达到原料足、成本低、质量好、产量多、销路广的目的。管理工厂，经营工厂，第一要企业化。工厂不是机关，也不是部队，开工厂就要像开工厂的样子，一定要有经济核算，考核成本，计算原料和机器消耗。成本需要多少？原料需要多少？机器消耗需要多少？卖什么价钱？要会算账。用人也要有制度，按能力按技术，按称职不称职，既要精干，又要合理。我们解放区的同志只会当政治家、军事家，还不是企业家。我们干革命是内行，但办工厂是外行，这就需要向一切内行的人学习。为了把工厂办好，需要大家按章程办事，工厂中要有厂规，要有各种个人负责制度。还要有检查，成品好坏，做工好坏，管理好坏，都要有检查，该赏就赏，该罚就罚。不这样，就是鼓励坏作风，纵容落后，对于我们的事业是不利的。

企业管理民主化，就是要发挥大家的智慧，靠全体职工办好工厂，有事情大家一起讨论商量，他懂这一点，你懂那一点，几点合起来就可找到比较合适的办法。用什么办法来做到“三个臭皮匠，凑成一个诸葛亮”呢？一是成立工厂管理委员会，或者叫企业管理委员会，由厂长（经理）、工程师和其他的负责人加上从工人和职员中选出的代表组成，双方人数各半。这是工厂统一领导的机关，由厂长（经理）任主席。二是组织工厂职工代表大会（五百工人以上的工厂），及时传达工厂中的决定，讨论生产计划，总结生产经验，对干部实行监督，以及讨论职工在生产和生活中共同关心的问题，工人有意见就在会上讲。三是发挥生产小组会的作用，有意见大家开会讨论。民主化并不是没有人领导，不能哪一个人说要怎么办就怎么办，我们是在集中领导下的民主，有组织的民主，目的是把工厂管好。

第三，要重视和培养技术干部和管理干部。我们现在懂技术的干部很少，能管理工厂的干部更少，这是一个大问题。有什么办法解决这个问题呢？首先靠现在工作岗位上的技术干部和管理干部，同时要从有经验有技术的工人和职员中提拔，这是我们干部最主要的来源。要开办职工学校和职工训练班。有条件的地方，还要开办工业大学或者工业专门学校。也可以从别的岗位上调一点过去做过工厂工作的或者学过工业的人来。所有已经解放了的地方，原有的工程师、职员，只要他们不是反革命分子，愿意留在工厂里的，一律欢迎。工程师还是工程师，职员还是职员，而且要很好地帮助他们，帮助他们改变思想，改变他们的劳动态度和对工人的态度，去掉旧工厂中的官僚主义作风，

关于工资的规定，要坚持一个原则，即反对平均主义，实行交叉累进工资制。评定工资的标准，主要是按照职务、能力、技术和劳动强度，不得根据其他条件。女工、青工、童工，一律同工同酬。学徒学习期限不能超过三年，师徒关系应严守尊师爱徒原则。至于职工劳动保护和福利事业，必须由工厂和工会很好地办理，其经费可由工厂付出等于全部工资的若干份及工人缴纳工资的若干份筹措之。关于劳动时间问题，在目前大规模的战争环境下，解放区工厂工人一般应实行八小时至十小时工作制，除战争紧急需要外，每日劳动时间连加班在内，不得超过十二小时。

国营、公营企业中的劳动竞赛和劳动英雄运动，对发展生产曾起了积极的作用，今后仍要提倡，但必须反对形式主义和个人锦标主义的倾向。解放区工会工作的任务，是在发展生产、繁荣经济、公私兼顾、劳资两利的总方针下，团结全体职工，积极劳动，遵守纪律，以及保护职工的日常利益，教育职工等，使职工在国营、公营和合作经营的企业中发挥管理能力，在私营企业中起监督作用，在个体劳动中促进技术改良和生产合作。工会会员的征收，必须本着自愿原则，尽量争取所有职工加人工会。工会须有切实的真正能够解决群众需要的经常工作，同时必须彻底整顿目前工会工作中官僚主义和形式主义的作风，使工会真正成为职工自己的组织。

为了保障大会决议的实行，必须重新建立中国工人阶级统一的全国组织，即中华全国总工会，以便指导各地职工群众的行动。这次大会应该责成全国总工会新的执行委员会，继续第一次大革命时期全国总工会的革命传统，迅速组织全国职员和工人，在中国共产党领导之下，联合全国各民主党派、各人民团体和少数民族，为迅速推翻美帝国主义及其走狗国民党反动政府在中国的统治，为建立统一的新民主主义的人民共和国而奋斗到底。

（中共中央文献研究室、中央档案馆编：《建党以来重要文献选编》第二十五册，中央文献出版社，2011 年，第 407−414 页）

国民党统治区职工运动的报告

朱学范

第一，国民党统治区职工目前奋斗的目标

国民党统治区的工人阶级在社会上政治上没有一些地位，他们完全是帝国主义和官僚资本的奴隶，他们生命被帝国主义和国民党统治看的比牛马还不值钱，他们没有人权保障和基本自由，更没组织工会的权利。自一九二七年四一二蒋介石叛变了革命，对外投降帝国主义，对内变了新军阀，开始屠杀工人群众，陷害工人领袖，解散工会组织，国民党反动统治实行了压迫工人群众统治工人组织政策，国民党统治区职工运动受到严重的摧残和打击，九一八事变后，工人反日爱国运动又蓬蓬勃勃的发展起来。抗战开始国民党统治区职工，抱定抗战第一、胜利第一之决心，成千成万工人，由上海、天津、广州沿海各地，向内地迁移，参加抗战生产工作，抗战胜利以后，自政治协商会议的决定被国民党反动派撕毁，国民党统治匪帮勾结美帝发动了大规模内战，从关内打到关外，又从关外打到关内，大半个中国就在内战的火焰燃烧中。在内战中蒋管区的经济，是由农村破产，工商业衰落和财政崩溃三而合一。因之物价飞涨，人民生活痛苦万分。工人们在救死求生的饥饿线上挣

扎，大批工厂倒闭，工人失业，流为饿馁。国民党统治当局加强了特务统治，限制工会活动，武力镇压群众拘捕工人。工人阶级为了生命，而作救死求生的斗争，并且为了解放自己与解放一切被压迫人民，他们坚决地要赶走美帝国主义并推翻美帝走狗的大地主大资产阶级的蒋家朝廷（全场掌声雷动）。他们继续不断的反抗、斗争、罢工、怠工、游行示威，遍及全蒋管区，已经有许多工人被杀害、拘捕、关在集中营里去，作了英勇地牺牲。他们并没有被国民党反动统治征服。正像毛主席所说的："中国共产党与中国人民并没有被吓倒、被征服、被杀绝，他们从地下爬起来，揩干净身上的血迹，掩埋好同伴的尸首，他们又继续战斗了。"现在国民党统治区工人阶级，举起了为民主和平、拥护新民主主义新中国继续奋斗。人民解放军革命战争，已经打出了一个革命高潮，同时在解放区里又有实行土地改革，实行平分土地消灭封建势力的高潮。这种伟大的军事胜利的高潮与土地改革的高潮，实在对蒋管区工人发生了巨大深刻的影响，给予他们莫大的欢欣鼓舞，推动了他们爱国民主运动的发展。国民党统治区职工运动目前奋斗的目标就是反对美国帝国主义侵略中国，和推翻国民党反动统治。（鼓掌）

第二，国民党反动派怎样杀害和控制工人群众

蒋管区里的工人阶级，受到了双层控制压迫，公开的受到了法律上所谓"工会法"的控制，秘密的受到了特务的把持和陷害。所谓"工会法"是使一个控制工人阶级法西斯组织得到合法的法律根据。在第五条里规定了："工会之主管官署，在中央为社会部，在省为省政府，在市县为市县政府。"第十二条

里规定了："凡在工会组织区域内，年满十六岁之男女工人均应加入工会为会员。"第四十三条里规定了："主管官署有解散工会之权利。"在这一二项法西斯法律条文说明了凡是满十六岁的男女工人，都要缚起来强制你加入他们的特务圈套。哪里容许你干一点工人的福利与政治民主的活动呢？如稍有保护工人利益的活动，便根据所谓"法律"，加以解散。秘密的呢？国民党统治区社会部办了很多"社会工作人员训练班"，这是破坏工人运动的特务训练班。将训练出来的特务分子派到各工会去当书记特派员，来操纵工会组织、监视工人活动，屠杀工人的刽子手杨虎，就是个特派员，他和大汉奸特务陈群，过去不知杀死好多人，上海人叫他们"羊虎成群"。各大都市地方上也办了特务训练班，加强各厂的控制。在工厂组织了所谓"护工队"，在政治上愚弄威胁职工，挑拨工人感情，殴打工人的积极分子。国民党反动派中央调查统计局的特务机关组织（中统局）收买各工会里的工棍子来作情报工作。捣乱工人正当集会，捏造谣言、制造罪名，陷害工人进步分子。工人随时可以被他们扣上一个"红帽子"而遭逮捕，关到集中营去。在蒋匪帮眼中的工人活动分子是"内乱战犯"、"谋叛之徒"或"捣乱分子"，都应该处以死刑。所有所谓工会都是国民党的党棍子或受党棍子收买的工棍子所包办的与利用的，支持工会的人大部分是国民党的特务。偶然有一二种工会控制在工人手里，不是遭到解散，便是"奉命整理"，变成特务地盘。因此"工会"不是工人的，谈不到为工人谋福利，而成了打击工人运动、剥削工人福利的工具。今年四月里国民党统治区，成立了所谓"全国总工会"的组织，我们看一看里面有些什么人呢？照他们公布的名单常务理事有黄俊、吴志恒、李廷镇、孙义昌、安辅廷、周学湘、张德铭、邓望强、田亚丹，现在我替他们分析一下：黄俊是一个汉奸，吴志恒是在一九四六年八月六日在重庆带武装接收“劳协”的特务，安辅廷于四六年十二月在上海篡夺“劳协”的特务，周学湘是一个出卖他自己工人阶级的工棍子，田亚丹是曾在汉口当过警察局局长的特务，这一群都是汉奸，特务来充当总工会的领导人常务理事。这个所谓“全国总工会”完全是压迫工人阶级的工具，他们开成立会的时候，国民党统治区的工人阶级从来没有听见过。所有工厂企业中的工人，没有一个不是坚决反对这个“伪总工会”的。这个所谓总工会除指派了这一批特务汉奸来充当常务理事外，他们背后还有他们的老板有特务头子谷正纲、贺衷寒、马超俊、陆京士。说起来很痛心，陆京士是邮务工会出身，我也是邮务工会出身，但现在我在这里要宣布他的罪状，他过去做过上海警备司令部的军法处长，以后又做国民党中央组织部的组训司长，因为他做特务杀人有功，现在被提升为国民党农工部副部长，他是工人阶级的敌人，（全场高呼：“打到南京去，活捉谷正纲！打到上海去，活捉陆京士！”）工人在饥饿线上挣扎，但不允许为生活的保障而呼吁，倘使工人为着本身福利而活动的话，所遇到的是逮捕枪杀。四六年一月重庆军纺第二厂三个女工被枪杀，中国七纺织厂被拘工人十八人，三人死于狱中，官僚资本预书沙厂工人一人被杀。三月重庆大渡口炼钢厂工人，因要求工资，代表被捕，全厂工人要求释放代表，驻厂匪军就用“机枪点名”，当场杀死工人四名，受伤十八人！现在我谈一谈这个大渡口炼钢厂的惨案，这个炼钢厂就是第三兵工厂，兵工厂工人向来过着工人中最黑暗的生活，但是他们对抗战的贡献很大，为了争取抗战胜利，他们日夜工作着，有的时候他们在防空洞、地下室里工作，见不到天日，为着生产军火打日寇，任何痛苦，他们都咬着牙齿忍受下去。只希望胜利后过一些和平的日子，抗战胜利了，他们的生活一天一天比胜利以前更痛苦，他们的工资每月一万六千元，最低的只四五千元，说到自由根本没有，厂里常住着五百多警备队、更有不出面的特务。他们在厂里横行霸道，打骂工人，因为物价高涨，生活没有办法，工人于二十一日下午停工开会，当时警备队大队长袁时中叫他们推出代表，工人提出增加工资要求。由大队长转交厂方，在二天内回答，岂知二十二日深夜，突然全厂戒严，并捕去代表项东山等七人，工人们知道了这个消息，十分气愤，袁大队长亲口保证过代表安全，为什么出尔反尔呢！二十三日工人们集合起来向警备队要求释放代表，当时工人们找到了当天深夜参加逮捕代表的稽查吴某。要他领头去找袁大队长，正走在半路，袁大队长来了，吴稽查就拔出手枪就开，袁大队长也立刻开枪，同时，架在四周高地的机关枪亦向工人扫射，一时枪声四起，成群的工人弟兄们倒在血泊中，有的死了，有的在血泊中挣扎呻吟，凄惨情形不忍目睹，事后厂方便封锁消息并实行全厂戒严不准工人进出，不准死者家属收尸。有诗写道：

兵工厂响了枪

（作者：纯静）

惨杀工人的枪声，
响起在兵工厂中，
沾染着红色的鲜血，

我们犯了什么罪过？
在八年的战争中，
我们忍耐着。
不分白天和黑夜，
我们工作。
虽然我们穷得：
穿不上裤子；
我们累得：
站不直腰；
我们明白，
这是为了战争！
然而今天，
当战争已经胜利的时候，
国家正在走向民主的时候，
偿付我们的，
却是木棍和手榴弹。
这是甚么世界？
第二纺织厂的血迹，
还残留未干：
毛纺织厂受伤的工人，
尚呻吟不息；
紧接着来的，
是豫丰纱厂的被打；
可是更残暴的手段，
却留着应用在兵工厂。

除了法西斯的国度里，
会用机关枪扫射工人；
世界上哪一个国家，
会做出这样惨酷的暴行？
我们不过要求增加工资，
因为是要养活，
我们的父母儿女和妻子。
我们仅仅为了要生活，
但是人，谁不想活？
他们用了，
我们亲手制造出来的子弹，来射穿我们的胸膛。
为了要生活，
我们就遭到这般惨杀！
居然还有人说：
这是工人不守“劳工纪律”。
用特务殴打，
用机枪射杀，
“公理”如在他们的嘴里！
试问：自由公理在哪儿？安息吧！
死去的兄弟们！你们的血，
将永远领导我们前进！
我们要和法西斯残余继续抗争，
把他们的罪状，
向全中国的人民，
向全世界公布。

今天，那打死你们的枪弹，
谁能担保明天就要来杀我们？
但是，死难的兄弟们！
你们的死，已经给予了最大的警惕。
从此，一切劳动者的手将紧紧握在一起，
我们要永远团结成钢和铁。
瞧！特务，你们能猖狂几时？

国民党统治区工人，为要求自由，为要求改善待遇，就要被拘捕，被枪杀的，就是为了要提倡国货、抵制美货，也受到了同样的待遇。四七年二月，上海三区百货职工会因为提倡国货，抵制美货，正在南京路最热闹的地点劝工大楼开宣传会时，在国民党统治市政府市长吴国桢和国民党反动派方治阴谋之下，突来特务数百名袭击会场，工会负责人永安公司职员梁仁达君当时在特务一声叫打命令之下，铁棍、枪把齐下，竟被当场活活打死了。四七年十月天津八里台蒋家官僚资本控制之中纺六厂，因厂方侵害工人福利权益，与厂方发生冲突，厂方警察开枪，当场被打死打伤的五人，拘捕三十六人。四七年十一月汉口桥口武汉被服总厂发生工潮，军工部被服厂因为要赶制棉衣，欺骗工人，如果棉衣于十一月底完成的话，每个工人有四十万奖金。工作是完成了，奖金被厂方赖去了，工人就罢工要求。工人被特务抓走八个，同时，厂方装了三车匪兵来冲散工人，工人并不因为来了兵就吓倒，他们反将抓工人的特务捉到了一个，厂里的秘书钱汉章大声命令捉抓特务的丁海泉工友放手，丁海泉很壮烈的说“我宁可死而不愿放手”，刽子手钱汉章就拿出手枪来，向他开了一枪，丁海泉倒下去了，同时军警的机关枪也响起来了，向工人群众平射，结果当场又死了一人，伤了三四十人。工人展开了斗争，要求抚恤、惩凶，在出丧的一天有一万工人送葬，震动了汉口一百几十万人民。在他们灵柩前写了一方匾："你们死了，我们亲眼见，我们永远记得。"市民非常同情被难的工人们，蒋匪警察竟枪杀工人。四七年九月，上海美商电力公司工会理事张仲之等十人无故被捕；三区百货工会理事丁盛雅等十七人被捕；法商水电工会，职工因为要求自由生存而罢工，职工十余人被捕，于十二月一日罢工工人与蒋匪警察发生冲突，当场即有九十六人被捕，并有十二人受伤。四七年十二月上海申新纱厂九厂工人，因要求年赏罢工，蒋匪大批宪兵、警察镇压，用美式铁甲车机关枪的激烈火力和刺刀催泪弹向徒手男女工进行残酷屠杀。当时申新九厂男女工人也不示弱，大家用石子、用车间里筒轨来抵抗，展开了自卫反抗，非常壮烈，军警在刽子手警备司令宣铁吾亲自指挥格杀勿论，向工人冲锋，几千工人哭声震天，结果一百余工人倒下去了，还有被捕的三百余人。上海女青年会劳工教师张莲华，青年歌咏家劳动音乐教师庄枫，电话公司工会理事吴宝淋被特务架走失踪没有了消息。国民党统治区的工人阶级，除了受军阀买办、官僚资本压迫杀害外，还有美国帝国主义的压迫。上海著名的案件人力车工友臧大二子被美军打死，没有下文；三轮车工友程永芳被美水手殴打重伤、青岛的人力车工友被美军打死，没有下文；塘沽老工友被美国兵割耳嬉弄而死，至今没有下文。天津三轮车工友被美军吉普车撞死，三轮车被撞毁，吉普逃走，警察局反而要死难工友家属赔偿三轮车。这是什么话，国民党统治，这种残民媚外，工友们就算白死。这是一篇血账，在国民党统治区是层出不穷的，哪里还谈到权利与福利呢！（全场高呼：为死难的工人兄弟复仇！）

第三，在经济崩溃下国民党统治区工人生活的悲惨状况

在抗战的时候蒋管区大后方，采取的财经政策是管制独占，是通货膨胀，是有钱者赚钱而无钱者既出力又要出钱的落井下石的办法，工人阶级生活上已经压得透不过气来。八年抗战刚刚结束，国民党反动派又开始了内战，农村的封建剥削，和城市的官僚资本重新与帝国主义的经济侵略合流，战费支出浩大，通货恶性膨胀，美货大量输入，使半封建的农村经济完全解体。脆弱的民族工商业走上衰落途径，中小企业的一片倒风，社会的财富向四大家族集中。工人失业增加，天灾人祸交相迫煎，压到工人阶级身上来。先谈农村经济吧！赐给农民的征实（即征粮）、征借、征兵、征夫的"四征政策"，按四六年度征实征借的预算为八千八百万担！但民穷财尽的蒋管区农民，这一笔账是不容易收得齐的，到该年十一月底，浙江仅征得一成，广东十三分之一，甘肃十分之一。四六年蒋区农业生产较战前减少百分之八至百分之十二，而四七年则减少百分之三十二到百分之四十，去年国民党统治区粮产与最低需要量比较，稻谷不足六千万担，小麦不足五千六百万担。除所谓征实征借以外，各地还增加了很多附加：以河南为例，尚有"征购"、"公粮"、"代购"、"暂借"、"筹购"及"抢购"六种。农民对于"征兵"的恐怖像瘟疫一样，起初是师、团管区抓，民团自卫队抓，乡保公所抓，各县份里开头普遍是所谓"二抽一"，后来是"父子要当兵"一把抓。另外是征夫出勤"劳动服务"，这给予农

民的负担也极重大，在国民党统治区这四征政策吮吸下成千成万亩的土地，尽成荒芜。农民在帝国主义封建主义压榨下毫无生路。农民的办法不是“拖”就是“逃”！不是“自杀”就是“反抗”！现在已普遍的走上反抗之路，所以国民党统治区各地民变迭起，农民武装运动发展蓬勃。城市的工商业呢？先说官僚资本在抗战胜利第一年接收了许多敌伪工业，但是在混乱腐败的情况下，有被窃抢的，有被盗卖的，有荒废生锈的，只有一般贪官污吏的“劫收大员”发了一笔胜利财。“劫收大员”上海有名的叫五子登科，就是位子、金子、房子、车子、女子。至于官僚资本的高级人员呢，坐新汽车，住新洋房，贪污腐化，无所不无。官僚资本在胜利后成立了几家大组织来统制接收敌伪的工厂、中国特产、工业原料。著名的有中国纺织建设公司，控制了棉花与棉纺业；中国蚕丝公司，控制了蚕丝特产与丝织业；中国制油公司，控制了大豆（过去有现在没有了）花生等；中国茶叶公司，控制了产茶制茶与茶叶出口贸易。官僚资本有利可图，与民争利，绞死了民族工商业。进出口贸易也是官僚资本，最大的有孔家办的“扬子公司”，他们可以用官价外汇来结价，国库里的外汇都可以到他们袋里去。民族工业呢？要原料要不到，流动资金不够，借款借不到，就是借到的利息要二十分钱。通货膨胀，物价飞涨，卖出了成品，买不进原料。美货大量倾销，我简单说一说，在市场上看见的穿的有女人玻璃衣料、玻璃丝袜、玻璃皮包，最小的东西，火柴、牛奶、铅笔，都是美国货。他们说美国的月亮比中国的亮，美国的水比中国清，美国的石头比中国的硬，现在我报告一个数字，四六年国民党统治区，全年入超四二八、二四〇、九六八美金，大部分都是美国来的东西。

在美货倾销、官僚资本纵横情况下，到四六年下半年，国民党统治区工商业就急速的崩溃了。崩溃的特点是各地的工厂和商号急骤的大量的关门。四六年八月至十月三个月中，上海已经有八十八家工厂及商店倒闭了，一入十一月，情势更加恶化，在阜丰、福新、华丰及裕丰等面粉工厂关门以后，接着英达染织厂，信大纸厂，一商药行及中国商轮公司等清理；到下旬甲等针织厂如“中国”、“泰记”、“勤益”、“华安”、“华丰”等十余家相继停业。十二月上旬，有名的大伦毛皮厂、新大织造厂、源通绸厂等，亦站不住倒了下去，中旬以后，倒的工厂和商店约一百家。其在后方四川的中小工厂一千二百家，百分之八十已关门；工协分会会员工厂四百七十四家停工三分之二。四七年上半年倒闭的工厂商店即达一千六百家，例如卷烟大小七十三家，目前每天开工的不到五家，即称幸运的橡胶业，原有七十三家去年上半年实际开工者，亦仅四十余家。至于华北工业中心之天津，原有大小工厂五千家，去年经常保持全部开工的仅百分之一，局部经常开工的占百分之四，有百分之四十的工厂已陷停顿，其余百分之五十五均陷于半停工状态。广东民营工业在日寇投降时有四百家，至于去年七月继续营业者已不足百家。随着工商业的倒闭，上海民族工业家益丰机器厂老板顾保良说：“本来我们生意非常好，可是胜利以后不对了。因为打内战，结果农民逃壮丁，田地荒芜，柴油引擎（农民打水机用的）的销路没有了；香烟市场成了‘骆驼牌、马立斯’的世界以后，国货香烟工厂要关门，我的香烟机器也没有销路了。工厂开支一共六千万元，而付利息的倒占去三千万，每月发工钱没有钱，只好关门，弄到这样结果，我的心在痛。”国民党统治区城市中失业人数骤增，去年上海失业半失业人数近二百万，内失业工人三十万人，占原有工人八分之三；重庆失业人口十八万；天津、青岛各为七万余人；昆明六万人；湘潭失业工人有四万八千，占原有工人十分之四，其他各大、中、小城市，无不充满了大量的失业军。因内战扩大，随着通货恶性膨胀，物价奔腾直上，上海米价（大米）目前（四八年七月）已经到了四千万元蒋币一担，比本年一月（一百万元）涨了四十倍，比四七年一月（六万元）涨了六百五十倍，比战前米价（十万元一担）涨了四百万倍，在本年三月份天津面粉每袋二百〇八万元蒋币，北平面粉涨到二百〇二万元。产麦区的西安每袋面粉也涨到一百二十万元。重庆、南京、宁波、芜湖等地都发生老百姓抢米风潮。

附上海米价表：

上海米价

年	月	每担	蒋币
47	6	每担	60, 000
47	6	每担	500, 000
47	12	每担	1, 000, 000
48	1	每担	由 1, 000, 000 到 1, 580, 000
48	2	每担	由 2, 400, 000 到 3, 600, 000
48	3	每担	由 4, 200, 000 到 4, 500, 000
48	4	每担	由 4, 500, 000 到 5, 000, 000
48	5	每担	由 5, 000, 000 到 7, 500, 000
48	6	每担	由 9, 000, 000 到 23, 000, 000

续表

年	月	每担	蒋币
48	7	每担	由 28, 000, 000 到 40, 000, 000

简单说，三七年一百元蒋币可以买一只牛，到四五年可以买一条鱼，到四八年只可以买一页榆树叶子。今天国民党统治区经济风潮，延续时间一次较一次长，而间歇期则越来越短，同时物价越涨越快，四八年第一次米价的起点为一百万元，而终点为一百五十八万元，第二次米价在两个月内由一百八十万元涨到四百五十万元，第三次连续三个月由五百万元涨到四千万元。事态的发展是明明白白的经济的崩溃和城乡的大骚动，将在我们的眼前迅即展开。蒋币暴跌、物价暴涨，工资永远赶不上物价。四七年十二月上海工人工资为六万八千二百倍，不及实际物价指数十五万倍的半数。到了本年四月米价每担四百五十万倍，比战前涨了四十三万倍，而工资才涨十万倍左右，一个工人的收入，不够买一石米，不够养活两个工人，所有的工人都在饥饿线上挣扎。目前的经济财潮，以美金而论，由本年二月十日的每元合蒋币一百七十万元，涨到四月二十五日的五百万元，就是说蒋币在十六天中，跌了一半以上，但在这个时间，工人工资是依然保持原状的，收入照旧，而货币购买力再降了一半，这不是把工人的收入又打了一个对折吗？国民党统治区工人生活没有办法维持是很显然的，以汉口工人来说，工资最高的每月只一石粮，最低的三斗粮，他们只好在吃光、当光、卖光的悲惨情况下挣扎。

第四，国民党统治区工人阶级反蒋、反美的英勇斗争

国民党统治区工人阶级，虽在层层压迫、缚手缚脚的法西斯统治下，他们没有屈服，没有丝毫软弱，他们始终在各种各样的方式下英勇的展开了反抗斗争。他们斗争目标，远远超过经济范围，提出了反对内战、要求和平，反蒋、反美和实行民主、和平、自由等政治口号。他们的目标和步调是和解放区工人阶级、和全国人民解放事业相一致的，那就是要推翻国民党统治的独裁及赶走支持这一反动统治的美帝国主义者，以争取工人阶级及一切被压迫阶级被压迫人民的解放。自抗战胜利后，上海工人保卫了工厂，他们就展开了反抗斗争，国民党统治区工业中心上海，自四五年十月到四六年三月，劳资纠纷达千余件，其中发生工潮罢工怠工的有七百五十五件，并有三区百货业工会，勇敢的检举国民党统治包庇的新新公司经理李泽汉奸行为。四六年三月国民党统治的上海市政府市长钱大钧，重申反动命令四则：1. 国营事业不得有罢工怠工行为；2. 罢工怠工如未经合法程序，应予取缔；3. 要求条件，如非今日生产状况所能接受者，应予拒绝；4. 非法越轨行为，应予制裁。同月京沪路工业区无锡城防指挥部决定“各厂工人，以后有煽动罢工者，决予枪决”。国民党统治工人的特务头子，社会部部长谷正纲于五月特来上海，重行宣布不得任意罢工怠工，煽动威胁者要依“法”严办。国民党上海市政府市长吴国桢，对工人说话时，用劲的拍着台子表示他压迫工人的决心。结果工人并没有因为这许多严厉法令而吓倒，他们继续着他们的抗争。四六年三月份就发生罢工怠工工潮二十二件，内中包括丝织工厂二百

家，机器工厂一百八十家，毛纺织厂十八家，印刷蒋币的中央印制厂一、二、三厂，酒菜业八十家，龙华飞机场汽车司机，铜匠木工，以及支持反动统治的美帝运输部中央分站与货运部司机四千四百人；四月份有蒋匪军政部军服制造厂四十家，人力车工友五万人罢工，西式木器工人二千余人怠工，公用局公共汽车停驶，草帽业全体工人罢工，江海关全体员工怠工；五月份有丝织工厂六百余家全部罢工，西服业几百家怠工，英商电车公司全部职工罢工，邮局员工一度怠工，中法求新造船厂全体工人怠工，上海市卫生局清道工友全体罢工，中国航空公司技工一千人怠工；六月份有南京高等法院上自推事下至院役全体罢工，各地纷起响应，重庆、广州、北平高等法院与地方法院采取一致行动，电影业九十家电影院职工怠工。四六年六月十九日在上海沪西工人福利社里有六十几个工人代表开会，代表沪西四十几家工厂决定组织“沪西工人反内战民主促进会”，他们坚决的表示“内战一天不停我们的任务一天没有完”。这是上海工人反对内战的第一炮，沪东工会跟上也组织了反内战民主促进会。六月二十三日上海有十万工人游行示威大声疾呼，喊出了“反对内战要求和平”的呼声，“上海各界反对内战人民代表晋京请愿团”火车被国民党铁路当局命令停止开出，铁路工人反抗了站长命令，自动的开动了火车，离开了上海北火车站，向南京前进。当时大家体会到了工人力量的伟大和工人阶级的英勇表现。工人唱着“反内战要和平”的歌声，在沪东沪西工业区随时可以听到，还有人编了一个反内战“四字经”，也是工人群众喜欢唱的。其词句如下：“八年抗战，一旦光明；可是不幸，直到如今，东北烽烟，遍地饥馑；四项诺言，没有下文；政治协商，更等于零；工业崩溃，厂家关门；美国货物，市面盈盈；官僚买办，笑脸相迎；民族工业，大喊救命；关税主权，交与外人，门户开放，内河航行，原因何在，内战残忍！人民呼声，充耳不闻。长此以往，中国何存，亡国灭种，歧途已临！全国同胞，不能再忍，团结起来，救亡图存，人民力量，制止罪行！从此弃戈，永久和平。”

在这次大游行里，居然有特务想在伟大行列里捣乱。当队伍游行到南京路、山东路口的时候，忽然有一个穿蓝短裤的人散起反动的小纸条来，被一个女工发现，他反向女工撩了一个耳光，这时大家都上去问情由，那个家伙就逃到一家店里，女工告诉了大家，许多人马上拥到那家店里，找了一会才从水缸边找了出来，拖到马路上。这时大众非常愤怒，这个坏蛋倒真坏透顶，自己已经作了丧良心的事情，还居然动手打人，大家都想给些颜色他看看，你一拳我一脚，总算由纠查队拦阻住了，结果把他用绳子绑了起来，再用墨笔在他的背上写了“坏蛋”二个字，押着游行示众。

这次游行中标语、旗帜、漫画、快报、传单，五花八门，形式众多，可以说打破历来游行请愿的新纪录。

呼喊口号也随机应变灵活非常，走过某大报馆，大喊：“请□□报拿出良心来说话！”、“新闻报导要真实！”经过市政府时喊：“打倒贪官污吏！”、“组织民主的联合政府！”在警察局门口即喊：“提高警员待遇！”、“取消警管制！”

四六年十一月上海几千摊贩为反对饥饿、反对压迫，包围了警察局抗议禁止摊贩非法命令，摊贩曾被惨杀。为了自由、为了生存，四七年五月，单是上海就有十五万人罢工游行示威，九月间上海交通工人继美商电力公司、法商水电公司职工为自由、为生存罢工以后，各路电车、公共汽车职工一齐响应。十二月间强迫美电、法电、英电等工会缴黑名单，工会坚持不缴，联合棉纺、丝织、毛纺、机器、针织六十工会，二百多理事抗议。

四七年国民党统治颁布了所谓“戡乱时期紧急治罪法”，又成立了特种刑事法庭。结果四七年一年内，参加斗争的工人在三百二十万以上，包括上海、天津、北平、武汉、杭州、宁波、青岛、济南、唐山、广州、汕头等二十几个大中城市。参加斗争的产业部门有水电、邮务、海关、交通、铁路、机器、纺织、化学、丝织、卷烟等五十余业。四七年上海工人协会五一宣言提出了：1. 要求民主和平，2. 要求保障人权，3. 要求解决生活指数，4. 要求工会民主化，5. 民营工厂争取劳资合作，6. 实行职工统一运动六项目标。四八年为反饥饿反压迫，上海有申新九厂男女工人七千五百人罢工四天，曾被蒋匪军警特务惨杀，工人拼命抵抗表现最为壮烈。四月份有京沪铁路工人三千余人，全部“卧轨罢工”，使此主要交通动脉顿时陷于停顿。国民党统治区工人阶级经受了这几年来国民党政府所赐予的一切，他们的阶级意识、政治觉悟已大大的提高了。今天他们陷在生活饥馑中，他们了解了这不仅是一个经济问题，而是一个独裁与民主、内战与和平的政治问题。所以他们虽在蒋家匪帮血腥刺刀威胁下，他们为着反对内战，反对饥饿，为着反对国民党独裁统治，为着反对美国帝国主义侵略中国，他们不愿做亡国奴，他们展开着爱国民主运动斗争，来响应人民领袖毛主席领导的人民解放伟大革命事业。他们对于人民解放军的胜利进攻，非常欢迎鼓舞，他们正在积聚力量等待着配合人民解放军，解放各大城市，争取全国人民最后解放的胜利。

第五，劳协为全国工人阶级的民主团结与人权保障的斗争

中国劳动协会（简称劳协）于一九三五年成立于上海，在抗战中长大起来的。三七年自上海沦陷后劳协先迁汉口，而后重庆，同时派员到香港、广州、长沙、桂林、重庆、郑州、开封等地，与各地工人联络，扩大工人抗战力量，劳协在统一战线下，决定了全国工人不分党派、地区、帮口，民主团结从事抗战工作，在汉口与陕甘宁边区总工会共同发起全国工人抗敌总会，当时上海、南京、广州、长沙、开封等地总工会代表，包括机器、海员、邮务、纺织、铁路、电信、卷烟等产业部门，纷纷来汉，参加成立大会，国民党统治深恐工人抗战力量增大，加以摧残，全国工人抗战总会无法成立，虽在分化工人团结政治压迫下，国民党统治区工人与边区工人仍建立了关系，陕甘宁边区总工会代表廖似光、刘群先参加了劳协工作，我们共同决定了“敌后破坏生产、大后方增加生产”的劳工政策。抗战初起的时候，沿海各地工人，如上海、南京、广州、天津等处技工，在抗战第一、胜利第一决心下，纷纷向内地迁移、搬运机器，帮助政府建立战时工业生产基础，当时中国抗战初期，除苏联接济外，还是孤立的，所以后方工人制造一支步枪、一个手榴弹都是有用的，至于沦陷区的工人，他们一方面过着痛苦的生活，同时作反抗敌人的工作，以上海来说，有丝织工人王世雄、电器工人周纪棠被敌人惨杀。劳协搬到了重庆，在这个政策下号召工人增加生产，作为加强抗战力量的中心任务，

协助了沦陷区四千一百三十余位技术工人到后方各地，积极帮助有关抗战生产和举办工人福利的事业，补助工人医药、文化、生活上的困难。一九三九年劳协即参加国际工会（那时世界工联尚未成立），并进行对同盟国家工人宣传与联络工作，让国际工人了解中国工人阶级在敌后与大后方的种种艰苦英勇奋斗，并反对美国帝国主义用煤油废铁接济日寇，当时引起同盟国家民主工会组织的同情，用他们的行动来阻止煤油废铁接济日寇。一九三九年六月参加国际劳工大会，全体劳方代表（工会代表）作了下列决议："参加一九三九年国际劳工大会代表，对中国人民与劳动阶级过去二年中英勇抵抗日本侵略，谨致其深切的同情与团结一致之热忱。全世界工人均竭诚援助中国勇敢的人民，全世界工人深信中国人民尤其是中国工农阶级，目前的牺牲断非虚掷，中国必能保持其独立，并能自侵略手中收复被占土地，得到解放。"各国运输工人罢运废铁煤油赴日英勇斗争，接踵而起。如法国马赛码头工人，英之利物浦运输工人，美之旧金山海员与码头工人，以及澳大利亚之码头工人等，反对他们政府接济日寇，有很大英勇罢运运动。劳协始终站在工人运动团结统一立场。一九四四年中、苏、美、英、法发起之世界职工大会，一九四五年九月在巴黎举行的时候，国民党当局拒绝发给解放区职工联合总会筹备会主任邓发同志出国护照，劳协坚持与解放区职工代表一同出国为出席条件，结果争到了这个胜利目的。邓发同志，将解放区的九十二万职工全部参加劳协。在最盛时期，参加劳协的工人组织，有各地九十余单位，拥有会员二百一十七万五千一百七十七人。邓发同志代表了中国职工在大会中发表生动演讲，博得国际上的赞美。大会上邓发同志与劳协代表都被选为理事，劳协代表并被选为世界工联副主席。邓发与劳协代表同时于四六年一月二十三日返抵上海，邓发同志发表了对于大会的谈话如下：“这次大会各国参加的劳工总数达六千万人，与过去‘国际工会联合会’不同的是苏联二千七百万劳工也加入了。这次大会最重要的成就，是全世界职工联合起来，参加世界的和平机构，以防止第三次世界大战，维持国际和平。在大会中与朱学范保持密切的合作，提案与会场发言，事前都经过双方商讨和同意，希望中国职工以此为契机实行民主统一化的大团结。”邓发同志于飞机遇难后，刘宁一同志代表了解放区职工总会与劳协代表共同出席了四六年六月在莫斯科召开的世界工联执行委员会，与四七年六月在捷克布拉格召开的世界工联理事会，始终与劳协与解放区职工会保持着团结统一的联系。抗战胜利后，大后方的工业顿时萎缩，抗战有功之大后方工人受到了失业与流落异乡的悲惨遭遇，国民党统治置之不顾，劳协支持后方工人要求解雇金、失业救济金与回乡川资等抗争，并帮助他们回籍等工作。自四五年九月起至四六年一月底止，在重庆一地，斗争波及了[illegible]百七十三家工厂约计六七万工人。劳协接受了中国共产党及其他民主党派的“和平、民主、团结、统一”的政治主张，拥护了“政治协商会议”决议，四六年一月三十日“政协”闭幕的一天，劳协商同邓发同志的意见，通过并发表了二十三项对当前政治的要求和主张，大意如下：“（1）迅速实现彻底保障人民身体、信仰、言论、集会、结社、居住、通讯等自由。（2）迅速召开真正民选的国民大会，工人代表应有明文规定。（3）扩大政府基础，由各党派及社会民主人士平等有效参加政府一切机构。（4）彻底消除内战。（5）惩办贪官污吏，处治汉奸，审判战争罪犯，迅速解除敌人武装，遣送回国，妥为解散伪军。（6）根据第一期经济建设原则，确定国营范围，保护民营工业，反对官僚资本。（7）清查敌伪资产，严办接收贪污人员，迅速恢复光复区工业生产。（8）解决土地问题、实行二五减租，禁止高利贷，反对土豪劣绅压迫农民，提高农民生活，实现耕者有其田。（9）修改工会法，废止限制劳工的法令，反对派遣工会特派员、工会书记、工会整理委员，工人（包括军火业工人）有自由组织工会的权利。（10）组织全国工会联合会，各业工人应成立全国性产业职工会。（11）工人有罢工、请愿、游行和团体契约的权利。（12）国营工厂工人，有参加管理的权利。（13）民营工厂应推行工厂会议制度，协调劳资关系。（14）工人有工作的权利，政府应拟定充分就业计划借以保证。（15）根据各地物价指数，以必需生活费用为标准，规定最低工资，并实行不分性别，同工同酬。（16）改善工人福利，关于工厂安全及卫生设备，应厉行工矿检查制度。（17）保护童工、女工，严禁作深夜工，职工补习教育费用由厂方负担，女工产假期间应照给工资。（18）反对包工及包身工制。（19）规定一周工作四十八小时制，及休息放假办法。（20）推行工人补习教育及技术训练，反对学徒制。（21）举办年老、伤害、健康等劳动保险。（22）失业救济除消极的发给救济金、救济物资，及遣送回籍外，应定积极的救济办法，补助工人转业就业。（23）对抗战有功与受伤工人及殉职工人遗属，应定奖励与褒恤办法。”劳协根据了所发表的政治主张，工人包括军火工人有自由组织工会的权利，把国民党统治区的素来不准组织之兵工厂工人如发生惨案之大渡口第三兵工厂，第五十、第十五等兵工厂，南京兵工厂工人都组织起来了，引起了国民党统治的妒忌。劳协坚持参加了较场口庆祝政治协商会议成功大会，当时劳协会员白树勋、冉瑞武、陈培志等四人与李公朴、郭沫若先生等同时被国民党反动派刘野樵、方治事先布置的特务打伤。较场口血案第二天，国民党反动派的中央日报，仍以中央社消息刊登较场口血案，竟颠倒歪曲的报道，说什么“陶行知唆使‘育才小学校’学生开打，朱学范在台上把帽子一挥，劳动协会就开始大打，刘野樵也光荣负伤了”。这是无耻的造谣言，这还不算，又隔几天，重庆地方法院忽然送来传票，将劳协书记长易礼容与章乃器、陶行知、李公朴、施复亮与本人六人列为被告，诬为“侵害人民集会自由权利”并“殴伤”特务刘野樵罪名。劳协始终坚持了为中国独立和平民主与工运团结统一而奋斗到底的目标。当由重庆迁往了上海后，四六年八月六日，重庆特务包办的所谓“重庆总工会”代表及特务二三百人由陈铁夫、吴志恒带头，清早五时就开始包围，分五路进攻，带了短枪、猎狗冲进了大门，“武装接收”劳协重庆办事处及附属之工人福利社、劳工医院、托儿所、工人文化服务站。当时医院里的病人，与工人家属的产妇都被他们由病床上拖起来，并将劳协福利社主任周颖同志及干部三十八人拘捕。用美式吉普车押解警察局侦缉队私刑逼供。同时劳协在西安、开封、汉口、桂林、天津等地的机关也都被封。这事件引起了全国劳工阶级，以及世界职工联合会的抗议。劳协书记长易礼容与本人等被重庆法院提出“公诉”。特务包办之“重庆总工会”控告易与本人等“鼓动工潮，妨害治安，密运枪械，组织暗杀团，调查驻军番号，阴谋内乱及贪污”等罪名。暗的一套是施用压力，明的一套是提出假“独立”的司法，可以判罪，可以拘捕。在双管齐下的压力下来压迫劳协就范，使其走上反民主的反群众的独裁路线。劳协坚决的拒绝了发表“反共宣言”及排斥“解放区职工联合会”。劳协反对了国民党反动派破坏政协决定召开的傀儡伪国大，拒绝出席伪国大，并发表公开声明反对伪国大，揭破国民党统治摧残劳工阶级团结的阴谋。劳协负责人易礼容等被迫离开了国民党统治区，到达了香港。在国民党统治区威吓恐怖的形势下，劳协已不可能再有公开的活动，故与解放区职工联合会筹备会主任刘宁一共同决定，将劳协总会迁移香港，为争取中国民主政治和工人自由组织继续奋斗到底。国民党统治特务没有放松了劳协负责人，易礼容等被国民党统治法院宣布通缉了。这种国民党反动派无耻手段，使国内外劳工阶级及民主党派对劳协引起了无限同情，对国民党统治增加了痛恨。世界工联支持了劳协职工民主运动斗争，在四七年六月布拉格世界工联理事会一致通过的下列决议案中称：“中国英勇的劳动人民为了争取组织自由职工会的权利，已用自己的鲜血付出了代价。世界工联积极援助中国劳动人民为自身权利而进行的斗争，世界工联承认目前在香港的劳协，是该劳协的真正中心机关。并支持劳协努力为劳动人民争取加入职工会的自由权利，和他们的基本经济权利与人权保障而坚决奋斗。”这是世界工联否定了国民党统治区一班工棍子的非法篡窃劳协的行为。劳协响应了中国共产党领导的民主革命斗争，拥护了这一彻底粉碎国民党统治的政权，反对美国帝国主义侵略中国的民主革命的统一战线。劳协于四八年一月在伦敦发表对时局宣言，提出四项主张："1. 拥护消灭国民党统治区政权的民主革命事业。2. 拥护及帮助全国农民实行土地改革彻底废除封建制度。3. 拥护一切为民主而奋斗的政治力量，来造成中国人民的爱国统一战线。4. 反对魏德迈计划及马歇尔计划。"一月十二日刘宁一同志与劳协代表由伦敦函世界工联总秘书赛扬，提出中国劳协建议世界工联采取反对马歇尔计划的行动的提案书。劳协始终坚持了工人阶级团结统一立场，与坚持了中国独立民主和平的政策主张，不为利诱，不为威屈。坚决拥护共产党及毛主席的主张：彻底粉碎国民党统治的政权，取消美国帝国主义在中国的特权，建立新民主主义的人民共和国。

根据以上的情形，完全可以证明，目前国民党的统治，是颓废、腐败、无能、反动的反人民统治，而它的内部亦处在分崩离析的局面下，互相勾心斗角，争权夺利。过去蒋介石还能买空卖空欺骗国际国内，现在破产了，现在已为全国人民所唾弃，只有毛主席才是全国人民所信仰的救星。

国民党反动统治现在显得很空虚，他们贪生怕死，特务头子康泽在襄阳狼狈被俘的情形即其一例。在这种四面楚歌草木皆兵的情况下，他们唯一的办法，就是用疯狂残酷的手段来对付人民。但是国民党统治区的工人和被压迫人民威武不屈英勇斗争，正积极准备迎接解放军的到来。在敌人失败时他们一定会保护机器，不仅大的机器、轮带他们要保护，即使一个螺丝钉也是宝贵的，因为他们懂得这是属于人民的了。他们一定会很快的恢复交通、电讯、邮务，他们也一定同意派遣技术工人参加解放区的生产。

国民党统治区的工人阶级，现正用最大的决心反对美帝国主义侵略中国，推翻国民党的反动统治，他们相信：只有在共产党领导下，建立新民主主义新中国，工人阶级及全国人民才能得到真正的自由解放。

最后我高呼：国民党反动统治一定消灭，新民主主义革命一定胜利！

（1948 年 8 月）

（中华全国总工会中国工人运动史研究室编：《中国工会历次代表大会文献》，工人出版社，1984 年，第 428—449 页）

上海职工运动的报告

欧阳祖润

从一九四五年日本投降以后，上海职工的反蒋反美斗争可以分为三个阶段。

第一阶段：是从“八一五”后的护厂复工运动到一九四六年六月二十三日反内战要和平的斗争高潮。

从日寇投降头一天起，上海职工便开展了护厂、肃奸斗争。以沪东沪西两工业区的机器工人、纱厂工人为首，发动了对汉奸、走狗的斗争。斗争继续了三四个月，工人得到了救济金、解散费、胜利金及米布油等物资，并组织了武装纠察队，夺取日军的枪枝，日夜看守工厂仓库，保存了大宗原料，保护了纱厂（上海的纱锭有二百多万，占全国半数）、机器厂、造船厂等。沪东区工人并组织了十八个大厂的联合纠察队指挥部，在重要路口孔道检查巡逻，防止了敌伪的偷运。当时上海工人是准备迎接解放上海的新四军的。但为了争取和平民主，新四军没有进占上海，忍痛向苏北撤退。而国民党的“劫收”大员却从天上飞来，从地下钻出来把工厂仓库“劫收”了。上海工人把自己保护下来的工厂交给他们，只提出一个要求——“立刻开工”。但是“劫收”大员将工厂仓库抢到手，白天在前门贴封条，夜晚便从后门把物资机器用卡车偷运走，有的甚至放一把火消灭痕迹。如北四川路底日军司令部军用物资的变卖，如茂昌冷藏库、黄浦仓库的怪火，便是上海人民周知的“劫收”贪污大罪案。大的企业工厂则都被国民党官僚资本所“劫收”，组织所谓中纺、中蚕、毛纺等公司，实行全面统制，剩下一些破烂不堪的旧厂，才折价卖给民族资本家。这些大员忙于“劫收”，不但不谈开工，反污蔑要求开工的工人是“伪工人”，于是部分工人中对国民党残存的幻想也都破灭了。工人们进一步组织起来，进行了胜利后第一次的示威游行，高呼“贪官发财，工人遭殃”、“抗战胜利，工厂关门”等口号。结果，工人胜利地争取了在年底复工。

复工斗争虽然胜利了，但工人生活仍没有保障。如米价比战前涨了四十万倍，而工资才增十万倍。因而全沪各业各厂普遍展开了增加底薪、按生活指数计算工资，要求组织工会自由、年赏、福利等的罢工斗争。从胜利日始截至第二年四月止，先后有十一月全市公私营纺织厂十余万工人的联合大罢工，迫使资方接受了工人的十八个条件。首先，蒋匪国营企业中有江海关、四行职工、新华飞机场的罢工，电讯职工的罢工，卫生局三千余清道夫的扫帚游行，粪夫的粪车游行，以及市府全体公务员的总罢职。其次则有法商水电工人、英商水电工人及煤气工人、美商电力工人等的罢工，继之卷入的有机器、印刷、毛纺、六大百货公司、五金等行业，连封建帮会统治较深的浴室业、理发业、旅馆业、皮鞋匠等也都参加了。这些罢工，或数小时，或数天，或数月，虽遭到镇压，但大都取得了胜利。这是日本投降以来空前的一次罢工潮。仅有中央印刷厂的罢工，被国民党反动派用军警封锁镇压下去，开除并逮捕了一百余职工。

除了生活斗争之外，上海职工又展开检举汉奸以及要求民主的运动。如新新公司职工检举曾勾结日寇搜刮棉铁物资并曾任伪商统会理事的该公司经理李泽，康元制罐厂职工检举该厂经理伪咨询委员项康，暴露了国民党反动集团庇护汉奸的卖国罪行。一九四六年四月上海纱厂女工为反对国民党十年前圈定的国大代表而举行了一次民意测验，选举自己的女国大代表，准备参加政协路线下的国大，此次参加大会的上海代表团汤桂芬同志光荣当选。“五一”节，上海工人举行了包括二百多单位近十万人的游行庆祝大会，并先后举行了纪念“四八”烈士和昆明“一二一”民主烈士于再的追悼大会。

从不断的斗争中，上海职工自己组织起了强大的队伍，建立了代表工人利益领导工人斗争的民主工会，锻炼出许多优秀的职工领袖，都获得广大工人的拥护。

一九四六年六月初，上海工人阶级和学生与民主人士、民族资本家，组织了反内战、要和平的统一战线。六月二十三日，全市各业将近十万工人参加了反内战的示威游行，集合在北站，欢送请愿代表团赴南京，要求蒋介石停止内战，实行政协决议。国民党军、警、宪、特虽武装出动，准备破坏，终慑于群众浩大的声势，未敢动手。而铁路工人更英勇地拒绝站长不许开车的命令，自动将火车开出北站，驶往南京。

在第一阶段的斗争中，上海的职工组织了自己的队伍，得到了生活的改善，表现了工人力量，提高了斗争信心，认清了国民党反动集团和美帝国主义的面目，开始从以经济为主的斗争走上明确的反蒋反美斗争的道路。

第二阶段：从“六二三”大游行到一九四七年九月的市政企业工人大罢工。

工人在这一期间的斗争，更加具有明确和坚决的反对美帝国主义及国民党反动集团的政治斗争的性质。在斗争中大大教育了上海的职工和人民，进一步锻炼了职工队伍，更丰富了斗争经验，而在军车上节节失败的国民党反动集团对职工运动也从秘密破坏变为公开的逮捕和屠杀。

一九四六年七月，上海二百多家丝厂工人掀起了两个月的罢工。这是抗战胜利后最长的一次罢工。结果获得胜利，工人争得了依生活指数计算工资。

一九四七年二月，上海三区的百货业工会，以永安、新新等六大公司为首，为反对美货倾销，为挽救民族工商业危机，发起了爱用国货抵制美货运动。二月九日召开扩大会议，到会职工代表及厂商代表四百余人，会上并有郭沫若、邓初民、马寅初等民主人士演讲。国民党当局竟派五百余打手冲进会场，逢人便打，见物就毁，二十余名百货业职工受重伤，永安公司职工梁仁达当天下午因伤重逝世。第二天，百货工会便展开了向反动派统治者的反击，成立梁仁达治丧委员会，上海社会人士及各界职工也纷起组织梁仁达烈士惨案后援会。国民党反动派见职工声势壮大，一面手忙脚乱的想以一万万元收买梁仁达家属，遭到了严正的拒绝；一面不得不答应惩办凶手。

这时国民党反动集团实行了所谓“经济紧急措施”，把生活指数冻结在一九四六年十二月水平，职工生活困难而毫无保障，愈趋恶化。五月一日，国民党上海市长吴国桢、社会部长谷正纲、上海国民党主委方治等，僭用这个伟大的节日，压迫工人参加纪念会，规定了反共口号，企图组织一个反共示威游行。但工人们即在这次大会上喊出了“解冻生活指数”、“反对冻结生活指数”的口号。这些口号，喊出了上海广大劳动群众的最迫切要求。于是先后爆发了机器、丝织工人、美电、法电、棉纺等工厂的抗议冻结生活指数的示威游行，当法电工友在上海国民党社会局请愿时，恰巧和两市中学生反对科举式的会考的请愿相遇，两个队伍就汇合在一起，互相喊出对方口号，结果双方都争取得了胜利。

此后，上海职工斗争即深入帝国主义经营的企业和国民党市政府的企业，连续进行了要求职业保障、反对逮捕、保障人权等斗争。九月底国民党反动集团企图在上海工厂抽丁，并向工人抽工资所得税，当激起了六大市政企业的反抗斗争，获得广大市民的同情和拥护，获得了胜利。

九月二十二日，电力职工全体二千余人，为抗议国民党特务逮捕“电工月报”的六位编辑，齐集社会局请愿。国民党特务头子郑介民、吴国桢、宣铁吾等曾布置了对上海工人的大规模迫害。是晚，即大肆逮捕电力工会代表和积极分子。二十五日，国民党社会局又命令解散电力工会，并公布通缉工会领袖名单。接着，查封了三区百货业工会，捕去数十人。但工人们的反抗斗争也更加坚决英勇。二十七日，法电工人为反抗交出工会积极分子名单，举行罢工，坚持了一个星期。国民党军警和工贼进工厂，企图破坏罢工，遭到了工人纠察队及工人的坚决的抗拒。当时工人被捕去九十六人，但罢工仍坚持着。国民党社会局于是又下令解散法电工会。这时，全上海均在国民党军、警、宪、特的恐怖笼罩下，但工人的英勇斗争，仍此伏彼起。十月六日，上海民主工会二百余领袖即联名发表了反对国民党反动集团迫害的抗议书，同时，许多被通缉的工会领袖不得不暂时与工人们分别。当这些被迫出走的工会领袖与工友们话别时，工友们都激昂的说："你们去吧，人民解放军到来的时候，我们又可以见面的！"

第三阶段：不屈不挠对抗敌人的公开逮捕和屠杀。

继九月大罢工后，不管国民党统治者怎样公开恐怖镇压，十月又爆发了大陆铁厂罢工，胜利的打击了资方与官僚资本勾结将机器向广东转移的阴谋（反动统治者企图在华南建立他们最后的基地）。上海伪总工会为了建造会所，要工人捐款，特务头子陆京士事先大宴工会代表，想从中笼络收买，十一月十二日，伪总工会召集各工会代表开会，但大家依然否决了捐款的提议。代表们齐说："我们代表工人利益，不能出卖工人，不然就要挨打。"说后一哄而散。陆京士哭笑不得，暴跳如雷，下令各厂资方扣除工人工资作为伪总工会建立费，有些帝国主义和官僚资本的厂方执行了他的命令，但工人马上罢工抗议，资方只得照数补发。直到现在，伪总工会还只得住在原来那所破庙里。

今年一月，又发生了万余舞业职工反对国民党社会局封闭舞厅，威胁勒索巨款的斗争。

此后不久，就发生了申新九厂工人英勇卓绝的抵抗军警屠杀的斗争。申新九厂是上海最大的纱厂，有职工七千五百余，其中五分之四都是女工。一月二十八日（阴历年夜），该厂职工为了反抗资方克扣配给米、所得税，反抗厂方无理压迫工人，举行了罢工。七千余工人组织得很严密，有纠察队维持秩序，有歌咏、话剧队等进行教育和娱乐活动。二月二日上午，五千余名军警特务和警备司令部的武装部队、坦克车、机关枪、美式卡宾、催泪弹以及马队，就把工厂四面包围，特务头子陆京士、宣铁吾等在铁甲车上向罢工群众说："你们别受共产党利用，快回家过年。"工人一致的回答是："我们要生活，不管什么党，谁为工人谋福利，我们就拥护谁。"这些特务头子见威胁和欺骗都不能动摇工人的决心，至晚五时半，宣铁吾下令吹冲锋号，指挥军警向工人进攻。一辆辆装甲车先冲开了工厂大门，机枪向徒手工人齐扫，并施放了催泪弹。工人们的血都沸腾起来了。有一个工友立即跳上工厂的大卡车，开足马力向装甲车冲去，终于把装甲车冲出厂外。一时数千工人也都用铁棍、石头和机器零件，拼命向军警投掷；在屋顶上的女工们，用水龙向下冲，用一切拿得动的东西向下掷。工人一批批的倒下去，一批批地又冲上来。但工人的血肉当然抵不住机枪坦克和催泪弹，终于被军警冲进了工厂。残酷的屠杀进行了二小时，死伤工友一百余人，被捕的二百多人，被开除的工人一千余。现尚有三十八人被囚在牢里。一位女工纠察队长被捕后，受着严刑拷打，要她供出罢工领袖和纠察队名单，但她始终一字不吐，野兽们把她的手指甲都拔了出来，但她只叫喊着："工友们要记住这场惨案！"

事后国民党反动集团封锁新闻，说只死伤三人。但他们封不住七千工人的嘴，这空前的惨案马上传遍了上海，传遍了全国，并震动了世界的职工！

上海各业工人队及学生，痛愤地组织了募捐支援，并规定于二月二十二日下午二时二十二分，全上海工友，学生佩带二寸二分宽的黑纱，纪念二二惨案。同时组织了“申九事件后援会”，准备为死难烈士开追悼会。国民党反动集团一面严禁人民戴黑纱；一面更阴谋破坏追悼会，在追悼会召开的前夜，逮捕了各业工人领袖二百余人。逮捕的恐怖行动继续一星期之久。

不管国民党反动集团怎样屠杀和镇压，工人不但丝毫没有畏惧退让，相反地采取了各种各样更巧妙的斗争方式。今年四月，京沪铁路工人进行了“哑工”斗争。工人齐至铁轨上一言不发，国民党当局派人来干涉，没有一个人吭声。他们就利用这种巧妙的方式，保卫了工人领袖，取得了增加工资的胜利。

上海职工，在重重压迫下面，始终没有屈服；始终没有消极失望，相反的，他们的队伍是更强大、更有力量了。他们已经付出了代价，并且深信先烈的血并没有白流，他们都知道人民解放军前去解放他们的日子已不远了。

（1948 年 8 月）

（中华全国总工会中国工人运动史研究室编：《中国工会历次代表大会文献》，工人出版社，1984 年，第 449—455 页）

刘宁一同志关于国际职工运动工作的报告（摘要）

刘宁一同志报告指出，中国工人阶级今天已在国际职工运动中取得光辉的地位，今后在世界职工运动中的重要性更将逐渐增加。报告指出中国工人阶级与人民在反对美帝国主义与国民党反动派斗争中获得的伟大胜利，震动了全世界，成为世界工人阶级为和平、民主、自由斗争的一支有力的大军。毛泽东思想已被全世界进步人士公认为是马列主义的向前发展的最好代表之一。而国外的华侨华工对于反对美帝、反对官僚资本、反对封建势力也尽了很大努力，做了很多工作；特别是在世界反法西斯战争中，英勇地参加了当地的反法西斯战线，极为各国工人兄弟所尊敬。

刘宁一同志叙述世界职工联合会的成立与中国职工会加入的经过说：世界职工联合会系于一九四五年九月在巴黎世界职工代表大会上所建立的世界工人的统一组织。它包括有五十三个会员国，六十四个单位，七千万会员。它有一个统一的会章，其宗旨规定为：团结与统一全世界职工，为根绝一切法西斯政权及各式各样的法西斯主义，为反对战争建立世界永久和平而斗争。宁一同志说：提到中国职工会参加世界职工联合会，不得不追念我们的邓发同志，一九四五年九月，邓发同志冲破国民党政府百般阻挠到了巴黎，于是解放区工联会与中国劳动协会便以统一姿态出席参加世界职工联合会。邓发同志在世界职工对中国职工的尊敬爱戴和关怀中，开始与各国工人领袖和海外侨胞建立联系。他为世界工运之统一及中国工运之统一，建立了永垂不朽的功绩。

报告阐述目前世界职工所处的两种不同的政治经济生活状况称：现在世界上几种不同类型的国家，基本上属于两个范畴：一个是帝国主义的反民主的世界，在那里职工的政治经济权利被剥夺，面临着饥饿、失业、恐怖和战争的威胁；一个是以苏联为首的包括各新民主主义国家蒸蒸日上的民主、和平、自由、幸福的世界，这里的广大人民在政治经济上得到光荣的地位，成了国家社会的主人翁。报告指出：这两种不同制度下的职工运动的任务是：在社会主义国家及新民主主义国家进行生产建设；在资本主义国家反对压迫、反对剥削，争取生活的改善，在殖民地半殖民地国家反对美帝及其走狗，争取民族独立与民主解放。宁一同志兴奋的介绍以苏联为领导的各民主国家职工的组织和力量，他说：全世界人民的力量已汇成一个巨流，在斯大林同志与各国共产党的领导下，向着一个民主、和平、幸福的总目标迈进，谁要来阻止这个力量，谁就走向灭亡。

报告指出：世界反动统治者们虽竭力集结一批各种垄断资本家、军火商和一批奴才走向蒋介石之流组成反动集团，企图欺骗和分裂世界职工的团结统一，比如他们正在千方百计笼络一部分工人中的败类，作为推行马歇尔侵略战争计划的工具，但是世界职工在苏联职工会明确的主张和领导下，深知这一诡计，于是反动集团的分裂活动，只能使工会中一部分极少数动摇不定分子脱离工人群众，而使绝大部分走到民主阵营里来，这就更加强了工人阶级的团结统一。

报告最后在国外职工工作的经验教训中指出：

一、依靠国内人民的斗争力量；依靠苏联和各国民主工会的帮助；依靠各国华侨华工；依靠国际主义的胜利与国际职工力量的强大。

二、忠实于国际无产阶级就是忠实于自己的民族。

三、要用慎重的学习态度戒骄戒躁总结国内经验教训，加强国内职工运动，就是加强我们在国外的影响。加倍努力学习，严格组织纪律，经常的自我批评。

四、培养对外工作的干部，迎接全国胜利的到来。

五、与各国工人阶级密切联系，巩固与扩大反美统一战线，拥护世界工联会，为坚决世界工联统一和平原则斗争到底。

（1948年8月）

（中华全国总工会中国工人运动史研究室编：
《中国工会历次代表大会文献》，工人出版社，
1984年，第455—457页）

劳代资格审查结果

劳大代表资格审查委员会李颉伯在六日劳动大会上报告代表资格审查结果如下：截至六日止，大会报到代表共五百一十九人，除十四人因报到较晚尚待审查外，其余五百零五人中五百零四人审查合格，只牡丹江代表姜培功一人，因以下理由被否定其代表资格。（一）姜在东北解放前曾在间岛省三道沟煤矿当把头（专门对工人作额外剥削，不同于一般工头），经常打骂工人，外号“姜阎王”；（二）姜之当代表不合代表产生手续。已审查合格的代表中：（一）性别：男四七二名，女三二名。（二）籍贯：包括三十个省份（或地区），其中以山东、河北人最多。（三）文化程度：不识字的四十九名，能阅读一般书报者九十名，初小一三六名，高小一三四名，初中四六名，高中一八名，师范九名，专门学校三名，大学一七名。（四）工人、职员人数比较：工人三八一，职员一二三。（五）职务：各级工会主任一九零名，工会部长二八名，工会委员一二三名，普通会员一六三名。（六）加入工会时间：日本投降后加入工会者三九八名，抗战八年中加入工会者六六名，十年内战中加入工会者一四名，一九二二年——一九二七年加入工会者二六名。（七）在革命斗争中曾为反动统治阶级逮捕入狱者二十人。曾直接参加革命战争者六十八人，内光荣负伤者二十四人。李颉伯称：根据审查结果，说明大会代表之普遍性，更说明了在近二三年来，随着解放战争胜利职工运动的迅速发展。

（《第六次全国劳动大会》，华东新华书店，1949 年，第 10–11 页）

关于中国职工运动当前任务的决议

第一章　中国职工运动的总任务

第一节

在第二次世界大战结束以后，由于美国帝国主义代替日本帝国主义，对中国实行横暴侵略，和国民党反动派政府实行内战独裁与卖国的政策，已经把全国人民陷于长期战争的痛苦之中。而中国的工人阶级，除开在解放区者业已得到民主解放以外，其所受的压迫和痛苦，则又最为严重。在这种情形下，全国人民除开团结一致，坚决推翻国民党的反动统治，取消美帝国主义在中国的特权，并从而建立各民主阶级联合的新民主主义的政权而外，就不能有任何其他的出路。而中国的工人阶级，如果不尽一切努力去完成现在反对美帝和国民党反动政府的新民主主义的革命，就不能使它自己目前所处的悲惨状况有所改善。因此，彻底推翻帝国主义及其走狗在中国的统治，建立新民主主义的人民共和国，乃是改善工人阶级及其他民主阶级人民目前状况的总前题；乃是工人阶级及其他民主阶级人民当前的最高利益与最高任务。在这个伟大斗争中，中国的工人阶级应该而且必须站在最前列，并使自己成为各民主阶级人民革命的领导者。只有中国的工人阶级在目前新民主主义革命的伟大斗争中极其紧张的年头，自己完全团结一致并充分表现了自己的革命能力和自我牺牲的奋斗精神，因而对于这个革命给以决定的贡献，成为人民公认的毫无愧色的领袖时，工人阶级才能保持和巩固在这个革命中所取得的胜利；并在这种胜利的基础上去希望和准备较远的社会主义的前途；而社会主义则是能够彻底解放工人阶级和一切劳动人民的。

第二节

由于中国共产党和毛泽东同志英明而正确的领导；由于中国人民解放军的英勇善战；由于解放区全体人民及国民党统治区广大人民群众不顾牺牲的努力和奋斗，已经使中国人民的革命战争取得了极其伟大的胜利。人民解放军在两年空前规模和空前激烈的战争中，已经消灭蒋介石的反动军队二百六十余万，连同在抗日时期被解放者在内，共解放了一万万六千八百万人民。人民解放军不独是完全打退了美国援助的国民党反动政府向解放区的进攻，而且掌握了战争的主动权，向国民党统治区举行了强大的进攻，使敌人完全处于被动，使国民党反动政府的统治走到摇摇欲坠和土崩瓦解的边缘。在这种形势下，为着保存美国帝国主义及其走狗国民党反动政府在中国的统治；为着保存现有的反动军队及地盘，获得喘息时间休整补充，以利再战并消灭人民解放军及中国一切民主力量之目的。美国帝国主义者正准备策动和组织一个欺骗中国人民的和平阴谋，策动某些反动的军人政客以及所谓中间派的右翼分子，准备发动虚伪的“和平”运动，甚至不惜在表面上去掉蒋介石，以表示他们求“和平”的“诚意”。目前中国工人阶级的首要任务就是要尽一切的努力，紧密的团结全国人民，在各方面坚决的支援人民解放军，尽可能迅速地在全国范围内战胜美国帝国主义及其走狗国民党反动政府，解放全中国的人民，统一全中国。当着美帝国主义者及其走狗们发动虚伪的和平阴谋时，必须向人民揭露其欺骗性，击破任何假和平运动，将其转变为争取真和平的运动。本届劳动大会完全相信，经过中国工人阶级与全国人民团结一致的努力和人民解放军的继续奋斗，而这一个伟大目标的实现已经是不很远了。

第三节

大会在听了中共东北中央局代表报告之后，完全同意中共中央在目前革命中所采取的总路线和各种政策。这就是说中国目前阶段的革命是无产阶级领导的人民大众的反对帝国主义、封建主义和官僚资本主义的新民主主义的革命。这就是说，中国工人阶级必须首先团结自己，并团结农民、独立劳动者、自由职业者、知识分子、自由资产阶级及开明士绅建立反对美国帝国主义及其走狗国民党反动政府的民族统一战线，建立所有各民主阶级联合专政的人民民主共和国。这就是说，中国各民主党派、各人民团体及无党派的民主人士应在适当时机召开没有反动派参加的反对美国帝国主义及其走狗国民党反动政府的革命的政治协商会议，讨论并实现召集人民代表大会，组织民主联合政府，支援人民解放战争，揭破敌人和平阴谋，争取战争的最后胜利，争取全国人民的真正的永久的和平。这就是说，在农村中实行土地改革，平分地主阶级与封建性富农的土地；在城市中没收官僚资本，保护民族工商业，并实行发展生产、繁荣经济、公私兼顾、劳资两利的政策。大会号召全国一切职工及职工团体，积极参加共产党所提议的这些革命活动、革命组织、革命政权和革命政策，并遵照上述路线和主张去进行工作。

第二章　关于国民党统治区职工运动的任务

第一节

为了实现上述目的，在国民党统治区的职工运动，应比以往任何时期都要更加善于联系群众，聚积力量扩大队伍，以便迎接人民解放军的到来。同时应尽一切可能，谨慎的支援和参加国民党统治区一切人民群众的革命运动，对蒋介石的军火制造与军事运输给以可能的阻碍。

第二节

国民党统治区职工们的生活状况及其所受压迫，比以往任何时期都更加悲惨和黑暗，这就逼得职工们不能不经常进行救死求生的斗争，应该有更加坚固和更加广泛的团结，并在策略上有高度的灵活性，才能使这种斗争获得更多的效果，使自己的生活得到更多一点出路，这是国民党统治区一切革命职工组织所必须讲求的。国民党统治区职工们在进行这种斗争时期必须用不同的态度对待官僚资本家与民族资本家，因为国民党统治区的民族工商业，大多数也是处于帝国主义与官僚资本的压迫损害或限制的情况之下，职工们首先应该主动地去联合这些受压迫损害或限制的民族资本家，使他们和工人阶级一道共同反对帝国主义与官僚资本。保护这些民族工商业，然后要求这些资本家适当的改善职工生活待遇，以达到劳资两利的目的。而在官僚资本及帝国主义特别是美帝国主义资本的企业中，则不应采取这种态度。因为官僚资本与美帝国主义资本，就是美帝及国民党赖以侵略中国和实行独裁内战政策的重要工具，职工们在这些企业中，为改善自己生活的斗争，常常和反抗统治者压迫的斗争联系起来。

第三节

由于解放区的工商业正在发展和扩大中，国民党统治区的职工们和革命的职工团体，应该派遣适当的熟练人员到解放区来参加新式工商业的建设。同时国民党统治区职工们和革命职工团体，应该十分注意保护一切公私企业的机器和设备，反对破坏迁移和分散这些机器与设备。因为在不久的将来，一切官僚资本的企业都要转入人民手中，而原属民族工商业家所有者，则将继续为他们所有，特别在人民解放军到来时，职工们应当尽力保护一切公私企业及其工厂机器和物资不受破坏和损毁，并应联合各界人民监视反革命分子，维持社会秩序，以待新的秩序之建立。

第四节

国民党统治区职工们，在进行上述各种活动时，应十分注意方式和方法，适当注意保护自己的团体和领袖，适当处理职工内部的关系，严防敌人的挑拨与离间。

第三章　关于解放区职工运动的任务

第一节

在解放区的职工运动则是在一种完全新的条件之下进行。在这里，工人阶级已经在反对帝国主义、封建主义和官僚资本主义的斗争中获得了解放，并已成为国家政权的领导阶级。在这里，已经没有官僚资本，但有新的国家企业与合作社企业的资本，这些企业是属于全体人民或部分人民所有，也是属于工人阶级所有，在这些企业中没有劳资对抗，只有公私关系，职工们已经是企业的主人。在这里，工业和农业的发展是直接加强人民革命战争与改善人民生活的物质基础，首先是改善职工生活的物质基础。在这里，私人企业中仍然有劳资对抗，职工们仍然处于被剥削地位，但职工们既是在政治上社会上和国家政权中居于领导的主人的地位，就保障了职工们可以不致受到压迫和过分剥削，而一切有益于国民生计的私人资本生产事业的存在和发展，就加强了整个解放区的经济，因而也就有益于工人阶级。由于解放区这一切新的条件，所以解放区的职工运动就应该在完全新的方针和政策之下来进行。

第二节

首先解放区的职工们必须很好的组织起来，并很好地进行学习，提高自己的觉悟，完全理解中国目前的形势及解放区上述一切新的条件，以便很有组织地很自觉地去积极参加新民主主义的国家政权、军队、经济、文化各方面的建设工作，并选派自己优秀的代表到国家的各种领导机关去。在这些机关中，和各民主阶级的代表联合一致进行工作，并坚持无产阶级的代表全体人民长远利益的方针和政策，反对各种自私自利的错误的方针和政策。

第三节

发展解放区工业生产的任务，已被提到空前重要的地位，这是解放区职工们特别重要的任务。必须发展解放区的工业，才能保证革命战争的最后胜利，才能满足土地改革后农民的要求，特别是农业技术改进的要求，才能逐渐改善职工及其他劳动人民的生活。解放区工业亦即新民主主义的工业，它的发展前途是无限的。因为这里有被解放了的广大的劳动力，有通力合作的人民大众，有解放了的商品市场，有丰富的资源；而人民解放军又将要解放更多的城市工厂和机器，并逐步地将各解放区连成一片。这些发展工业的重要条件，都在逐日增多和增强，尤其重要的是毛泽东同志提出了“发展生产、繁荣经济、公私兼顾、劳资两利”的经济建设的总方针，这个方针正指引着我们的工业日益走上健全和广大发展的道路。由于解放区的工人阶级不但在政治上社会上居于主人地位，而且在国家政权中首先在国家企业中是居于领导地位。因此，解放区职工们就应当以领导阶级地位，担负起发展工业的责任，就应当以主人翁的新的劳动态度对待自己所参加的劳动。在国营和公营企业中，职工既有权利参加工厂的管理，便有责任积极劳动完成以至超过国家所要求于他们的生产任务。合作社企业中的职工地位和责任也大体与这相同。在私人企业中的职工，亦有责任完成资方的生产计划，遵守劳资双方所订立的契约，遵守政府保护私人工商业的政策，但同时有权利要求资方履行劳资两利原则，督促资方执行政府法令。这就是解放区的职工们在发展工业中所应采取的基本方针和基本态度。

第四节

为使解放区的工业能够健全的发展，以下各项问题必须系统地加以解决。

第一项：关于工业的计划性，这是今天需要提出并且可能解决的问题。首先从基本解放区做起，从国营公营企业做起。经过调查研究，通盘筹划，使军火工业、重工业、轻工业之间的比重，机器调剂、厂址选择、动力分配、技术提高之间的关系，原料来源、成品推销、资金周转之间的结合，工业、农业、金融、贸易、交通各部门之间的合作，各工厂企业之间的配合，都应有适当的计划。同时照顾到对合营私营企业的调剂作用与领导作用，这种地方性和局部性的计划经济在今天能够发展社会生产力，特别是工业生产力，适应战争需要，对将来则能够为逐步实现的全国性和全面性的计划经济取得经验和创造若干前提条件。必须肃清公营企业中某些缺乏计划缺乏领导的无政府状态，使一切公营企业都能在统一领导统一计划之下进行生产，然后方能对私营与合营的企业实行有计划的领导与调剂。

第二项：国营公营企业，必须切实改善经营和管理工作，方能达到原料足成本低质量好数量多销路广的目的。这个任务的解决，主要在于贯彻企业化原则和实行管理民主化。为了贯彻企业化原则，就要制定周密的生产计划，实行从原料生产到推销的全过程中的经济核算制度；就要以经营能力、劳力技术，及尽忠职责为用人标准，推行考工制度，保证合理的劳力条件，做到机构合理，职工精干，各称其职，就要实行严格的个人负责制度、劳动纪律与赏罚制度，实行劳动检查与成品检验，做到人尽其责，功过分明，赏罚适当。为了实行管理民主化，需要在各企业各工厂中，建立统一领导的工厂或企业管理委员会，由经理或厂长、工程师及生产中其他负责人和工会在工人职员大会上所选出的代表（相当于其他委员的数量）组成之工厂或企业管理委员会，在上级国家企业机关领导之下，为工厂或企业中的统一领导机关，由经理或厂长任主席，讨论并决定有关工厂或企业管理和生产中的各种问题。在工厂或企业管理委员会多数通过的决议，如经理或厂长认为与该厂或该企业利益抵触或与上级指示不合时，经理或厂长有停止执行之权，并报告上级请求指示，如工厂管理委员会多数委员认为经理或厂长的这种措施不适合或对其报告有异议时，亦可将自己的意见同时报告上级一并请求指示，但在未得上级指示前，应执行经理或厂长的决定。如工厂管理委员会少数委员对多数通过的决议有不同意见时也可将自己的意见报告上级，在有紧急问题不及等待管理委员会开会时，经理或厂长有权处理之，但事后须将经过报告管理委员会请求追认。此外在五百人以上的大工厂，还可由各部门职工（包括学徒）代表组成工厂代表会议，在工厂管理委员会领导之下，传达和讨论工厂决定、生产计划与经验的总结，以便更多的吸收群众建议与批评。现在业已在许多工厂中进行的生产小组会议，亦应发挥其应有作用。只有经过这些集中领导下的民主形式和民主方法，才能培养职工管理能力，发挥厂内批评与自我批评，克服官僚主义作风，提高职工的责任心、劳动积极性与纪律自觉性，并发展正确的劳动竞赛和劳动英雄运动。在私人企业和工厂中，实行管理的民主化，实行工厂或企业管理委员会制与工厂职工代表会议制，对于保证劳资协力、提高生产、保证劳资两利、公私兼顾及保证国家工商业政策和法令的执行，都有极大好处，应说服资本家并在资本家同意之下采用这种制度。私人企业和工厂中，如组织工厂或企业管理委员会，厂长或经理有最后决定权，如职工代表认为该厂厂长或经理的决定与国民生计或劳资两利的方针有抵触时，职工代表得将不同的意见提交政府机关与劳动局请求仲裁。

第三项：目前工业中的技术干部很不够，管理干部更感缺乏，对于这个工业骨干问题，必须有切实的解决办法。应从现任干部中提拔优秀分子逐步升级，帮助一切现任干部提高其智能。在工厂较多的地方，则开办职工学校。在工业以外的许多工作岗位上，有不少职工出身或受过工业专门教育或有过工业管理经历的干部应征调一批来参加工业管理工作。对新解放区企业中愿意继续服务的旧管理人员和技术人员，除查有证据的破坏分子外，必须尽量任用，必须很好的团结他们，并帮助他们改变旧的劳动态度和管理方法，尤其是对待工人的态度。对自动来解放区服务的工业人材，应一律欢迎，使他们参加适当工作。此外还须征调有相当文化水平的普通知识分子，到工厂中学习管理工作。在学生、师资和设备等条件相当具备的地方，开办工业专门学校，以训练新的工业干部也是很必要的。

第四项：由于目前空前规模的战争环境，解放区农民们大量的出兵出粮出战勤，公教人员则坚持辛勤不懈的工作，解放区职工们更应当吃得苦做得多，对于工时工资劳动保护和福利事业等应当自觉地避免超过战时经济条件所许可的过高的要求。关于劳动时间我们主张工厂工人一般实行八小时至十小时制度，对特殊企业或特殊情况，经当地政府批准得延长或缩短之，但除战争紧急需要外，每日劳动时间连加工在内，最高不得超过十二小时，加工连续不得超过四天，全月不得超过四十八小时。农业工人、手艺工人及店员的劳动时间，可以按照习惯办理。

第五项：关于工资的规定，必须保障任何普通职工的最低生活水准，即职工最低工资连本人在内要够维持两个人的生活。同时又必须保障职工的劳动热情及技术的进步而采取等级工资制及计时计件工资制，但战时物价不可避免地会有波动，为保障职工的最低生活水准、最低工资不能不因物价高涨而增加，而等级工资则因战时经济条件所限制，却不能照此比例增加。

因此在规定战时工资时，不能不照顾这两者间的关联，并相当缩小等级工资各级间的距离，本此原则，我们主张依下列规定来调整职工的工资。

第一点：工厂工人的工资，应采取交叉累进的等级制度，在此制度内依据职工在生产过程中的分工与技术程度规定等级，等数不限于三等，级数宜多，同级工资仍保留若干差别。评议工资时，对管理人员和技术人员依其职责能力及学识经验；对工匠依其技术；对熟练工人依其熟练程度；对单纯体力劳动者依其劳动程度。同时照顾他们的工龄，应由各解放区地方政府在工会同意之下，给同种企业规定相当统一的工资标准，但不可对不同企业规定同一工资标准，再由各工厂根据政府颁布的工资标准评议每个职工的具体工资（可在工厂或企业管理委员会之下组织工资评议委员会）。学徒待遇不应列入工资系统，学徒亦不应参加工资评议。合理工资制度实行之后，个别有特殊技能的职工需要给予特别优待者，须经高级管理机关批准。现时工资制度中存在着的过高或过低的偏向，本质上是一种平均主义。平均主义的发生是受了供给制度及其他错误思想的影响。平均主义的实质则在于不了解上述工资原则和等级制度的必要性和重要性，而或多或少地将被养人口、生活好坏、家庭出身、政治积极性、工人高于职员、学徒当作普通工人、不熟练工人当作学徒等，作为评定工责的根据，并将各种工资等级，排成非交叉非累进、等级少、最高最低相距甚近的单一梯形，甚至对各种不同企业规定同一工资标准，这种平均主义严重地妨害了职工的生产积极性，尤其是努力提高技术的积极性，必须迅速纠正之。

第二点：工资形式、计时或计件及其运用应依据劳动具体情况决定。计件制，有刺激生产作用应当推行，但在成品标准和成品检验方面，还没有确切把握时，不可冒昧采用。同时还要防止原料浪费、工具损坏及损坏健康的过度劳动。

第三点：在物价波动太大，而工资调整发生困难的地方，还可采用职工生活补贴的办法来调剂这种困难。生活补贴虽也应分为若干等级，但其差额不宜太大。

第四点：工资计算应以几种必需品实物为工资计算基础（例如华北之“食衣”，东北之“分”），并采用货币和实物混合的支付形式。为了进一步保证职工的实际工资，应采用新的食物配给制度，这可在国营公营工厂中试行，取得经验后，再加以推广。

第五点：农业工人、手艺工人及店员的工资制度，得从其习惯，但要以必需品实物为计算基础，并在支付时保证实际工资与名义工资一致。

第六点：国营公营工厂除工资外，还可采用定时奖金办法，由政府规定或批准之作坊、商店、私人企业中的分红馈赠及其他奖赏习惯，凡对提高职工劳动积极性及技术进步有益者，均须予以保存并须普及于全体职工。

第六项：关于女工、青工、童工、学徒应实行下列各点规定：

第一点：男女青童工同工同酬。

第二点：女工产前产后共休息四十五天，小产在三个月以内共休息十五天，三个月以外共休息三十天，均照给工资。

第三点：禁用童工女工的产业，及禁止女工童工作夜工的劳动，由各解放区地方政府以法律定之，妨害身体发育的劳动，不得使用未满十四岁的童工。

第四点：学徒最高学习期限不得超过三年，学徒待遇依其进度逐步增加，最低够吃，最高除够吃够穿外，给予相当津贴。师徒关系应严守尊师爱徒原则，学徒必须尽心学习努力生产，师傅不得虐待徒弟，尤须尽心传授技术。

第七项：关于劳动保护和职工福利专业，因在中国从无基础，又处在战争时期，我们要来办理全国有系统的社会保险还有困难，暂时应依下列各点办理：

第一点：尽可能改善工厂健康设备和安全设备，政府定期派人检查。

第二点：伤害疾病老残等的医疗津贴抚恤，暂由工厂负责办理或由工厂和工会共同负责办理，其办法由政府规定或批准并监督实行，在工厂集中的城市或条件具备的地方，可以创办劳动的社会保险。

第三点：职工福利事业（文教合作及贫困的救济等）由工厂和工会共同负责，或分别负责办理。

第四点：以上办法，适用于工厂职工，其他非工厂职工，劳动保护和福利事业，由工会参照固有习惯与业主协定之。

第五点：失业救济主要为帮助就业组织生产，由政府负责办理。

第八项：国营公营企业中的劳动竞赛和劳动英雄运动，对发展生产起了积极作用，今后仍要提倡这种运动，并给以正确领导，使之成为以减低成本，提高生产质量，增加生产数量为目标的功利主义，成为互相学习帮助，少数带动多数的集体英雄主义。而对那种粗制滥造的形式主义和脱离群众的个人锦标主义的倾向，则须加以坚决的纠正。在采用了工厂或企业管理委员会和职工代表会议制度的私人工厂和企业中，劳动竞赛和劳动英雄运动，也可以推行。

第九项：劳动契约与劳动争议，应依下列各点办理：

第一点：劳动须有契约并尽可能采用集体契约形式，以便双方履行。集体契约，应包括劳动条件、职工之任用解雇与奖罚、劳动保护与职工福利、厂规要点等内容。

第二点：劳动争议的处理方法为协商调解及仲裁，仲裁为最后程序。仲裁不服，得向法院控诉。

第三点：各解放区地方政府须颁布集体契约条例及劳动争议处理办法，并须设立掌管有关劳动问题的部门。

第五节

在解放区工会工作的任务是在发展生产、繁荣经济、公私兼顾、劳资两利的总方针下团结全体职工，积极劳动，遵守纪律，保护职工的日常利益，教育职工，提高他们的文化水平，尤其是提高他们的技术能力和业务水平。在国营公营合营企业中发挥管理能力，在私营企业中实现监督作用，在个体劳动中促进技术改良和生产合作。高级的工会机关，有责任协助政府的劳动立法并采取具体办法以保证前节各项规定的合理实施。一切依法取得职工成分的男女职工均有加入工会的权利，但会员征收必须本自愿原则。工会不仅为会员服务，而且同样要为非会员服务，吸收他们参加活动，才能实际上代表全体职工，争取所有职工加入工会。工会内部须有充分的真正能集中群众意见的民主生活，须有切实的真正能够解决群众需要的经常工作，并须彻底整顿现在工会工作中的官僚主义作风和形式主义作风，做到工会名符其实地成为职工自己的组织。

第四章　关于恢复全国总工会

为了保障这个决议的实行，保障中国工人阶级在目前的大革命中能够到处充分发挥其应有的先锋队的作用，必须成立中国工人阶级的统一的全国组织，以便在迅速发展的革命运动中能够经常指导各地职工群众的行动。为此大会决定恢复第一次大革命时期的中华全国总工会，并训令全国总工会新的执行委员会继续第一次大革命时期全国总工会的革命传统，在当前新的时期和新的条件下迅速组织全国的职工群众，并和全国各民主党派、各人民团体、各少数民族联合一致，为迅速推翻美帝国主义及其走狗国民党反动政府在中国的统治，为建立统一的新民主主义的人民民主共和国而奋斗到底！

（1948年8月）

（中华全国总工会中国工人运动史研究室编：
《中国工会历次代表大会文献》，工人出版社，
1984年，第458-470页）

关于职工运动当前任务决议案中几个问题的说明

（一）劳动时间

1. 劳动时间，为职工进入工作场所之后，到离开工作场所以前之实际工作时间。凡职工之学习（上课）、上下班走路、在厂外吃饭休息的时间，均不应作劳动时间计算。何种会议得在工作时间以内召开照发工资，应遵照当地政府之规定实行。

2. 决议规定有特殊需要可将劳动时间延长，但最多不得超过十二小时，并不得在十二小时以外加工。延长劳动时间的企业，以下列两项为限：

子、小企业一时无法将劳动时间缩短为十小时者；

丑、昼夜不停劳动的企业，原已实行两班制者，因所需要的劳动强度不高，而暂无必要改变或因一时困难无法改为三班制者。

3. 劳动时间因特殊需要而缩短者，系指有些工业特别影响健康，如产生有毒气体的工作及过于紧张的劳动等。

4. 关于全年应有的实际工作日，新决议未做具体规定，因为各地各企业的情况不同，在战争时期一时难做统一规定。现在解放区的情况是：全年放假过多，实际工作日过少，因此暂做下列原则的规定：

子、全年工作日数不应过少，但职工必须有一定的休息日期，故在一般企业，均应争取全年工作日须在三百天以上。全年五十二个星期，由各企业自行调剂，规定实行大礼拜制者，全年可以规定若干事假，不扣工资；实行小礼拜制者，不扣工资的事假则不应规定过多，或规定事假必须扣除工资。至于新区大企业（如铁路）中的休假习惯，一时难以做到三百天以上者，可暂维持原状，待研究后再决定。

丑、关于年节及纪念假期，亦应尽量减少，不应每逢纪念即放假，而职工中的旧习惯又必需照顾。全年应有假期可由各地区职工总会根据这一原则，提出意见，请各解放区政府具体规定，俟全国胜利后，再作统一规定。

（二）工资

1. 普通工人的最低工资，连本人在内应养活两个人，本人生活，按当时当地维持一个劳动力的必要生活资用（包括衣、食、住及必要消费）计算；被养人生活，一般应低于本人生活，但最低不得少于维持一个人生活的最低水平。在不满二十人的私人企业中，职工学徒的最低工资，一般应以本人全年的实际收入（如分红、年节馈赠及其他实物待遇等）计算。

2. 交叉累进的等级工资制，就是说等级排列是交叉的，等级间的差额是累进的。

子、为什么等级排列是交叉的？因为各种企业（如棉织业、机器业、制造业等）之中，各种职工（如技术工人、熟练工人、技术人员、管理人员等）的劳动性质不同，所以规定工资等级的标准因之而异，或按技术高低，或按责任轻重，或按熟练程度，或按强度大小……，既然按照各种不同标准分别规定等级，那么各种企业、各种职工的工资等级，必然排列成为上下交叉的形式，而不可能混在一起排列成一个单一的等级序列。假如：某种企业的普通工人最低工资是一〇〇，最高工资是一八〇；熟练工人最低工资是一二〇，最高工资是二五〇；技术工最低工资是一五〇，最高工资是三五〇，这样就彼此成为交叉。同时每种职工（如普通工、熟练工、技术工等）又根据技能、职责、资历等条件，在本身中分成几等几级，等与等、级与级之间，也是采取这种交叉式的排列，即是一等一级工人的最低工资可以低于一等二级的最高工资，一等三级的最高工资可以高于一等二级的最低工资。因此如将所有各种企业各种职工工资等级合并列成图表，必然形成极错综的上下交叉的形式，这种等级排列的办法即为交叉等级制。反之，如果一等三级工人的工资是一五〇至二一〇，一等二级是二一〇至二八〇，一等一级是二八〇至三五〇，或者普通工人工资是一〇〇至一五〇，熟练工人工资是一五〇至二二〇，技术工人工资是二二〇至三五〇，这就都成为单一梯形的等级制，而不是交叉的等级制了。

丑、为什么等级的差额是累进的？因为不论何种职工，他的技能学识已达到一定的程度以后，如再求提高，就必须付出更大的努力。因此，比较合理的工资制度，应是等级愈低，等级间的距离愈短（差额小）；等级愈高，则等级间的距离随之补长（差额大），这才能鼓励职工力求进步。譬如：某种工人的工资可分为十三级，假设其第十三级为一〇〇分，以上每进一级增加五分，至第八级以上，改为每级增加八分；自第四级以上，就为每级增加十二分，直到最高一级为二〇〇分，这就是累进的等级制。反之，如果每级距离相等，按级累进，即是等差的等级制，而不是累进的等级制了。

这种交叉的累进的工资等级制，是根据多劳多得的原则，适合各种企业、各种职工实际的劳动情况，一般的具有特殊技能的职工，均可列入合理的等级解决。如果再有个别具有极特殊技能的职工无法进级者，经过上级政府批准，可以在最高等级之外享受特殊优待，但是此种情形极少，并非每一企业都有。这种工资制度的实行，将使具有各种技术与生产管理经验能力之职工得到合理之待遇，可避免过去工资中的平均主义现象，并大大鼓励职工学习。除了生产经营规模甚小，生产过程十分简单、职工种类不多的小企业，还不具有施行的条件以外，一般较大规模的企业工厂，都应实行这种工资制度，对于发展生产是有利的。

3. 决议中所谓“等数不限于三等，级数宜多”，系指过去有些工厂企业只简单采用三等九级而订。对新企业规模巨大、职工种类较多的企业，等级之分，宜多宜细。如过去平汉铁路工人，一共分为二十八级；技术工人中分甲、乙、丙三等，每等中又分八至十三级，职员中的管理人员与医务人员计分四等三十八级，在技术人员中则分为五等二十级；在各类、各等、各级的职工之间，又采用前述交叉累进的等级办法，值得参考。

4. 职员包括技术人员、管理人员、医务人员，均为企业中的脑力劳动者。旧社会普通职员的工资等级，一般是合理的；只有一部分高级职员享受官僚待遇，其中有的本人就是官僚，则是不合理的，需要加以改革。我们对职员工资，既不能如旧社会所提倡“劳心者治人”，对职员待遇一般皆较工人优厚，亦不应随便压低至一般工人工资标准之下。企业行政管理的技能，与某些专门业务的技能（如会计、检验等），也应视为技术，不可列为一般待遇。职员的最低薪资，一般应稍高于一个简单体力劳力的最低工资，因为职员在就业以前必须具有相当的文化能力，与一个简单体力劳动者显然不得相比。因为工作需要提升工人为职员者，原则上应按所负职务应有的工资等级待遇，但若低于其原来的工资待遇时，应按原来工资待遇发给，若非本人自愿，不得降低。在新解放区国营企业中，对一切职工原有的工资等级，原则上应该承认，暂时不得打乱。如职工工资系按战前工资等级加生活补贴并依生活指数随时调整者，原则上亦应照旧不变，只将法币依比价折成本币支付。其中不合理处，只有在研究清楚后，经过群众民主评议，由工厂管理委员会及企业管理机关慎重决定，再逐步调整改进。

5. 现在解放区各地所实行的以实物为计算基础的工资形式，对于保障工人的实际工资有其效果。但缺点是每发一次工资，必有大量通货在同一时间侵入市场，刺激物价猛涨。故工资虽以实物为计算基础，亦难充分保证职工应有之实际收入，造成商人渔利，职工及国家均受损失。因此，决议提出新的配给制度。一般的所谓配给制度，就是由于商品缺乏，国家管理商品，限制消费，保证供给的一种办法，以免职工从商人手中高价地去购买商品。我们解放区已行之多年的供给制，也带有这种配给制的性质，但不等于配给制。决议提出在国营工厂中实行新的配给制度，不是我们所实行的供给制，这种新的配给制度，现在尚无经验，有的意见由国家办供给商店，或由国家供给合作社以职工所需要的各种物资，如米、面、煤、布及其他工业品等，职工可以按国家规定的低廉的价格去购买其所需要的各种物品，以免受市场物价波动的影响，为此，即可将工资与物价同时冻结。在一定时期，供给商店及合作社的物价上涨一次，工资也以同样比例上涨一次。由此，可以避免商人对职工消费的剥削，保证职工的工资可以廉价地购买到社会上所缺少的或高价的物品。同时又便于国家在发工资时将通货回笼，避免每次发工资时对市场的刺激。此种办法，可先试验后再推行。

（三）劳动保护

1. 决议所指劳动保护，包含三方面的问题：（1）劳动保障；（2）职工福利；（3）工厂安全卫生。关于新解放区城市之失业问题及在业职工因战争所受生活上之困难，在一定时期内，由政府按一般社会问题处理，不在决议所谓劳动保护范围之列。

2. 关于国营、公营企业的劳动保护问题，有三种意见：其一，将劳动保险与职工福利事业合而为一处理，即凡属职工之伤亡、残废、疾病、老弱及贫寒家属的救济等项，均由工厂每月按工资的总额拨出若干份作为劳动保险基金，交由工厂与工会等各方面共同组织的职工福利委员会统筹解决（在这种意见中，另有主张职工应出本人工资的百分之零点五者）。其二，将劳动保险与职工福利分开，关于劳动保险问题，战时很难作为社会上的统一专门设施，即凡职工伤亡、残废、疾病、老弱等问题，由国家立法，由各企业单位在厂规及集体合同中解决，另由工厂拨出工资总额的百分之二点五，职工缴纳本人工资的百分之零点五，做为职工福利基金，解决职工生活中凡厂规与集体合同中所不能解决的问题（诸如职工生育补助、家属疾病、死亡、灾害的救济，及家庭人口过多者的部分津贴等项）。其三，是将劳动保险分为两部分：职工伤亡、疾病时的工资和医药费由工厂直接支付，而职工伤亡、老残、疾病、生育的抚恤、救济、补助金等，则由工厂每月按工资总数支出百分之三，职工缴纳本人工资千分之五，作为保险基金，由工会与工厂共同组织委员会，按照政府颁布之劳动条例办理，并由政府监督实行；此外，再由工厂每月按工资总数拨出百分之一点五，交工会办理职工文化教育事业。上述三种办法，各地可择其适合当地条件者试办之，而在工业比较集中的城市，则可按第一种办法逐步试行，并可将保险基金交政府劳动局统筹办理。

3. 对私营企业的劳动保护问题。决议未做具体规定。兹提下列办法，以供参考。愿用二十人以上之企业，一般可参照公营企业原则办理，但在政府有专门保险机关的地区，雇用二十人以上之私人企业主及其职工，亦须按规定缴纳保险金。其与公营企业之比例，可以一样，不必另有区别。雇用二十人以下之企业，原则上从其习惯。私营企业中的劳动保护问题，不论企业规模大小，其中具体问题均由劳资协议规定，除政府法令规定者外，不可强与公营企业的办法一样。

4. 学徒：（1）经过一定年限，学习技术，而成为技术工人者为学徒。现在华北有些军火工厂将许多操作简单机械、从事一种专门劳动的熟练工人也当作学徒（此种“学徒”占到职工人数的百分之七十至百分之八十以上），因此经常感到学徒待遇过低，结果造成学徒待遇高，而一般普通工人、熟练工人（均被称为“学徒”者）的待遇过低之平均主义现象，应该纠正。各种单纯劳动的熟练工人，虽然也需经一定时期的学习和训练，但这种时期一般很短，此种学习的工人可以称为养成工，而不要称为学徒。

（2）学徒待遇不宜过高，因为学徒的主要目的在学习技术，而不在取得报酬。学徒初期因刚从家庭出来，且带有随身被服，故只管本人吃饭，中期可以补充被服，后期则必须足够维持本人生活。并可按学习程度给予相当津贴。学徒待遇过高，企业主将不愿招收学徒，而我们现在又无力量开办大批职业学校，结果技术工人难以培养，对发展工业是不利的。

（3）学徒年限，根据中国社会习惯，一般不得超过三年。年限长短，应以所学技术的繁简难易而定。在公营企业中，进步特快的学徒，经过一定形式的考验，学习年限可以缩短，提前升为工人。

（4）对学徒的虐待、体罚，必须取消。在小规模的私营企业中，工作与生活的分工不严密，学徒对师傅在生活上一般惯有的勤务，不应强调反对。在新解放区，更不应提“学徒翻身”的口号，以免师徒对立，影响技术的学习。

中华全国总工会执行委员会

1948 年 9 月

（中华全国总工会中国工人运动史研究室编：《中国工会历次代表大会文献》，工人出版社，1984 年，第 471-477 页）

关于国民党统治区职工运动报告的决议

大会听了朱学范、欧阳祖润两同志关于国民党统治区职工运动的报告以后，对于国民党卖国政府摧残职工及一切民主人士的压迫手段和阴毒残暴的特务政策，以及美帝国主义支援国民党进行内战，屠杀中国人民特别是侵占中国主权，危害中国民族独立生存的侵略政策，表示无限的愤怒。大会号召全国职工更紧密的团结起来，联合全国一切民主阶层，用一切可能的方法支援人民解放战争，以达到迅速推翻国民党统治，解放全中国职工及一切被压迫人民的目的。

大会对于中国劳动协会、上海工人协会及国民党统治区其他民主工会，在抗战时期，及最近两年来团结一切职工并领导他们为民族解放为自己解放而斗争的艰苦工作表示满意，希望他们根据本次劳动大会所决定的方针，继续努力。国民党指使一些汉奸特务头子及所组织的伪总工会专以破坏工人运动，压迫工人斗争为能事，实为工人阶级之敌人，大会号召全国职工一致申讨。

大会对于国民党统治区职工反压迫、反饥饿、争自由、争民主、争民族独立的英勇斗争表示无限的同情和敬意，对于遭受国民党反动统治摧残压迫的中国劳协、上海工协及其他民主工会的领导者表示慰问，对于在斗争中牺牲的烈士表示哀悼。大会号召解放区全体职工在今年八月或九月的一个公休日，作工一天，一方面表示加紧生产支援人民解放战争，另一方面以这一天所得的工资，作为援助国民党统治区职工斗争的基金，以表示对国民党统治区职工的阶级同情。

第六次全国劳动大会

1948 年 8 月 10 日

（中华全国总工会中国工人运动史研究室编：《中国工会历次代表大会文献》，工人出版社，1984 年，第 477–478 页）

陈郁向劳大报告提案审查经过

劳动大会于八月二十二日上午听取陈郁关于提案审查经过的报告。总计大会共收到提案三百八十七件，其中关于劳动保护和职工福利方面有一一七件，关于工资、工时、假日、技术奖励及工厂管理的提案有四十九件，关于工会组织、职工教育、对国民党统治区工运工作及华侨提案、对解放区政府的各种建设和职工运动的政治任务等提案共二百余件。各提案均经逐条提出审查意见，并经大会通过。提案中关于召开新政治协商会议，反对美帝国主义扶植日本法西斯势力复活等提案及关于职工老弱疾病、男女工人同工同酬，欢迎国民党区技术人员来解放区等，因已包括在大会所通过陈云等人的两个报告及关于中国职工当前任务的决议中，决定不另作决议。关于职工合作社的提案，包括成立职工合作社以解决职工日常生活必需品供给的困难，各企业和工厂均应建立合作社，吸收职工入股，并由企业工厂和政府协助，合作社应建立民主集中制的组织和工作制度；国家贸易机关应帮助职工合作社购买货物；全国总工会应尽可能帮助指导合作社的建立和改进等项。审委会认为这些提案很重要，各工会均应与工厂共同商议，设法建立或改进扩大职工合作社，并请求政府予以可能的更多的帮助，全国总工会执委会应尽可能多帮助指导职工合作社的成立和改进。其他如建议政府考察并发展工矿之提案，有关职工合作社之各种提案，制定国民党统治区职工协助解放斗争的表扬办法等提案，均决定分别提交全国总工会执委会与各解放区政府具体研究处理。

（《第六次全国劳动大会》，华东新华书店，1949 年，第 57–58 页）

第六次劳动大会通过劳协政治提案

主张由中共负责召开新政协会
团结各民主阶层摧毁反动统治

（本报讯）六次劳动大会通过中国劳协政治提案一件，原文如下：

（一）建议大会响应中共中央“五一”口号第五项“各民主党派、各人民团体及社会贤达，迅速召开政治协商会议，讨论并实现召集人民代表大会成立民主联合政府”并主张由中共召开。

（二）团结全国工人阶级，联合各民主阶层彻底粉碎国民党反动统治。反对美帝国主义侵略中国，建立新民主主义新中国。

（三）建议大会揭露国民党反动集团在接近失败时，勾结美帝所玩弄的一切“伪装和平”的阴谋。反对一切“伪装和平”到底。

（四）建议大会衷诚接受陈云等人的报告，并号召国民党反动统治区全体工人阶级：

1. 聚积力量，扩大队伍，准备迎接人民解放军；

2. 掌握策略，联合民族资本，共同反对帝国主义与官僚资本；

3. 派遣熟练技术人员到解放区来参加工商业建设，同时保护公私营企业及其工厂；

4. 保护自己的团体和领袖。

中国劳动协会

（《东北日报》，1948 年 9 月 2 日，第一版）

中华全国总工会章程

第一章　总　纲

第一条　本会定名为中华全国总工会。

第二条　本会宗旨为团结全国职工，保护职工利益，争取中国工人阶级的解放，联合全国一切被压迫人民争取中国人民的解放，联合全世界工人为保卫世界和平与民主而奋斗。

第二章　会　员

第三条　本会以团体会员为基础，中国境内之职工团体，凡赞成本会章程者，不分产业工会、职业工会、地方工会均得加入本会为会员；凡同一产业职业之职工已有全国性之组织者，或在一特别市、一省与一边区之各种职工，已联合组成为地方性之组织者，均由该组织直接加入本会为会员，如无总组织之各单独工人团体，要求直接参加入本会为会员者，须经本会之特许。

第四条　凡在各种企业及机关学校中工作以劳动收入为主要生活来源并依法取得职工成分之体力劳动者与脑力劳动者，不分民族、性别、宗教信仰，赞成本会章程自愿入会者，均得加入本会所属之各种工会为会员。

第五条　本会团体会员及本会所属各种工会之个人会员，

其入会与退会，均依自愿原则，既入会后，必须遵守本会章程。

第六条　本会会员之权利如下：

甲、对于本会一切主张及设施有根据本会宗旨进行讨论、建议和批评之权。

乙、有在会内选举与被选举之权。

丙、有享受本会所举办之各种文化教育及福利事业之优先权。

第七条　本会会员之义务如下：

甲、有遵守本会宗旨章程，及执行本会一切决议之义务。

乙、有向本会经常报告团体会务及个人工作之义务。

丙、有向本会按期缴纳会费之义务。

第三章　组　织

第八条　本会之组织原则为民主集中制，即少数服从多数，下级服从上级，本会所属各工会服从本会一切决议和指导。

第九条　全国职工代表大会为本会最高权力机关，其职权与召集方法如下：

甲、全国职工代表大会之职权，为决定和修改章程，决定职工运动之方针，审查本会执行委员会之报告，选举执行委员会。

乙、全国职工代表大会每二年举行一次，由执行委员会召集之，遇有特殊情况或有代表本会所属工会会员总数三分之一以上的工会之要求时，执行委员会得决定提前或延期召集之。

丙、出席全国职工代表大会之代表额数及选举方法，由执行委员会规定之。

丁、全国职工代表大会，必须有代表本会所属各工会会员总数二分之一以上的代表出席时，方为有效。

第十条 由全国职工代表大会选举执行委员及候补执行委员若干人，组织本会执行委员会；在代表大会闭幕期间为本会最高权力机关，执行委员会全体会议每半年举行一次，由常务委员会召集之，但须有半数以上执行委员之出席方为有效。如有特殊情况，或有三分之一以上之执行委员请求时，得提前或延期召集之。

第十一条 由执行委员会选举主席一人、副主席若干人领导会务。

第十二条 由正副主席及执行委员会选举之常务委员若干人组织常务委员会对执行委员会负责驻会办理一切会务。

第十三条 本会设秘书长一人，经常务委员会选任在正副主席领导下处理本会日常行政。

第十四条 本会得分设下列各部处会：

甲、组织部：管理本会所属各工会之组织事项，并帮助各地无工会组织之职工群众组织工会。

乙、文教部：管理宣传文化教育工作，并指导各工会之文教方针。

丙、生产部：指导解放区职工会，参加工厂企业管理，实行劳动竞赛与劳动英雄运动，研究工资问题、生产计划、技术经验及其他有关生产之工作。

丁、劳动保护部：管理并指导劳动保险事宜，审查劳动契约及各工会之福利工作，并协助政府进行工厂内卫生及安全设备之检查。

戊、青工部：管理并指导各级工会之有关青工、童工工作。

已、女工部：管理并指导各级工会之有关女工工作。

庚、国际联络部：管理本会对外宣传，及与国际职工组织和各国职工组织之联络工作。

辛、秘书处：管理总务、文书、会计等工作。

壬、私营企业委员会：管理私营企业中之职工运动工作。

癸、国民党统治区工作委员会：研究和指导有关国民党统治区职工运动之工作。

第十五条　各部设部长一人，秘书处设处长一人，各委员会设主任一人，必要时均得设副职由常务委员兼任，或由常务委员会另行选任之。各部处会得设干事若干人，由常务委员会委任之。

第十六条　本会为工作便利起见，得于相当地点设立办事处，各办事处设主任一人、办事员若干人，由常务委员会决定之。

第十七条　执行委员会认为必要时，得设立各种特别委员会。

第四章　经　费

第十八条　本会所属各工会就按其所收会费百之三十，缴纳本会为经常费，每三个月缴纳一次，如有特别困难时，得经常务委员会批准减免。

第十九条　本会所属各工会之会员须按月缴纳所得工资百分之一为会费。

第五章　附　则

第二十条　本章程经全国职工代表大会通过并公布之。

第二十一条 本章程如有不适合时，由全国职工代表大会通过修改之。

第二十二条 本章程之解释权属于本会执行委员会。

（1948 年 8 月第六次全国劳动大会通过）

（中华全国总工会中国工人运动史研究室编：《中国工会历次代表大会文献》，工人出版社，1984 年，第 479–482 页）

第六次全国劳动大会选出的 中华全国总工会执行委员、候补委员名单

执行委员（五十三人）

陈　云	朱学范	刘宁一	李立三	李颉伯	张金保
赵占魁	刘英源	钱志道	蔡　畅	廖似光	栗再温
赵国强	汤桂芬	吴　德	祝志澄	冯文彬	唐韵超
马辉之	许之桢	张福林	徐　平	张维桢	周　颖
沈　鸿	陈　郁	杨之华	高　林	刘长胜	李　强
易礼容	林锵云	郭焕文	刘大超	马纯古	朱俊欣
甄荣典	梁　广	王光启	孙崇之	高长久	蔡树彬
丘　金	宋新怀	冯　燊	徐　弦	萧彩峰	顾　亮
陈秀山	张　琪	康永和	李明哲	吴　垦	

候补委员（二十人）

欧阳祖润	赵子温	钱海华	章　萍	李凤莲	孙玉振
李怀英	李家齐	韩武成	陈　爵	李启新	王庆元
叶维民	陈慧清	李莲山	赵　敏	白林凯	梁永福
钱夏民	张恩德				

（中华全国总工会中国工人运动史研究室编：《中国工会历次代表大会文献》，工人出版社，1984年，第425页）

闭 幕 词

朱学范

同志们！

在“八一”人民解放军诞生的日子，我们的大会——第六次全国劳动大会，在中国工人阶级和中国人民领袖，伟大的毛主席的胜利旗帜下，团聚了全国工人阶级的优秀代表，隆重开幕。当举行了二十二天的会议之后，当通过了有历史意义重要议案之后，当恢复了有革命历史的中华全国总工会并选出了七十三名第六届执行委员与候补执行委员之后，在今天——八月二十二日，我们的大会宣告胜利的闭幕了。（鼓掌）

参加这次大会的，包括全国解放区职工联合总会，包括中国劳动协会，包括解放区各地区工会和国民党统治区各民主工会，包括海外华侨工会代表。全体代表五百一十八名。这些代表走过了近万里没有敌人踪迹而建立了民主政治的解放区，沿途受到人民的热烈欢迎。国民党统治区和海外华侨工人的代表，还冲破了反动派的层层封锁，冒着危险艰苦，终于胜利的到达我们人民自己管理的大城市——东北解放区首府哈尔滨，参加了这次大会，形成了中国劳协和解放区各地区代表的大团结，形成中国工人阶级的大团结。（大鼓掌并高呼中国工人阶级大团结胜利万岁！）

这次大会，是胜利的大会、团结的大会、前进的大会。这次大会，不独在组织上是统一的，在意志上，在思想上，在精神上，在行动上都是统一的。全国工人阶级自 1927 年“四一二”以蒋介石为首的国民党反动集团，投降帝国主义、官僚资本主义，出卖了中国人民，屠杀工人、摧残工人运动以后，二十一年来，在共产党旗帜下，工人阶级又从地上爬起来，挺起了胸膛，高举起革命的大旗，压倒一切反动势力取得了工人阶级空前的胜利。这次大会是全国工人阶级自 1929 年在上海秘密召开的第五次全国劳动大会以来——等待了十九年，所日日夜夜盼望、时时刻刻争取的第一次全国性的大团结。这次大会，是在人民解放军，向腐朽的旧中国举行大进军并取得节节胜利的时候，是美帝国主义走狗、国民党反动集团走到最后崩溃边缘的时候举行的。正如中共中央祝词中指出的：“表示在无产阶级领导下的我们人民解放战争已经接近最后胜利，表示全国性的新的大革命时期又已到来，表示国民党反动集团，在全国工人中的分裂政策已经最后宣告破产，全国工人运动重新在革命的旗帜下统一起来。”所以，同志们，我们这次的大会是胜利的，团结的和前进的。（大鼓掌）

我们这次大会有莫大的收获：

首先，我们在大会中有政治报告，有关于当前职工运动总任务的报告，经过大会的讨论，各区代表团代表热烈发言，一致拥护这两个报告，使我们全国工人阶级在认识上和今后奋斗的目标上，都有了一个更正确的和取得全国胜利的方向。这个方向就是：全国工人阶级首先应该团结自己，再联合农民、独立劳动者、自由职业者、知识分子、自由资产阶级与一切爱国分子，为彻底推翻美帝国主义及其走狗——国民党反动集团在中国的统治，在工人阶级先锋共产党与毛主席胜利旗帜下建立新民主主义的民主共和国。在这一总方向和总任务之下，解放区的工人是在英明战略家毛主席的经济政策劳动政策下，出现了劳动英雄赵占魁、刘英源这些新型人物，提高技术加紧生产，支援战争。国民党统治区的工人，团结自己用各种方法方式破坏反动派的军火生产与军事运输，扩大队伍，准备迎接解放军，以缩短国民党的反动统治。

其次，我们为了继承全国工人阶级英勇奋斗的光荣传统，恢复了中华全国总工会，并选出了七十三名正式的执行委员和候补执行委员。这个组织是全中国工人阶级群众组织统一的最高领导机关。它团结了全国各地区——国民党统治区大城市上海、武汉、天津、南方等地和解放区西北、华北、华东、东北等区，包括了矿山、铁路、水电、邮电、军火工业部门，共二百八十三万工人。这个工人阶级团结胜利前进的大军，以统一的步伐向美帝国主义及其在中国的走狗——国民党反动集团进攻，作最后的胜利的斗争，以取得全中国工人阶级和全中国人民的最后的彻底的解放。（大鼓掌）这个组织——中华全国总工会，是全世界工人阶级反帝、反侵略、反压迫及反分裂的民主阵线上一支有力量的队伍。他将在世界职工联合会的旗帜下，为世界职工运动的民主、和平、团结、统一的方向去奋斗（鼓掌）。他将向以美帝国主义为首的反动阵营——尤其是以“马歇尔计划”为手段的分裂世界职工运动的阴谋作不调和的坚决的斗争。（鼓掌）毫无疑问的，我们中华全国总工会，我们中国工人阶级将在国际反帝国主义、反侵略的阵营中，尽我们最大的力量为着世界永久和平奋斗到底，以加强世界民主和平阵营的力量。

过去中国劳协代表一百六十万职工参加世界工联，现在劳协与解放区及国统区一切民主工会共同组成了中华全国总工会，并代表着二百八十三万职工，去参加世界工联，中国工人阶级在国际上的地位，将大大提高。（台下口号：全世界工人阶级团结起来，保卫世界和平与民主！）

再其次，我们的大会很仔细的听取了各个地区的工运报告和工作报告，并且很仔细的研究了工时、工资和工人福利等问题，在目前任务决议案中有了具体规定，而东北工代大会并通过了东北公营企业的劳保条例和哈市劳动条例，这使我们工人的地位与权利，生活与福利等又都提高了一步。这是我们中国工人阶级奋斗了几十年还没有争取到的，而在这一次大会上胜利地解决了。

同时，也是最大的一点收获：我们听到了国民党统治区工人运动与工人生活的报告。他们的英勇斗争，尤其是上海职工的英勇斗争，深受我们的尊敬，他们的遭受迫害与饥饿，激起了我们的同情，而反动派对他们的屠杀更激起了我们无限的愤怒。因此，我们的大会一致通过了“关于国民党统治区职工运动报告的决议”，并决定全国各解放区职工作义务工一天，作为援助国民党统治区职工斗争的基金。当这个消息传出去后，东北各地区的职工同志，立刻自动献款，到今天为止，已经有几千万元了。这充分表示了我们的阶级友爱与阶级同情。这告诉国民党统治区的职工同志们他们的斗争不是孤立的，他们有统一的团结的中华全国总工会下二百八十三万会员作为他们后盾，他们的解放斗争一定会更快的得到胜利的。

再其次，在大会中，全体代表一致拥护召开革命的新的政治协商会议，并且主张由中共来召集，从而建立革命的联合政府。（台下高呼：拥护革命的政治协商会议，革命的联合政府！）这表示全国工人阶级一致痛恨美帝国主义与其走狗国民党反动的统治，要彻底推翻这个反人民的反动政治，一致拥护以中共与人民领袖毛主席为领导建立一个没有反动分子参加的新的民主联合政府。

这次大会的收获是无可限量的、宝贵的、伟大的。

中国工人阶级三十年来为着争取自己解放，为着争取一切被压迫人民的解放，为着争取中国的独立自由，反对帝国主义，反对封建主义，不知流了多少血，牺牲多少头颅。现在阻止中国独立自由解放的是美国帝国主义，现在我们有了全国统一的团结的中华全国总工会，不怕美国帝国主义怎样强，我们坚决的要反对美国帝国主义侵略到底。现在迫害屠杀中国人民和中国工人阶级的是国民党反动统治集团。我们有了全国统一的团结的中华全国总工会，我们一定要坚决打倒国民党反动集团。现在时候到了，全世界民主力量日益高涨，谁要实行帝国主义的侵略，谁要实行反动的统治、违反民主、违反和平，谁就一定在民主力量打击之下遭受最后灭亡。中华全国总工会要督促领导全解放区工人阶级增加生产、支援前线，要督促领导国统区工人阶级，继续英勇奋斗，准备迎接解放军，解放全国人民，争取全国全面的胜利。（大鼓掌）中华全国总工会要根据历史上“二七”、“五卅”、省港罢工、上海三次起义和第一次大革命时期工人阶级斗争的光荣传统和斗争中的英雄人物像林祥谦、施洋、刘华、汪寿华、苏兆征、邓中夏、邓发等同志的精神，完成伟大的革命事业。（大鼓掌并欢呼："完成工人阶级伟大的革命事业！"）代表们回到各人的工作岗位以后，必须用最大的决心，用最灵活的方法，来执行大会的各项决议，发挥并完成大会给我们的各项任务！当我们每一个人都尽到了我们应尽的力量的时候，同志们，我们的彻底解放就能很快达到目的了。

最后，同志们，我们不要忘了，我们的大会是在国内外工人阶级和民主团体以及全国人民的热烈鼓舞下举行的。在国际上，我们先后收到了世界职工联合会、苏联总工会、法国总工会、美国各民主工会给我们的贺电；在国内，我们首先得到中共中央的祝词，又得到中国劳动协会和各解放区的党、政、军、工会及各产业部门、各地区，甚至是一个县、一个区的职工会，纷纷地给我们寄来贺电及贺信，这给我们鼓励是非常之大的。尤其是东北局、东北行政委员会、东北军区司令部、哈尔滨市政府以及哈尔滨的工人和群众团体，他们给我们的精神鼓励和物质慰劳都非常大，我代表大会向他们致谢！

我们的大会所以能在哈尔滨召开，首先是由于英勇的苏联红军解放了东北，我代表大会向全世界工人阶级英明的领袖伟大的斯大林大元帅和伟大的苏联红军致谢！（台下高呼："苏联红军万岁！斯大林大元帅万岁！"）这次大会之胜利结束，是由于中共中央和毛主席的英明指示，我们大会要向中共中央和毛主席致谢！（大鼓掌）向人民解放军和朱总司令致谢！（台下高呼："毛主席万岁！""朱总司令万岁！"）向东北人民解放军全体指战员致谢！（大鼓掌）此外，日以继夜不辞劳苦为大会服务的全体工作人员，都给大会以极大的帮助，我代表大会向

他们致谢！（鼓掌）

最后，敬祝今天到会的来宾健康，敬祝全体同志健康，希望我们在毛主席的胜利旗帜下，在工人阶级的团结旗帜下，向最后胜利的目标前进！（大鼓掌，全场起立，高呼口号）

（中华全国总工会中国工人运动史研究室编：
《中国工会历次代表大会文献》，工人出版社，
1984 年，第 484–489 页）